中华学人丛书

咸同时期的榷关与财政

◎ 任智勇 著

北京师范大学出版集团
BEIJING NORMAL UNIVERSITY PUBLISHING GROUP
北京师范大学出版社

前　言

一、关于选题

　　榷关是清政府的重要税源之一；除了部分杂税外，榷关几乎是唯一的商业性税收；榷税作为一个税种，有相当大的弹性和扩张性，是地丁、盐课等重要税源中唯一不断增长的国家经费来源。[①] 在清军入关以来的近二百年里，榷税额不断增长之后，到了咸同时期，榷税额的增长陷于停滞，甚至有所下滑。以上是我们对榷关的一般性认知。

　　在这些一般性认知之外，学界其实并不清楚鸦片战争前后榷税的规模，以及税款的去向。在当代，当我们讨论"财政"一词时，其实是有歧义的。当这个词涉及当下的情况时，常常是指国家经费的开支；而涉及历史的情况时，则多指向经费的收入情况。这种歧义除了因为当代另有"税收"一词指向财政收入外，至少部分原因是我们不知历史上王朝的经费开支情况。就笔者所见，清代榷关的财政支出其实相对明确，给后世留下了一定的研究空间。而此前榷关史的研究者对此关注不足，为笔者留下了进一步展开讨论的余地。

　　选择以咸丰、同治时期的榷关作为研究对象，除了各位先贤对各

---

　　① 根据许檀、经君健的统计，清政府的关税收入从顺治九年(1652)的 100 万两，到乾隆三十一年(1766)增加到了 540 万两，是原来的 5 倍多。此后有所下降，大致在 480 万两左右。参见许檀、经君健：《清代前期商税问题新探》，载《中国经济史研究》，1990(2)。

朝代已有一定的研究之外，还有一点笔者自己的考虑：榷关制度在嘉庆四年改为定额制，这种制度一直延续到清政府的灭亡，而正好是在这个时期，榷关的定额制发生了巨大的转变——从严格执行转为名实不符，或者至少无法严格执行。对这个时期的榷关展开研究不仅可以了解前后的变化，也可以探讨清政府对财政危机的应对方式——在政权受到巨大威胁之时和之后。

二、关于以往研究

2000 年前后是榷关研究的一个关节点。在此之前，关于榷关的研究明显少于税务司系统的洋关的研究，且多以论文为主。这个时期的研究性专著主要包括高柳松一郎《中国关税制度论》（日文版，《支那關稅制度論》，京都，内外出版，1920①；中文版，李达译，上海，商务印书馆，1927）。陈向元《中国关税史》（北京，世界书局，1926），吴兆莘《中国关税史》（上海，上海书店，1937），魏尔特·莱特《中国关税沿革史》(Stanley F. Wright, *China's Struggle for Tariff Autonom*, Shanghai, Kelly and Walsh, 1938；姚曾廙译，北京，生活·读书·求知三联书店，1958），彭雨新《清代关税制度》（武汉，湖北人民出版社，1956）。这些专著主要以研究洋关为主，榷税部分多一带而过。20世纪七八十年代后，关于榷关的研究开始增多②，但主要是以论文的

---

① 1920 年为初版，1926 年另有同一出版社的增补版。两个版本间的差别主要在于附录，前者的附录内容包括（日文）：一、输入税率ノ改正，二、陆路贸易关税ノ改正，三、改订输入税率表；后者的附录包括（日文）：一、輸入税率ノ改正，二、輸入税率表〔関税定率表詳解（千九百二十二年改定）〕，三、関税特别会議ノ経過，四、華府支那関税条约。但李达的中文本没有翻译附录，所以无法推断他翻译时依据的是哪个版本。关于此书在日本出版和内容情况系薛轶群博士为笔者查找而得，在此表示感谢。

② 20 世纪 80 年代后，厦门大学在陈诗启教授带领下，开创了海关史研究中心，大大地推动了国内的海关史研究。他们的视野限于各种原因同样主要着眼于洋关。

形式，其中有不乏扛鼎之作。如陈国栋的一系列研究①对于我们理解
清代前中期粤海关和榷关的管理体制提供了巨大的帮助；许檀也有一
系列关于榷关的研究发表，她对临清、九江、张家口、山海关等商业
城市的研究虽着眼于经济问题，但对榷关的制度、榷关与经济等方面
进行了很好的分析，而她的《清代前期商税问题新探》一文其实主要是
从榷关出发讨论清代的商业税②；何本方的一系列论文对于榷关的分
析也具有开创性的意义，尤其是在澄清内务府与榷关的关系方面③；
鲁子健的《清代四川的榷关》一文以清代四川的榷关制度为考察，描述
了其体制与弊端④；吴建雍的《清前期榷关及其管理制度》一文对至道
光初年的榷关制度进行了梳理，并分析了榷关对商品经济的阻碍作
用⑤，香坂昌纪关于浒墅关、北新关的研究对于从经济地理学的角度
对这两个榷关进行了研究⑥。笔者以为，这个时期的榷关研究固然涉
及了榷关的制度，但多从社会经济史的角度对其进行分析，并未明确

① 自 1980 年开始，陈国栋先后发表了许多关于粤海关的研究文章，这些文章中的 13 篇最后结集为《清代前期的粤海关与十三行》一书，由广东人民出版社于 2014 年出版。

② 许檀的论文包括：《明清时期的临清商业》，载《中国经济史研究》，1986(2)；《清代乾隆至道光年间的重庆商业》，载《清史研究》，1998(3)；《清代前期北方商城张家口的崛起》，载《北方论丛》，1998(5)；《清代前期商税问题新探》（与经君健合著），载《中国经济史研究》，1990(2)；《清代前期的九江关及其商品流通》，载《清史研究》，1999(1)；《清代前期的山海关与东北沿海港口》，载《中国经济史研究》，2001(4)；《清代中叶广东的太平关及其商品流通》，载《历史档案》，2005(4)；等等。

③ 何本方的论文包括：《清代的榷关与内务府》，载《故宫博物院院刊》，1985(2)；《清代商税制度刍议》，载《社会科学研究》，1987(1)；《乾隆年间榷关的免税措施》，载《历史档案》，1987(4)；等等。

④ 参见鲁子健：《清代四川的榷关》，载《中国社会经济史研究》，1987(3)。

⑤ 参见吴建雍：《清前期榷关及其管理制度》，见北京市社会科学院《燕都春秋》编辑委员会编：《燕都春秋》，359～377 页，北京，北京燕山出版社，1988。

⑥ 参见[日]香坂昌纪：《清代浒墅关の研究》（一、二、三、四），载（日本）《东北学院大学论集：历史学、地理学》，第 3、5、13、14 号，1972、1975、1983、1984；[日]香坂昌纪：《清代的北新关与杭州》，莫小也、楼毅生译，载《杭州师范学院学报》，1998(1)。

从国家能力、国家治理、财政收支的角度进行探讨，而且论文的容量有限，为后来的榷关的进一步研究留下了空间。

而2000年之后榷关研究的兴盛，某种程度上可能与即将展开的清史编撰有关，学者们将研究视角转向清政府本身，也就是研究者们将清政府视为一个研究对象，而非其他研究的背景。在此学术潮流之下，榷关作为清政府的一个机构成了研究对象。以下是对所见相关研究的简单梳理，挂一漏万之处尚请读者见谅。

（一）关于榷关整体的研究

祁美琴的《清代榷关制度研究》（呼和浩特，内蒙古大学出版社，2004）一书主要是利用官政书和刊行资料，对清代的榷关制度进行了梳理。她的研究可以看作是机构史、制度史研究，榷关的财政功能不是考察重点。由于资料的限制，乾隆、光绪二朝是她的考察重点，而榷关制度发生重大变化的嘉、道、咸、同四朝未能详细梳理。

倪玉平的《清朝嘉道关税研究》（北京，北京师范大学出版社，2010初版；北京，科学出版社，2017再版）一书对自嘉庆朝至道光朝五十五年内的各关的收入情况进行了非常详尽的梳理，此书附录所列的二朝三十二关榷税收入表更是为学界所重视。倪玉平所重视的是为回应"嘉道萧条"问题，于关税的支出部分仅为涉略。而他的《清代关税：1644—1911年》（北京，科学出版社，2017）一书则揭示了关税变迁的趋势，修正和增补了清代关税的总量，该书被誉为代表了中国财政史领域一项新的成就当非偶然。

廖声丰的《清代常关与区域经济研究》（北京，人民出版社，2010）一书则从常关的体制出发，聚焦于常关与区域经济之间的关系，分析了清代各时期常关制度的变迁与区域经济格局的变化。

（二）关于部分榷关的研究

黄国盛的《鸦片战争前的东南四省海关》（福州，福建人民出版社，2000）是较早出版的、专以榷关为研究对象的专著。此书以志书、档案、文集为主体材料，对东南四省（江浙闽粤）的海关进行了制度层面的详细梳理：各个海关如何设置、关监督衙署和个人的设置、对商人的管理（洋商、华商）、朝贡贸易的管理。黄国盛的着眼点在于经济史，东南四省的海关仅被视为一个贸易管理机构。

邓亦兵教授于《清代前期关税制度研究》(北京,北京燕山出版社,2008)一书着力甚勤,虽未直接使用中国第一历史档案馆的材料,但大量运用地方志、上谕档、明清档案等资料,对鸦片战争前的榷关情况进行了极好的梳理。就笔者的角度而言,此书更侧重纵向的梳理,而与某个时代的榷关的总体情况仍有所欠缺,而近代以来榷关制度的演变也非她研究的重点。

丰若非的《清代榷关与北路贸易——以杀虎口、张家口和归化城为中心》(北京,中国社会科学出版社,2014)则专注于三地的北路贸易和设置于其地的三处榷关,从榷关制度、地区经济等角度展开分析,揭示了三处榷关的特殊地位(与内务府,与地区军事驻防)和历史背景之下的经济变迁。

美国学者范岱克(Paul A. Van Dyke)的《广州贸易:中国沿海的生活与事业(1700—1845)》(江滢河、黄超译,北京,社会科学文献出版社,2018)虽自我定义为"广州史"的研究,但对海关史研究领域的拓展起了某种示范作用。他利用英国、荷兰、葡萄牙等国和清政府的资料,为我们揭示了围绕着中外贸易展开的一系列环节。

冯改朵、张喜琴和刘建生等人的《西口研究——以杀虎口为中心》(太原,山西经济出版社,2012)一书围绕区域史展开讨论,为我们解释了以杀虎口/西口为中心的中国北部农牧民族之间的特殊贸易存在。

三、关于几个概念

在目前的研究中,"榷关""常关"的概念是相对模糊的,不同的研究者在使用这些概念时都有不同的含义,笔者深觉有必要对与"榷关"相关的几个概念进行梳理,以求避免不必要的混淆。

"榷关"之"榷",在小篆里写作"榷"。《说文解字》认为其意为"水上横木,所以渡者也"[1]。大致可以理解为过河的独木桥。此后,其意转

---

[1] (汉)许慎:《说文解字》,124页,北京,中华书局,1996。

变为"道路设木为榷，独利也。"也就是：设卡征税，独占其利即为榷。有学者对榷的意义转换进行了分析："所谓禁榷，就是国家运用其政治权力，对一些重要的物品强制实行垄断性专卖专卖，独占其利益或经营利润，而不许私人插手经营。这就仿佛架起了一座独木桥，驱迫人们不能走别的路，只允许在独木桥上来玩。"①到汉代，"总括财利谓之辜榷……是辜、榷二字分而言之亦都凡之义也。"②大抵仍以官买、官卖为榷。而唐宋时期，以边关贸易为榷，例如，北宋在与辽、西夏的边界设有"榷场"，专司边境贸易。因此，在经济史研究上颇有影响的加藤繁在《关于榷的意义》一文中认为，《汉书》《后汉书》中把屯买货物，专擅利益称为辜榷。③

在清代的文献中，我们依然可以看到这一古意的遗留，例如，在乾隆朝编撰的《清朝文献通考》中即言："榷政为目有六：曰征商，即关市也……曰榷酤，自汉时征之；曰榷茶……"④，仍将专卖之意名为榷，但"榷政"一词已经表明当时已经在更广泛的意义上使用"榷"的意义。到了民国初年编成的《清朝续文献通考》，刘锦藻将"厘金、洋药"一并囊括进了"榷政"之中。⑤笔者由此推论，到了晚清，"征商"与"辜榷"之间的区别越来越小。清代官方文书中存在大量"榷务""关榷"等词汇，"榷"字之意已然与"征税"同意，且与征收商业性税收紧密联系。

需要说明的是，在清代公文的正式表述中，征收关税的机构多称为"各口""关口""各关"，本书所用"榷关"一词并非清代官方的正式统称。而是为表述与第二次鸦片战争之后的"洋关""常关"的区别而用的

---

① 李晓：《宋代茶业经济研究》，134页，北京，中国政法大学出版社，2008。
② 沈怀兴：《联绵字理论问题研究》，231～232页，北京，商务印书馆，2013。
③ 参见［日］加藤繁：《中国经济史考证》上，吴杰译，143～149页，北京，中华书局，2012。
④ 《清朝文献通考·征榷一》卷二六，考五〇七五，杭州，浙江古籍出版社，2000。
⑤ 参见刘锦藻撰：《清朝续文献通考·征榷一》卷一九，考七八〇七，杭州，浙江古籍出版社，1988。

指称。

　　"洋关/新关""常关/旧关"是晚清官私文献中常常出现的一组概念，"洋关/新关"专指李泰国、赫德建立的征收进出口和转口贸易税的税务机构，而"常关/旧关"专指继续由关监督衙署控制的增收国内通过税的税务机构。这种命名大抵出现于19世纪60年代前后，《辛丑条约》签订之后，各口岸50里内常关也归税务司兼管。由此，笔者认为所谓"常关"是一个晚出的概念，若意指第二次鸦片战争之前的清政府税务机构中并不合适，更何况还存在大量非开埠口岸的税关，洋—常，新—旧这样互指的命名显有不明之处。在本书中，笔者用榷关一词指称清政府内由关监督控制的征收国内通过税和进出口贸易税的税务机构，行文中有时也用税关一词涵括榷关及税务司的征税机构。

四、关于本书的结构

　　建立对历史事件或制度的结构性认知是学者们的追求，而笔者在本书中尚无这种追求，本书更多的是对自己这些年研究的一个总结，是对咸同时期被忽略却比较重要的榷关制度的一个梳理。

　　本书的第一章是描述鸦片战争前的榷关基本情况，分三节，第一节是作为榷关核心制度的定额制的形成、内容与奖惩方案，第二节是关于各榷关定额制下的收支情况，第三节是以直省收支为基础，讨论榷关在清政府财政体系中的地位。

　　第二章是通过粤海关监督在道光、咸丰二朝人事变动情况以及1843—1854年粤海关体制的演变，分析清政府在这个时期的基本政策倾向：于变动中求不变。

　　第三章是分析榷关体制转变的内在因素，即在太平天国运动中遭受重创而不得不承认此间已经变化的局面：洋关与厘金的兴起，替代了它在财政体系中的地位。

　　第四章是以闽海关为例，讨论洋关设立初期，如何在地方官员和关监督的反对声中确定自己的地位，赢得总理衙门①和其他中国官方的承认，融入清政府的官僚体系之中。

第五章是讨论与关税相关的三个财政问题，一是同文馆与三成船钞，讨论同文馆如何获得并使用三成船钞；二是江南制造局与江海关二成洋税，讨论清政府如何用洋税支撑起洋务企业的创建、发展以及经费的收支情况；三是校勘汤象龙先生《中国近代海关税收与分配统计》中的浙海关数据，讨论汤先生数据中的问题和时下大数据研究中需要注意的问题。

附文则是这些年来笔者研究中无法列入正文中的一些研究成果，这些成果在公开发表时有所变化或删节，附于此处希望能抛砖引玉。

---

① 笔者认为总理衙门是税务司制度在政府内的主要支持者。

目　录

第一章　鸦片战争前的榷关基本情况

第一节　从三年比较到定额征收

嘉庆四年(1799)是榷关历史上一个重要的年份，乾隆朝以来的三年比较法修改为定额征收制。为便于认知二者之间的差别，笔者此处引用前后两份奏折，以供读者参考。

第一份是嘉庆四年打箭炉关征税的题本：

> 兹据委管炉关税务打箭炉同知蔡廷弼自嘉庆三年四月二十二日起至嘉庆四年四月二十一日止共征收茶杂米豆等税银二万三千九百九十六两四钱九分七厘到司。据此，本司遵例与上三届无闰之经年逐加核刊：较嘉庆元年分征银二万一千二百九十六两七钱八分四厘，计多银二千六百九十九两七钱一分三厘；较乾隆六十年分征收银二万四千五百九十一两一钱二分三厘，计少银五百九十六钱二分六厘；较乾隆五十八年分征收银二万四千七两七厘，计少银一十两五钱一分。今炉关嘉庆三年分实止征银二万三千九百九十六四钱九分七厘，较上届无闰之嘉庆元年虽属有盈，较之乾隆六十年及五十八年究有短绌，应请即以乾隆六十年征收最多之数比较，计少银五百九十四两六钱二分六厘。着令同知蔡廷弼

名下照数赔缴所有比较征收盈绌，并议赔缘由……①

第二份是道光元年(1821)江海关的奏折：

江苏巡抚臣魏元煜跪奏，为江海关征收溢额税课银两，尽收尽解，循例恭折具奏，仰祈圣鉴事。窃照各关盈余银两前于嘉庆四年钦奉上谕："酌中定制，分别核减定额之后，倘各关每年盈余于新定之数再有短少，着落赔补；如于定数或有多余，亦即尽收尽解。其三年比较之例永行停止等因。钦此。"并奉钦定江苏江海关盈余银四万二千两。又于嘉庆五年恭奉上谕："嗣后各处所征关税盈余银两如较新定额数实有加增，即当据实报出。倘稍有隐匿，征多报少，必将该管之员照律治罪等因。钦此。"钦遵在案。今江海关税务自嘉庆二十五年七月初一日起至道光元年六月底止，已届一年期满。饬据委管江海关事苏松太道龚丽正详报，该管任内一年期满共征收税钞银七万三千六百五十六两六钱七分九厘。臣覆加查核，该关征收税钞除正额、铜斤脚价银②二万三千九百八十两零并应解盈余银四万二千两外，仍多余银七千六百七十六两零。臣即饬尽数分别报解，以重国课。除饬将支解各款行令分别查明详咨外，理合循例恭折具奏，伏乞皇上圣鉴，谨奏。③

笔者因无力找到更为合适的前后对照清晰的题本或奏折，只能给出以上两个例子。从嘉庆四年打箭炉关的情况，我们大致可以看到，所谓"三年比较"，是与前三年(如系有闰之年，则系与此前有闰的三年，并不一定是此前的三个年度)，一旦与此前最高年份相较有所短少

---

① 嘉庆四年八月八日，四川总督管巡抚事勒保题报比较打箭炉关征收税银数目，见张伟仁主编：《明清档案》第291册，B164895，台北，"中央研究院"历史语言研究所，1995。朱批时间为嘉庆四年九月十四日。

② 一般称为铜斤水脚银。

③ 道光元年七月二十六日，江苏巡抚魏元煜折，见故宫博物院文献馆编：《史料旬刊》，第三十三期，地二百三十一，1931。

即照数赔缴。这也就隐含有要求各榷关不断增加税额的意味。从江海关道光元年的情况，我们大致可知，所谓"定额制"，是与部中规定的数额进行比较，达到此数即可。这就意味着清政府放弃了增加税收的企图，"定额"其实是一种对各关监督额收额的最低要求，最高无上限——这一点在粤海关那里表现得非常明晰。

尤须提及的是，嘉庆四年前某些榷关已经实施定额制，例如，右翼在嘉庆二年（1797）即已确定为"每年额税银一万两"①。我们据此可以大致推定：定额制并非创始于嘉庆四年，而是在此之前的榷关中已有施行者，嘉庆四年只是将此制度推行到全部榷关而已。榷关税额的定额化需要从两个方面去理解：一方面，定额化并非是包税制，在他背后还有一整套的奖惩措施；另一方面，定额只是某段时间内的定制，并不妨碍清政府依据各地的实际征收情况进行调整。

关于奖惩措施，早在乾隆十四年（1749），户部即已有相关规定：

> 关税盈余虽与正额有关，亦宜酌定处分。嗣后，比较上届短少不及一分者，免议；其一分以上者，罚俸一年；二分以上者，罚俸二年；三分以上者，降一级留任；四分以上者，降一级调用；五分以上者，降二级调用。……工部所管各关亦一例办理。②

此时奉行的是三年比较，也就是全额的比较，与嘉庆四年后的正额、盈余分开比较有一定的差别。从处分的力度而言，也有一定的差别。

嘉庆四年，鉴于由经济萧条而导致的关税亏短，清政府认为，"（三年比较制之下）如有不敷即着经征之员赔补，以致司榷各员借端苛敛，

---

① 右翼自嘉庆二年十二月初二日至三年十一月十二日的缊布任内共征收10005.12两，户部以为"右翼每年额税银一万两"，所以"查与额征银数有盈无绌"。参见嘉庆五年六月初二日，户部尚书布彦达赉题报查核前任右翼监督征过税银，见张伟仁主编：《明清档案》第297册，B168551—168552。

② （光绪朝）《大清会典事例·户部八六·关税》卷二三七，乾隆十四年条，光绪三十四年石印本，上海，商务印书馆，宣统元年。

而赔缴之项仍未能如数完缴"①，于是公布了各关的正额②和盈余额。

表 1-1-1　嘉庆四年所定各关盈余数额表

单位：库平两

	关名	盈余额	关名	盈余额	关名	盈余额
户关	太平关	75500	北新关	65000	粤海关	855500
	浙海关	39000	九江关	347800	天津关	20000
	淮安关	101000	临清关	11000	海关庙湾口	2200
	坐粮厅	6000	闽海关	113000	夔关	110000
	芜湖关	73000	武昌关	12000	扬州关	68000
	梧州厂	7500	浒墅关	235000	浔州厂	5200
	西新关	29000	打箭炉	0	凤阳关	15000
	山海关	49487	江海关	42000	杀虎口	15414
	赣关	38000	张家口	40561		
工关	辰关	3800	渝关	0	武元城	2
	由闸关	0	临清关	3800	南新关	0
	宿迁关	7800	潘桃口	0	芜湖关	47000
	潘家口	0	龙江关	55000	古北口	0
	荆关	13000	杀虎口	0	通永道	3900

资料来源：中国第一历史档案馆编：《嘉庆道光两朝上谕档》第4册（嘉庆四年），嘉庆四年三月十八日，95～97页。户关合计2376162两，工关合计134302两。

注：盈余额0代表无盈余定额。

从上表（表1-1-1）可知，调整后的26户关和15工关盈余额分别为

① 中国第一历史档案馆编：《嘉庆道光两朝上谕档》第4册（嘉庆四年），96～97页，桂林，广西师范大学出版社，2000。
② 祁美琴在《关于清代榷关税额的考察》（《清史研究》2004年第2期）一文中认为正额数目在各时期是变动的。于此笔者表示同意。但笔者以为，最晚到嘉庆四年六月编订盈余额时，各关的正额也已确定，且不再变动。而祁美琴文中以光绪朝《会典》列出正额数目为定，误。

2376162 两和 134302 两，合计达 2510464 两。到了嘉庆九年（1804），又将各关盈余额进行了调整，或者准确地说是将浙海关等江浙皖赣四省的六海关盈余额调高了 68200 两。① 道光十一年八月十三日（1831 年 9 月 18 日）清政府正式规定对淮安关和浒墅关的盈余额进行减免，两关的盈余额分别从 121000 两和 250000 两减为 110000 两和 230000 两。②

公布正额与盈余额之后就是确定进一步的奖惩措施。在道光二十七年（1847）编订完成的《钦定六部处分则例》中记载了嘉庆年间的有关征税处分则例：

> 关税正额银两一年期满，该监督欠不及半分者，降一级留任；欠半分至一分以上者，降一级调用；欠二分以上者，降二级调用；欠三分以上者，降三级调用；欠四分以上者，降四级调用；欠五分以上者，革职。俱公罪。缺额银两着落追赔。
>
> 关税盈余银两一年期满，该监督欠不及一分者，免议；一分以上者，罚俸一年；二分以上，罚俸二年；三分以上，降一级留用；四分以上，降一级调用；五分以上，降二级调用。俱公罪。缺额银两着落追赔。③

以上的则例当系嘉庆四年将关税分为正额与盈余之后的规定。文

---

① 参见中国第一历史档案馆编：《嘉庆道光两朝上谕档》第 9 册（嘉庆九年），嘉庆九年六月十一日，214 页。

② 参见中国第一历史档案馆编：《嘉庆道光两朝上谕档》第 36 册（道光十一年），351 页。邓亦兵在《清代前期关税制度研究》（311～313 页，北京，北京燕山出版社，2008）一书的"表 6-1 嘉庆道光年间浒墅关盈余因素量表""表 6-2 嘉庆道光年间淮安关盈余银数量表"中开列了自嘉庆四年至道光十一年 32 个年份的盈余情况，其中浒墅关征不足额的年份达 29 个，淮安关达 23 个。这应该就是清政府被迫调整浒墅关、淮安关盈余数额的原因。但此表仍不足以解释调整的数额，因为此二关的亏短数额多超过 5 万两，远远超过调整后降低的 20000 两和 11000 两。这是否表明清政府的榷税定额有一定的随意性？

③ 《钦定六部处分则例·关市》卷二三，关税考成条，4 页，光绪十五年本。

中公罪系指"因公获罪"，其处分也较"私罪"为轻。例如"系公罪，笞一十者，罚俸一个月"，反观私罪则处罚较重，"系私罪，笞一十者，罚俸两个月"。① 上述引文有表述不清之处，笔者根据自己的理解将之转化成下表(表1-1-2)：

表1-1-2 嘉庆四年至道光十年间关税处分表

名目	亏欠份额	处分	追赔与否	名目	亏欠份额	处分	追赔与否
正额	不及半分	降一级留任	追赔	盈余	不及一分	免议	追赔
	半分至一分以上	降一级调用	追赔		一分以上	罚俸一年	追赔
	二分以上	降二级调用	追赔		二分以上	罚俸二年	追赔
	三分以上	降三级调用	追赔		三分以上	降一级留用	追赔
	四分以上	降四级调用	追赔		四分以上	降一级调用	追赔
	五分以上	革职	追赔		五分以上	降二级调用	追赔

资料来源：《钦定六部处分则例·关市》卷二三，关税考成条，4页。

整理成上表后，我们可以清晰地得出数点结论。

第一，正额、盈余的亏短均分为六个等级进行处分。盈余的亏短较轻，从"免议"至"降二级调用"；正额的亏短处分较重，从"降一级留任"至"革职"。但还是留有余地："各监督短缺正余额税处分，如有军功及钱粮全完议叙加级纪录者，准其抵销。别项加级纪录，不准抵销。"②

第二，所有的亏欠都需赔缴。但赔缴的期限没有限定，清政府在《钦定六部处分则例》中只有一个粗略的规定："各关监督于着落追赔之后，能于年限内将缺额银两全完者，准其呈报该管衙门咨部核实，将从前所得处分即予开复。"③

笔者于此尚有一个重大疑问，关税的划分自是先划定正额(征收之

① 《钦定六部处分则例·公式》卷一，公罪私罪按律定议条，3页，道光八年本。

② 《钦定六部处分则例·关市》卷二三，关税考成条，4页。

③ 《钦定六部处分则例·关市》卷二三，关税考成条，4～5页。笔者查阅道光八年本亦无年限之规定。想系跟从丁漕处分之限。

关税先将部分税款划定部分为正额，多余部分再划定为盈余，并非二者一起征收：以一部分为正额，一部分为盈余），正额不足者自当系盈余全亏。是以，自关税正额亏欠不及半分者早当议定为"降二级调用"。则例于此颇有不可解之处。不过，此时可能各关盈余全亏，正额不足者尚未出现，是以此时尚未显现则例的不合理性。

到了道光年间，关税亏短的情形愈发多现，户部也发现了其中的不合理之处。道光十四年(1834)户部议定：

> 各关亏缺正额处分，欠不及半分者，降二级调用；欠半分至一分以上者，降三级调用；欠二分以上者，降五级调用；欠四分以上者，革职。[①]

这个规定明显补上了此前的漏洞，正额不及半分者直接接上了盈余亏缺五分以上的处分，且其处分比此前更为严格，几乎调高了两级。

而关于亏短追赔的细节在道光十一年也确定了下来：

> 赔缴短征关税银两。嗣后，除三百两以下，定限半年；三百两以上，定限一年，仍照承过例限办理外。其余银数，自一千两至五千两者，仍予限二年；五千两以上至二万两者，予限三年；二万两以上至五万两者，予限六年；五万两以上至十万两者，予限八年；十万两以上，亦予限八年。至一任而两任、三任各有亏缺，如准其持续完交限期，未免过宽，着统计前后所亏银数之多寡，均照此次限期办理。[②]

事实上，这样的赔缴期限，数额越大，赔缴难度越大。以十万两为度，限期八年，每年达到12500两以上，已经超过了道光朝绝大多数道员及官员的正式俸禄与养廉银之和，若非另有收入来源，绝难轻易赔缴。

---

① 《钦定六部处分则例·关市》卷二三，关税考成条，5页。原文中"降五级调用"的"降"字写为了"目"字，似误，参考上下文当为"降"字。

② 《钦定六部处分则例·关市》卷二三，关税考成条，6~7页。

而事实上，由于旗人多有为关监督者，另有谕旨规定了旗人的赔缴章程：

> 各关监督征收税课，累年亏缺，降旨严定章程，不准回旗后呈请缴银扣俸，令依限完纳。限满不完，革职监追。如监追后仍延宕不交，即着永远监追。①

则例如此严苛，似乎难以执行，但从档案中的材料来看，却也推行了下去。

除了处罚之外，户部对于溢征也有了明确的奖励措施：

> 道光十年三月户部奏定各关征收盈余银两，除足额不及一分者，毋庸置议外，其溢收一分以上者，纪录一次；二分以上者，纪录二次。三分以上者，纪录三次；四分以上者，加一级；五分以上者，加二级。此外再有多余尽收尽解，均作五分以上计算。②

在此之前，清政府对于榷关的定位有诸多不同的理解，最著名的如："国家设关置尹，掌其治禁，本以讥察奸宄而安行旅，非徒征商抑末，用佐经费已也。"③引文中的态度也符合儒家自孟子开始的"关市几而不征"的基本态度。道光十年(1830)这个奖励措施的出台，也就意味着，此前的粉饰之词不再适合于度支困难的新时期，"财政型关税"④

----

① 《钦定六部处分则例·关市》卷二三，关税考成条，页又五。笔者推断，此处原书中页码标注为"又五"系因页码标注脱漏临时补加而成。

② 《钦定六部处分则例·关市》卷二三，关税考成条，7页。

③ 《清朝文献通考·征榷一》卷二六，考五〇七六。文中的"讥察"现代一般写为"稽查"，下文中"几而不征"，"几"也意为"稽查"。这段话并非出自某份公文，而是《清朝文献通考》编著者的按语，笔者以为这代表了清朝统治者的某种态度，至少是乾隆末期之前清政府的态度。

④ 笔者此处勉强借用了现代财政学的概念，即将关税分为"财政型关税""收入型关税"和"保护型关税"。这种分类大体基于前资本主义和资本主义不同时期政府对进出口贸易的不同态度。这样的分类基础显然不适合清代的情况，因为道光十年之前的关税也非"保护型关税"，更何况这个时期关税更大比例是为内部关税。笔者借用这个概念只是为说明清政府在此之后对关税收入的重视。

的地位开始确立。

关税征不足额有处罚、追赔，盈余之外复有多余者奖励。这样的制度提醒我们一个事实：自嘉庆四年以来规定的正额与盈余保证了清政府来自关税的财政收入，而关税际所得当超过明面所定——超过盈余者固然作为度支的一部分，而征收不足额者亦当赔缴收入银库。从档案中所见，笔者以为在追赔制度施行的初期，短征榷税的各关监督尚能努力赔缴。[①] 在赔缴的过程中出现了另一层问题：赔缴官员自当将款项缴纳于所在省份的藩库，由藩库一起解缴户部银库。但某些偏远穷省是没有解部款项的，且需他省或户部协解。于是那些省份就将款项直接扣抵协解款项，用于本省开支。[②] 当然，也有官员提出了另一层担忧，如果连续短征，可能会超过关监督的赔缴能力。[③] 只是在初期这样的情况尚未出现而已。道光十九年（1839）后因对外战争引起的诸多榷关短征的局面下，清政府依然坚持了处分则例。[④]

本节主要讨论的是自嘉庆四年后，清政府对关税的征收一改此前

---

① 例如，理学大家唐鉴在芜湖关监督任内短征 13625 余两，只好除了官俸、养廉银 5800 两之外，向亲友借了近 8000 两作为赔项。参见道光十七年九月二十五日，贵州巡抚贺长龄片，见中国第一历史档案馆藏：《军机处录副》，档案编号：3-55-3164-53。本文所引用档案除特别注明外，均引自中国第一历史档案馆（简称一档馆）藏《军机处录副》，仅保留时间、档案题名、档案编号，下文不再一一说明。

② 例如，道光十九年云南省就将迤东道、原安徽道朱士达在兼管芜湖关亏短的 33000 两扣抵了原本应由户部自外省划拨云南省铜本银。参见道光十九年七月十八日，颜伯焘折，档案编号：3-55-3165 54。

③ 例如，掌广东道监察御史董宗远在道光十七年时即提出了一种可能的后果："倘有逾限不完革职监追，第恐监追之后，或所缴不敷原亏各项，甚或有丝毫不能完缴者。"见道光十七年九月十四日，董宗远折，档案编号：3-55-3164-50。

④ 第一次鸦片战争期间，沿海和长江下游的一些榷关受到了战争的影响，存在短征的情况。以龙江—西新关为例，道光二十三年七月，江宁织造在奏折中强调了因英国军队控制航道造成的经济恐慌，奏请"将短征税银作正开除，免其赔缴交议……"（道光二十三年闰七月初五日，江宁织造乌明阿折，档案编号：3-55-3166-39）。而户部仅豁免了"该关商载不同期内短征银"，仍根据余剩短征税额对其处以赔缴的处理，只是免了罚俸一年（道光二十三年八月十九日，管理户部大臣潘世恩等折，档案编号：3-55-3166-43）。

的三年考核制，变为确定盈余额的定额制，到道光十年后又进行了小幅修订，对奖惩制度也进行了修改。这背后反映的是清政府在感受到财政压力之后对关税收入更为重视，想通过定额制将关税的收入确定下来。这是一种控制措施相对不足情况下，清政府保证自身财政稳定的一种办法。

第二节　各榷关基本情况

清代的榷关核心功能是财政，并且是构成政府财政运作的核心部分。其地理分布遍及关内18行省中的16个（仅云南、甘肃未设榷关，而关外的奉天也设有税关）；按归属管理分则为户关和工关（其奏销归户部或工部管理）；按监督的派出则可分为专差或地方官兼管（专差者如内务府粤海关，地方官兼管者如苏松太道于江海关）。而当时和后世最常见的分类是将榷关分为户关和工关，即按照各关奏销管理机构是户部还是工部进行分类——也有人理解为以征收对象为商税或木税/砖瓦税（如临清工关征收的税名）为区别。笔者于本书中仅讨论各关的收支情况，故不按此分类进行梳理，而是逐个进行梳理，以求探讨它们在清代度支体系中的作用。

清政府（尤指户部）的度支会计、各直省奏报（含奏折、奏片与题本，以及《清会典》）与当时一般官员的认知（以《清朝续文献通考》为例）对于榷关的理解有一定的差别。简单来说，度支会计统计中显示的榷关数最少，含户关24个，即崇文门、左翼、右翼、坐粮厅、淮安关、浒墅关、扬州、芜湖关、西新关、凤阳关、江海关、天津关、临清关、九江关、赣关、北新关、浙海关、闽海关、太平关、粤海关、山海关、张家口、杀虎口、归化城；工关5个，即龙江关、芜湖关、宿迁关、临清关、南新关。① 由于龙江关与西新关统归江宁（江南）织造合并奏报，南新关与北新关由杭州织造合并奏报，芜湖户关与芜湖工关由徽

---

① 此处是要以中国社会科学院近代史研究所档案馆藏《汇核道光二十七年各直省出入钱粮清单》（档案编号：清代文件·道光2）中"关税项下"所列各关为参考。

宁池太广道合并奏报，临清户关与临清工关由临清州知州合并奏报，宿迁关与淮安关由淮海道合并奏报，事实上我们在奏折中难以见到上述五个工关的单独奏报。

而在《清会典》中则告知了另外的信息：除了上述的 24 份奏报之外，清政府列为户关者还有归属于贵州清吏司外的各榷关，如福建清吏司所属的天津海税；山东清吏司所属的奉天牛马税、凤凰城中江关；湖北清吏司所属的武昌游湖关；四川清吏司所属的夔关（含渝关）、打箭炉关；广东清吏司所属的梧州、浔州厂。① 列为工关者，除上述五关外，还有辰（州）关、武元城、荆（州）关、由（闸）关、通永道、潘桃口、杀虎口。② 这样的一种管理体制与清政府各机构一直表现出来的"由因循而苟且"的制度设计理念是相符的。另外，在档案中我们还可以看到以"商税"名目奏销的一些衙署，如陕西巡抚奏报的"潼关商税"。

以上讲述的是清政府实际运作中的制度，是清政府行政过程中对关税的管理，那么接下来就不得不涉及另一个问题：清代的士大夫是如何认知榷关的？榷关在他们的度支或民生中的地位如何？

我们首先需要知晓的是，在直至 19 世纪末的清代士大夫的观念里，商业性税收不是国家财政的核心支柱或者是不可成为核心支柱，否则就是"与民争利"——他们选择性地遗忘将税收一边倒地压在农业税上是否合理，是否公平。总体而言，他们对榷关的低税率是比较满意的：

---

① 倪玉平在《王庆云〈石渠余纪〉所载道光关税辨析》（《近代史研究》2008 年第 5 期）再次比较了王庆云《石渠余纪》所载《直省关税表》和《大清会典》中户关的数目，认为"王庆云所记载的依据，乃系嘉庆《大清会典》户部贵州清吏司的部分数据，而忽略了福建清吏司、山东清吏司、湖北清吏司、四川清吏司、广东清吏司的所辖关数"。笔者以为这是一种误解，王庆云本来所用的就是各年度《各直省钱粮出入清单》，而其余的各榷关归属地方开支（此点笔者将在下文中论述），不在其考察范围之内。

② 参见（光绪朝）《大清会典事例》卷九四二，798 页下，光绪三十四年石印本，上海，商务印书馆，宣统元年。上述各关中由闸关已归扬州关合并奏报，通永道木税归坐粮厅奏报。

周礼有"关市之征"，孟子则曰："关市讥而不征"。后世言富国者，祖周礼。谈王道者，宗孟子。究之孟子乃长久至计，周礼犹权宜之策也。然而古今异势，中外异宜，使必生今而反古，执西以概中，持论虽高而实有扞格难行者矣！我朝定制，自京师崇文门设务征税外，边疆、海口及内地冲要皆设关榷税。各省通计不过数十处，立法疏阔。二百余年垂为成宪，相与安之，较前代烦征苛敛，实已仁暴悬殊。殆犹是管子"征于关，不征于市"之意欤。①

其次，他们也认为榷关中存在诸多问题，各个时期都有言官对榷关进行过猛烈的抨击，从官员的贪婪到其家人的需索，方方面面都被指出存在巨大的漏洞。例如道光十四年御史郑世任就指出：

各关监督携带家人，派令分稽小口，小则需索饭钱，大则得规卖放。又书役盘踞各关，客货到关倩人包揽，名曰包户，亦曰揽头，实则本处地棍结交该关书役代为说合，其税银即交书役代纳。串通巡拦、签量人（员）等以多报少。查部颁商人亲填簿原为防弊而设，近则视为具文，各关小口竟有将应纳货税减半卖放，并不交官，名为小进。缺额之由大率因此。又客货到关按则纳税，无难立时核办，近闻外省各关竟有货船到岸，至迟五六日及七八日始行签量者，难保无勒索刁难情事。……②

抨击是一方面，实际上没有人想过，更没有人提过要撤销榷关。一切都只是认为需要回到定制，修补当下的错误即可。

下面，笔者将对文献中所载各关的经济和收支情况逐一进行叙述。

一、辰州关

辰州关位于湖南辰州府境内，是湖南与四川、贵州之间来往的重

---

① 杨凤藻编：《皇朝经世文新编续集》卷一二，932页，台北，文海出版社，1972。

② 刘锦藻编：《清朝续文献通考·征榷一》卷二九，考七八一三。

要通道，主要经征木税。辰州关监督由湖南巡抚派委辰州府知府兼管。每年正额银 12500 两，额定盈余银 3800 两，此外还有"额外盈余银一万一千四百一十一两零。随正征收耗羡银二千七百七十一两零，内除开支关书人等辛工饭食等银七百九十两零，外存银一千九百八十两零，归入额外盈余汇解。计征收正额、盈余并额外盈余共银二万九千六百九十二两零"①。咸丰九年(1859)后一度移至"常德府河□地方"，于是年六月初一日(1859 年 6 月 30 日)开关征税，但由于地理条件的限制又移回辰州，并在常德添设子关。②

二、闽海关

闽海关下辖厦门、泉州、南台、涵江、宁德、铜山等六口，基本管辖除"福防同知、粮通判及崇安、浦城、上杭、光泽等县暨福州府经历"③所管之外的所有福建省沿海各税口。闽海关监督由福州将军兼任，而厦门等各口则一般由将军奏请派委来自福州驻防八旗的防御、骁骑校管理，道光二十三年(1843)后多委职位较高的协领、佐领管理。④ 闽海关"年额征收税银六万六千五百四十九两，钦定盈余银十一万三千两，共银一十七万九千五百四十九两，同除铜斤水脚七千两解赴户部交纳外，余银一十七万二千五百四十九两俱系发交布政司拨充本省

① 道光三年十一月十四日，湖南巡抚嵩孚折，档案编号：3-55-3157-43。此处辰州关的额外盈余并非道光十一年后确定的对"钦定盈余"的四六成划分中的四成"额外盈余"，而是指额定盈余之外必须征收的税项。

② 参见同治元年二月十三日，湖南巡抚毛鸿宾折，档案编号：3-86-4871-7。

③ 道光三年十一月十一日，闽浙总督赵慎畛、福建巡抚孙尔準折，档案编号：3-55-3157-42。

④ 参见道光二十四年二月二十五日，福州将军保昌折，档案编号：3-55-3167-6。此折中提到厦门的情况，笔者以之推断为各口，折中说："(厦门口)向于防御、骁骑校中派委，上年开关之际，奴才以该处华夷杂处，控制防闲，稽查弹压在匪易，防御等官卑职微，难以胜任特委协领霍隆武往彼查办。……复派委明干之佐领都尔逊前往，会同霍隆武经理。"从嗣后对厦门、福州二口委员的任命情况来看，多系协领、佐领。

兵饷。扣足一年期满，由管关将军造册报销，并移揭督抚衙门查考"①。闽海关的定额分解为各税口的定额，如额定的 186549.547 两税款中，厦门口约占一半，"年征收税银九万两上下"②。此外，"关税盈余内动支银六千两"以"恭办贡品"。③

除上述银两外，闽海关还有"并封平余、漏税罚料、书役截旷三项银两"④用于"添补加平、添补办贡经费，书役办差不敷并京差头役买备雨衣及犒赏"等项。⑤ 大约道光十年后又增加"修理泉州口、法石口、厦门口、古浪屿口、福宁口等处馆屋银"⑥。此款项自乾隆五年（1740）始建立，因每年均有剩余，故"每积至二三万两，即奏请发交藩库报充兵饷"⑦。

闽海关之所以会有大量的钱银留于本省开支，这背后的主要原因当是福建省一直是财政不敷省份。乾隆五十六年（1791）有上谕明文："闽海关赢余税银嗣后不必解部，即着留于福建藩库以备支解税银。"⑧

作为面对东洋开放的海关，闽海关还接收停泊来自琉球国的贡船，

---

① 道光三年十一月十一日，闽浙总督赵慎畛、福建巡抚孙尔准折，档案编号：3-55-3157-42。

② 道光二十二年四月十九日，福州将军兼管闽海关税务保昌折，档案编号：3-55-3166-6。

③ 道光二年十一月十九日，福州将军兼管闽海关税务和世泰折，档案编号：3-55-3156-33。

④ 此项银两的奏销颇为特殊，是笔者所见不多的以完整的四柱清册形式奏销的榷税款项。就数额而言，每年新收在万余两，开支为三五千两，所以每年有不少的结余。参见道光十九年七月十三日，嵩溥折与清单，档案编号：3-55-3165-51/52。后者为清单。

⑤ 道光二年六月二十八日，福州将军兼管闽海关税务和世泰折，档案编号：3-55-3155-52。原清单无时间与上折人，此为笔者与档案编号为 3-55-3156-21 的奏折合考而得。

⑥ 道光十二年六月十二日，福州将军兼管闽海关事萨秉阿折，档案编号：3-55-3163-19。

⑦ 道光十二年六月十二日，福州将军兼管闽海关事萨秉阿折，档案编号：3-55-3163-20。

⑧ 刘锦藻编：《清朝续文献通考·征榷一》卷二〇，考七八〇七。

但作为对藩属国的优待，贡使船是免税的，从税额而言每次不足两千两。①

三、荆州关（附武昌厂）

荆州关又简称荆关，下辖"彝关、中关、北关、东关、西关、调关、越关、大关、港关、周关、田关十一处口岸，征收商贩船料、竹木板坊、篾条盘桶各项税银"②，"历系委荆宜施道管理"③。每到一年关期届满，由荆宜施道向湖北藩司开报，再由藩司转呈总督，总督则与湖北巡抚会衔上奏。荆关正额 17687.156 两，盈余 13000 两，合计 30687.156 两。全部税银解交湖北藩库。"（嘉庆末年）以来，因内河周、田二关河道淤塞，船只、竹木不能挽运，前数年间亏短盈余税银至五、六、七千两不等。"④

因河道的变迁，荆州关的下属各关多有调整。如上述田关由徐关，调关由扬关移设。道光二十一年（1841）年底，周正关因河道淤塞，从"监利县属之周老嘴""移设于同县的柳家集地方，改名柳关，周支关改为柳支关"。⑤

不知为何，荆州关征税数目自道光六年（1826）后在《军机处录副》中未能见到。

四、武昌厂/游湖关

每年额征正税 33000 两，盈余银 22000 两，合计 55000 两。其税课，"全赖上游之四川、湖南，下游之江西、安徽各省及本省之襄阳、

---

① 参见道光九年八月初三日，福州将军普恭折，档案编号：3-55-3160-28。一档馆中将出口货物免税清单置于普恭道光九年十一月初九日折后，经勘对有误，此清单应与 3-55-3160-17，普恭的八月初三日奏折合一。

② 道光三年十一月十六日，湖广总督李鸿宾折，档案编号：3-55-3157-44。

③ 道光三十年十二月二十四日，裕泰、龚裕折，档案编号：3-55-3169-88。

④ 参见道光三年十一月十六日，湖广总督李鸿宾折，档案编号：3-55-3157-44。

⑤ 道光二十一年十一月初四日，湖广总督裕泰折，档案编号：3-55-3165-101。工部议复同意的奏折，参见道光二十一年十一月二十日，穆彰阿等折，档案编号：3-55-3165-102。

樊城等处往来船只"。①

五、九江关

九江关是长江中下游最重要的榷关之一。因关监督要兼管皇室在景德镇的瓷器烧制，自乾隆后例由内务府派员担任"广饶九南道督理九江关税务"。② 九江关有"九江及大姑塘二处总口，每季各派家丁四名，眼同书役丈量船只，其余额设口岸，每处仅派一人"③。九江关正额税银172281.306两，嘉庆四年定盈余347800两，嘉庆九年又增为367000两，合计539281.306两，其税额仅次于粤海关，为清代第二大税关。其"征收税银以丈量船料、盐船及商贩木植三项为重，此外零星船载竹木并茶叶、鱼苗等项为数无多"④。盐船的征收包括船料和盐税，"每只船料五十七两，盐税五十两上下，约计每只税银百两"。正常年分每年过关盐船总在一千一二百只不等。⑤

九江关的耗银连同正项一起征收，但计算正额时扣除。它还有两项特别的税款，即积余银和积平银。积余银的产生源于"关税钱粮纳户数目多寡不齐，在关征收由零聚整，手轻手重，势难吻合，致有积余"。这笔税款一般用于"添补各项并给承解员役盘费"⑥，如尚有多余则"解缴造办处充公"⑦。积平银又称"平余饭食积平"⑧，即"三分平余"⑨，

① 咸丰三年八月二十一日，张亮基折，档案编号：3-74-4376-51。

② 《大清会典事例·户部八五·关税》卷二三六，嘉庆二十四年条，"九江关监督期满俱毋庸题请更换，每届该道出缺时，即以新任道员接管"，似乎内务府对九江关的控制减弱，但从实际关监督的人选来看，仍系多从内务府中派遣。

③ 道光三年十二月二十一日，江西巡抚程含章折，档案编号：3-55-3157-50。

④ 道光三年十二月二十一日，江西巡抚程含章折，档案编号：3-55-3157-50。

⑤ 参见道光十年十月十七日，九江关监督祝麟折，档案编号：3-55-3160-71。

⑥ 道光三年正月十六日，九江关监督费履升折，档案编号：3-55-3157-2。事实上，积余银在道光朝一直收多于开支，一般为1000~2000两。积余银的奏销一般随同关税开报，但一般是一个年度前的情况，因为它的开支是针对上年度的。

⑦ 就笔者所见，至少某些年份的积余银所剩不多，以道光十八年（道光十七年六月初九日至十八年六月初八日）的积余银虽然达到17095.3两，但开支各项后仅存907.861两。参见道光十九年七月十一日，德顺折，档案编号：3-55-3165-49。

⑧ 道光二年六月初二日，常兴折，档案编号：3-55-3156-18。

⑨ 道光四年正月十九日，费履升折，档案编号：3-55-3158-7。

是按正耗银的 3‰ 加征的款项，是"耗外加耗"，主要用于"动支办公等项"，"年满造册请旨交造办处核销，余存银两解交造办处充公"。① 需要说明的是，这两项款项的核销权不在户部，而是在内务府的造办处。② 同时还要上缴造办处的是九江关监督于耗羡项下动支的 11000两养廉银。③

九江关盈余项下每年还要拨出一笔 10000 两的窑工银，用于在景德镇烧制皇宫定制的瓷器。

九江关除窑工和例支经费外，所有税款或解交部库或听候部拨。

六、赣关

赣关是江西省的另一处重要税关，主要位于赣州城附近，由江西巡抚派委吉南赣宁道管理。"赣关为粤省咽喉，全恃出入海口各货往来以充盈余"④，其正额为 46471 两有奇。嘉庆四年定盈余银 38000 两，合计 84472 两有奇。其开支额颇大，除正项的赣标各营兵饷银 46470两，解部盈余银 38000 两（正额银留于江西充抵军饷，盈余解部）外，在实际支出过程中，尚有"解给各杂项银二万八千三百余两"，"每年捐款(?)以及书役饭食、火食杂用等项银一万三千二百余两"，通计每年应征 126000 余两。⑤ 赣关征税的特别之处在于"税银一两五钱以上者，为正税，系足色平；一两五钱以下者，亦为临关零税，系九三色市平"，也就是说，正税与临关零税由于税额的高低而使税银成色亦发生变化。

不知何故，赣关留存于中国历史第一档案馆的奏销折极少，从现存的道光朝两件有关赣关的档案⑥来看，1840 年以前赣关似一直能征

---

① 道光四年正月十九日，费履升折，档案编号：3-55-3158-7。
② 参见道光二十年七月二十一日，福泰折，档案编号：3-55-3165-75。
③ 参见道光十九年七月十一日，德顺折，档案编号：3-55-3165-47。平余银一般每年达 15000 两以上，各项开除后仍剩 10000 两以上，加上 11000 两养廉银，全数解交造办处充公。
④ 道光二十一年六月初四日，江西巡抚钱宝琛折，档案编号：3-55-3165-80。
⑤ 参见咸丰四年正月二十六日，江西巡抚张蒂折，档案编号：3-74-4377-4。
⑥ 分别是道光三年十二月二十一日，江西巡抚程含章折，档案编号：3-55-3157-50；道光二十一年六月初四日，江西巡抚钱宝琛折，档案编号：3-55-3165-80。

解足额。

七、临清关（含户关、工关）

"临清居运河冲要，南接淮（安）关，北接天津关，帆樯并集，百流流通"①，临清户关税额"全赖江广纸张、茶叶、瓷器，江浙绸缎等货贩运北上，或直隶、山东杂豆赴南售卖"②。临清工关"仅征船料以完税额"，其征税对象为"谋生自理"的民船，也就是民船在受雇剥运时不征税。③ 临清关的管理体制颇为特殊，"本归巡抚管理，委临清州知州稽征，并由济东道监管"④。临清关与芜湖关一样都有户关和工关，分临清户关、临清工关，临清工关正额4572.74两，盈余银3800两，户关正额37376.31两，盈余11000两。户关的各役工食每年174两，于正税内扣除。其税款除工食外，全数解部。

临清是汶河、卫河与运河的交汇之地，因值北地，三水水位一旦降低就会影响当地的贸易形势，税额随之减征。整个道光朝，临清关税额的征收即深受河水枯竭之累。而且"该关税项以粮食为大宗，全赖商贩流通，则税课充足，若南北粮价相等无利可图，贩运便觉稀少"⑤。

临清关正税由于以粮食为大宗，尤其是靠直鲁豫三省粮食的流通，以致出现一个尴尬的局面：一旦三省岁收丰稔或全都歉收，税额即无法征足。临清关只有在三省之间有丰有歉的情况下才能足额。易而言之，临清关的税收依赖于某省歉收方能足额。

从现有资料看，至少临清户关除正税外，还征收10％耗羡银⑥，除开支外，多余者归入正项作正开除。

在档案中我们还能明确看到临清关的参斤银，只是数额不大，可

---

① 《临清直隶州志·关榷志》卷九，乾隆五十年本。

② 道光四年二月十七日，署理山东巡抚琦善折，档案编号：3-55-3158-12。

③ 道光十八年五月初二日，山东巡抚经额布折，档案编号：3-55-3165-8。

④ 中国第一历史档案馆编：《光绪朝朱批奏折》（以下简称《朱批奏折》）第74辑，404～405页，北京，中华书局，1995。

⑤ 道光十一年二月初四日，山东巡抚讷尔经额折，档案编号：3-55-3161-1。

⑥ 参见道光十一年九月初五日，讷尔经额折，档案编号：3-55-3162-16。

能在千两左右。①

八、天津关

天津是东南、东北各省地通往京师的必经之地，也是环渤海的重要城市。天津的榷关设置颇为特殊，有两个榷关：天津关与天津海税，而且分由不同的关监督管理。

"天津关，旧为河西务，康熙元年改"②，"天津关，系在天津府城北门外，南运河浮桥迤北，靠近河岸，稽查南来重运粮船携带客货并大小商船货物，征收税课船料"③。来自福建广东的闽广商船则"在天津郡东门外，天津道所辖之海关上下停泊，向由……之天津关合派委员丁（役）查验货收税"④。雍正十二年（1722）始，天津关税务归长芦盐政管理。⑤ 天津关正额 40464 两，铜斤水脚 7692.313 两，盈余银 20000 两，合计 68156.313 两。除此以外它每年度例须征足的是"解部料饭食银并照例支销各项经费"的 14000 余两和专解内务府的额外盈余 12300 余两。⑥ 其全部定额均应解部。道光十六年（1836），长芦盐政兼管天津关钟灵为始，捐监督养廉 10000 两"随额外盈余一并解交内务府广储司存充公用"⑦。

---

① 参见咸丰三年十二月十三日，革职留任山东巡抚张亮基片，档案编号：3-4395-19。虽然笔者仅见到这份奏折涉及临清关的参斤银，但从内容看显然不是第一次。奏折中还明确说明，他们于咸丰二年（1852）承领 10 斤人参，作价 1000 两。

② 《大清会典事例·户部八三·关税》卷二三四。

③ 道光二十三年七月初二日，长芦盐政德顺折，档案编号：3-55-3166-35。

④ 道光二十三年七月初二日，长芦盐政德顺折，档案编号：3-55-3166-35。

⑤ 参见《大清会典事例·户部八五·关税》卷二三六，雍正十一年条。

⑥ 与辰关相似，此项额外盈余并非道光十年后确定的对"钦定盈余"四六成划分中的四成"额外盈余"而是除盈余之外须征收的款项。从奏折中的情况来看，道光六年份之前为 12371.81 两，道光八年份为 12380.1 两。何以如此，有待进一步考证。

⑦ 道光十七年十月初二日，钟灵片，档案编号：3-55-3164-54。道光十八年九月一日，钟灵片，档案编号：3-55-3165-22。

九、天津海税

天津海税海关设于津郡东门外①，"即于南北运河交接之区"②。其征税"向以上海沙船装载茶叶为大宗，其杂货及奉天米粮次之"③。"天津海税经钦差侍郎托津奏明，每年定额征收银四万两，以二万六千两作为正额解部，以一万四千两作为盈余解贮藩库留充地方公用，自嘉庆十二年为始，委道府大员监收。"④其定额为40000两，其中以26000两作正额解部，14000两作为盈余解直隶藩司充公。解部之26000两中以一成，即2600两作为书役工食银，实解部23400两；若有溢余亦解藩司充公。与天津关以夏历一年作为一个财政年度不同，天津海税系夏历十二个月为一个财政年度，例如，咸丰三年份即从咸丰二年四月初一日起至咸丰三年(1853)三月三十日。⑤

天津海税中比较特别的一点是，一旦因直隶缺粮而在海税中免杂粮税收，此税款则将免税银扣除，再仍按比例计算65％为正额，35％为盈余，而所谓书役工食也是按比例计算，而非定额的2600两。⑥

十、中江关、奉天牛马税

中江关位于凤凰城，自雍正元年(1723)十月之后，其管理者由城守尉改为从盛京五部中拣选，奏报皇帝，一年更换。⑦ 但城守尉仍负责部分关税管理事务，与凤凰边门章京一起登册报交货物。

乾隆十二年(1747)五月二十六日，经户部议定，中江关以夏历的

---

① 参见道光二十三年七月初二日，德顺折，档案编号：3-55-3166-35。

② 道光二十年八月十五日，《直隶总督琦善奏报英船离津他往及海口防守情形折》，见中国第一历史档案馆编：《鸦片战争档案史料》第2册，336页，天津，天津古籍出版社，1992。

③ 道光二十四年五月十六日，讷尔经额折，档案编号：3-55-3167-14。

④ 道光二年正月初六日，直隶总督方受畴折，档案编号：3-55-3156-1。

⑤ 参见咸丰三年五月初一日，直隶总督纳尔经额折，档案编号：3-74-4376-20。

⑥ 以道光十九年为例，除免征外，实际仅征收24350.62两，以15827.902两为正额，而书役工食则定为1582.7902两。参见道光十九年十二月初八日，直隶总督琦善折，档案编号：3-55-3165-71。

⑦ 参见乾隆五十六年十二月二十八日，管理户部事务和珅题本，档案编号：02-01-04-17630-025。

一个整年(闰年按十三个月计算，但税额无加增)为一个年度，税额定为正税银 2745 两，火耗银 549 两，合计 3294 两。此数中动支 200 两为中江关衙署经费，其余榷税全数解往盛京户部。① 从有关档案看，至道光中期，中江关尚能征收足额，但溢额不多。②

奉天牛马税位于奉天府附近，其管理者由盛京五部侍郎轮选③，关期为夏历的十二个月(逢闰年提前一个月)。其定额为正项银 4000 两，盈余银 1106.193 两，合计 5106.193 两。④ 奉天牛马税和环京师的许多关一样，征税时，接受制钱缴税，且以一串制钱(即一千文)换算为一两库平银。从档案中可见，至道光中期，此处尚能征收足额，但溢额不多。⑤ 笔者在档案中未见衙署经费的来源和数额说明，奉天牛马税的税额全数解交盛京户部银库。

十一、芜湖关

芜湖位于青弋江与长江的汇合处，滨临大江，水陆襟带，舟车辐凑。明代已设芜湖工关与芜湖户关。康熙九年工关归并于户关。嘉道时期，芜湖关由安徽巡抚派委安徽道兼管关务。芜湖关"户税以油豆棉布为大宗，工税以竹木簰把为大宗"⑥。芜湖关"税课全赖川、楚、江西货物，赴浙江、江苏、仪征、扬州、清江浦等处转行北五省销

---

① 参见道光五年三月二十八日，盛京户部侍郎明兴阿题本，档案编号：02-01-04-20198-012。

② 以道光十四年份为例，征收正项银 2754.978 两，火耗银 550.997 两，溢额 11.974 两。参见大学士管理户部事务文孚等题本，档案编号：02-01-04-20724-010。

③ 盛京作为清政府的留都，与明朝的南京一样保留了部院，但部院中无吏部、理藩院。且最高长官为侍郎，不分满汉。

④ 参见道光八年六月初八日，户部尚书禧恩题本，档案编号：02-01-04-20332-028。

⑤ 如道光七年份(道光七年正月十九日连闰至十二月十八日)，恰好征收 5106.193 两(参见道光八年六月初八日，户部尚书禧恩题本，档案编号：02-01-04-20332-028)；道光十六年份(道光十五年九月十九日至道光十六年九月十八日)征收 5120.57 两(含大制钱 2563 串 600 文)，溢额 14.377 两(参见道光十七年三月二十七日，大学士管理户部事务潘世恩等题本，档案编号：02-01-04-20875-024)。

⑥ 道光十二年二月二十四日，邓廷桢折，档案编号：3-55-3163-10。

售"①。嘉庆四年后定：户税正额 156919.08 两，盈余 73000 两；工税正额 70146.16 两，盈余 47000 两。向来二税合并称报，"通融合算"，也就是说，户、工二税中即使某一税种未能足额，只要两相抵补尚能足额，即可不用赔缴——这与临清关的情况不同。

除正额盈余外，芜湖关每年尚应征解"解饭及官吏养廉工食约用银七万余两"，"节省银六千两，解省办公缉费一万二千两"，其中解饭养廉等银的用途为"例支关署养廉、书役工食外，每年两次解京部科饭食并统入盈余、正盈饭银随正报（？）银加平入内，以及盘费水脚等用"。②"至节省一款……为巡抚衙门书吏饭食、心红纸张、修理衙署、操练赏兵，巡江官兵折差并臬署书吏饭食纸张等项之用"，"办公缉费一款……以八千两为巡抚衙门公用，以四千两解交藩库为通省缉捕之费"。③

十二、凤阳关

凤阳关为凤阳仓与正阳关之合称，其"税钞只有淮河一道，上通豫省，下连江苏"④，"向设正阳、临淮、盱眙、亳州、怀远并长淮、涧溪、新城、蚌埠各关口共计九处"⑤。乾隆十九年（1755）添符离集，道光十五年（1835）因"河道逐渐淤高，难通舟楫，旱税亦属寥寥"⑥而裁撤。

"凤阳关向以粮食为大宗，茶油杂货次之"⑦，乾隆四年（1739）规定"凤阳关税务……于各衙门保举……开列具题，请旨简用"⑧。嘉庆

---

① 咸丰三年六月初五日，安徽巡抚李嘉瑞折，档案编号：3-74-4376-28。
② 道光二十一年八月二十七日，程楙采折，档案编号：3-55-3165-97。
③ 道光二十二年正月初八日，程楙采折，档案编号：3-55-3166-1。陶澍在道光四年（1824）认为芜湖关各种耗费仅 7000 余两，不知是受下属蒙蔽还是蓄意含混，参见陶澍折，档案编号：3-55-3158-16。
④ 道光五年三月十三日，戴聪折，档案编号：3-55-3159-12。
⑤ 道光十五年正月初八日，邓廷桢折，档案编号：3-55-3164-9。
⑥ 道光十五年正月初八日，邓廷桢折，档案编号：3-55-3164-9。
⑦ 道光十九年十月二十二日，管理凤阳关税务、庐凤道郑家麟折，档案编号：3-55-3165-66。
⑧ 《大清会典事例·户部八五·关税》卷二三六，乾隆四年条。

二十四年(1819)定"凤阳……关监督期满，但毋庸题清更换，每届该道出缺时，即以新任道员接管"①。但直至道光十年，凤阳关仍由"钦派庐凤道专管，每年征收税课由该监督径行具奏，惟关期年满考核系臣衙门(安徽巡抚衙门)代为题报"②。

凤阳关自嘉庆九年后定正额 90159.6 两，盈余 17000 两。此项税额除"额支凤阳府、凤阳、临淮乡三学廪饩并支给经费各项"外全部解部。此外，凤阳关监督每届还须解往内务府造办处五项款目：关监督养廉及办公〔原额为两项各 6000 两，乾隆三十三年(1768)闰二月后留关监督 1000 两，余 11000 两解交造办处充公〕，七分节省归公银，七分倾销火工饭食银，平余钱余银及充公余银。③ 从道光朝的资料来看，此五项合计从未少于 20000 两。④

据说，凤阳关此外还需加征耗费，每年为 2000 余两。⑤

十三、南新关、北新关

南新关、北新关均位于杭州城附近，是运河南端也是浙江省最重要的内地钞关，其管理官员多次变化，自"道光元年，裁浙江盐政，改设杭州织造，兼管南北新关"⑥，从此直至清末再无变化。

南新关为工关，"专征竹木等税银，每年应征银三万二百四十七两五钱，经费银三千九百二十二两一分九厘，除照例在于北新关盈余项下拨补银四千两外，实应征银三万一百六十九两五钱一分九厘"⑦。从

①　《大清会典事例·户部八五·关税》卷二三六，嘉庆二十四年条。

②　道光十年七月初九日，邓廷桢折，档案编号：3-55-3160-60。

③　关于这五项的由来，可参见道光六年五月二十一日，惠显折，档案编号：3-55-3155-19。

④　以道光十八年份(道光十七年十月十五日至十八年九月十四日)为例，计：养廉办公银 11000 两，归公银 5224.411 两，倾销银 5224.411 两，平余银 72.234 两，充公余存银 22.185 两，合计 21535.241 两。参见道光十八年十月十九日，庐凤道胡调元清单，档案编号：3-55-3165-25。

⑤　参见道光四年三月初七日，陶澍折，档案编号：3-55-3158-16。通过日后的揭发，陶澍此折问题颇多，无法以之为证。有关情况见芜湖关情况。

⑥　《大清会典事例·户部八五·关税》卷二三六，道光元年条。

⑦　道光元年六月十四日，杭州织造广泰折，档案编号：3-55-3155-27。

档案中情况来看，南新关征不足额的年份颇多，但一般都会在奏报之前由监督"按额补足贮库"，并"将所有存库银统俟北新关期满一并委员解部投纳"。①

北新关为户关，征收货税、船料，每年正额 123053.65 两（其中有铜斤水脚银 15384.65 两），盈余 65000 两，共应征 188053.65 两，其中 17000 余两用于"解部料饭食并随带补平及支过经费、役食等项"，10000 两为监督养廉，并"照例拨补南新关不敷银四千两"②。所余银两合同南新关税银或解部，或听候部拨。

十四、浙海关

浙海关始设于康熙二十三年（1684）③，道光时期约"统辖全省海关7口、11小口、15旁口及1厅"④。其主管官员是"由于巡抚饬委宁绍台道护理，又杭嘉湖道、温处道分管"⑤，其"每年额征、铜斤水脚银三万五千九百八两二钱三分，又嘉庆九年奉旨浙海关盈余额数着定四万四千两"⑥，合计共应征 79908.23 两。自道光后，多因"并无报往暹逻〔罗〕贸易及回棹商船，亦无闽广船只收泊"⑦，以致税多不足额。

浙海关关税的分配有明确去向，其正额银 32158.23 两和铜斤水脚3750两，"例系解交藩库，留充本省兵饷"。盈余银"向系解交部库"，

---

① 道光元年六月十四日，杭州织造广泰折，档案编号：3-55-3155-27。

② 道光元年八月二十四日，广泰折，档案编号：3-55-3155-42。

③ 实际开设的时间为康熙二十五年（1686），参见黄国盛：《鸦片战争前的东南四省海关》，22页，福州，福建人民出版社，2000。

④ 黄国盛：《鸦片战争前的东南四省海关》，138～139页。

⑤ 道光四年正月初九日，帅承瀛议复关税事宜由，参见蒋廷黻编：《筹办夷务始末补遗》道光朝第1册，278页，北京，北京大学出版社，1988。浙海关的管理似乎有点特异，而《鸦片战争档案史料》（第1册，658页，上海，上海人民出版社，1987）中的《浙江巡抚乌尔恭额奏为筹议严查浙江海口鸦片章程四条折》也提到"嘉兴府属乍浦等口，向归杭嘉湖道收税，温州、宁波等府城外，亦各设税关，归于温处道就近监收"。可进一步证明这种体制的存在。

⑥ 道光元年十二月十三日，帅承瀛折，档案编号：3-55-3155-47。

⑦ 道光十九年五月初六日，乌尔恭额折，档案编号：3-55-3165-40。

但并非直接解交，而是先解藩库，另款收存，统由户部指拨。① 由于道光后历年征不足额，且数额不大，其赔补款项一般都是直接全数赔补，连同其他盈余银一并解藩库。

税银中"正额内例给各役工食银二百五十八两，又盈余内拨补经费等银八百八十四两"②，而监督养廉又非出自关税，是否有监督养廉，如有，又出自何处。这些都有待进一步考察。

同治二年(1863)，经左宗棠奏请，温州等地各处口岸归温处道就近管理，委员驻关征解。③ 户部以"是一关税务委派两道分收，将来税额如有短绌，转使宁绍台道得以借口，实与历办成案不符"为由，提出"应仍由宁绍台道派员前往征收，随时将所收税银解浙海大关汇核办理，以专责成"。左宗棠则坚持：经温处道办理后，税额大幅增加(温州各口定额为11616两余，且从无盈余，改征后为22500余两)，所以"现须整顿税务，似无庸拘照成案办理。拟请将温州海关税务暂仍由温处道就近派员征解，每季征银若干，由温处道移知宁绍台道，归入大关汇总报销，应解部饭食银两，亦从关税内划出，拨归大关汇解"④。随即朱批同意。

十五、浒墅关

浒墅关位于长江与运河的交汇处，"当南北之冲"⑤，"钦派苏州织造管理"⑥。其税收"首重米豆之税，其次为南杂货物"⑦，而米石"向赖

---

① 参见咸丰元年闰八月十四日，为题销浙海关道光二十九至三十年征收税银，见《祁寯藻集》第3册，427-428页，太原，三晋出版社，2011。

② 道光二十八年十一月初七日，吴文镕等片，档案编号：3-55-3168-103。原奏片中并无时间，从其与一档馆《军机处录副》中的上折中看应是相连，故笔者认为是十一月初七日。

③ 参见《温瑞海关税务该由温处道就近征解片》，同治二年四月初六日，见《左宗棠全集·奏稿一》，刘泱泱等点校，193页，长沙，岳麓书社，2009。

④ 《温州海关税务请仍由温处道就近征解片》，同治三年十月初三日，见《左宗棠全集·奏搞一》，刘泱泱等点校，463~464页。

⑤ 道光十年三月二十八日，文祥折，档案编号：3-55-3160-48。

⑥ 道光四年二月初四日，韩文铸折，档案编号：3-55-3158-10。

⑦ 道光元年七月十三日，嘉禄折，档案编号：3-55-3155-29。

川楚"①，一年之中，税收"向以四、五、九、十等月最称旺盛，至冬、腊、正、二等系属淡月"。一届关期正额为 191251.388 两，嘉庆九年定盈余 250000 两，道光十一年改定盈余为 230000 两。

浒墅关从税额角度而言为全国第三大榷关，又与内务府派出的苏州织造关系密切，使得其税收支出亦颇为复杂。其"盈余项下动支银三万两，如遇闰之年动支银三万二千五百两，为传办各项差使之用，将已成、未成统计工价分析造册报销，余剩银两解交在案"②。从现有资料看，此项每年可为内务府带来 20000 两以上的进项，现存档案中未曾明言浒墅关的关用经费（包括办公、工食、养廉）从何处开支，但其中至少 12000 两的监督养廉应从正项中开除。

浒墅关还有三项比较特别的，专为内务府的收款。第一，关税平余。自乾隆二十九年（1764）始"浒墅关征收商税每两平余银五分八厘……照数将收支存剩各款数目分晰造册报部查核"③并解内务府。从材料中看，此项少则 5000 余两，多则近 12000 两。第二，扣存平饭等项银。此项收入源于将解部银改为协饷时的一些留存费用，包括加平银，解部随解饭食银，水脚路费，木鞘绳布等项。因为并非每年均有银两协拨他处，所以并非每年都有此进项，从材料中来看，收项亦多少不等，少则 6000 余，多则 13000 余两。第三，罚料漏税银。罚料银的产生可能很早，但自乾隆四十五年（1780）始"册报内务府存案"④。并自道光二年（1882）始经织造嘉禄"奏准：苏州织造每年奉文织办绸缎纱匹所用丝斤及缂绣活计一切差使例价不敷，请将呈缴内务府用存罚料及漏税补正两款银两留为津贴之用，余利银两照例解交"⑤。此项津贴银为每年 20000 两。罚料漏税银每年解往内务府约为 10000 余两。此外，此项银两中还有数千两用于广储司派办的各项活计。

---

① 道光三十年八月十五日，毓泰折，档案编号：3-55-3169-76。
② 道光三十年六月十九日，毓泰折，档案编号：3-55-3169-70。
③ 道光十九年六月十九日，英敏折，档案编号：3-55-3165-45。
④ 道光三年六月二十九日，延隆折，档案编号：3-55-3157-26。
⑤ 道光三年六月二十九日，延隆折，档案编号：3-55-3157-26。

"近水楼台先得月"，浒墅关税款中自也有一部分用于苏州织造衙门的开支。如盈余项下每年30000（闰年为32500）两的办公经费①，罚料漏税项下20000两的津贴银，平余项下并平余银内3000两的"贴补公用不敷"②。

十六、龙江、西新关

龙江关是工关，专征竹木等税，设于明代；西新关是户关，专征进出南京之丝、绸等物的货税。康熙二十八年（1689）以"西新、龙江二关相隔二十里，商民两关稽查，难免守候"为由，将西"新关归并龙江关"。③雍正六年（1728）为始，"定龙江、西新二关税务归江宁织造兼管"④。

"龙江关工税向以竹木为大宗，煤炭、棉花油糖杂货次之；西新关户税全赖进城丝斤、出城绸缎往来输税"⑤。其工税正额为57607.225两，盈余55000两；户税正额41376.325两，盈余33000两，合计186983.55两。从材料中来看，由于长江频年大水并运河不畅，江浙等地连年水旱以及漕船跨带等原因，到道光三年（1823）后多征不足额。

"龙江、西新关盈余项下动支养廉银一万两，实支银五千两，节省银五千两奏解内务府充公"⑥。此外，龙江、西新关还有"办公、并平等项"，办公等项开支，数额尚有待进一步考察。

十七、淮安关（含宿迁关）

淮安在咸丰年间铜瓦厢决口之前是黄河与运河的交汇处，是运河沿岸最重要的城市之一。淮安关下辖淮关、宿（迁）关、海（州）关。其

---

① 笔者所见档案中还涉及此项苏州织造每年所得的30000两的开支情况："为传办各项差使之用，将已成、未成活计工价分析造册报销，余剩银两，仍行解交在案。"这份奏折所涉道光十九年共计开支9801.857两，余剩银两连同和补平银、倾镕银一起解内务府缴纳。参见道光十九年六月二十一日，英敏折，档案编号：3-55-3165-73。

② 道光二年七月初一日，嘉禄折，档案编号：3-55-3156-23。

③ 《大清会典事例·户部八五·关税》卷二三六，康熙二十八年条。

④ 《大清会典事例·户部八五·关税》卷二三六，雍正六年条。

⑤ 道光十四年十一月十七日，江宁织造克明额折，档案编号：3-55-3164-3。

⑥ 道光十年十一月二十七日，江宁织造长良折，档案编号：3-55-3160-76。

税额"足额之年漕收约有七分之一，南杂税约有九分之一二，西南北三河杂税约有十分之七八"①，其中"淮宿关税以豫东南下豆载为大宗"②。其税额正税为254363.602两，嘉庆四年后盈余额为131000两，道光十一年后改为110000两；另还征收淮安仓茶税和海关海船梁头钞，但此两项数额不大，不入正额比较，尽收尽解。③淮安关正项中有10000两为"两淮运库例解淮关盐钞"，但至道光中期后屡有蒂欠。淮安关的税收受运河运力影响很大，因自道光初期始黄河频频溃堤，水路不畅，"客货俱须盘剥，封运既迟，费用更属不少，贸易者获利较微，半多闻风裹足"④，是以关税亦多征不足额。淮安关监督例选内务府中人，由户部题请钦派，除监督外，淮安关尚有笔帖式一名，例由内务府笔帖式差往。⑤

淮安关征收税银共为四项：正项、耗银、饭食银、罚倍银。正项的开支中很重要的一项是拨解河工（江南河道总督驻清江浦，与淮安极近，可算是就近拨解），每年均达到十几万两，另有拨解江苏兵饷（当为江苏北部绿营的军饷）数万两。一般情况下正项均全数开支无剩。⑥

耗银不做奏销，只题报内务府，其额约为正额的5%。⑦淮安关的耗银每年约为15000两，但此银仍不敷开支，常于盈余项下动支数千

①　道光十年九月初八日，两江总督蒋攸铦、江苏巡抚陶澍折，档案编号：3-55-3160-70。

②　道光三年五月十一日，淮安关监督广亮折，档案编号：3-55-3157-18。

③　以道光二十九年份（道光二十八年七月十二日至二十九年六月十一日）为例，淮安仓的茶税和海关海船梁头钞分别为59.771两和291.586两。参见咸丰元年八月二十八日，为淮安关题报道光二十八至二十九年收支税银数目事，见祁寯藻：《祁寯藻集》第3册，400～402页。

④　道光十年九月初八日，蒋攸铦、陶铸折，档案编号：3-55-3160-70。

⑤　参见祁美琴：《清代内务府》，91页，沈阳，辽宁民族出版社，2009。

⑥　参见咸丰元年八月二十八日，为淮安关题报道光二十八至二十九年收支税银数目事，见《祁寯藻集》第3册，400～402页。

⑦　道光三十年四月初四日，淮安关监督金福折，档案编号：3-55-3169-52。其中提到二十九年六月十二日至三十年二月十六日收正耗罚饭四项银230655.235两，其中实征免征共210178.959两，即使将罚饭二项作11000两计，也可得出其耗银为10000余两，约为正额的5%。

两以用于火耗不敷。

饭食、罚倍二项"经部议定留为充赏公用等项，如有余剩，统于关期报满时奏明解交内务府"①，此二款每年可达 10000 余两用于"充赏并动支一切公用及添补经费册内未开各项"②，剩余一般不足千两，全数解往内务府。

"淮安关盈余项下每年提存办公银一万两，若盈余不敷例于正款拨留，俟支销余剩后奏明解交内务府。"③此项银仅用于"淮宿海三关委员养廉饭食"，其开支数额不大，多不超过千两，剩余银两全数解往内务府。④

十八、江海关

从财政角度而言，鸦片战争前的江海关并无甚足以称道者，正额与铜斤水脚为 23980.33 两，盈余亦仅 42000 两，合计 65980.33 两，在东南四省海关中不及粤海关的 1/10，略高于闽海关的 1/3，亦不及浙海关，实为最小之海关（实际征收额亦大致如此）。在江苏各榷关中，江海关的税额及实际征收额亦是最少的。这背后的原因除了其税率较低⑤，还涉及海运与漕运之争⑥。

道光十九年前，江海关的税额量稳步增长，其增长之稳健，与各榷关常受气候、收成之影响大相迥异，亦常使人怀疑其中有作伪之痕迹。⑦

---

① 道光元年六月十二日，监督达三折，档案编号：3-55-3155-23。

② 道光元年六月十二日，监督达三折，档案编号：3-55-3155-23。

③ 道光元年六月十二日，达三折，档案编号：3-55-3155-22。

④ 道光十九年十一月二十二日，恩吉折，档案编号：3-55-3165-68。

⑤ 道光五年时，苏州织造就曾抱怨过，"江海关税货则例自乾隆二年题定，减于浒墅关，又复七折、对折征收，例外优恤"。道光五年六月二十四日，苏州织造延隆折，档案编号：3-55-3159-27。

⑥ 由于税收定额等原因而展开的海运与漕运之争，笔者将另文叙述。

⑦ 江海关自嘉庆六年份至嘉庆十五年份恒在 73500 余两，嘉庆十六年份至道光十九年份则恒在 73600 余两。附表 21"江海关嘉庆道光年间征税表"，见倪玉平：《清朝嘉道关税研究》，374～382 页，北京，北京师范大学出版社，2010。

十九、扬州关

扬州是运河沿途最重要的城市之一，其扬州关之设始于明代。雍正五年，原为工关的由闸关并入，乾隆初年为始"扬关，并辖之由闸……向由臣衙门(江苏巡抚衙门)派委常镇通道①管理"②。扬州关税课"向以北来饼豆、南来杂货为大宗"③，其货物运输路径主要依靠运河，因而受运河畅通情况的严重影响，道光年间运河的屡次兴修也影响到其税额。

扬州关的税额中正额为92791.31两④，盈余为71000两⑤，合计163791.31两。其中"由闸关每年额征正税银四万余两，盈余银二万余两"⑥，但一直为合并计算。在有案可稽的道光朝三十年中的二十四年，扬州关仅五年为略有溢额(最多为道光十五年份，亦仅多征104两零)，其中三年(十九、二十、二十一年份)均在常镇通海道伊克精阿任内，似可以为其多年的税收征不足额除了运河不畅等原因外，与监督本人能否认真征收、整顿关务有莫大关系。

二十、崇文门

在清代的榷关排序中，崇文门向为首席，其中原因大概是因为它负责京师及附近地区的榷务。⑦ 其之设立始于清初(也有人认为是沿袭明代的制度)⑧，至道光朝时，其税卡包含安定、东直、朝阳等京城

---

① 常镇通海道，有时亦称常镇通道。——引者注

② 道光四年二月初四日，江苏巡抚韩文铸折，档案编号：3-55-3158-10。

③ 道光二年十月二十日，江苏巡抚魏元煜折，档案编号：3-55-3156-30。

④ 在奏销折和《光绪会典》中，一般称为九万二千七百九十一两三钱零，其中仅在一份清单中明确说明扬关兼由闸的正额为92791.31两，参见道光十年四月十九日(存疑)，户部折后附之清单，档案编号：3-168-9487-14(军机处录副·补遗)。

⑤ 嘉庆四年时所定盈余为68000两，嘉庆九年改为71000两。笔者推断，应该是在这个时期之内，扬州关的关税确实有所增长。

⑥ 道光三年十月十七日，两江总督孙玉庭、江苏巡抚韩文铸折，档案编号：3-55-3157-39。

⑦ 笔者认为，六小关(崇文门、左翼、右翼、张家口、杀虎口、山海关)除了榷务之外，在清代的政治设计中，还隐隐包含有似同京师附近地区的各驻防八旗一样的拱卫职能，这种职能在太平军进军天津威胁北京的过程中隐隐有所体现。

⑧ 参见岑大利：《清代京城崇文门税务总局初探》，载《清史研究》，2001(1)。

十三门和卢沟桥、板桥、东坝、半壁店、穆家峪①、南口、张家口
七处。

　　崇文门的特异之处体现在多个方面。与其余各榷关仅有一名监督
不同，崇文门设有正副两位监督。其中崇文门正监督，于"崇文门税差
期满"时，由户部"将各衙门保送人员并八旗内务府俸深人员开列职名、
题请更换，或届期专折具奏"②；崇文门副监督，于关差期满时，由内
务府"或照例于司员内拣选二员另行带领引见，抑或恭候（皇帝）特简差
委"③。在上奏题请时，还须附有前三任正副监督的名单以及他们的在
任时间。

　　与各榷关税额之依据嘉庆四年或九年后的定制不同，崇文门直至
道光元年份，其比较系比照历史上税额最高之年份。④

　　与各榷关的财政年度多以农历十二个月为率不同，崇文门以农历
一年为率，监督之任期亦复如是，遇闰则加增盈余。与各榷关解部款
仅涉及关税不同，崇文门除扣除"官用开销"外的税款外，其"征收海
淀药材、烧酒钱粮除官用开销外，余银……并罚项存公银两一并解
交户部"⑤。

---

　　①　穆家峪分局之设，起因于道光十三年"回民米凤山诈充牛行经纪"，经"崇
文门监督耆英、奴才桂轮，左、右两翼监督奴才克蒙额、奴才赛尚阿等议请，比
照乾隆三十五年添设南口税局征收客贩马匹羊只成案，奏添穆家峪税局，征收古
北口进口牛只商税，于道光十三年四月十六日具奏，十七日内阁抄出奉旨依议，
钦此"。参见道光二十二年十二月初十日，赛尚阿、关圣保、僧格林沁、玉明等
奏，档案编号：3-55-3166-23。

　　②　道光二十四年七月十四日，管理户部事务潘世恩等折，档案编号：3-55-
3167-26。

　　③　原片无时间与具奏人（但根据片内内容与前面一折的关系推定为道光元年
八月初一日，总管内务府片），档案编号：3-55-3155-31。

　　④　参见道光元年八月十一日，崇文门监督晋昌、舒明阿折，档案编号：3-
55-3155-32。原折内称"较比最多之嘉庆十一年无闰月，足额年分少收盈余银二万
四千六百四十三两四钱"。

　　⑤　道光二年八月初八日，崇文门监督博启图、松筠折，档案编号：3-55-
3156-28。

崇文门的税收正额为 102187.562 两（含铜斤水脚，遇闰年加 8536.93 两），道光、咸丰朝时盈余为 212000 余两。[①] 如遇有短征盈余的年份，即着落正副监督各赔一半。崇文门尚在卢沟桥税局征收饭钱以供各员役薪工等项。[②]

二十一、左翼、右翼[③]

清代京师八旗驻防有左翼、右翼之称，而作为榷关的左翼、右翼亦与之相近。左右翼税务之设始于清初，除嘉庆三年份、四年份一度归并一人管理外[④]均各派监督管理。

与其他各榷关之间有明确的地理界限不同，左右翼的管辖范围基本在崇文门范围之内，而左翼与右翼之间则有所区别："凡镶黄、正白、镶白、正蓝四旗官兵人等置买田房，由左翼验契钤印；正黄、正红、镶红、镶蓝四旗官兵人等置买田房，由右翼验契钤印……"[⑤]；左翼负责安定、东直、朝阳、东便、广渠、左安六门的巡查并对过往牲畜征税；右翼负责德胜、西直、阜城、西便、广宁、右安、永定七门巡查并对过往牲畜征税[⑥]。道光二十四年（1844）后，西山十六村庄，

---

① 道光朝时期，崇文门每年的奏销折丢失严重，仅余元年份与二年份的奏销折，而咸丰朝则存剩较多，有咸丰五年份、六年份、七年份、八年份、九年份，是以当道光朝的两份奏折相互抵牾时，笔者依据咸丰朝的奏折加以对较。道光元年份的盈余为 212685.358 两（道光元年八月十一日，晋昌、舒明阿折，档案编号：3-55-3156-32），道光二年份盈余为 212184.22 两（参见道光二年八月初八日，博启图、松筠折，档案编号：3-55-3156-28），而咸丰朝的奏折中除六年份为 212776.81 两（参见咸丰六年八月初七日，僧格林沁、全庆折，档案编号：3-74-4379-48）外，所存各年均为 212778.41 两。各年份之所以不同，是出于抄录时的笔误还是另有他因（因系有共同的比较，可排除制度上各年不同的原因）还有待于进一步的考察。

② 道光朝仅提及饭钱，但未见奏报，咸丰朝时提及多余之饭钱交于户部（参见咸丰五年八月初五日，花沙纳、穆荫片，档案编号：3-74-4378-34）。此奏片中还提及崇文门每年应交同乐园节省银 8000 两，但不知始于何时。

③ 左翼、右翼在清代的官政书中一般均并称合而谈之，并曾在嘉庆初年合并一人管理，笔者在此亦合而论之。

④ 参见《大清会典事例·户部八五·关税》卷二三六，嘉庆二年、四年条。

⑤ 《大清会典事例·户部八三·关税》卷二三四，左翼、右翼条。

⑥ 参见《光绪顺天府志·关榷》志一一，303～314 页，北京，北京古籍出版社，2001。

凡买卖一切牲畜，归右翼征收，增额税银 40 两。① 道光朝时期，对牲畜税的征收有其既定程序："口外牛羊、马匹牲畜等税，隶由左右翼管理，各在附近地方存站，晓令兴贩商民报明数目，遵例投税，起有左右翼、崇文门引票，然后方准各处售卖。是以，马匹在外馆地方存站，羊只在马店地方存站，牛只在清河地方存站，均属京营地面，而以便各牙行径论等呈报崇文门、左右翼投纳……"② 在这位御史的叙述中，关于牛只存站之处可能有误，在此后的左右翼监督折中提到"牛只一项向赴安定门外馆两翼税局纳税，给与票照"③。除京师十三门与西山十六村外，两翼还在"张家口、南口设有税局、差役经理……由古北口所进之羊马亦俱遵例报税"④。

两翼的监督正式名称为"左翼税务监督"与"右翼税务监督"，其派遣亦颇为特殊。两翼税务期满一年时由户部题请更换，皇帝特简任命，谕旨发布之后，新任监督可奏派中枢各街署郎中级的一名官员"随同办理"⑤。如若有监督任期内因故离任（死亡或丁忧），接任监督至关期届满，亦不再连任。⑥

两翼的税项均为牲畜税与房地税。房地税银全部交于户部；牲畜税中，左翼正额银为 10008 两，盈余银 18000 两，右翼正额银为

---

① 　参见《光绪顺天府志·关榷》志一一。

② 　道光十一年八月三十日，掌云南道监察御史容和折，档案编号：3-55-3162-13。

③ 　道光十一年九月二十九日，舒英、奕纪折，档案编号：3-55-3162-22。此前的一份奏折也提道："向来两翼在安定门外设立税局，各派巡役一人征收城外售卖马匹等税。"见道光二年三月二十日，左右翼税务监督耆英、阿彦托克托折，档案编号：3-55-3157-11。

④ 　道光十一年九月二十九日，舒英、奕纪折，档案编号：3-55-3162-22。

⑤ 　这名"随同办理"的官员与监督的上任时间相始终，如中间另有变数而离任，可续派一人接办。参见道光二年三月二十日，右翼税务监督博克顺折，档案编号：3-55-3156-2。此事与《大清会典事例》中"着总管内务府大臣选派贤能可信司官一员奏闻，随该监督办事"（卷二三六中《户部八五·关税》，乾隆四十四年条的规定不协，但从实际情况而言，确实如此，而且道光朝奏折中可见的"随同办理"之人多非出自内务府。可能是其后制度稍有变化，始自何时，有待进一步考察）。

⑥ 　参见道光二十六年闰五月十七日，左翼监督连贵折，档案编号：3-55-3168-17。

10005.12 两，盈余银为 7321.4 两。所有征收税款，扣除房地税与正额所剩为羡余银。羡余银应开支各项例用，左翼包括牺牲所一年草豆银 800 两，河南道刷卷饭银 132 两，户部贵州司付咨饭银 72 两，户部广东司更差饭银 50 两，署中一年心红纸张银 191.5 两，署中书役人等公费饭食银 3765.24 两，张家口、南口书役人等盘费 191.5 两，照例赏给书吏银 940 两，以及每年不等的交户部钱粮饭食，共 6000 余两；右翼的开支与左翼完全相同，只是署中书役公费饭食等项为 4054.91 两；署中心红纸张银 128 两；照例赏书吏银 858 两；张家口、南口书吏人等盘费 122 两。除去例用后，所余羡余银即为盈余银。每年关期届满之时，两翼监督同时上折奏销并请皇帝训示将税银交于内务府内何处。① 军机处随后会上一份连同前两年情况的清单（清单中包括何年份、何人、收盈余若干，交何处若干，赏监督若干）皇帝则根据前数年情况，留一整数给内务府某机构，再将零头赏给监督。②

二十二、张家口

张家口是长城内外的交通重镇，清政府自清初即已在此设立榷关，中俄恰克图贸易更使其作为货物流转中心的地位大增。

"张家口征收税银，向以皮张绒（?）等项为大宗货物"③，由南方而来的茶叶以及来自口外进入关内的牲畜亦是重要的商品。张家口监督的派遣自康熙元年以来多有变化，但差遣满官之例则一直未变。④ 自

————————

① 一般均交内务府广储司，但作为惯例仍应向皇帝请示。道光朝时期左翼存留奏折较少，右翼相对较多。

② 参见邓亦兵在《清代前期关税制度研究》(320～323 页)一书的"表 6-5 左翼税官受赏表""表 6-6 右翼税官受赏表"。表中开列了左翼自嘉庆二年至道光十八年间 41 个年份和右翼自嘉庆四年至道光十八年间 38 个年份的左右翼关监督盈余上缴情况和受赏情况。

③ 道光三十年十一月二十日，张家口监督明益折，档案编号：3-55-3169-85。其中又以恰克图进口货物、灰鼠皮张纳课最多。参见道光十年五月初九日，景福折，档案编号：3-55-3160-56。

④ 参见《大清会典事例·户部八五·关税》卷二三六，顺治元年条，"张家口，差满官收税"。康熙元年条，"张家口、杀虎口专差满洲、蒙古官"。康熙四年条，"两翼、张家口、杀虎口仍差户部满官"。康熙三十年条，"……张家口……(等)六处不差汉官"。

乾隆十二年为始，张家口监督由户部将宗人府、六部、内务府、八旗"俸深官一并开列题请简用"①。除监督外，张家口还从中枢街署派遣笔贴式，随同办理关务。②

张家口的榷税制度颇为复杂。道光朝时，其正额银为 20004 两有奇③，盈余银为 40561 两有奇，此外尚有额外盈余银，无定额。正额银原为解户部之款，但在道光朝时一直全部就近"移交察哈尔都统衙门存贮"，以备次年份"放给赛尔乌素台站官兵俸饷、马价、羊价等项之用"④，如遇闰月则由盈余项内动支 2000 两。盈余项下除闰月内补支赛尔乌泰台站的开支外，还有多项常例开支：察哈尔都统 12 个月行粮银，道光三年前为每 12 个月 280 两，后改为 180 两；居庸关税课大使俸薪并皂役等工食银；运送工部、武备院牛、马皮张车脚银，办交武备院年例羊毛（6 万斤或 11 万万斤）采办价及挑选工价、运送车脚等项银；衙门书吏巡役工食等心红纸张并户部、户科考核季报饭银；居庸关税课大使俸薪并皂役等工食。合共每年均不下 1 万两。至所收得的零星税钱，在道光初年均作为监督巡查各口往返盘费并署内饭食以及差役册查各小口盘费。⑤ 此税钱开始大部分折合成银两归入盈余，以尾数铜钱（仍为 300 余千文）照旧作为公务开支。道光二十六年（1846）后此项税钱"毋庸易银，在于心红纸张、工食项下按成搭放"⑥。军马的部

---

① 《大清会典事例·户部八五·关税》卷二三六，乾隆十二年条。

② 张家口派遣笔贴式的规定始自顺治七年（参见《大清会典事例·户部八五·关税》卷二三六，顺治七年条），其后一直未见其有停止差遣之令。

③ 从奏折中来看，张家口每年的正额银多不相同，此为一可异之处。

④ 道光四年正月二十五日，张家口监督文纶折，档案编号：3-55-3158-8。又自"二十七年起少交军台二千两零，改交部库"。参见道光二十九年四月二十三日，鸣铎折，档案编号：3-55-3169-10。

⑤ 推其原因，可能是因为此后收得的税钱较多：此前一般为三四百千文，而此后均在 1000 千文以上，有时达 2000 千文以上。笔者未能找到要求以钱易银的敕令，只能根据不同前后奏折之间的变化加以推定。道光九年时，奏折中仍以全部税钱开支各项公务（参见道光九年十一月十八日，景福折，档案编号：3-55-3160-30）。道光十年份的奏折未见，而道光十一年时，已然在奏折中出现以钱易钱的情况。

⑥ 道光二十六年九月初九日，呈麟折，档案编号：3-55-3168-40。

分采购也经过张家口，但多为免税，此项免税亦作为税款的一部分扣免，而兵部购买的军马则由张张家口监督衙门直接支付并作为正开支。①

张家口监督还有一项职责就是将察哈尔都统衙门和商都达布逊诺尔太仆寺左右翼等处移交的马、驼及马皮、牛皮等项除挑选部分送交工部、武备院外，其余的进行折价，所得银两交于内务府广储司。

张家口税款并非于关期届满之时即解交内务府，而是待监督一年任满回京之时，另行奏请，与两翼的情况相同。根据军机处所拟的情况，皇帝亦会决定交某处若干（一般交圆明园或广储司，其数目亦为整千整百，但不知为何道光十五年后多未赏给）②，并将尾数赏给监督本人。③

二十三、杀虎口

杀虎口与张家口相似，亦为关内、关外的交通重镇，明代即已在此设立马市，而杀虎口至晚到顺治七年（1650）即已差官收税。④

一如张家口监督之设，杀虎口监督人员的选派专重满人。⑤ 虽然乾隆十二年后规定：杀虎口等六小关"例系宗人府、六部各保一人，内

---

① 参见同治五年五月二十一日，庆爱折，档案编号：3-86-4873-52。

② 以道光十八年份（道光十七年正月初三至十八年正月初二日）为例，剩余盈余银38248.764两，加上额外盈余银2436.55两，合计30685.314两。（参见道光十八年正月十二日，明谊折，档案编号：3-55-3165-2）而上谕中认为："这所得盈余银三万零六百八十五两零着一并交圆明园。明谊着无庸赏给。"［参见中国第一历史档案馆编：《嘉庆道光两朝上谕档》第34册（道光十八年），14页。］

③ 参见邓亦兵在《清代前期关税制度研究》（322～324页）一书的"表6-6 右翼税官受赏表""表6-7 张家口税官受赏表"。表中开列了张家口自嘉庆元年至嘉庆十九年间18个年份张家口关监督盈余上缴情况和受赏情况。

④ 祁美琴认为"杀虎口正式始设关派专差收税"始自乾隆三十二年（参见《清代榷关制度研究》，30页，呼和浩特，内蒙古大学出版社，2004），不知其典出何处。而《大清会典事例·户部八五·关税》卷二三六，顺治七年条已记载有："杀虎口差满官笔贴式收税"，顺治十三年条又有："杀虎口……差满官一人，汉军官一人，笔贴式一人，照例一年更代。"据此可以确定，顺治七年始肯定已在杀虎口设官征税。

⑤ 参见《大清会典事例·户部八五·关税》卷二三六，顺治七年条："杀虎口，差满官笔贴式收税。"顺治十三年条："杀虎口……差满官一人，汉军官一人，笔贴式一人。"康熙元年条："杀虎口，专差满洲、蒙古官。"康熙三年条："杀虎口仍差户部笔贴式"，康熙四年条："杀虎口仍差户部满官"，康熙三十年条："杀虎口……不差汉官"。

务府保送二人，同八旗内府俸深官一并列题请简用……"①，但从实际情况看，在道光一朝仍系多用满人②。杀虎口监督的任期为一年，另派笔贴式一人协同收税，但不知二者是否相始终，而笔贴式似不必承担责任（如税额短征时的赔补）。

杀虎口名为户关，实亦征收木税，"每年额征户工正税银一万六千九百一十九两零，（盈）余银一万五千四百一十四两零，又工部额征大青山木税银七千二百两，归化城落地木税银四百四十六两。因大青山无木可伐，税银无须征收，于乾隆二十五年经军机处奏准于户部盈余税银项下动银七千二百两拨补大青山木税。其归化城落地木税除解交正额四百四十六两外，盈余银两亦统归户部盈余银项下拨补"③。杀虎口的税款亦在除去一些开支后，待监督任满回京时上折奏请"皇上训示遵行"，皇帝亦根据军机处附拟的单子，批示交内务府若干两，赏监督若干。④

---

① 《大清会典事例·户部八五·关税》卷二三六，乾隆十二年条。

② 目前学界尚无对杀虎口监督旗籍、籍贯的分析。丰若非在其研究中云："张家口与杀虎口均属内务府，其监督职司所有税务，大抵出自内务府员外郎与六部之郎中，但也见有步军统领衙门之员外郎委派，多为满籍，至光绪三十四年（1908）以后才见汉籍。"见丰若非：《清代榷关与北路贸易——以杀虎口、张家口和归化城为中心》，68页，北京，中国社会科学出版社，2014。

③ 道光四年三月初五日，山西巡抚邱树棠折，档案编号：3-55-3158-14。上述的大青山木税的情况似亦可看作榷权税定额化的一个明证。

④ 以道光十七年仟满的杀虎口监督瑞廷为例，他当年连盈余银18139.757两，节省三季捐贴解费384两，合计18523.757两解送到了北京。（参见道光十七年十二月二十二日，瑞廷折，档案编号：3-55-3164-57）折上之后，随即下谕："这所得盈余银着交内务府一万八千二百两，其余银三百二十三两零着赏给瑞廷。"[参见中国第一历史档案馆编：《嘉庆道光两朝上谕档》第42册（道光十七年），486页]同一上谕中还罗列了前两年杀虎口监督上缴盈余银的情况：十五年解缴盈余银18112两零，交内务府17700两，赏监督412两零；十六年解缴盈余银18131两零，交内务府17800两，赏监督331两零。到了十八年关监督景瑞，上缴18648.436两，交内务府18300两，赏景瑞348两余。[参见中国第一历史档案馆编：《嘉庆道光两朝上谕档》第43册（道光十八年），4576页]故此，笔者推断，解缴盈余银多，未必赏给银更多。这一切完全由皇帝自己决定。

二十四、归化城

归化城自乾隆三十一年(1766)开始设立关监督(此前由杀虎口监督兼管),其关监督系理藩院委派章京兼管。① 乾隆三十四年(1770),山西巡抚鄂宝提出:"归化城税务改归山西巡抚兼管,选派道府贤员按年更替。"并裁撤土默特所派八名记档官兵。上奏得允。自此归绥道只需满足"征收有法,于一切稽查事宜俱能实心经理"的条件,即可"任满自可仍请接管"。② 所谓的"任满"系指一年期满。③

归化城的定额亦较有特色,其正额名为 24000 两,实际为银 15000 两,钱 9000 串;盈余银 1600 两。④ 正项下"归化城副都统衙门公费银 4000 两,支给土默特兵丁操演盘费银 3000 两,余银按限解部。"⑤在其盈余项下需动支各项经费(包括各处房租、心红纸张、口书巡饭食、看库运军、笔帖式工食、绥远城房租)每年约 1300 余两。⑥

可能是因为曾经归由理藩院管理,归化城的奏销折/题本一直使用满文,直至清末。

二十五、夔关

夔关和渝关一样,是长江上游的税关,其定额的计算以夏历十二个月为一个年份,正额银 73740.492 两,盈余银 110000 两,合计 183740.492 两。其关税全名为"粮杂二税",顾名思义,其关税的征收分成两个税种征收:杂税和米税。杂税的数额较高,米税较少,以道光二十九年份为例,杂税额为 168880.945 两,米税为 13752.334 两。

① 参见丰若非:《清代榷关与北路贸易——以杀虎口、张家口和归化城为中心》,67 页。

② 咸丰九年二月十四日,山西巡抚申启贤折,档案编号:3-55-3165-35。同见咸丰元年九月二十七日,山西巡抚兆那苏图折,档案编号:3-74-4375-32。

③ 参见咸丰四年十一月初八日,为暂缓追缴归化城谍税事奏折,见《祁寯藻集》第 3 册,325~326 页。

④ 《关税成案辑要》,见全国图书馆文献缩微复制中心编:《国家图书馆藏清代税收税务史料汇编》第 15 册,6938 页,北京,全国图书馆文献缩微复制中心,2008。

⑤ 《关税成案辑要》,见全国图书馆文献缩微复制中心编:《国家图书馆藏清代税收税务史料汇编》第 15 册,6938 页。

⑥ 参见《关税成案辑要》,见全国图书馆文献缩微复制中心编:《国家图书馆藏清代税收税务史料汇编》第 15 册,6938 页。

另外，杂税和米税还可"兑出积总平余"，大概为两税总额的 0.26%，一并计入正额盈余内计算。

夔关不设专差，由夔州府知府兼管。其关税部分直接拨付地方开支，计夔州协官兵俸饷、养廉，夔州府并石柱厅部分官员的养廉，以及关用经费，余剩银两解缴四川藩库，征收足额年份其解缴四川藩库数额约为 130000 余两。①

二十六、潼关商税

道光朝时期的潼关商税系由原潼关商税与三原县商税合并而来。原由潼关厅征收，雍正十年（1732）改由潼商道兼管。② 原额为 7400 余两，乾隆十年（1745）定为 17974 两。③ 与他处不同，潼关商税虽有定额，但并无须执行短征惩处的则例："声明征不足额，仍准确查结报，是定额之时，即虑有短缺之日。"同治元年（1862）后，由于西北回乱，潼关商税停征，战争结束后，开始试行征收④，但税额非常少，只有二三千两⑤。

二十七、山海关

"山海关为两京咽喉"⑥，而就山海关监督的管辖范围而言⑦，包括

---

① 参见咸丰元年四月十四日，四川夔关道光二十八至二十九年征收税银事，见《祁寯藻集》第 3 册，355 页。

② 参见同治十三年八月二十二日，陕西巡抚邵亨豫题本，档案编号：04-01-35-0392-043。

③ 参见光绪十五年五月二十六日，陕西巡抚边宝泉题本，档案编号：04-01-35-0563-067。

④ 参见同治十年十一月十二日，陕西巡抚蒋志章折，档案编号：03-488-036。

⑤ 参见光绪十五年五月二十六日，陕西巡抚边宝泉题本，档案编号：04-01-35-0563-067。

⑥ 道光二十一年八月十八日，山海关副都统哈哴阿折，档案编号：3-16-9489-20。此两京指留京奉天府与京师顺天府。

⑦ 至道光朝时，山海关监督设立税卡达 44 处，分别为：大关、山海关城东西南北四门、马市、中后所、锦州、牛庄、盖州、熊岳、复州、南金州、青河门、九官台、松岭子、梨树沟、新开门、界岭、冷口、铁门关、董家口、罗文峪、刘家口、潘家口、横城九门、喜峰口（此处比较特殊，一般由直隶总督任命经历、巡检之类的低级官员管理）、太平寨、马蹄岭、桃陵口、大毛山、义院口、箭杆岭、白杨峪、白土厂、宽帮、牛头岸、背阴铺、鲍家马头、尖山子、沙河子、宽纳河、青堆子、大孤山、红旗沟（参见《钦定户部则例》第 6 册，卷三九，台湾成文出版社影印本）。

了环渤海各口岸和直隶、奉天、察哈尔之间各陆路主要通道，俨然是中国北方最大的税关。① 山海关设立于清初。② 随着奉天与山东、江浙、闽广之间海路贸易的进一步兴盛，沿海贸易成为山海关最重要的税收来源③，以致"山海关税务全赖海船商税以保足(?)额……紧要之海口惟牛庄之没沟营、锦州之天桥厂"④。

山海关监督的人选自康熙三十三年(1624)后例用满官，其制度与两翼、张家口、杀虎口相同，自乾隆十二年后"宗人府、六部各保一人，内务府保送二人，同八旗内府俸深官一并开列，题请简用"⑤。山海关的税款由普通贸易税和人参税构成。道光朝时期，山海关正额为61642.379两，人参税无定额，钦定盈余为49487两。正额银与人参税合并开支，除"给发过山海关驻防官兵俸饷，改支半折米银半饷、养赡、红白、赏建坊等项并本关衙役工食银"外，即为"实解户部正额银"。此项例用开支均在37000两以上，如再遇有"借修官房"等事，有时可达58000余两(如道光四年份)，所以最后解往户部银多在24000两以下。此项解往户部银于届满三个月内即须直接解往户部。

征收总额减去正额及人参税后即为盈余银，由于山海关除各别年份外均能征收足额，是以其盈余银衡在50000两以上。此项盈余银"除解交奉天府各官养廉并本关应解部科饭银、书吏心红纸张等款"，余为实解盈余银。这些银两并不马上解往内务府，而是待关监督任满回京

---

① 此处的最大是指其管辖范围，从税额角度，山海关仍少于崇文门。

② 祁美琴根据《清朝通志·食货略十》卷九〇，康熙三十三年条中所载"设立山海关差官，管税"(《大清会典事例》卷二三六中亦有相同记载)而认定山海关税关之设始于康熙三十三年(参见祁美琴：《清代榷关制度研究》，25页)，而《大清会典事例·户部八五·关税》卷二三六，康熙十九年条记载："潼关、山海关照例差六部满官一人"，如记载无误，至少到此时山海关已然设立。笔者再核校《清朝通志·食货略三》卷八三，"(康熙)三十三年，设立山海关差，专员管理税务。明年，定山海关额税"。这些记载之间存在冲突，有待进一步的探讨。

③ 参见许檀：《清代前期的山海关与东北沿海港口》。在这篇文章中，许檀认为从税源、税口等角度来看，清代前期的山海关已属沿海税关。

④ 道光二十二年十月初八日，书元折，档案编号：3-55-3166-15。

⑤ 《大清会典事例·户部八五·关税》卷二三六，乾隆十二年条。

之时，"亲身解京，再行请旨"。监督回京上折之后，军机处拟一前后两任比较情况的清单，由皇帝定夺，皇帝则通过上谕批示交某处若干，赏监督若干。

山海关有两项情况比较特殊。第一，与山海关副都统的关系极为密切，关监督出缺则由副都统署理。① 有时亦有特例，如道光二十四年两任监督未能及时交接即由山海关左翼协领塔清安署理税务②，山海关还曾借给山海关副都统衙门"盈余银二万两，发商生息，为调剂兵丁之用"③。第二，喜峰口委员的任命和管理，由直隶总督派遣巡检（如道光八年份由直隶总督派沙河驿巡检李长森前往④）或经历（如道光五年份派永平府经历魏彦仪⑤），而喜峰口委员的任期未必为一年，（如道光二十四至二十六年，一直由永平府经历任毓珏担任⑥）。

二十八、粤海关

在很长的一段时间里，粤海关都是清政府最重要的榷关，直到咸丰朝初期税额被江海关超过。其核心在于它从康熙朝开始就是最重要的进出口贸易税征收机构，因此粤海关的税收额在各榷关中也高居榜首。

粤海关正项银 40000 两，铜斤水脚银 3564 两，盈余银 855500 两，合计 899064 两，远超第二高的九江关（539281.306 两）和第三名的浒墅关（421151.388 两），而且在实际征收的过程中，还常常远高于定

————————————

① 如道光八年份时，因监督恒谦因事出缺时，由山海关副都统署理（参见道光八年十二月十八日，山海关监督恒谦折，档案编号：3-55-3159-93），如道光十六年时，关监督因丁忧出缺三个月（清代满人丁忧为三个月而非三年）由副都统常德兼署（参见道光十七年六月二十九日，山海关监督福兴阿折，档案编号：3-55-3158-48）。

② 参见道光二十四年八月初二日，庆年折，档案编号：3-55-3167-28。

③ 时间、上折人无考，从前后奏折推断，似为道光十年正月十二日，军机处折，档案编号：3-55-3160-36。

④ 参见道光八年十二月十八日，恒谦折，档案编号：3-55-3159-93。

⑤ 参见道光五年十月初五日，吉勒章阿折，档案编号：3-55-3159-37。

⑥ 参见道光二十四年八月初二日，庆年折，档案编号：3-55-3167-28；道光二十六年五月初八日，福海折，档案编号：3-55-3168-8。

额。嘉庆朝期间，除元年份、二年份略低于百万，多在 120 万两以上（仅嘉庆十六年份为 116 万余两），最高时达到 166 万余两（嘉庆十二年份）。道光朝时期，多在 140 万两以上，道光七年份一度高达 185 万余两。续道光二十年份因第一次鸦片战争低至 86 万余两，此后因夷税的开征，多至 200 余万两，道光二十五年份达到了它的最高峰 2360832 余两。[1]

粤海关的正项银和铜斤水脚银全数交给广东藩库，作为本省军饷和善堂的开支，其余分为正羡盈余银和杂羡盈余银。二者如何分立款项笔者多年来已然无法解读。现在清晰的是，杂羡盈余银中部分解交内务府各机构，如交广储司 300000 两，解造办处裁存备贡银 55000 两，洋商备缴办贡银 55000 两。开除掉水脚银、折耗、工食等款项，其余银两解交户部。正常情况下，解户部款项可超过 1000000 两，而解内务府各机构总数也达 410000 两以上。[2]

除了上述各项，粤海关每年还会向内务府缴纳数额为 30000 两的"粤省停止修造米艇银"，以及数额不定的摊缴参斤银。

第三节　1850 年前财政体系中的榷关

关于晚清（具体地说是第一次鸦片战争前后）榷关的财政地位，我们需要知道几件事，第一是榷关的税额，第二是榷税的去向（支出到何方），第三是全国整体的财政情况。本节针对以上三个问题展开讨论。

从本章的第一节我们知道，榷关施行定额制，并另有处分则例。这就意味着，定额制下多征有奖，少征则要追赔，规定的税额其实是榷关的最低税额，实际数额将会超过定额。那么我们需要先知道定额是多少。好在，除了档案之外，清代的财政专家们（如王庆云）和后世的学者都对清代的榷税进行了整理，其数额可见下表（表 1-3-1）。

---

[1]　参见倪玉平：《清朝嘉道关税研究》，401~409 页。

[2]　参见道光十九年八月十七日，粤海关监督豫堃折，档案编号：3-55-3165-55。

表 1-3-1　鸦片战争前各榷关定额表

单位：库平两

关名	正额	铜斤水脚*	盈余	合计	出处**
北新关	107669	15384.650	65000	188053.650	3-55-3165-5
崇文门①	102187.562		212778.410	314965.972	3-74-4378-33
凤阳关	90159.600		17000	107159.600	3-74-4375-17
赣关	46471		38000	84472	3-55-3165-80
归化城	15000	钱9000串	1600	25600	《关税成案辑要》
浒墅关	191151.388		230000	421151.388	3-74-4376-47
淮安关②	254363.602		110000	364363.602	3-74-4375-20
江海关	23980.330		42000	65980.330	3-55-3165-35
荆州关	17687.156		13000	30687.156	3-55-3157-44
九江关	172281.306		367000	539281.306	3-74-4376-24
临清工关	4572.740		3800	8372.740	3-74-4375-34
临清户关	37376.313		11000	48376.313	3-74-4375-34
龙江、西新关	98983.550		88000	186983.550	3-74-4375-12
闽海关	73549.547		113000	186549.547	3-74-4376-40
南新关	30247.500		3922.019	34169.519	3-55-3165-67
山海关	61642.379		49487	111129.379	3-74-4376-17
太平关	52675.175		75500	128175	3-86-4871-42
天津关	40464	7692.313	20000	68156.313	3-74-4375-13
芜湖工关	70146.160		47000	117146.160	3-74-4375-30
芜湖户关	156919.080		73000	229919.080	3-74-4375-30
扬州关③	92791.311		71000	163791.311	3-74-4376-1

① 此数额为夏历十二个月的定额，遇闰加征 8536.93 两。

② 淮安关包含淮（安关）宿（迁关）海（海关）三关，三者合并计算。档案中不另行计算各自的定额。

③ 扬州关的定额包含由闸关，二者合并计算，在档案中甚至不见由闸关的额数。

续表

关名	正额	铜斤水脚*	盈余	合计	出处**
右翼	10005.120		7321.400	17326.520	3-55-3162-22
粤海关	40000	3564	855500	899064	3-55-3165-42
张家口	20004.560		40561	60565.560	3-55-3162-32
浙海关	32158.230	3750	44000	79908.230	3-74-4375-35
左翼	10008		18000	28008	3-55-3168-17
坐粮厅	6339.260		6000	12339.260	02-01-04-19540

资料来源：道光朝《军机处录副》财政类关税项，《关税成案辑要》。

注：＊铜斤水脚银在很多时候均作为正额而存在，但其实是另行添加的附加项。其初始似为各关为购铜而出现。某些榷关在奏销时分别注明正额与铜斤水脚银数，某些则合并声明。

＊＊除特别注明外，此栏中显示均为《军机处录副》奏折的档案编号。

全表共计 4521695.226 两。

前辈学者常常引用王庆云《石渠余纪》中的记载，笔者已撰文对其版本进行过考订，且认为其间辗转传抄可能导致失误较多。① 此前学者曾根据档案材料比较过《石渠余纪》与留存档案（或者说实际征收）之间的差别。② 也有学者根据有关官政书（如《会典》《会典事例》等）对榷关的定额进行了编订。③ 笔者此表系根据档案中所记载各关的定额编制而成，当可视为当时清政府在榷关管理中实际运作的依据。④

如前文所述，各地榷关的开支大抵除工食外，留与本地开支的款项不多，多数作为户部的机动款项用于各项开支，其中多有径直解交户部银库者。其时银两系称量制货币，解交的过程不仅涉及重量，还涉及成色，转手之间的换算、交接是非常麻烦的事情。为此，各关监督不无怨言："每年批解税银系委员携带，本关书吏解京交库。路途遥远，雇备车马盘费已属不赀。该书吏开呈账内如加平加色，款项纷繁，

———————

① 参见拙文：《王庆云〈石渠余纪〉考》，载《近代史研究》，2018(6)。

② 参见倪玉平：《王庆云〈石渠余纪〉所载道光关税辨析》。

③ 参见祁美琴：《关于清代榷关税额的考察》。

④ 前辈学人的叙述中与档案中显现的实际运作数额之间差别较大，笔者在此不再一一指出。

在在无从质证。向系援案支销，每次需用万余，难保无浮冒情弊。"①
以致多有奏请将榷税开支用于本省或附近地区者。但榷税和盐课为户
部银库的主要来源，并保证京师文武百官和官兵俸饷，所以尽管地方
官员和关监督们多有不满，解款仍会延续。

清政府对榷税和榷关的处理明显呈现以下几个特点。

第一是榷关于户部的款项影响巨大。榷关的税额在清政府的财政
体系中不算很大，在这个时期大致在 13％ 左右，但就户部机动款项②
而言，几乎占到了 1/2。（下文将详述）③

第二是户关与工关的区别有减少的趋向。在我们一般所见的工部
5 关中（龙江关、芜湖工关、宿迁关、临清工关和南新关），只有临清
户关、工关还单独核算，而其余 4 关中龙江关、芜湖工关、宿迁关都
是与户关合并计算，即工关的亏短可由户关弥补，反之亦然，南新关
则每年"循例由北新关盈余项下拨补银四千两"④。

第三是内务府（或者说皇权）在榷关支出中占有特殊的地位。这又
分几个层次：第一层次是环京师各关（崇文门、左翼、右翼、张家口、
杀虎口、天津关）和粤海关⑤，他们基本作为内务府的小金库而存在，
另将盈余银两直接解缴内务府。从上文关于各关支出中我们可以看到，

----

①　道光二十一年八月二十七日，程楙采片，档案编号：3-55-3165-98。此折
未能明言的还包括解缴户部银库时的各项陋规等。

②　在正常年份，清政府的税收多优先用于本地的开支，这是由称量制货币
和金融发展状况所决定的，因为称量制货币的运输是一件高成本的事，只有就近
运输才能减少开支。

③　笔者此处依据各年度的直省出入钱粮清单。以道光二十七年为例，地丁
项下合计亏短 2996728 余两，盐课项下结余 4538779 余两，关税项下结余 2113710
余两。参见《道光二十七年各直省出入钱粮清单》。

④　道光十九年十一月初十日，杭州织造瑞廷折，档案编号：3-55-3165-67。

⑤　以道光二十一年份（道光二十年三月二十六日至道光二十一年二月二十五
日）为例，分别解缴内务府广储司公用银 30 万两，造办处裁存备贡银 55000 两，
洋商备缴办公银 55000 两，合计 41 万两。（参见道光二十一年八月初十日，粤海
关监督克明额折，档案编号：3-55-3165-93）另有另行收入的解交造办处粤省停止
修造米艇案内捐银 3 万两（参见道光二十一年八月初十日，粤海关监督克明额折，
档案编号：3-55-3165-94），合计 44 万两。

除了正项各款有用于内务府的开支外，多有其他款项解交内务府，且数额颇大。① 第二层次是江宁、苏州织造所辖龙江—西新关和浒墅关②，以及凤阳关、九江关、淮安关等榷关。他们动用杂项银两充实内务府。③ 二者合计可能超过了 70 万两。加上各榷关的摊缴参斤银④，笔者推断，内务府实际从榷关所得可能超过 100 万两。

第四是榷关存在开支本地化的取向。学界此前有多以为榷关税款多解缴户部，但从上述各关的分析来看，各榷关多有将部分款项用于本地开支的情况：或解缴所在省份藩库⑤，或用于临近地区的军饷⑥，或用于河工⑦。这种局面的出现与当时清政府的总体财政各局密切相关：清代的各省按其财政能力，尤其是按地丁税额是否足够本地文武官兵俸饷开支核算，可分为有余、不足、仅敷三类。榷关分布于后两类省份者，多有将正额与部分盈余解缴本省藩库以供军需者。乾隆五十六年十二月即有上谕明确宣布了这一点："福建额征地丁银两为数较

① 左翼、右翼盈余银共计 25000 两；张家口盈余银 30000 两；杀虎口约 18000 两；山海关 50000 两；天津关有额外盈余 12300 余两和监督养廉 10000 两。崇文门的情况待考，笔者推断与左、右翼差别不大。
② 笔者在档案中未见杭州织造所辖南新关、北新关并无银两解缴内务府。不知是惯例还是因为档案丢失而失去证据。
③ 龙江—西新关养廉银 5000 两；浒墅关关税平余等项约 25000 两；凤阳关解造办处 20000 余两；淮安关提存办公银 9000 两；九江关 40000 余两。合计为约 250000 余两。
④ 参斤银的解交也有一定的规定："各处应交参斤变价统于次年年终全数解齐。如有逾限不交，查取职名，严加议处。"（见咸丰三年十二月十三日，革职留任山东巡抚张亮基片，档案编号：3-4395-19。）
⑤ 如浙海关、闽海关、粤海关的正额银两解缴浙江、福建、广东藩库。
⑥ 如闽海关将除铜斤水脚银外的所有款项作为闽省兵饷，赣关将正额银作为江西赣标的军饷，如张家口的正额银交给察哈尔都统衙门作为赛尔乌素台站官兵俸饷等开支。
⑦ 这些在档案中所见不多，但从《道光二十七年各直省出入钱粮清单》可以大致知道，榷关拨款用于河工的主要涉及苏赣皖三省的榷关，如龙江—西新关、浒墅关、扬州关、芜湖关、凤阳关、淮安关等。考虑到距离因素，从这几处拨款也可视作就近调拨。

少，该省应需兵饷等项不敷支放，向由邻近省分协拨济用。因思闽海
关盈余税银每年俱全数解部，既多运送之烦，而该省应放饷银转须向
邻近省分纷纷协催，办理殊多周折，所有闽海关盈余税银嗣后不必解
部即着留于福建藩库以备支放兵饷之用。至各省内如有似此地丁银两
不敷支放兵饷者，其有关税省分应解税银亦着照此办理。该部即详细
查明分别应留、应解之项行知各省一体遵照。"①

　　第五是各榷关的附加税（如火耗、饭食银、平余银、积平银等）多
"因地制宜"而呈现不同的面貌。此前学者们多根据零散的材料认为各
关可能存在各种相同的（甚至可能是标准化的）附加税征收。② 而档案
中则各关呈现不同的面貌，有些关名目繁多（如凤阳关），有些关则少
得多（如江海关）。档案中未曾呈现的，未必一定不存在，但至少我们
可以认为，各地、各榷关之间存在较大的差异。而且这些附加税，有
相当一部分最后流向了内务府。

　　既然分析财政问题，那我们就需要将榷关放入到整体的财政状况
之中。清代各年度的财政状况由于档案材料的缺失，后世的研究者所
知甚少，而时人留下的笔记中也鲜有直接记录者。③ 笔者现在所见仅
有 4 份各直省钱粮清单，现将时段最近的嘉庆十七年④直省钱粮出入
清单整理如下。

<hr/>

① 《大清会典事例·户部八七·关税》卷二三八，乾隆五十六年条。
② 参见吴建雍：《清前期榷关及其管理制度》，见北京市社会科学院《燕都春
秋》编辑委员会编：《燕都春秋》，359～377 页。
③ 笔者在见到各年度直省钱粮出入清单后认为最直接的原因应该是清单太
长了。读者可参阅书后的附录。
④ 笔者现有的是嘉庆十七年、道光四年、道光二十七年和道光二十八年
（1848）的钱粮出入清单。而后二者的时间已在鸦片战争之后，有夷税的加入，情
况有所变化，是以用了较早但情况未变的嘉庆十七年的钱粮出入清单。

表 1-3-2　汇核嘉庆十七年各直省出入钱粮清单

单位：库平两

款项	衙署	岁入银	岁出银	尚余或不敷	剩余或不敷款项的处理方式
地丁项下	直隶	1479673.417	688251.503	791421.914	留备本省兵饷及一切经费之用
	奉天	51221.024	409294.427	−358073.403	由盛京户部拨给
	江苏	3732955	2348335.900	1384619.100	统入春秋二季酌拨并留协邻省
	安徽	1746765.478	620348.477	1126417.001	统入春秋二季酌拨
	江西	2306206.192	959395.200	1346810.992	留拨邻省不敷兵饷之用
	浙江	2501055.828	2836959.321	−335903.493	在于本省节年库存项下凑拨
	福建	1519860.787	2262360.021	−742499.234	在于邻省协拨
	湖北	1123316.836	1597993.771	−474676.935	在于部拨兵饷并节年地丁等银内动支
	湖南	1153585.014	1535785.584	−382200.570	在于奉拨兵饷等项银内动支
	河南	3263131.600	2998391.900	264739.700	统入春秋二季季报册内酌拨解部并留协邻省
	山东①	1640446.400	1640446.400	0	
	山西	3173779.581	2986037.737	187741.844	统入春秋二季季报册内酌拨解部并留协邻省
	陕西	1670917.337	1767106.364	−96189.027	在于邻省协拨
	甘肃②	332986.025	2922378	−2589392	在于邻省协拨

① 山东项下各子项核算时比岁出总额多了 10 万两，笔者不知是印刷的错误还是原文如此。待考。

② 原表在核算时又抹去了两以下的数值，以致数额相差 0.25 两。

续表

款项	衙署	岁入银	岁出银	尚余或不敷	剩余或不敷款项的处理方式
地丁项下	四川	1069423.285	1538313.104	−468889.819	在于本省秋拨存剩盐茶杂税银内动用
	广东	1054724.244	1585428.600	−530704.356	在于盐课等项银内动用
	广西	854838.300	1064092.700	−209254.400	在于节年存剩杂款内动支
	云南①	737734	1598223	−860489	在于盐课等项银内动用
	贵州	115582	809885.800	−694303.800	在于邻省协拨
盐课项下	长芦	19570.117	1628.552	17941.565	统入春秋二季季报册内酌拨并留协邻省
	山东	58814.926	17868.521	40946.405	统入春秋二季季报册内酌拨并留协邻省
	河东	460226.500	24967.100	435259.400	统入春秋二季季报册内酌拨并留协邻省
	两淮	2993614.009	488338.730	2505275.279	统入春秋二季季报册内酌拨并留协邻省
	两浙	699952.230	22960	676992.230	统入春秋二季季报册内酌拨并留协邻省
	福建	210031.195	3280	206751.195	统入春秋二季季报册内酌拨并留协邻省
	广东	703641.113	11069.455	692571.658	统入春秋二季季报册内酌拨并留协邻省
	广西	47618.638	0	47618.638	前项银两留充本省兵饷
	甘肃	20416.754	32.999	20383.755	留充本省兵饷
	吉兰泰	63588.258	18541.797	45046.461	拨充本省兵饷

① 云南项下各子项核算时比岁出总额多了 19719 两,笔者不知是印刷的错误还是原文如此。待考。

续表

款项	衙署	岁入银	岁出银	尚余或不敷	剩余或不敷款项的处理方式
盐课项下	四川	150986.784	0	150986.784	拨充本省兵饷
	云南	361569.229	0	361569.229	拨充本省兵饷
	贵州	7615.430	0	7615.430	拨充本省兵饷
关税项下	崇文门	253409.400	0	253409.400	前项银两全数解部
	左翼	14320.200	8374.100	5946.100	全数解部
	右翼	12949.200	7123.400	5825.800	全数解部
	淮安关*	223848	223848	0	
	浒墅关	430231	430231	0	
	扬州关**	144568.500	142689.700	1878.800	全数解部
	芜湖关	230049.500	230049.500	0	
	西新关	53234.900	58876.300	−5641.400	在于龙江关杂款项下动支
	凤阳关	95488.800	26671.200	68817.600	全数解部
	江海关	73612.700	57991.800	15620.900	全数解部
	天津关	82533.800	14025.900	68507.900	全数解部
	临清关	36466.100	4067.200	32398.900	全数解部
	九江关	584005.400	161071.800	422933.600	全数解部
	赣关	121610.800	56716.900	64893.900	全数解部
	北新关	190343.200	17862.500	172480.700	全数解部
	浙海关	79960.500	36923.100	43037.400	全数解部
	闽海关	232440.600	225440.600	7000.000	全数解部
	太平关	134383.500	53628.300	80755.200	全数解部
	粤海关	1347936.800	266006.800	1081930.000	全数解部
	坐粮厅	12379.600	12379.600	0	

续表

款项	衙署	岁入银	岁出银	尚余或不敷	剩余或不敷款项的处理方式
关	山海关①	61867.100	31302.300	30564.800	全数解部
	张家口	20004.600	20004.600	0	
税	杀虎口	16919.900	1232.400	15687.500	全数解部
	归化城	26666.100	9747.000	16919.100	全数解部
项	龙江关②	133984.400	81887.200	52097.200	全数解部
	芜湖工关	117201.800	117201.800	0	
下	宿迁关	49046.300	49046.300	0	
	临清工关	5418.900	5418.900	0	
	南新关	25465	0	25465	全数解部

资料来源：故宫博物院文献馆编：《史料旬刊》，第22～30册。

注：＊淮安关的数额与庙湾口统一计算。

＊＊扬州关的数额与由闸关统一计算。

地丁项下，岁入银小计29528202.348，岁出银小计32169027.809，尚余或不敷小计－2640825.486。

盐课项下，岁入银小计5797645.183，岁出银小计588687.154，尚余或不敷小计5208958.029。关税项下，岁入银小计4810346.6，岁出银小计2349818.2，尚余或不敷小计2460528.4。各项岁入银合计40136194.131，岁出银合计35107534.163，尚余或不敷合计5028659.968。剩余或不敷款项的处理方式为剩余银两业经解部并拨充兵饷之用。合计中数目系根据原文，若根据子项的核算，岁出额应少1，盈余额应多0.975。

此表（表1-3-2）的问题颇多，笔者对各处的计算错误有在注释中进

---

① 山海关项下各子项核算时比岁出额少了18两，笔者不知是印刷的错误还是原文如此。待考。

② 龙江关项下各子项核算时比岁出额多了0.2两，笔者不知是印刷的错误还是原文如此。待考。

行了说明，而最大的问题是京师文武官兵俸饷和河工没有进行纳入统计。① 但从上表(表 1-3-2)我们大致可以知道，清政府最重要的三项财政收入中，地丁处于收不抵支的尴尬境地，十九省②合计尚不敷2640825.486 两；盐课项下的盈余额较多，达 5415709.224 两，但很多地区都需以之留协本省或协济邻省，实际可以解往户部银库用于京师开支或补充银库的款项不多；而关税项下的余剩数额按数额计算似远低于盐课，仅 2460528.4 两，但多解往户部银库。换句话说，户部的开支大部要依靠关税的盈余。③ 而按照此前的计算，关税正杂款项中还有相当一部分解往内务府(约 80 万两)。我们基本可以认为榷税几乎撑起了户部开支的半壁江山，其地位值得重新审视。

第二章 转变？——以粤海关为例

粤海关在清代的征榷体系中有特殊的地位，不仅是税额最大的榷关，也是最重要的进出口贸易管理机构。[1] 前者使其在财政体系中地位大增，而后者未必为 1840 年前的掌权者所重视。第一次鸦片战争及其后续的条约迫使清政府进一步开放与西方各国的贸易往来，将中国卷入以西欧为主体的贸易体系之中，所谓"五口通商"的局面开始形成。

五口开埠，依据的是清政府与外国政权签订的条约，若根据条约的规定，清政府需要对既有的各种制度进行多方面的大幅调整。而事实上，江浙闽各关毫无办理经验，只能依靠粤海关的"人才输出"。上海小刀会起义期间的主要头领刘丽川即系"（江海关道）道署延办夷税友人"[2]。而吴建彰本人也系十三行出身的商人。[3] 笔者认为，1843 年后除了西方商人外，十三行及行外洋商联樯北上者当不为少数。[4] 这些

---

[1] 笔者认为需要强调的是，学界多有流传的"广州是第一次鸦片战争前中国唯一对外贸易港"的论点是有很大的问题，即使将之缩减为"唯一与西方贸易的港口"也是值得争议的。因为有无数的资料证明，闽海关存在同琉球与吕宋之间的贸易；浙海关与日本、暹罗有贸易往来；江海关也与日本有贸易。所谓"一口通商"的命题存在诸多的反面证据。学界已有很多论文对此进行过批驳，但奇怪的是，"一口通商"的观点还在大范围传播。

[2] 太平天国历史博物馆编：《吴煦档案选编》第 4 辑，36 页，南京，江苏人民出版社，1983。

[3] 关于吴健彰的家世，参见宫峰飞：《上海道台吴健彰身世考订》，载《近代史研究》，2015(3)。而关于吴健彰的政治、经济活动，参见章文钦：《从封建官僚到买办官僚——吴健彰析论》，载《近代史研究》，1989(5)。

[4] 关于上海开埠之初，广东商民在上海的情况，参见熊月之：《开放与调适：上海开埠初期混杂型社会形成》，载《学术月刊》，2005(7)。

人构成了与西方商人经济来往和宗教、政治交涉的重要组成部分。

当然，在政府/国家的层面，他们的转变是另一种局面。有一定的世界认知、知悉国际关系的人员极少，他们中进入官场的人更少，更无论进入决策的层面。所以，虽然后世的我们可以认为第一次鸦片战争敲开了中国的大门，"大门口的陌生人"闯入了门内，但离清政府主动改变自己的政治结构以应对"千年未有之变局"还很远。我们在政府的层面、在榷关的层面还很难见到真正意义上的转变，尤其是从制度角度。

19世纪四五十年代，来自西方列强的人和物不再单一地从广州辐射到中国各地，而是从五个口岸向内地蔓延。上海在不知不觉中于贸易和税收方面逐步接近并超过了广州，但笔者仍以为在19世纪50年代末之前，广州仍是最重要的口岸，粤海关仍是最重要的榷关。关于这个时期的榷关，笔者在本章中将聚焦于粤海关讨论这个时段榷关制度的变与不变。

第一节　道光、咸丰朝粤海关监督出身考

道咸两朝时间跨越41年(1820—1861)，两次鸦片战争和太平天国运动都发生在这个时期。无论从内政还是外交的角度，中国都发生了重要的变化，但在粤海关监督的选择问题上，我们却很难看到这种变化。众所周知，清代的士大夫群体在此时期对西洋的态度发生了根本性的变化，清政府内部的满汉权力结构也发生了巨大的变化。清政府在粤海关监督人选的问题上态度值得玩味：是需要族人的信任以掌控这个重要的税关，还是仅仅沿着"惯例"前行？

一、粤海关监督的出身和任期

关于粤海关监督的出身和任期，学界现在多依据梁廷枏的《粤海关志》，而此书关于粤海关监督的记载仅截至道光十八年豫堃任上。近代史多以道光二十年(1840)为始，因此，梁廷枏的记载不能完全满足研究者的需要。按照嘉庆四年之后的规定，关监督任期内征税的多少涉及他们可能受到的奖惩，因此历届粤海关监督在奏报年度关税收入额时，都会报告年度内关监督的变动情况，为我们了解其人事变动留下了宝贵的资料。以下为笔者编制的道光朝粤海关监督在任时间表。

表 2-1-1　道光、咸丰两朝粤海关监督在任时间表

监督名	在任时间	备注
阿尔邦阿	道光元年正月初一日至九月二十一日①	嘉庆十九至二十三年任苏州织造②
达三	道光元年九月二十二日至十月十五日；道光三年闰三月初三日至四年三月初九日；道光五年八月二十日至六年十二月③	嘉庆二十五年至道光元年任淮安关监督④
七十四	道光四年三月初十日至五年八月十九日⑤	嘉庆二十五年至道光三年任江宁织造⑥

---

①　阿尔邦阿至晚于于嘉庆朝二十三年七月即已就任粤海关监督，笔者考虑到本文时间断限，故不开列。其离任时间见道光二年四月二十六日，粤海关监督达三折，档案编号：3-168-9487-11。

②　参见道光二年十月十二日，长芦盐政阿尔邦阿折，档案编号：3-55-3156-29。阿尔邦阿的情况颇为特殊，似乎极得道光帝的宠信。他在离任粤海关监督后，又绝无仅有地连任多年长芦盐政（道光二年至四年）这样的美差（参见道光二年二月二十一日，长芦盐政阿尔邦阿折，档案编号：3-55-3157-7），而其兄弟阿扬阿、阿勒精阿也曾担任淮安关监督、长芦盐政（兼津海关监督）等职（参见道光十一年五月二十一日，阿尔邦阿、阿扬阿折，档案编号：3-55-3161-31）。

③　达三第一次到任时间见道光二年四月二十六日，达三折，档案编号：3-168-9487-11；其离任时间见道光二年十一月二十二日，达三折，档案编号：3-55-3156-36。达三第二次到任时间见道光四年三月初九日，达三折，档案编号：3-55-3158-24；其离任时间见道光五年九月二十七日，七十四折，档案编号：3-55-3159-36。因道光七年《军机处录副》缺伏较多，达三此次离任具体时间待考。其间道光元年十月十六日至道光二年闰三月初二日由两广总督阮元署理。

④　参见道光元年四月二十三日，淮安关监督达三折，档案编号：3-55-3155-15。此折说明，他最晚至嘉庆二十五年（1820）五月十二日已上任。道光二年五月十二日，淮安关监督阿勒精阿折，档案编号：3-55-3156-12。此折说明，达三离任时间为道光元年八月十一日。

⑤　七十四到任时间见道光四年四月二十三日，达三折，档案编号：3-55-3158-24。其离任时间见道光五年九月二十七日，七十四折，档案编号：3-55-3159-36。

⑥　道光元年四月初二日，江宁织造达三折，档案编号：3-55-3155-14。道光四年三月初八日，江宁织造广亮折，档案编号：3-55-3158-17。在这个奏折中提到，七十四任期是至道光三年十月初七日止。

续表

监督名	在任时间	备注
文连	道光六年十二月至七年十一月二十四日①	道光二年至三年任杀虎口监督；道光三年至六年任淮安关监督②
延隆	道光八年二月二十三日至九年七月初七日③	道光三年至六年任苏州织造④
中祥	道光九年十一月十八日至十四年八月二十日⑤	道光八年至九年任淮安关监督⑥

———————

① 文连的任职之日未见档案，此处仅依据梁廷枏《粤海关志·设官》卷七。其离职之日系根据另一份奏折推算而得（参见道光八年十月初二日，延隆折，档案编号：3-55-3159-82）。奏折中称"自道光七年七月二十六日起至八年七月二十五日止……"

② 文连任杀虎口监督的时间见道光三年四月初十日，文连折，档案编号：3-55-3157-13。文连担任淮安关监督的到任时间为道光三年十月初一日，参见道光四年五月十二日，文连折，档案编号：3-55-3158-31。其离任时间待考，但至少到六年三月底时仍在任，参见道光六年四月初九日，文连折，档案编号：3-55-3159-62。

③ 延隆到任时间见道光八年十月初二日，延隆折，档案编号：3-55-3159-84；其离任时间见道光十年正月二十三日，中祥折，档案编号：3-55-3160-38。

④ 延隆任苏州织造到任的时间为道光三年三月初八日，参见道光三年六月初五日，延隆折，档案编号：3-55-3157-25；其离任时间待考，但至少到道光六年六月初一日仍在任，参见道光六年七月初三日，延隆折，档案编号：3-55-3159-71。

⑤ 中祥上任时间见道光十年九月初六日，中祥折，档案编号：3-55-3160-69；其离任时间见道光十五年十月十八日，中祥折，档案编号：3-55-3164-30。

⑥ 中祥上任淮安关监督的时间待考，但从奏折中（参见道光九年三月十九日，中祥折，档案编号：3-55-3160-5）的情况来看，在道光八年二月十二日以前，他已经上任；其离任时间为道光九年九月初三日，参见道光十年三月初十日，恒桼折，档案编号：3-55-3160-46。

续表

监督名	在任时间	备注
彭年	道光十四年八月二十一日至十六年三月二十六日①	道光五年至六年任张家口监督，道光八年至十年任江宁织造②
文祥	道光十六年三月二十七日至十八年五月二十六日③	道光五年至六年任杀虎口监督；道光七年至十年任苏州织造④
豫堃	道光十八年五月二十七日至二十年十二月初三日⑤	待考

① 彭年上任时间见道光十五年十月十八日，彭年折，档案编号：3-55-3164-30；其离任时间见道光十六年十月初二日，文祥折，档案编号：3-168-9487-59。

② 彭年在张家口监督任上的时间为道光五年六月二十七日至六年六月二十六日，见道光六年七月初八日，彭年折，档案编号：3-55-3159-73。

彭年上任江宁织造的时间待考，但至少在道光八年十一月二十八日以前已在任，参见道光九年十二月二十五日，彭年折，档案编号：3-55-3160-33；其离任时间为道光十年九月二十三日，参见道光十年十一月二十七日，江宁织造长良折，档案编号：3-55-3160-75。

③ 文祥上任时间见道光十六年十月初二日，文祥折，档案编号：3-168-9487-59；其离任时间见道光十八年八月十三日，豫堃折，档案编号：3-55-3165-18。须加说明的是，此文祥非彼文祥，不是那位后称"文文忠"的军机大臣兼总理衙门大臣。

④ 文祥任杀虎口监督的时间为道光五年二月二十二日至六年二月二十一日，参见道光六年三月初七日，文祥折，档案编号：3-55-3159-57。

文祥担任苏州织造时上任的具体时间待考，仅知为"道光六年十一月间"，参见道光九年四月二十九日，文祥折，档案编号：3-55-3160-9；其离任的时间为道光十年九月十九日，参见道光十一年三月初五日，苏州织造倭楞额折，档案编号：3-55-3161-9。

⑤ 豫堃上任时间见道光十九年八月十七日，豫堃折，档案编号：3-55-3165-55；其离任时间见道光二十一年八月初十日，克明额折，档案编号：3-55-3165-93。

豫堃之后由广东巡抚怡良兼任粤海关监督，其兼任时间为道光二十年十二月初四日至二十一年四月二十六日，参见道光二十一年十二月二十四日，克明额折，档案编号：3-55-3165-104。

续表

监督名	在任时间	备注
克明额	道光二十一年四月二十七日至二十二年二月初四日①	道光十三年至十五年任江宁织造,道光十七年至十八年任淮安关监督②
文丰	道光二十三年四月初八日至二十五年七月十七日③	道光二十七年至二十八年任苏州织造④
恩吉	道光二十五年七月十八日至二十六年九月十四日⑤	道光十九年至二十年任淮安关监督;二十四年至二十五年任杭州织造⑥

---

① 克明额上任及离任时间见道光二十二年七月二十五日,文丰折,档案编号:3-168-9489-51;克明额离任后,两广总督祁𡎴兼署粤海关监督,自二十二年二月初五日至四月初七日。

② 克明额上任江宁织造的时间待考,但最晚到道光十三年九月二十八日前已在任,参见道光十四年十一月十七日,克明额折,档案编号:3-55-3164-3;其离任时间见道光九月二十七日,福泰折,档案编号:3-168-9487-30。

克明额上任淮安关监督的时间为道光十七年七月十六日,参见道光十七年十二月十八日,克明额折,档案编号:3-168-9488-27;其离任时间为十八年八月初五日,参见道光十八年十一月十六日,长良折,档案编号:3-168-9488-37。

③ 文丰接任时间见道光二十二年六月十八日,文丰折,档案编号:3-55-3168-5;其离任时间见道光二十六年四月初三日,恩吉折,档案编号:3-55-3168-5。

④ 文丰上任苏州织造的时间待考,但至少其道光二十七年八月初三至二十八年六月十六日时在任,参见道光二十八年十月初五日,庆年折,档案编号:3-55-3168-95。

⑤ 恩吉上任时间见道光二十六年四月初三日,恩吉折,档案编号:3-55-3168-5;其离任时间见道光二十七年三月初七日,基溥折,档案编号:3-33-3168-60。

⑥ 恩吉任淮安关监督的到任时间为道光十九年九月十一日,参见道光十九年十一月二十二日,恩吉折,档案编号:3-168-9488-46;其离任时间为道光二十年十一月十五日,参见道光二十一年十月十八日,琔珠折,档案编号:3-168-9489-26。

续表

监督名	在任时间	备注
基溥	道光二十六年九月十五日至二十九年四月初九日①	道光二十年任苏州织造②
明善	道光二十九年四月初十日至三十年八月二十一日③	道光二十五年至二十六年任苏州织造④
曾维	道光三十年八月二十二日至咸丰五年五月二十八日⑤	道光二十六年前曾任职钞关⑥
恒祺	咸丰五年五月二十九日至九年十一月二十五日⑦	待考

① 基溥到任时间见道光二十七年三月初七日，基溥折，档案编号：3-55-3168-60；其离任时间见道光三十年正月二十四日，明善折，档案编号：3-55-3169-45。

② 基溥在苏州织造任上的到任和离任时间待考，现仅知，其在道光二十年时在任，参见道光二十年十二月十七日，基溥折，档案编号：3-168-9488-77。

③ 明善上任时间见道光三十年正月二十四日，明善折，档案编号：3-55-3169-45；其离任时间见咸丰元年二月初七日，曾维折，档案编号：3-168-9490-5。

④ 明善上任苏州织造的时间为二十五年十月二十六日，参见道光二十六年九月初十日，明善折，档案编号：3-55-3168-22；其离任时间待考。

⑤ 曾维上任时间见咸丰元年二月初七日，曾维折，档案编号：3-168-9490-5；其离任时间见咸丰五年十二月十六日，恒祺折，参见蒋廷黻编：《筹办夷务始末补遗》咸丰朝第1册，436页。

⑥ 道光二十六年八月初五日，恩桂等折，档案编号：3-49-2759-15。这份奏折中并未说明他在何处任职。曾维任职时间和地点待考。

⑦ 恒祺上任时间见咸丰五年十二月十六日，恒祺折，参见蒋廷黻编：《筹办夷务始末补遗》咸丰朝第1册，436页；恒祺离任时间见同治四年二月二十六日，毓清折，档案编号：3-86-4872-24。

监督名	在任时间	备注
毓清	咸丰九年十一月二十五日咸丰十一年六月二十一日；同治元年六月初三日至同治四年正月二十一日①	咸丰七年至八年间曾任淮安关监督②

资料来源：道光、咸丰两朝《军机处录副》。

注：此时期，江宁织造兼管龙江—西新关，苏州织造兼管浒墅关，杭州织造兼管南新关、北新关。

通过上表（表 2-1-1），我们可以发现以下几个问题。

第一，粤海关监督的任期。扣除首尾两位关监督阿尔邦阿和毓清（两人在嘉庆朝和同治朝均有较长任期），以及阮元、怡良、祁𡎴、劳崇光等四位总督、巡抚兼任的不足一年，余下的 37 年中，共有 17 位关监督，平均每人两年多。其中任职最长的是曾维（4 年 10 个月），最短的是克明额（不足 10 个月）。

第二，粤海关监督与其他榷关的关系。在撰写此文之前，笔者曾有这样的理解，认为粤海关监督如同天上来客，出自"圣衷"，携天子之威而来。至于是否有过管理榷关的经验，似乎并不值得特别重视。但从档案中来看，除了豫堃和曾维等三位咸丰朝的关监督待考之外，所有的粤海关监督此前都明确有过担任榷关监督的经历。而其中，曾担任过苏州织造的最多，计有阿尔邦阿、延隆、文祥、文丰、基溥、明善六人。这背后除了来自皇帝的信任之外，还有一个重要因素，就是历年担任苏州织造的官员因浒墅关征不足额而多有赔累，甚至有超过 10 万两者，让他们担任这个职务是皇帝让他们去获得足够的赔补亏

---

① 毓清上任时间见同治四年二月二十六日，毓清折，档案编号：3-86-4872-24；其离任时间见同治五年四月十二日，师曾折，档案编号：3-80-4600-43。其间，毓清因祖母徐氏去世而丁忧离任，由劳崇光兼署，参见同治元年六月初三日，劳崇光折，档案编号：3-80-4601-150。

② 毓清就任淮安关监督的时间为咸丰七年八月二十七，参见咸丰八年五月初四日，毓清折，朱批奏折，档案编号：04-01-35-0383-050。其离任时间待考，从此奏折中看，最晚至咸丰八年五月初四日仍在任。

空的款项。其结果就是，原本可归入海关监督私人腰包的一部分陋规流入了国库。

二、粤海关税银的去向

粤海关税额在道光朝一度达到了历史性的 170 余万两，第一次鸦片战争后甚至超过了 230 万两，超过约 90 万两的定额（其中，正额银 4 万两，铜斤水脚银 3564 两，盈余银 855500 两）多达 140 万两，这样巨大的税额溢征在国内的其他税关中是绝无仅有的。这一方面可以认为是进出口贸易的大幅增长，而另一方面也可以认为是粤海关监督们"取之有度"。以下为粤海关道光、咸丰两朝征税表。

表 2-1-2　道光、咸丰两朝粤海关征税表

单位：库平两

关期	征收额
嘉庆二十五年十月二十六日至道光元年十月二十五日	1497022.492
道光元年十月二十六日至二年九月二十五日	1485146.830
道光二年九月二十六日至三年九月二十五日	1404913.160
道光三年九月二十六日至四年八月二十五日	1444322.616
道光四年八月二十六日至五年八月二十五日	1298828.962
道光五年八月二十六日至六年八月二十五日	1576637.162
道光六年八月二十六日至七年七月二十五日	1850045.992
道光七年七月二十六日至八年七月二十五日	1441924.596
道光八年七月二十六日至九年七月二十五日	1499580.743
道光九年七月二十六日至十年六月二十五日	1663634.978
道光十年六月二十六日全十一年六月二十五日	1461806.163
道光十一年六月二十六日至十二年六月二十五日	1532933.249
道光十二年六月二十六日至十三年五月二十五日	1477846.265
道光十三年五月二十六日至十四年五月二十五日	1669712.641
道光十四年五月二十六日至十五年五月二十五日	1424944.169
道光十五年五月二十六日至十六年四月二十五日	1674851.728
道光十六年四月二十六日至十七年四月二十五日	1789424.322
道光十七年四月二十六日至十八年四月二十五日	1242044.215
道光十八年四月二十六日至十九年三月二十五日	1448558.993

续表

关期	征收额
道光十九年三月二十六日至二十年三月二十五日	1186551.857
道光二十年三月二十六日至二十一年三月二十五日	864232.169
道光二十一年三月二十六日至二十二年二月二十五日	1115742.362
道光二十二年二月二十六日至二十三年二月二十五日	1182488.993
道光二十三年二月二十六日至二十四年正月二十五日	2030543.108
道光二十四年正月二十六日至二十五年正月二十五日	2360832.158
道光二十五年正月二十六日至二十六年正月二十五日	2186530.442
道光二十六年正月二十六日至十二月二十五日	1972089.803
道光二十六年十二月二十六日至二十七年十二月二十五日	1825223.055
道光二十七年十二月二十六日至二十八年十二月二十五日	1424045.916
道光二十八年十二月二十六日至二十九年十一月二十五日	1471318.476
道光二十九年十一月二十六日至三十年十一月二十五日	1476867.971
道光三十年十一月二十六日至咸丰元年十月二十五日	1636574.097
咸丰元年十月二十六日至二年十月二十五日	1666811.949
咸丰二年十月二十六日至三年十月二十五日	1274129.484
咸丰三年十月二十六日至四年九月二十五日	1166492.126
咸丰四年九月二十六日至五年九月二十五日	？
咸丰五年九月二十六日至六年九月二十五日	1156805.880
咸丰六年九月二十六日至七年八月二十五日	101121.627①
咸丰七年八月二十六日至八年八月二十五日	？
咸丰八年八月二十六日至九年八月二十五日	882017.682
咸丰九年八月二十六日至十年七月二十五日	1093507.572
咸丰十年七月二十六日至十一年八月二十五日	1553310.681

资料来源：道光朝部分转引自倪玉平《清朝嘉道关税研究》（403～405 页），咸丰朝部分出自蒋廷黻《筹办夷务始末补遗》（咸丰朝、同治朝）和《朱批奏折》。

---

① 此年度中，仅咸丰六年九月二十六、二十七两日粤海关开关征税，此后因英法联军占领广州而停征。参见咸丰十年六月十七日，毓清折、朱批奏折，档案编号：04-01-35-0383-065。

从上表（表2-1-2）中我们可以看到，粤海关的税额有很大的波动，笔者认为这种波动似乎应看作是随贸易额变化而引起的，而不是关监督个人贪婪程度所引起的。回过头来，我们可以看一下浙海关、江海关的情况。从有关统计来看，这两个海关，各个年度之间的税额常常仅相差数两、数十两，明显与贸易变化的常理不合，而且是多个年度如此。① 笔者只能将之看作是这两个监督衙门的手段之一。

这些税款的去向总体来说是明晰的，虽然两朝之间有较大的差别。就拨给内务府的款项而言，在道光初年，每年固定解拨银两为25万两左右②，道光十年后增至55万两③。而到了后来的光绪朝，个别年份粤海关解往内府的银两可多达110余万两。④ 除了这些公务外，另外还有非公务性的金钱的来往"中饱之款，虽归监督，实亦不能独享。都中馈赠，（每年）殆不下一二十万，如内监、御前、内（务）府、外（务）部、军机皆有"⑤。

① 浙海关、江海关在道光时期的关税额，参见倪玉平：《清朝嘉道关税研究》，374～391页。如江海关从道光元年份到道光十九年份（排除道光六年份）的税额变化每年份是增长1两左右。浙海关从道光十三年份到道光二十一年份，每年份都是亏短400两上下。这样精准的变化，不得不让人怀疑是否有人为制造数据的嫌疑。

② 这15万两大致有三个部分：解造办处裁存备贡银55000两，停造米艇捐解造办处银3万两，洋商备缴办贡银55000两，参斤变价银10万两左右（后三项均非出自正款）以及其他一些加平银。当然，这里并不包括皇帝大庆时的特殊开支。

③ 除了道光初年的各项外，增加了解内务府每年30万两。

④ 在洋税项下开支的固定项目包括解广储司公用连加平银312000两，造办处米艇连加平31200两，内务府年例解二千两金价银37000两，造办处解2000两金价银37000两，合共417200两，而内务府采办的各色货物价也多达670000两（参见光绪十七年九月十八日，粤海关监督广英，粤海各关105结至108结收支清单，档案编号：2-128-6377-51）。常税项下还有一些内务府的开支项如颐和园常年经费等，每年约4万两（参见光绪三十二年六月初九日，前粤海关监督常恩折，粤海各关二十七年份至三十二年份征收支销常税数目清单，档案编号：3-129-6436-20）。

⑤ 张人骏光绪三十年十月十四日致其子张允言等书，见张守中编：《张人骏家书日记》，57页，北京，中国文史出版社，1993。张人骏文中谈论的是光绪末年粤海关的情况，但笔者认为这种情况在道光、咸丰年间可能也大致如此。

除与内务府之间这种长达 200 余年的关系之外，粤海关与广东各主要衙门之间的关系亦颇为特殊。

粤海关监督由于系皇帝简派，有直接上奏权，带有钦差色彩，一定程度上可以看成是皇帝派在广东的耳目。在广东的省级官员序列中，粤海关监督地位在总督、巡抚、提督、学政之下，布政使、按察使之上。原本，粤海关监督是单独行使自己征税权的，但由于后来出现的关监督与地方官员之间出现互相推诿、相互指责的情况，雍正七年(1729)下旨"嗣后，凡有监督各关，着该督抚兼管所属口岸，饬令该地方文武各官不时巡查。如有纵容滋扰情弊，听该督抚参处。至监督征收税课及一切应行事宜，仍照旧例遵行，不必听督抚节制"①。易而言之，督抚在税款征收方面此时仅有协助权。但在税务奏销方面，督抚有一定的权力，"粤海关税务自乾隆十五年以后，(关税)均系监督征收，会同总督题报。迨至五十七年钦奉特旨，改令监督专管，仍责成该督、抚查明，按月造册，密行咨部，俟期满核对，以防弊窦，以严钩稽。……嗣后②粤海关务仍着督抚一体稽查。倘有情弊，即随时参奏，并着按月造报，密行咨报户部。"③所谓"疏不间亲"，外任的督抚极少与这些可能不久后即回内务府，且有钦差色彩的八旗人员对抗，以致"于该关征收税务情形竟全不过问，是稽核之例，竟系有名无实"④。事实上，即使有其他官员对粤海关监督提出弹劾，广东的督抚们也多曲为辩护。当然，督抚们手中也握有一项致命的权力：监督任满或回原任时需要由督抚为他们评定在任期间的情况。

除了这种彼此协助，相互监督的情况外，粤海关还为督抚衙门提供一定的经费支持："粤海关向有拨给两广总督衙门办公经费每月三千两，巡抚衙门每月银八百两，系在常税盈余项下按月支送。"这笔钱到

---

① 转引自梁廷枏总纂，袁钟仁校注：《粤海关志校注本》，115 页，广州，广东人民出版社，2002。

② 嘉庆十四年后。——引者注

③ 梁廷枏总纂，袁钟仁校注：《粤海关志校注本》，120 页。

④ 嘉庆十四年谕旨，见梁廷枏总纂，袁钟仁校注：《粤海关志校注本》，115 页。

光绪二十五年(1899)刚毅南巡到广东时被要求"报效归公,由部指还汇丰镑款"。但因两年后五十里内常关归并税务司而将此款改为"作正开支"。① 这笔钱相对于两广总督每年15000两,广东巡抚每年13000两的养廉银②而言无疑是一笔巨大的收入来源。

可能是要避免相互勾结,粤海关监督与另一位来自八旗的重要官员——广州将军——之间至少在公务上的往来较少。但粤海关内部驻粤海大关总口和澳门总口负责"弹压一切关税事务"的旗员、防御每年都由"将军衙门选员前往"。③

在粤海关内部,人员颇为复杂,有正式官员(如广州府澳防同知,香山县丞),有家丁,有书役,有水手,有佐杂人员。这些人的来源亦颇为复杂,多涉及广州各主要衙门,如雷州、潮州等总口的总口委员系各府的同知或通判;家丁则是粤海关监督的私人;水手等人来自广州驻防八旗。有些人员在为自己养家糊口的同时,有的也为自己所属的部门提供一定的财政资源。如遍布于粤海关各口的水手"向由将军选拔旗丁承充,始自康熙年间,相沿二百余年,俨同世业,该水手在关当差,向有带收船头、饭食等款,为备缴旗营公项、义学津贴、京员旅费及旗丁养赡家口之需"④。这些人员中以书役最为人所诟病。这些人"合股朋充,世代相承,视同置产,每年由监督将各口轮派,各书役包征包解"⑤,对贸易构成了严重的负面影响。

私以为,粤海关的正项税银流向是明晰的,是作为国家正式经费

① "作正开支"意思是列入"内销",其奏销要经过户部同意。原文见光绪三十一年三月十二日,广东巡抚暂管粤海关税务张人骏片,档案编号:3-129-6427-16。

文中的月系指夏历的月,也就意味着逢闰之年需要支出十三个月的开支。

② 《光绪会典事例·户部·俸饷·外官养廉一》卷二六一。

③ 乾隆五十一年两广总督穆腾额奏折,见梁廷枏总纂,袁钟仁校注:《粤海关志校注本》,116页。

④ 光绪三十一年二月初九日,张人骏折,见中国第一历史档案馆编:《朱批奏折》第74辑,615页。

⑤ 光绪三十一年二月初九日,张人骏折,见中国第一历史档案馆编:《朱批奏折》第74辑,614页。

的一部分而加以支出的——虽然与内务府的关系更为密切。而与此同时，它的周围有着一大群以之为生的人。这些人形成了难以打破的巨大利益链，将原本可以征收更多的税款转而流入了自己的腰包。同治五年(1866)受命查明粤海关情形的两广总督瑞麟和广东巡抚蒋益澧曾说"粤海关书吏专以隐匿漏税为长技，终无实数可以稽查；家丁则通同舞弊，以分其肥，遂至彼此勾串，牢不可破。历任监督但只求其正额无亏，而所得盈余足数报销之数，即受其欺蒙而无能一发其覆"①。这份奏报将粤海关的弊端归结到"下"，也就是海关监督下面的书吏们，其实在粤海关监督之上，还有无数的眼睛盯着这块肥肉——从军机大臣到地方督抚、驻防将军都指望着能从中得到些什么。

关于粤海关监督的出身、任期和贪渎问题，最著名的是来自第一代汉学家马士(H. B. Morse)的论述：

> 粤海关监督职务，一向是由皇帝钦派的满洲人担任，他是代表官廷和官廷人物的。在他满足了他北京的恩主们(和恩主妇们)的欲望之后还有余裕时，他也可中饱，自行积聚一份家私。他初一到任就必须有所报效；在这从来长不到三年的任期之内，仍旧要经常不断地报效；并且在他可以满载而归之前，也还要再作报效。他从头到底一直报效。……据一位权威人士在一八九五年记述离当时不久的情形时，还估计粤海关监督在任内每年经常送往北京的礼物，价值不下一百万两。别的权威人士曾经讽刺地说：(在支付了为维持大批像属生活的征收费用之后)他任内第一年的净利是用来得官，第二年的用来保官，第三年的用来辞官和充实自己的宦囊。②

这个记述曾在很长时间内被当作不易之论。其实，通过上文的论

---

① 同治六年二月十二日，瑞麟、蒋益澧折，档案编号：3-86-4875-10。

② [美]马士：《中华帝国对外关系史》第一卷，张汇文、姚曾廙、杨志信等译，37页，上海，上海书店出版社，2000。

述，我们可以看到这样的记述大抵是模糊和错误的：首先，粤海关监督多出身于包衣；其次，他们的任期可以很长，甚至接近五年，也可以很短——不到一年；最后，被外界所认为的"渔利"至少有一部分其实是用于赔缴原来的亏欠、上供给其他衙门和为下级所隐瞒，而正式税款是他们难以挪用的。

粤海关税款被大规模偷漏的情形，至少在同治初年就曾为左宗棠所揭发，但结果却是不了了之。① 其背后大概就是因为错综复杂的利益链条吧。这种情形直到光绪三十年（1904）后才因时势所迫而被改变，改由两广总督兼任粤海关监督，而当时的总督岑春煊也确实使粤海关的征税能力有了很大的提高。②

三、忠诚还是能力？

粤海关监督作为一个差使，按照《光绪朝会典》的记载，并未限定为满洲缺或包衣缺，而是说和三织造一起"以上驷院、武备院、奉宸院卿，护军统领、骁骑、参领及京察记名之郎中、员外郎特旨简放"③。换句话说，就是凡是达到一定官职的内务府和八旗人员都可以担任此差。那我们不妨先看一下这些监督的出身。

由于粤海关监督本身并不是高等级员缺，很多人员并没有留下充分的传记资料，我们难以判断其身份，笔者仅找到延隆、中祥、彭年、文丰、基溥、明善、曾维、恒祺、毓清九人的大概情况④，仅为全部人数的一半稍多。其中，延隆隶属于何旗并不是很清楚，但在有关奏折中可知其确实是出自内务府；中祥出自大名鼎鼎的内务府世家——辉发萨克达氏，此时虽已抬旗为满洲正黄旗，但其出身就是内务府满

---

① 参见同治五年正月二十一日，户部尚书倭仁等折，档案编号：3-86-4873-3。

② 其史实可参见汤象龙《光绪三十年粤海关的改革》（《中国近代经济史研究集刊》，第 3 卷，第 1 期，1935）和拙文《光绪三十年粤海关改革再研究》（朱诚如、王天有主编：《明清论丛》第七辑，401~413 页，北京，紫禁城出版社，2006）。

③ 转引自祁美琴：《清代内务府》，91 页。

④ 满洲人由于取名的随意性，同名的人非常多，如本文中的文祥并非后称"文文忠"的军机大臣兼总理衙门大臣；履历档中显示名叫文达的人有三个，但从年龄推断都不是粤海关监督。因此也增加了查找他们资料的难度。

洲正黄旗(为归入满洲正黄旗的包衣)①；彭年系内务府汉军镶黄旗人②；文丰系内务府汉军正黄旗人；基溥系内务府汉军正白旗人③；明善系内务府汉军正蓝旗人④；曾维自称"内务府世仆"⑤；恒祺系内务府满洲正白旗；毓清为内务府正白旗出身⑥。笔者找到的资料远不能说完整，但就目前掌握的情况来看，粤海关监督多出身于内务府包衣。或者，我们可以就此推断：道光与咸丰两位皇帝似乎更喜欢用奴仆来帮助管理这个巨大的税源。在忠诚与能力之间，清朝统治者选择了他们认为的较为忠诚的包衣奴仆来为他们管理这个"天子南库"。

此时正当清政府内外交困之际，外有咄咄逼人的洋人，内有连绵不断的军事动乱，而粤海关的位置又极为重要：不仅掌握着巨大的财源⑦，而且关系着与外人的交涉。若能为这个职位挑选合适的人选，那么当时的内外情势有可能好转一些。但我们没有看到这种变化。也许，对于满族统治者而言，对粤海关监督的挑选与其说是在意满汉之分，不如说是更在意将粤海关合法、非合法税银的掌控在自己的手中而带来的收益。就是这样一群只知满足自己利益的统治阶层，罔顾中国已然面临的千年未有之变局，将国家税收源源纳入自己的腰包，而国库早已罗掘俱穷。硕鼠们最后挖塌的是自己的墙角。

---

① 参见刘小萌：《清朝皇帝与保母》，载《北京社会科学》，2004(3)。

② 参见秦国经主编：《清代官员履历档案全编》第 2 册，637 页，上海，华东师范大学出版社，1997。

③ 参见王钟翰点校：《清史列传》卷四七，3738 页，北京，中华书局，1987。

④ 参见王钟翰点校：《清史列传》卷四七，3738、3740 页。

⑤ 道光三十年八月二十二日，曾维折，朱批奏折，档案编号：04-01-12-0467-078。

⑥ 参见咸丰十一年六月十六日，内务府大臣肃顺等折，档案编号：3-69-4162-137。

⑦ 以税额计，超过 100 万两，占据所有榷关的首位——直至咸丰末年才逐渐为江海关超过，几乎为帝国税收收入的 1/40；以对中央财政的贡献(包括户部和内务府)而言，其影响更大：其他的税种多为地方多留用，而粤海关税则除了 8 万余两必须归广东藩库(4 万两正额，3564 两铜斤水脚银和 4 万两普济院公用银)外，其余可全部由中枢任意支配。

第二节　1843—1854 年的粤海关体制

第一次鸦片战争前，清政府在商业中心和交通枢纽有称为"关市之征"的"榷税"。道光二十三年后，南方四省五口岸（广东之广州，福建之福州、厦门，浙江之宁波，江苏之上海）依据与列强签订的不平等条约陆续"开市"①，并征收中外贸易税——"夷税"。夷税与榷税同为以"通过税"为主的商业税，但差别较大。1840 年前，在清政府的税收体系内，国内通过税与国际贸易税不做区别，统称为榷税/关税，而其机构即为榷关/税关。夷税的征收对象为中西贸易（不包括与各藩属国的贸易，与日本、琉球、暹罗等地的贸易仍纳入榷税管理），征收主体为清政府的海关/榷关官员。第一次鸦片战争后，国际贸易税独立为一个税种，单独核算，独立收支。与榷税不同，夷税征收的法理基础是条约所定税则，其征税机构也系新设。与学界所熟知的洋关不同，征收夷税时期，海关行政权基本由清政府控制。19 世纪 60 年代后，"夷税"一词因涉及"夷"字，遭到列强的抗议，其名称也逐渐演变成"洋税"。易而言之，夷税是从榷税到洋税的过渡阶段，对它的研究有助于我们从另一个视角理解对近代政治史、财政史影响深远的洋税和税务司体制，以及清政府在此间的具体行为和思考模式。

在晚清海关史的研究中，1854 年是另一个重要的拐点：税务司的前身——三国税务委员会在上海建立并逐步演变为税务司体制，该体

---

① 各口岸"开市"时间不同：福州、厦门开市时间为道光二十三年九月十一日，上海为道光二十三年九月二十六日，宁波为道光二十三年十一月十二日。（参见蒋廷黻编：《筹办夷务始末补遗》道光朝第 4 册，96 页。）粤海关开市较早，为道光二十三年七月初一日。[参见齐思和、林树惠、田汝康等编：《第二次鸦片战争（一）》，29 页，上海，上海人民出版社，1978。]需要注意的是，各口岸的开关不等于开市，例如，厦门开关的时间为道光二十三年闰七月初三日，但开市却是在九月十一日。（参见蒋廷黻编：《筹办夷务始末补遗》道光朝第 3 册，909 页。）

制掌控中国海关行政长达八九十年。北洋政府时期,税务司最高长官总税务司一度成为"财政太上皇"。学者多注意到随着中外不平等条约的签订,来自外部的力量改变了海关的既有体制[①],但对于自第一次鸦片战争结束后(1843)至上海小刀会起义(1854)[②]期间清政府的应对措施,只简单认为清政府按照不平等条约对税收体制进行了细微调整,没有注意到税收体制的具体调整过程及其给中国带来的深远影响。

笔者以为,1843—1854 年,清政府税收制度的变革,对于理解其如何化解外部压力颇为重要:清政府面对外部压力时更多的是依照惯例,在既有名目之下进行内部微调,不愿进行大的变革。在"祖宗之制""规复旧制"的口号之下,清政府进行的调整大多演变为"新瓶装旧酒"。后来的海关二元体系某种程度上是这种努力的另一种不虞后果:海关监督名义上仍是各海关机构的负责人,但已无力控制以列强为倚仗并得到总理衙门等中枢机构支持的税务司。

粤海关是清代重要的贸易口岸,其税额长期冠绝诸关,在此进行的中西贸易在相当长的一段时间内都是最大的——直到 19 世纪 60 年

[①] 参见陈诗启:《中国近代海关史》,北京,人民出版社,2002;戴一峰:《近代中国海关与中国财政》,厦门,厦门大学出版社,1993;姚贤镐:《两次鸦片战争后西方侵略势力对中国关税主权的破坏》,载《中国社会科学》,1981(5)。笔者在《晚清海关再研究——以二元体制为中心》(北京,中国人民大学出版社,2012)一书中虽注意到清政府海关监督制度的长期存在,但也多将视角集中于税务司。关于这个时期清政府的海关政策调整,参见陈勇《"经制"与"新增":五口通商时期清廷对海关夷税的管理》(《中国经济史研究》2015 年第 1 期)和周育民《从江海关到江海新关(1685—1858)》(《清史研究》2016 年第 2 期)。

[②] 目前学界多以小刀会起义作为近代海关的起源事件。(参见陈诗启:《中国近代海关史》,3~42 页。)粤海关的夷税体制略有延长,但作为一个涉及四省五口的全盘性制度至此已然结束。故笔者以 1854 年作为夷税体制的结束时间。其实粤海关名义上正式开始新关体制的时间为 1860 年 10 月 1 日(咸丰十年八月十七日),即广州关开始按新章收税。其余各口按照新章征税的时间更晚,如甘竹分关直至 1897 年 7 月 1 日方始开埠,以新章征税。

代被江海关超过。① 海关诸多体制的演变,都可从粤海关寻找到源头。本章以粤海关为考察对象,探讨此间粤海关的诸种变化,以求了解清政府的应对措施及其对近代海关史和财政史的影响。

一、海关监督及其衙署的变化

1842 年中英《江宁条约》(《南京条约》)签订,中西贸易由一口扩展到五口,粤海关不再是列强对华贸易的唯一口岸,但口岸开放并没有直接导致清代既有海关体系的瓦解,《中英五口通商章程:海关税则》(以下简称"《通商章程》")确立的领事担保制不过仅以列强领事官员取代十三行,成为海关辅助机构,进行关税管理。依照《通商章程》"进出口货纳税""大关秉公验货"等条目,英国等列强得以通过领事参与到估税、缉私等海关行政环节②,而商人也由该国领事提供担保,是为"领事担保制"。领事担保制的建立影响深远,三国税务委员会、税务司制度均以此为滥觞。从清政府当时的角度来看,这不过是将原来行商们的权力转移到了"夷人"领事官那里。在列强看来,则是他们可以依据

① 关于清代前期粤海关制度的研究颇多,除了早期梁廷枏编的《粤海关志》外,当代研究兹择笔者以为重要者列于后。陈国栋:《清代前期的粤海关与十三行》,广州,广东人民出版社,2014;邓端本:《鸦片战争前的粤海关》,载《岭南文史》,1984(2);戴和:《清代粤海关税收述论》,载《中国社会经济史研究》,1988(1);杨国桢、黄福才:《道光前期中西贸易的变化及其影响》,载《中国社会经济史研究》,1989(1);李金明:《清代粤海关的设置与关税征收》,载《中国社会经济史研究》,1995(4);黄国盛:《鸦片战争前粤海关当局与"大班"的关系及其演变》,载《福建论坛》,1998(1);黄国盛:《清代前期开海设关的历史地位与经验教训》,载《东南学术》,1999(6);吴义雄:《鸦片战争前粤海关税费问题与战后海关税则谈判》,载《历史研究》,2005(1)。相比于十三行研究的兴盛,粤海关研究其实一直处于附属地位。关于十三行的研究史,参见冷东:《20 世纪以来十三行研究评析》,载《中国史研究动态》,2012(3)。研究成果更少的是鸦片战争后的粤海关制度,参见汤象龙:《光绪三十年粤海关的改革》;任智勇:《光绪三十年粤海关改革再研究》。

② 参见王铁崖编:《中外旧约章汇编》第 1 册,40~43 页,北京,生活·读书·新知三联书店,1957。

不平等条约，直接插手清政府海关管理。这一制度的危害性并未引起清政府的警醒。① 鉴于海关监督及其衙署在海关行政中的主导地位，本文首先选择对海关监督及其衙署在此间的变化进行考察。

从已有的研究②可知，第一次鸦片战争前，粤海关最高管理官员——粤海关监督——大抵出身于内务府包衣，身份低微却与皇权较为亲近；出于慎重度支的考虑，粤海关监督人选多有较丰富的任职榷关的经历。从道光中后期和咸丰朝的档案中可以看出，粤海关监督的出身和经历基本没有什么变化：依旧是从以内务府包衣为主的人员中选拔，其任期不定，或一两年或五六年，而他们的征税阅历却有下降趋势。

关于第一次鸦片战争前粤海关衙署机构及人事安排，据《粤海关志·设官》记载，自乾隆五十一年(1786)至道光中期，除监督外，粤海关还有 7 名总口委员③，以及 5 名正式官员：广州澳防同知、香山县丞、广盈库大使各 1 名，守库千把总 2 名。惠州、潮州、琼州、雷州、高州五口委员为兼管，廉俸不由粤海关支给，其余人员均在粤海关经费内支给。粤海关内还有大量书役。大关设书吏 2 名，惠州、潮州、琼州、雷州、高州五口各设 1 名。④ 这 7 名书吏为经制书吏，有经管钱粮之责，在各口的地位仅次于各总口委员。

粤海关书役的设置呈内重外轻之势，人员多集中于大关。大关设有 6 名案书，掌册案书、掌平案书、掌稿案书、单房案书、算房案书、贡房案书各 1 名；在承发房、内号房、船房、柬房四房另有清书 12 名

---

① 关于《江宁条约》和《中英五口通商章程》对海关制度的影响，参见拙著《晚清海关再研究——以二元体制为中心》。

② 参见陈国栋：《清代前期的粤海关与十三行》；任智勇：《道光、咸丰朝的粤海关监督考》，载《中国经济史研究》，2012(1)。

③ 大关及澳门总口委员选自广州驻防八旗的中级军官——正五品的防御；其余五口分别委惠州府同知、潮州府海防同知、琼州府同知、雷州府同知与高州府通判。

④ 梁廷枏总纂，袁钟仁校注：《粤海关志校注本》，115～119 页。

（清书 4 名、承办清书 8 名）①，各房缮书、写书若干名（人员数额不定，从其经费每年为 360 两推断，为 6～10 名）；平柜 1 名。大关另有诸多吏役：库丁 18 名，杂役 30 名。② 派往其余各口的书吏为：澳门总口总书 1 名，各总口柜书共 10 名（澳门、高州总口各 1 名，其他 4 口各 2 名），各口口书 44 名（共设 182 名或 192 名口书，轮流派往各口）。③ 巡役 36 名，来自广东水师④；水手 274 名⑤，来自广州驻防八旗⑥；水火夫 11 名，火夫（伙夫）22 名。需指出的是，粤海关监督的家丁也有编制，设 24 名，派往大关和各口（大关 4 名，总巡、黄埔、江门、大马头各 1 名，东炮台、西炮台、虎门、佛山、紫洞、市桥、镇口、澳门 8 口各 2 名）。⑦

第一次鸦片战争前，粤海关管辖范围涵盖今粤、桂、琼三省沿海，税务较繁，人员和机构设置较为复杂。1843 年后，粤海关机构略有调整，主要涉及九处税口。两处为移驻，即九龙巡检的改设和澳门税口

---

① 此四房之设，笔者谨据蒋廷黻编：《筹办夷务始末补遗》道光朝第 3 册，864 页。在祁墳这份关于粤海关差数目的清单中写明"承发、内号、船房、柬房，清书四名，各房承办清书八名"。从其清书总数而言与《粤海关志》记载相符，故笔者认为有此四房之设。

② 此处记载与下文有较大差别，而这两个记载前后仅相差四五年，《粤海关志》完成于道光十九年，而所引清单完成于道光二十三年。何以如此？尚有待进一步考证。

③ 《粤海关志》记为 192 名，而祁墳清单中记为 182 名。其中东、西炮台，黄埔口为京差三缺，不掣签，44 口每年轮换，4 年一轮回。

④ 梁廷枏总纂，袁钟仁校注的《粤海关志校注本》卷七《设官》中列为 36 名，而在卷一六《经费》中仅有 35 人有火足（薪粮），即东炮台口巡役 1 名无火足。

⑤ 梁廷枏总纂、袁钟仁校注的《粤海关志校注本》卷七《设官》中为 274 名，而卷一六《经费》中有 275 名水手有工食银，且口岸有所变化：南洋口成为澄海口，雷廉总口成为东西乡口。多出的 1 名水手在乐会口，由《设官》中的 5 名水手变为《经费》中的 6 名。

⑥ 参见光绪三十一年二月初九日，张人俊折，见中国第一历史档案馆编：《朱批奏折》第 74 辑，615 页。其奏折中称，这些水手"向由将军选拔旗丁承充，始自康熙年间，相沿二百余年，俨同世业"。

⑦ 梁廷枏总纂，袁钟仁校注：《粤海关志校注本》，120～122 页。

的移驻。香港被英国占领后，钦差大臣祁埙等人于道光二十三年十月为稽查出入牌照，奏请将富司巡检移驻九龙地方："广东新安县属之官富司巡检，请移驻九龙地方，改为九龙巡检，作为海疆要缺，即照所请，准以试用从九品许文深试署。俟试署期满，如果称职，另请实授，并定为在任三年，如经理得宜，即予保举升擢，毋庸扣至六年俸满。……至该巡检虽无征收税课之责，而稽查出入，务令华夷相安，断不可任吏胥勒索别生事端，是为至要①。"澳门税口原本系由前山同知和香山县丞"稽查防范"，道光二十九年（1849）后由于葡萄牙人的攻击，迁移至黄埔附近的长洲。② 九龙巡检和澳门税口除办公地点变化外，未见人员变动。

与此同时，由于开市之后稽查事务的增多，祁埙等人提议添设七处税口，并加派人员，"三水之思贤滘，虎门左近之三门，南海之九江、沙头，东莞之石龙，香山之石岐，顺德之黄连、甘竹，凡七处均有汉可以绕道出海，向无卡口稽查。今香港既准英夷居住，不得不预防内地奸商远道偷运。臣等再四筹议，拟于七处要口设立卡房，每卡派家人一名，役一名，巡丁十名，水火夫二名，巡船水手八名。……总督衙门派委押船武弁……"③在同日所上的税口人员清单中，表述与奏折稍异：思贤滘为家人、书、役各 1 人，巡丁 10 人，水火夫 2 人，巡船水手 8 人，其余六口则减少 10 名巡丁。合计添设 101 名人员，其每月开支总数为 280 两。中枢随即表示同意。④

---

① 中国第一历史档案馆编：《嘉庆道光两朝上谕档》第 48 册（道光二十三年），552～553 页。粗看之下，似乎巡检的设置与粤海关关系不大，但确是粤海关体制之内的事务。在九龙设置巡检最初由文丰等人提出，而在海运作中，九龙巡检即为预防、控制香港走私的一个重要环节。但在实际运行中，九龙巡检并没有达到预期效果。

② 参见曾维片，咸丰元年五月初七日，见中国第一历史档案馆编：《清宫粤港澳商贸档案全集》第 9 册（以下简称《商贸档案》第 9 册），5195 页，北京，中国书店，2002。

③ 祁埙折，道光二十三年九月二十九日，见蒋廷黻编：《筹办夷务始末补遗》道光朝第 3 册，854～856 页。

④ 参见祁埙片，道光二十三年九月二十九日，见蒋廷黻编：《筹办夷务始末补遗》道光朝第 3 册，857～859 页。

粤海关新设通商七税口骤然增加百余名书差，其人员设置是否合理，这需要进行横向和纵向的对比，即对比粤海关原有人员数以及其他各关的添设人员数。同时期粤海关的书差人员合计 451 人，包括大关书吏 2 人，稿库、单册、算贡案书 6 人，承发、内号、船房、柬房清书 4 人，各房承办、清书 8 人，清帮散书 182 人（其中 47 名掣往各口，由各口支给工食。其余无工食），快、皂、夜巡头役 8 人，快、皂、夜巡散役 194 人，门、号、舍、散役 47 人（其中 40 名掣往各口，由各口支给工食。其余无工食），相比较原设书役，粤海关新增管理中外贸易税的人员数不足 1/4。鉴于添设人员主要负责夷税的征收，因此在粤海关内需要进一步对比的是夷税在粤海关总税收中的比例。由于奏销格式的变化，粤海关仅在道光二十三、二十四年中奏报涉及夷税即"遵照新章征银"的数额达到 1600504.74 两和 2248699.64 两，夷税在粤海关总税收中的比例占全年税额总数的 78.8％ 和 95.3％（见表 2-2-1）。相对于占比高、税额大的夷税，新增的百人差役队伍似乎并不为过。对比其他开市口岸的添设人员情况，闽海关新增 38 人[①]，其征收夷税数额仅为每年三四万两，人均征税数额自以粤海关为多。需要进一步指出的是，粤海关新增人员仅为新设七税口，并未涉及全部关口。如果参照江海关新增人员情况[②]，新设七口不仅需要增加巡查人员，还需要在大关内添设大量书役以供缮写、造册。因此，其合理解释是，粤海关大关原有人员能够处理相关征税事务，无须因另收夷税而添设人员。

虽然人员、征税方式和机构都有所调整，但粤海关管理并没有好转，税收的征缴反而更加混乱：各口延迟缴纳税款的情况越来越多[③]；

---

① 参见敬敩单，道光二十五年十一月二十二日，见蒋廷黻编：《筹办夷务始末补遗》道光朝第 4 册，139～142 页。

② 参见孙宝善折，道光二十四年三月十九日，见蒋廷黻编：《筹办夷务始末补遗》道光朝第 3 册，945～946 页。

③ 参见《设立库收并酌定各口缴饷及月册各件期限略节》，见刘志伟、陈玉环主编：《叶名琛档案：清代两广总督衙门残牍》第 3 册，106～112 页，广州，广东人民出版社，2012。

书吏管理不善，一人兼管多处口岸，以至于延迟或不解摊赔款项等违例现象不断出现。①

总而言之，1843 年后粤海关机构和人员的调整幅度有限。由于东南五口的开放，尤其是香港被英国占据后，粤海关不得不改设、增设多处税口，人员也增加了百余名，但这仅仅是细枝末节的变动，对于粤海关衙署并没有多大的触动，遑论中枢机构（如对粤海关有管理之责的户部贵州司和内务府）的相应变动。随着清政府权威的下降，粤海关内部人员的行为有趋于混乱的倾向。面对列强的入侵，清政府对粤海关人事方面的调整是被动的，并没有进行结构性的变革。粤海关各税口的调整，包括税口的移驻与添设、人员的增加固有其合理的一面，但清政府与广东大员之间关于税口添设、关吏调整等细节的纠缠②，掩盖了粤海关监督的选拔、中央海关管理机构的建立等更应重视的海关制度方面的调整，以至于对清政府影响重大的领事担保制并未出现在他们反思的范围之内。

二、夷税征收政策的演变

清代榷关制度的设计思路之一是各自为政，各榷关之间不仅征税年度不同，甚至税则也存在巨大的差异。③ 如第一章所述，道光朝时期，清政府对榷关实行与州县官地丁分成考核制相近的考成法。嘉庆四年之前各关实行三年比较法，此后实行定额考成法，从而确定了各榷关的盈余额度，并将关税额分为正额、盈余两部分。④ 道光十年，

---

① 参见《拟订派差各款章节略节》，见刘志伟、陈玉环主编：《叶名琛档案：清代两广总督衙门残牍》第 3 册，29～31 页。

② 例如，关于九龙口和长洲口移驻就几经周折，中枢多次表示异议，只是因为地方官员的坚持而最终移驻成功。参见中国第一历史档案馆编：《商贸档案》第 9 册，5195～5198 页。

③ 例如，同位于长江沿岸且相距不远的芜湖关和九江关木税税率相差 11 倍，不仅被征税的漕船帮丁不敢相信，除九江关监督外的各级官员也是难以置信。事情暴露后，这种奇怪的税则却谁也无可如之何！最后只能不了了之。参见道光十五年十二月初十日，江西巡抚周之琦折，档案编号：3-55-3164-33。

④ 参见中国第一历史档案馆编：《嘉庆道光两朝上谕档》第 4 册（嘉庆四年），95～97 页。

鉴于各榷关无法完成关税足额征收的情况增加，清政府将盈余分为六成额内盈余和四成额外盈余，若未完成六成额内盈余的征收，各榷关监督除赔补外还得被议处。[①] 这一规定直接涉及榷关监督的前程和经济利益，最受他们的重视，但同时也严重影响了鸦片战争后夷税征收制度的设计。

《江宁条约》和《通商章程》规定，清政府在各口岸实行统一、透明的税则。[②] 原本各省甚至省内各榷关的税则不尽相同，在夷税的征收过程中，各榷关之间的这种差异性受到挑战，但清政府此时并没有对条约内容表示异议，"原单内称钤印税则例册及钤印贸易章程嗣后五港口均奉为式二条。现在通商马头既分有广州、福州、厦门、宁波、上海五口，所有税例及一切贸易新章自应一律办理，应如所议，各口均奉为式"[③]。清政府更为关心的是如何调整粤海关税制，以适应条约规定的统一税则。道光二十三年六月中英《五口通商章程》签订后，中方签约代表钦差大臣耆英会同在广州的程矞采、祁墡、文丰等人于道光二十三年六月二十七日（1843 年 7 月 24 日）奏呈了一份重要奏折，摘抄如下。

　　一、粤海关原定税额，应暂归五口匀摊，以免偏枯也。……此后粤海关如有征不足数，应请暂于福州、厦门、宁波、上海四关所征西洋各国货税内拨补足数，即由各海关径自报拨。……
　　一、五口征收西洋各国税额，应请试行三年，再行酌定，以归核实也。……
　　一、粤海关杂税款目，应行删除，以归简易也。……所有节

---

　　① 参见中国第一历史档案馆编：《嘉庆道光两朝上谕档》第 35 册（道光十年），138 页。
　　② 参见拙著：《晚清海关再研究——以二元体制为中心》，65～74 页。对于不平等条约中英文本之间的差异，参见张志云：《中外条约贸易组织的基础、推广与限制（1842—1869）》（未刊稿）。
　　③ 穆彰阿等奏，道光二十三年九月二十四日，见中国第一历史档案馆编：《商贸档案》第 9 册，4981 页。

次归公案内杂项名目，无论现在已未查明，应请一概删除，免多纠缠。

一、平余备贡等款，应归于额外赢余项下开销，以免无着也。……

一、粤海关应酌留羡余，以备公用也。……应请于粤海关额外赢余项下，酌留银十二三万两以备支用。……

一、四口应补征内地各关湖丝税银，以补不足也。……

一、内地各省贩卖茶叶、湖丝、绸缎，不准由海载运，以杜影射也。……

一、与西洋各国货税无涉之客货，应仍旧章办理，以免纷更也。……

一、各项浮费应全行革除，以杜弊端也。……应请查照海关书吏之例，核给工食……①

这份奏折的核心内容是"闽、浙、江苏所受英国等西洋各国货税皆由粤省分出，就粤海一关而论，税数虽难免于稍绌，而统五关计之，彼此互相挹注，必当较往年有盈无绌"。显然，耆英等人坚定地认为，五口开埠对于中外贸易而言不过是贸易地点的变化，于贸易总量和关税总额负面影响不大，甚至还会促进其增长。

第一次鸦片战争后，中西贸易由粤海关独立承担分散为五口共同负责，征税机构多元化。由于粤海关承担着重要的财政职能，其税额占全国关税总额的 1/4，解送户部和内务府的关税额更是占榷关解送额的 1/3 以上，全国税收解户部额的 1/10 以上。② 一旦粤海关独大的

―――――――――

① 齐思和、林树惠、田汝康等编：《第二次鸦片战争（一）》，20～23 页。此折上奏时间为道光二十三年六月二十七日，朱批时间为二十三年七月十六日。此折也收入齐思和等整理：《三朝筹办夷务始末》道光朝第 5 册，2676～2680 页，北京，中华书局，2014。

② 按照史志宏先生的统计，道光朝收入银库的白银平均为 990 万两，而咸丰朝仅 531 万两。参见史志宏：《清代户部银库收支和库存统计》，51 页，福州，福建人民出版社，2008。以粤海关常年解部百万两计算，超过了 1/10。

税收格局发生变化，将使得已经处于财政紧张状态的清政府雪上加霜。在关税额与国用相关甚大，又涉及监督前程的隐含背景下，上述奏折力图保持关税征收数额，维持粤海关体系，其具体措施包括以下几项。

第一，关税部分，由于其他四口的开市将影响粤海关的关税征收，耆英等人希望若粤海关关税下降，由四口抵补，其定额三年后再确定。粤海关既有的开支项仍予以保留。第二，沿海贸易部分，限制本国商人的沿海贸易，不允许海路运输内地各省货物。这一规定是导致开埠后洋商货船大量参与沿海贸易的原因之一。第三，根据列强不可额外加税的要求，微调海关支出政策。粤海关在此前的征税过程中都会征收一些规费，用于内务府的各项开支和书差的工食等特别开支。五口通商后，这些开支依然存在，这就需要将原来的额外开支纳入正式支出中，从而使外销转为内销。

耆英的奏请除了涉及减少内务府款目部分，基本得到了中枢的同意。① 在一定程度上，我们可以认为，维持海关既有体系的关税政策得到了施行。道光二十三年八月二十七日（10 月 20 日），耆英等人再上一折，提出了一个改变关期的具体实施方案。

> 所有本年上海等四关开市以后，所征西洋各国税银，应与粤海关一体以道光二十四年正月二十五日为截数之期，将征收数目咨会粤海关查照。以后每届三个月，各该关互相咨会一次，俾关期不致参差。倘粤海关征不足额，即可照案指请拨补，仍于截数时，由各海关另案题报，以资稽考。……应请即从道光二十四年正月二十六日为始，声明以某年月日为始，至某年月日连闰扣足十二个月，为该关报满之期，毋庸再排甲乙以免混淆。②

---

① 参见齐思和等整理：《三朝筹办夷务始末》道光朝第 5 册，2704～2710 页。军机大臣与户部的议复折不同意的是"平余、备贡等款，应归于额外盈余项下开销"和"粤海关应酌留羡余，以备公用也"。这实际是让粤海关自行筹措经费。但在后续的来往公文和实际操作可知，耆英等人基本实现了其意图。
② 齐思和、林树惠、田汝康等编：《第二次鸦片战争（一）》，37～38 页。

耆英等人仍在强调由各关夷税补充粤海关关税事宜，但这种制度设计改变了很多既有体制，即部分税关统一了关期——各开埠口岸统一以道光二十四年正月二十六日为开始之日，以夏历 12 个月为一个财政年度；各关之间发生了横向的联系——各关每三个月咨会粤海关一次。税则和关期的统一为夷税的统一核算在制度上奠定了基础。由此，通商五口确定了一个以粤海关为核心的夷税征收制度：各省每年以奏本、题本的形式，自行向中枢报知当年夷税征收情况，同时每三个月向粤海关咨文夷税数额。① 粤海关征不敷解时，可以直接动拨其他各口的夷税。实际上，由于粤海关并没有出现征不足额的情况，也就未曾调拨各省夷税。

道光二十六年九月，即耆英等人在此前奏折中所称五口夷税征收试行三年期满时，他们发现各关的税收变动很大：一方面是粤海关所征夷税额高低起伏不定，道光二十三年至二十五年的三年间，夷税额分别为 160 万余两、224 万余两和 209 万余两（夷税额详见表 2-2-3），另一方面则是江海关夷税额呈现爆发式增长，三年所征税额分别为 4 万余两、17 万余两和 48 万余两。他们认为，"各国运往内地通商货物每岁只有此数，赴广州者十之六七，赴上海者十之三四。故三年税数彼有所丰则此有所歉，实为事理之必然"，进而提出"展限一二年……随时查看。俟贸易情形均有定准，再将每年每口征银若干万两，应定正税若干万两，盈余若干万两，公同酌定具奏，以归核实"。② 可以看出，耆英等人显然将对外贸易视为静态，没有意识到被列强敲开大门后，中西贸易额将持续增长；也没有意识到，上海由于良好的经济地理位置将取代广州，成为中国最重要的贸易口岸。他们仍以为，夷税事宜还能在粤海关既有体系内运作。

---

① 由于档案的缺失，笔者只见到少部分向皇帝奏报夷税的资料，如道光二十七年敬敦奏报二十六年税额。参见蒋廷黻编：《筹办夷务始末补遗》道光朝第 4 册，414 页。

② 耆英等折，道光二十六年九月初四日，见蒋廷黻编：《筹办夷务始末补遗》道光朝第 4 册，312～316 页。

但他们也注意到了此间征税体制的另一种巨大变化。在同日的另一份奏片中，耆英等人提及："夷商完税，旧例系由洋商代缴，而新例则由各夷领事查明货色，将例应交银若干经报海关，一面按卯赴银号照数完纳。如有完不足数，统由领事担保。不惟书役无从染指，即洋商亦无从分肥。但能于其货船进口之时按照新定章程实力查察，免致内地奸商勾通偷漏，则领事所报税银之数与海关所收之数，靡不针孔相符，锱铢无爽。"①显然，耆英对插手海关行政的领事担保制较为满意，认为这解决了长期以来胥吏贪渎、行商分肥的问题，关税额亦有所增长。在奏片末尾，他隐晦地提出将税款"尽收尽解"。"尽收尽解"意味着夷税不再按照定额进行考核。这是一个可能会打破既有关税体系的提议，与自嘉庆四年以来榷关实施的定额制发生严重冲突。道光帝并没有意识到领事担保制的利害关系，只是朱批"知道了"②。而对于耆英等前一份奏折提议的"展限一二年"则予以同意"粤海关税数定额着准其展限一二年，随时察看情形，再行公同酌定具奏。余依议"。③

但在领事担保制下，贸易走私现象呈愈演愈烈之势，列强对此新制度表现出了不满。咸丰元年(1851)，英国驻福州领事官提起抗议"上海、广东两处所有他国贸易商贾进口、出口货物多系走私，而中国知情故纵，于英商生理大有亏损，深为不公"。江南道监察御史梁绍献在咸丰二年的一份奏折中列举了多起偷漏税事件，要求各省官员"认真严办，并出示悬赏分给线人。明察暗访，多寄耳目"④。要求各关严查走

---

① 耆英等片，道光二十六年九月初四日，见蒋廷黻编：《筹办夷务始末补遗》道光朝第 4 册，317～319 页。引文中的"洋商"即为现在一般所称的"行商"，而"夷商"则指称西方商人。

② 从档案中看，对与财政相关的奏折/片，皇帝多不提具体意见。相关奏折/片下发到户部后，由他们提出相应意见，有时甚至是与朱批相悖。笔者未见此奏片的议复折，但从后来的情况看，耆英"尽收尽解"的提议没有通过。由此可知，皇权在面对财政等高度专门化的问题上多受到限制。

③ 中国第一历史档案馆编：《嘉庆道光两朝上谕档》第 51 册(道光二十六年)，267 页。

④ 梁绍献折，咸丰二年五月二十九日，见蒋廷黻编：《筹办夷务始末补遗》咸丰朝第 1 册，115～118 页。

私的上谕下达各地后，各省大员的反应比较一致——不支持查办走私活动。以江海关为例，两江总督陆建瀛在议复折中先述说了上海走私查办情形和上海道（苏松太道兼江海关监督）的措施，随即认为，"就现在情形而论，上海夷税尚无走漏情事，该御史所奏应毋庸议"。显然他还是对实际情况有一定了解，"惟利之所在，弊即因之而生，亦断无不敝之法。……督饬该道认真查办，约束内地商民、书役，勿与外夷勾串作奸，则国课充裕，外夷亦臻安帖"①。易而言之，他隐晦地承认走私情况的存在，只是目前尚未发现，以后会多加注意。由此也可见地方官员上下其手，串通舞弊的严重态势。

第一次鸦片战争后的五口通商，导致中外贸易商路发生变化，各关的税收也随之发生了变动，夷税征收改变了原有的征收体系，直接导致一些地方榷税减少了，尤其是广东和福建两省榷税的征收。如前文所述，按照考成法，税收是否足额将影响到主管官员的自身前途和经济利益。道光二十五年（1846）三月十七日，兼管福建省福州和厦门两个开埠口岸的福州将军敬敫提出"变通收税章程"。他认为，"海关征收夷税、常税，分而为二，夷税既增洋货、棉布之银，则常税自减洋货、棉布之课。彼旺则此亏，实属势所必致"。在他看来"夷人既已在厦通商，则该口之常税必难复"，于是提出了解决方案："今厦门常税虽有旧额可循，然与夷税并征，则事属创始，似应酌量变通，仿照夷税启征章程，试行三年再行查看。如果征收渐旺，足敷原额，自可毋庸另议更张。倘因分于夷税仍难征足，即由部查照三年中收数，另定科则，请旨遵行。"②其核心意见是请户部"查照三年中收数"，另定税额，即降低闽海关的税额。该建议被清政府否定后，敬敫于道光二十六年再次提出："（闽海关监督）官经三任，时历五年，其为并非偶盈偶

① 陆建瀛等折，咸丰二年十月十一日，见蒋廷黻编：《筹办夷务始末补遗》咸丰朝第1册，128～131页。
② 敬敫折，道光二十五年三月十七日，见蒋廷黻编：《筹办夷务始末补遗》道光朝第4册，12～19页。

歉已属信而有证"，请求"重定税额"。① 道光二十八年，续任福州将军的璧昌鉴于"西洋各国通商以后，闽海关征收常税历年均系亏短，未能足额"，"历年所征夷税俱在三四万两上下，以致常税亏至三万数千余两"，于是提议由夷税抵补常税，减少常税定额。② 福州将军接连不断地奏请，反映出的是夷税的单独征收对榷税造成的连锁反应。而这仅仅只是开始，此后各地榷关纷纷提出减少榷税定额的请求。

夷税征收政策带来的另一重大变化是税则的统一。事实上，清政府并没有意识到税则统一的重要性，从中枢到地方，出于种种原因，税则不断被某一列强在某地突破，进而推广到全国"普惠"，到其他列强。例如，在中法《黄埔条约》谈判时，法国提出"印度所出丁香，系属中等税例，未及赅载，议请每百斤税银一两，下等丁香原定每百斤税银五钱，求减为二钱五分，并求将洋酒一项原税一两者减为二钱，原税五钱者减为一钱"。中枢则认为，"下等丁香请减税数，现既增入中等丁香每百斤纳税一两，尚可以赢补绌；至洋酒一项税银请减，据该督等奏称中国人用者寥寥，综计税银为数无几，既与税数无关赢绌，应亦如所请办理"③。这种随意变动税收政策的颟顸认知，严重影响了中外贸易体制，而随意同意列强降低税率的要求也造成了清政府财政的巨大损失。

在耆英、祁墳等地方大员的理念中，粤海关承担着内务府和户部开支的重要责任，因此在海关新体制的设置中强调的是粤海关的关税额不能受损；至少不能出现征不足额的情况，并由此提出五口夷税合并计算。无意间，各行其是的榷关体制被突破了，夷税的征收统一了税则、税率和关期，但也仅限于此。清政府从中枢到地方都无意借机建立一个统一的海关体制，直到李泰国（Horatio Nelson Lay）、赫德

①　敬敩折，道光二十六年三月十九日，见蒋廷黻编：《筹办夷务始末补遗》道光朝第 4 册，220、221 页。

②　璧昌等折，道光二十八年七月初七日，见蒋廷黻编：《筹办夷务始末补遗》道光朝第 4 册，586～591 页。

③　穆彰阿等折，道光二十四年十月三十日，见中国第一历史档案馆编：《商贸档案》第 9 册，5048～5049 页。

(Robert Hart)主导的税务司体系成立之后，中外贸易才有了一个统一的管理机构。

三、夷税收入的变化

1843年后，夷税的征收出现了两个变数：依照列强要求，部分规费并入正税——税率有所增长[1]；中外贸易的增长。这两个变数似乎都预示着夷税将呈现不断增长的态势，但实际情况并非如此简单。我们可以先从粤海关关税收入探查夷税的实际征收情况。

表 2-2-1　1843—1854 年粤海关关税收入

单位：库平两

时间	大关按照旧例征银	大关遵照新章征银	各口征银	统计征银	定额*	多征
道光二十三年二月二十六日至二十四年二月二十六日	303447.025	1600504.739	126591.344	2030543.108	899064	1131479.108
道光二十四年正月二十六日至二十五年正月二十五日**	9010.021	2248699.642	103122.395	2360832.158	899064	1461768.158
道光二十五年正月二十六日至二十六年正月二十五日	2093663.614		92866.828	2186530.442	899064	1287466.442
道光二十六年正月二十六日连闰至十二月二十五日	1868370.101		103719.702	1972089.803	899064	1073025.803
道光二十六年十二月二十六日至二十七年十二月二十五日	1724007.125		101215.930	1825223.055	899064	926159.055
道光二十七年十二月二十六日至二十八年十二月二十五日	1318901.402		105144.514	1424045.916	899064	524981.916

---

①　参见吴义雄：《鸦片战争前粤海关税费问题与战后海关税则谈判》。

续表

时间	大关按照旧例征银	大关遵照新章征银	各口征银	统计征银	定额*	多征
道光二十八年十二月二十六日连闰至二十九年十一月二十五日	1372701.353		98617.123	1471318.476	899064	572254.476
道光二十九年十一月二十六日至三十年十一月二十五日	1367129.225		109738.746	1476867.971	899064	577803.971
道光三十年十一月二十六日连闰至咸丰元年十月二十五日	1526006.217		110567.882	1636574.097	899064	737510.097
咸丰元年十月二十六日至二年十月二十五日	1553771.064		113040.885	1666811.949	899064	767747.949
咸丰二年十月二十六日至三年十月二十五日	1173636.841		100492.643	1274129.484	899064	375065.484
咸丰三年十月二十六日连闰至四年九月二十五日	1097419.013		69073.113	1166492.126	899064	267428.126

资料来源：《筹办夷务始末补遗》(道光朝第3、4册，咸丰朝第1册)；《商贸档案》第9册；道光朝《军机处录副》财政类关税项。

注：* 粤海关关税定额分为正额银4万两，铜斤水脚银3564两，盈余银855500两，合计定额899064两。

** 征税分"按照旧例征银""按照新章征银"者仅此两年，未见其他年份如此分类。

从上表(表2-2-1)可以清晰地看到：可能出于某种掩饰实际收入的原因，粤海关的关税收入奏报比较混乱，除了道光二十三年和二十四年外，其他年份都是将榷税和夷税混合奏报。如果将"大关遵照旧例征银"理解为国内贸易税额，"大关遵照新章征银"理解为国际贸易税额(夷税额)，并假定道光二十五年后的各年份大关征收关税均为夷税，那么我们可以认为，粤海关夷税额的高峰值出现在道光二十四年，高达224万余两；低谷值在咸丰四年(1854)，为109万余两，仅为高峰值的一半不到；整体夷税额的波动呈波浪形，即自道光二十四年后一直下降至道光二十八年的第一低点，此后逐步上升再次到达咸丰二年的高点，然后再次下降。笔者以为，除了不可估算的走私与太平天国运动爆发后的战乱影响外，主要原因是中外贸易商路的改变，贸易重心向上海的转移——基于上海良好的港口条件和广阔的经济辐射腹地，西方商人开始纷纷将贸易地点从广州迁移到了上海。可惜上海、宁波、厦门、福州四口由于资料散失和奏报制度的混乱，夷税征收情况的数据并不完整。

表 2-2-2　1844—1852 年上海、宁波、厦门、福州四口夷税数额

单位：库平两

时间	上海	宁波	厦门	福州	合计
道光二十四年	172922.688	24735.032	48132.198	143.742	245933.660
道光二十五年	480239.584	7086.875	31734.769	4045.998	523107.226
道光二十六年	662467.499	2196.038	35783.974	1213.509	701661.020
道光二十七年	628274.021	1571.926	29132.213	4.309	658982.469
道光二十八年	540970.297	0	24568.367	31.400	565570.064
道光二十九年	631583.256	29932.345	509.619	723.277	662748.497
道光三十年	704612.548	32098.564	117.630	1585.832	738414.574
咸丰元年	1203395.454	0	31203.046	3415.238	1238013.738
咸丰二年	1243165.459	31170.516	0	11.470	1274347.445

资料来源：《筹办夷务始末补遗》（道光朝第 3、4 册，咸丰朝第 1 册）；《商贸档案》第 9 册。

注：上海、宁波、厦门、福州四口的夷税起止时间与粤海关保持一致，即道光二十四年正月二十六日至二十五年正月二十五日为第一年度。余年类推。

从上表（表 2-2-2）可以看出：除道光二十五年和咸丰元年外，福州关夷税额可谓寥寥；浙海关与之类似；厦门关夷税额多在三四万两；江海关夷税额则呈现跨越式的增长——从道光二十四年的 17 万余两增长到咸丰二年的 124 万余两，8 年内增长了 7 倍多。粤海关之外的开埠四口夷税额从 24 万余两增加到 127 万余两，9 年间增幅达 5 倍，关

税额的巨量增幅主要得益于江海关税额的增加。结合严中平等前辈学人的经济史研究成果①，大致可以认为，上海关税额的增长与中外贸易的增长相关度很高。

通过对粤海关夷税额与上海、宁波、厦门、福州四口夷税额的比较研究，可以看出二者之间的税额变化不同步：既不是同时增加或降低，也不是一部分增加，一部分降低。若要考察清政府夷税征收总体变化情况，需将五口夷税额综合考察。

表 2-2-3　1844—1852 年五口夷税额

单位：库平两

时间	粤海关夷税额	其余四关夷税额	合计
道光二十四年正月二十六日至二十五年正月二十五日	2248699.642	245933.660	2494633.302
道光二十五年正月二十六日至二十六年正月二十五日	2093663.614	523107.226	2616770.840
道光二十六年正月二十六日连闰至十二月二十五日	1868370.101	701661.020	2570031.121
道光二十六年十二月二十六日至二十七年十二月二十五日	1724007.125	658982.469	2382989.594
道光二十七年十二月二十六日至二十八年十二月二十五日	1318901.402	565570.064	1884471.466
道光二十八年十二月二十六日连闰至二十九年十一月二十五日	1372701.353	662748.497	2035449.850
道光二十九年十一月二十六日至三十年十一月二十五日	1367129.225	738414.574	2105543.799

①　严中平等人认为"五口通商以后的最初几年，广州仍然是对外贸易的最大中心。……但是，即使在这个时候，广州对外贸易的绝对值，已经出现下降的趋势。……和广州对照，上海在同一时期（1845—1850）中……上升的趋势也是十分明显的。进入 50 年代以后，贸易重心之由广州北移上海，就更加引人注目了"。见严中平主编：《中国近代经济史（1840—1894）》上册，336～337 页，北京，人民出版社，2001。

续表

时间	粤海关夷税额	其余四关夷税额	合计
道光三十年十一月二十六日连闰至咸丰元年十月二十五日	1526006.217	1238013.738	2764019.955
咸丰元年十月二十六日至二年十月二十五日	1553771.064	1274347.445	2828118.509

注：粤海关夷税额合计15073249.74，其余四关夷税额合计6608778.693，总计21682028.44。

从上表(表2-2-3)的统计结果看，道光二十五年，五口夷税额达到前期的极值——261万余两，此后，直至道光二十八年，夷税额一直处于下降趋势，随后上升，至咸丰二年达到最高值282万余两。在近10年间，夷税额多有超过250万两者，且除道光二十八年，都在200万两以上。但与猛增的中外贸易相对照(详见下文)，夷税增加幅度和经济波动极不合拍。一种较大的可能性是其时发生了严重的走私。魏尔特(Stanly F. Wright，又译莱特，魏尔特为其汉文名)在《中国关税沿革史》、马士(H. B. Morse)在《中华帝国对外关系史》中都有大量记载当时的走私情况。魏尔特更是认为，"(19世纪)四十年代末和五十年代初的时候……凡是人类才智所及的每一种偷漏税收的诡计，都公开地天天行使着，商人和官吏一齐上下其手，可是只要声名狼借〔藉〕的程度还不至须要中央政府注意的时候，只要规定的比额还能按期解往北京，中央政府在公事上就不认为有什么毛病"[1]。

魏尔特的叙述或许有夸张之处，但若参照当时的贸易情况，似也并非全无道理。从相关进出口贸易情况的数据来看，这一时期的进口货物(除鸦片、棉毛织品外)对华输入没有太大的增长，丝、茶的出口却在猛增。按照马士统计，生丝的出口从1843年的1787包，猛增至1853年的62896包，茶叶的出口则从1843年的17727750磅增至1853

① 〔英〕莱特：《中国关税沿革史》，姚曾廙译，86～87页，北京，生活·读书·新知三联书店，1958。

年的101227000磅，分别增加了35倍多和近5.7倍。① 虽然估算它们的离岸价和应缴税额很困难，但从进出口数量的巨大变化而言，上述关税额的波动一定不是正常状态。

尽管清政府仍试图维持粤海关体制，但中外贸易中心的转移已经开始。随着上海中外贸易额与夷税额的持续增长，江海关在海关体系中的地位开始上升，耆英等人初始设计时以粤海关为主导的税务体系必然受到挑战。"通商大臣"一职由广州转移到江苏势所必然。就外部情形而言，英国领事承担了缉私等限制本国商人走私的职能，但法、美等国商人却可以不受本国领事的控制，英国商人对此啧有烦言。1854年的上海小刀会起义为他们提供了趁机要挟清政府，改变中国海关制度甚至直接控制中国海关的机会。② 江海关体制自此发生改变。粤海关虽然仍维持着夷税征收体制的一些特点（如夷税单独征收，取消各种杂费陋规，税率依照条约），但作为整体的夷税制度已无法维持。

四、粤海关收支结构的变迁

与现代财政机构要求收支分离，即同一机构不允许同时掌管收入和支出不同，清代的衙署多为收支一体，粤海关亦复如是。关税政策的调整是否反映了收支结构呢？如前所述，粤海关的夷税收入经历了一个波浪形的波动，但由于道光二十三年前清政府没有进行中外贸易税的统计，无法进行前后收入情况对比，我们只能进行支出结构的对比。粤海关夷税收支奏报的一般公文程序是：在关税年度期满的一个月左右，粤海关监督将收入情况奏报皇帝；三个月左右奏报收支情况。前者一般称为"征收总数折"，后者为"关税盈余银两折"。以道光二十四年为例，年度时间为道光二十四年正月二十六日至二十五年正月二

① 参见［美］马士：《中华帝国对外关系史》第一卷，张汇文、姚曾廙、杨志信等译，413页。
② 参见陈诗启：《中国近代海关史》，7~12页。国内外其他学者也多注意到列强领事对清政府海关机构的不满。笔者以为，这也是导致江海关取代粤海关的一个重要因素。

十五日，发出"征收总数折"的时间为道光二十五年二月二十八日①，发出"关税盈余银两折"的时间为道光二十五年五月三十日②。下文中进行的支出结构的探讨即利用后者作为基本资料。为探讨粤海关在鸦片战争前后的收支变化情况，我们需要了解道光初年粤海关的收支情况（参见表 2-2-4）。

表 2-2-4 道光元年份、二年份粤海关收支表

单位：库平两

各项	道光元年（嘉庆二十五年十月二十六日至道光元年十月二十五日）	道光二年（道光二年九月二十六日至三年九月二十五日）
总收	1497022.492	1404913.160
正额盈余	867156.080	868008.062
支正额银、铜斤水脚移交藩库	43564	43564
上年解造办处为河南截留	55000	
拨湖北甲申年兵饷		250000
甲申年湖南兵饷		100000
存正羡银	768592.080	474444.062
杂项盈余	629866.412	536905.098
通关经费	45016.697	42572.020
解造办处裁存备贡银	55000.000	55000
动支报解水脚银	47151.349	47211.680
部饭食银	37051.415	37103.061
存杂羡银	445646.951	355018.337
共解部正杂羡余银	1214239.031	829462.399
另款洋商备缴办贡银		55000

① 参见文丰折，道光二十五年四月初九日，见蒋廷黻编：《筹办夷务始末补遗》道光朝第 4 册，23～25 页。

② 参见文丰折，道光二十五年七月十八日，见蒋廷黻编：《筹办夷务始末补遗》道光朝第 4 册，107～110 页。

26

续表

各项	道光元年（嘉庆二十五年十月二十六日至道光元年十月二十五日）	道光二年（道光二年九月二十六日至三年九月二十五日）
另解洋商还带征甲申年分初限银		76876.635
另款家弗船在洋遭风捞获温水匹头银		14060.595
另解平余银	8395.953	9016.263
拨解湖南、湖北十五两加平溢出银		5250

资料来源：道光二年六月初一日，达三折，档案编号：3-55-3156-16；道光四年五月三十日，七十四折，档案编号：3-55-3158-42。

　　这样一张基本与原折相同的奏销表，显然很难理解。以道光元年为例，可以确定的也仅仅是：粤海关监督告知全年的收数；将全部关税分为正项盈余和杂项盈余（但不知如何分配数额，笔者通过多种计算，都无法确定其如何划分——各年度的比例和数额均不相同），正额盈余中的正额银和铜斤水脚银合计43564两移交藩库；上一年度解交造办处的55000两经河南时被截留——本年补解；其余则作为正羡余银，与杂羡余银一起解交户部；杂项盈余中有通关经费（粤海关衙署经费）、解造办处裁存备贡银（造办处为内务府的一个机构）、报解水脚银（向京师等地解送款项的旅途开支）、部饭食银（补助户部的办公经费），剩余部分即为存杂羡银，正杂羡余银全部解户部。但此年度又多出"另解平余银"，这个款项显然不是来自正额关税，而是由粤海关监督从其他收入中另收另缴。需要粤海关另行筹款的还包括解缴造办处"粤省停止修造米艇捐银解造办处"，3万两"解内务府参斤银"10余万两。①

　　由此可对粤海关的收支奏销得出如下结论：首先，账目极度不清晰。收支项中的各种陋规收支自不必言，甚至每年的奏销折也是一笔难以弄清的糊涂账。清代各机构的度支奏销会计方式多已实行四柱清

① 参见道光二年六月初一日，达三片，档案编号：3-55-3156-17。

册式，即开列旧管、新收、开除、实在四项，其中"旧管＋新收＝开除＋实在"。这种会计方式或许不如同时代的西式复式簿记制度，但胜在简明。粤海关的奏销折从不开列此种四柱清册，并在折中将收入与支出项混杂叙述；更让人疑惑的是，上一年度的余存到下一年度的旧管会有变化。我们似可确定，粤海关每年的收支奏销折账目存在严重的混乱现象。这样的奏销，大概除了户部的积年老吏没人能看懂。这可能也正是粤海关衙署撰写这种奏销折的目的之一：使外人无法查账。其次，奏销内容的复杂与不完整。奏销收入项繁多、支出项不明：收入部分，道光元年除了粤海关奏报的总收之外还有平余银，道光二年则又多出了其他三项（另款洋商备缴办贡银、另解洋商还带征甲申年份初限银、另款家弗船在洋遭风捞获温水匹头银），其来源非正式税款，亦不加说明。支出部分，关税分为正额盈余和杂项盈余，除固定开支和部拨款项外，余数拨解户部，另行收入部分专项解缴。再次，多重奏销的存在。一般而言，奏销折中需要将本年度所有收支款目均行开列，而粤海关常常是将某些款项单独奏报而非一体开列，例如，米艇银和参斤银的存在。粤海关需要凑齐多份奏折才能了解其实际支出情况，进一步掩盖了收支实情。最后，粤海关解缴户部的数额极大，常达百万两之巨，户部对之极为重视。

以上是第一次鸦片战争前的粤海关收支情况。1843 年后，按照耆英等人的奏请，《江宁条约》签订后，所有开支（包括表 2-2-4 中的支出各项和不列入表中的书吏工食等）都将作为正开销，粤海关的开支款项发生了变化。取消正额盈余和杂项盈余的分类；多出不可知的"除支未解动支报解水脚等项五款"，且数额高达 50 余万两；出现一些此前未列为收支的款项，如"二十五两加平""节存盘费"等。

需要强调的是，粤海关原本需要依靠大量正税之外的款项以满足内务府和自身衙署运作。在新订税则运行之初，耆英等广东官员即提出"浮费全裁，粤海关办公无资，请将每年应进贡品及应解内务府备贡、参价银两在于额外盈余项下开销"。户部拒绝此议，认为"应由粤海关监督自行妥议办理"。这样的议复使得广东官员们进退两难：若坚持原奏，则似乎不为皇家分忧；若依照户部议复，继续缴纳则财无所出；若再行加税，则会引起列强的反对。最后，广东官员在乐观地估计关税有所增长的基础上，提出"所有办贡、备贡二款，应请仍照原议，于额外盈余银两内开销。其变价参斤，仍行照旧发交粤海关监督，转发粤盈库大使招商变售，缴价报解，不准迟延抑勒。倘有销不足数，亦请动支额外盈余，照数补足。设额外盈余竟有不敷拨解之年，即属该监督办理不善，咎无可辞。应请将以上三款银两责令赔补"①。从其结果看，粤海关确实做到了三款无所短缺，但追加的加平银等款项自咸丰元年之后就无法按照此前的约定解缴了，其他款项则发生了很大的变化。②

太平天国运动爆发后，粤海关的支出发生了重大变化。此前关税收入多交户部、内务府，而此后拨解于各地的款项名目和数额大量增加，例如，咸丰三年先后拨解的款项名目为"广西军需银"（有两项，一项为拨补上年不敷，另一项为本年度）、"广东藩库借拨银""江西总局银""贵州兵饷银""湖南军需银""两湖炮船经费银""湖南节流广东藩库委解贵州兵饷由应拨湖南军需内扣抵不解贵州银""湖南截留委解前钦差大臣徐广缙行营军饷准两广总督叶名琛咨令由应拨湖南军需内扣除解交广东藩库银""应拨彭玉雯粮台改解广东捐输并关税银"等项，数额达 108 万余两，超过了粤海关当年所收税额，不得不动用次年度的关税。③ "寅吃卯粮"的情况开始出现。

与粤海关竭力向中枢输饷不同，夷税的出现还引起了中枢和其他各省的争夺。以福建省为例。在清代，福建属于财政"不敷"省份。随着夷税的征收，福建每年多出了数万两的财政收入，引起了地方大员的觊觎。闽浙总督刘韵珂即于道光二十五年五月二十四日上奏，认为

---

① 耆英等折，道光二十三年九月十六日，见蒋廷黻编：《筹办夷务始末补遗》道光朝第 3 册，844～850 页。

② 就笔者所见，自道光二十六年后，粤海关的支出结构即恢复原状，除内务府的各款项外以解部、解河工、解外省协饷为主。而咸丰元年后，解广西、湖南的兵饷猛增，占据了支出的大半。限于篇幅，笔者在本文中不再列出支出表。

③ 参见恒祺折，咸丰六年六月三十日，见蒋廷黻编：《筹办夷务始末补遗》咸丰朝第 1 册，461～465 页。

既然原本要用于战争赔款的税收因为粤省自行筹足，而福建也存在财政空缺，那么"福州、厦门二口计自道光二十三年九月十一日开关起截至二十五年正月二十五日满关止共已征夷税银六万三千四百一十两三钱七分九厘。现在粤省既无待此项应用，而闽省岁支兵饷历届又多不敷……自不若以本省之银拨本省之饷较为妥便。且闽海关华税正额本系悉充兵饷，今华税为夷税所占，是夷税内即有华税，以夷税拨充兵饷仍与拨充华税无异"①。

刘韵珂拨用闽海关夷税的理由主要有两个"以本省之银拨本省之饷较为妥便"，"以夷税拨充兵饷仍与拨充华税无异"。这两个借口颇为勉强，其说辞违背了清政府关于夷税由粤海关统一调拨的命令。清政府却认为这一做法可行，为其开了特例。② 闽海关以夷税拨补榷税的案例一开，尤其是内地子口半税开办之后，各地榷关纷纷援引，要求减少本地榷税定额。

其实，夷税初始设计乃为"抚夷"之用——作为战争赔款。但粤海关税收的畅旺使得赔款很快解决，并且没有动用其他各口夷税。③ 庞大的夷税成为各省争夺的焦点。"体谅圣衷"的两广总督耆英提出将之解交部库，而各口岸截至道光二十五年九月已征的 79 万余两也请"听候部拨，由各省委员起解，以裕库贮"④。耆英的提议与久为财政不足所困的中枢不谋而合，工科给事中张修育也上奏要求"粤海、浙海、江海各关新增税银前经督抚奏明试办三年再定税额。本年即届三年应行定额之期，臣请俟定额之后即将粤海等三关新增税银饬令各督督抚分

①　刘韵珂折，道光二十五年六月二十八日，见蒋廷黻编：《筹办夷务始末补遗》道光朝第 4 册，96 页。

②　该折的朱批是"该部核议具奏"，但笔者未见户部的议复折。户部议复的基本情况，参见张修育折，道光二十七年二月二十四日，见蒋廷黻编：《筹办夷务始末补遗》道光朝第 4 册，412 页。

③　参见汤象龙：《民国以前的赔款是如何偿付的？》，载《中国近代经济史研究集刊》，第 3 卷，第 2 期，1935。

④　耆英等片，道光二十六年四月初五日，见蒋廷黻编：《筹办夷务始末补遗》道光朝第 4 册，228～229 页。

批解京，钦派大臣收归内库，不为定例，逐年加增"①。张修育顾内库而不顾部库的提议随即遭到大臣们的驳斥，以各关夷税"既未便徒劳挹注，归补无多，未便豫计将来，悬空定数"②为由，封驳此议。

以政局相对"稳定"的道光二十七年至三十年为例，此时，赔款已清，粤海关再次将大额款项拨解户部——仅道光二十七年即解出 110 万两。③ 我们有足够的理由相信，无论是中枢还是粤海关都是想"规复旧制"，试图将粤海关的收支结构恢复到作为"天子南库"的"辉煌"时期。但太平天国运动及大规模的社会动荡打破了这种构想，粤海关的支出结构走向以外省军事性开支为主。

五、小结

清代榷关制度涉及主要衙署、税制、收与支等方面。本节对 1843—1854 年粤海关制度的考察也是在这四个方面展开。由上文可知：第一，清政府对粤海关衙署仅进行了细微的调整——移驻两个税口，添设七个新税口和百余名书役。而从效果看，这些措施于防查偷漏税、增加税款的效果并不明显，反而使粤海关有进一步腐化的嫌疑，各税口时常发生延迟或拒不解缴的情形。对于最核心的海关监督人选的调整，设立统一的全国海关管理机构，清政府却付之阙如。第二，虽然夷税的征收使税则与关期统一，为税收的统一奠定了基础，但清政府的征税政策是围绕粤海关进行调整，甚至有将其余四口视为粤海关分口的嫌疑。事实上，在所在地督抚对海关监督和税关有相当影响力的体制下，这样的政策为日后的冲突和各口的分离埋下了伏笔。第三，就实际收入而言，粤海关夷税收入起伏很大，究其原因则在于商路重心转移至上海。而走私的普遍存在也引起了英国外交官的反弹，在上海小刀会起义后又进一步将领事担保制引向了三国税务委员会制

---

① 张修育折，道光二十七年二月二十四日，见蒋廷黻编：《筹办夷务始末补遗》道光朝第 4 册，412 页。

② 穆彰阿等折，道光二十七年三月二十七日，见蒋廷黻编：《筹办夷务始末补遗》道光朝第 4 册，426～429 页。

③ 参见基溥折，道光二十八年六月初十日，见蒋廷黻编：《筹办夷务始末补遗》道光朝第 4 册，574～578 页。

和税务司制。这是引起海关体制变迁的非人为因素，以粤海关为中心的关税体制已逐渐不合时宜。第四，在税款支出方面，粤海关仍试图延续其一贯的账目混乱和以中枢支出（京、协饷）为中心的支出结构。而太平天国运动使其支出结构发生变化，税款被大量用于外省的军事性支出而非解缴户部和内务府。

1843—1854 年的 10 余年时间里，粤海关以及其他四口岸经历了很多变化。从这些变化中还可隐隐看到隐藏于历史进程细节背后的清政府的政治理念。

首先，清政府仍试图"规复旧制"。虽然《江宁条约》等不平等条约摧毁了粤海关一口通商的体制，但清政府面对变局，只是对粤海关进行了细节性的调整，如一些官员向口岸的移驻，书役的增设，但制度性的调整仍付阙如。甚至在某些大臣看来，夷税系为将来将"夷人"赶出中国的军需所需。"自通商以来，每年粤海关可得百余万，江海关可得四五十万，闽海关可得一二万。或将此款饬该各关永远封贮，不得拨动，以十年为率，计有一千四五百万，以夷输之税钞为攻夷之军需"，"俟内地经费充足，兵勇器械全备，一鼓即可歼尽丑类"。[1] 一般而言，一个政权若没有巨大的内部或外部压力，很难进行全盘性或大幅度的制度变革。清政府显然直至 19 世纪 50 年代初依然没有感受到足够的压力，依旧梦想着回到既往。后世研究者常常注意到时人中《海国图志》《瀛寰志略》等"开眼看世界"的新思想，但就此时的清政府和士大夫们而言，这些"思想对当时整个社会的影响还是相当微弱的，仿佛

---

[1] 麟桂折，咸丰元年二月十三日，见蒋廷黻编：《筹办夷务始末补遗》咸丰朝第 1 册，17～24 页。这并不是麟桂个人的看法，对列强的到来和五口开埠持反对者颇众。后为咸丰朝名臣的王庆云在他道光三十年十一月初四日的日记中转述了林则徐的私下意见"过陈颂南谈，述穆翁之言，以为五口归并，方为长策。又言不难于同时下手，而难于善后得人。余谓果能制其死命，则彼亦未尝不惧，而不敢再逞，安南之事可睹已，闻穆翁意亦如此"。参见王庆云：《荆花馆日记》上册，中国社科院近代史所《近代史资料》编译室点校，201 页，北京，商务印书馆，2015。

就是一潭死水中泛起的几朵浪花，很快就波澜俱静了"①。

其次，清政府制度调整过程中的"惯性依赖"。清政府在行政过程中非常注重符合惯例，这一方面有利于维持行政系统的稳定性，不致朝令夕改；另一方面也导致官员们更愿意根据既有案例行事，缺少创造性，缺乏革新的动力。此时的海关变革验证了这一点。基于榷关的定额制，粤海关在变革中仅要求各关告知本口岸夷税额，没有进行统一的核算；由于榷关一直以来的各自为政，第一次鸦片战争后，清政府既没有设立统一的海关管理机构，也没有设置专职海关行政长官。对既有体制的过度依赖，也使得晚清时期新事物常常无法得到合法地位，不得不依附于旧体制：总理衙门多年作为一个临时性机构；作为国家核心军事力量之一的淮军数十年没有变为经制军队，只是军官占用绿营的职位和品衔；占政府财政收入近 1/5 的厘金一直是临时性税收。海关体系中，庞大的税务司系统也不过是一个外部的雇佣性机构而非清政府的正式官员——只有总税务司除外。

余论：变与不变之间

大航海时代之后，列强在资本的推动之下来到了东方。继东南亚沦于列强的控制之后，他们将势力拓展到了东亚。第一次鸦片战争可以看作是他们积蓄力量之后的一次试探。而此时的清政府，他们的对外关注点是来自中亚的入侵。浩罕汗国怂恿的张格尔、玉素普是清政府认为的"心腹之患"，而用兵西北更是牵扯了清政府巨大的财力和物力。② 经济的萧条更使清政府陷于"危险的财政平衡"（下文中将另文详

---

① 潘振平：《鸦片战争后的"开眼看世界"思想》，载《历史研究》，1986(1)。
② 清代 19 世纪中前期新疆由外来势力造成的军事、政治问题，参见潘志平：《中亚浩罕国与清代新疆》，北京，中国社会科学出版社，1991。潘志平主要讲述南疆问题，关于嘉道时期清政府在新疆全境的财政支出没有太多涉及，例如，他在讲述道光十二年(1832)时回疆开支银 4022362 两。(135 页)而清政府在新疆地区的开支要远远大于这个数字，可能要超过 200 万两以上。

述），道光帝的节俭①并不仅仅源于个人的性格，更是清政府此时财政
窘境在朝堂的反映。

列强到来之时，正是清政府人、财、物皆穷之时，第一次鸦片战
争由清政府主动叫停，固然可以看作是抵抗之心不坚决，而于道光帝
和中枢朝臣而言则是战争已无法持续，否则国家将因财政枯竭而无法
运作。②

从后世的观点来看，清政府签订条约之后，似乎应该进行财政变
革，或是调整进出口贸易税的征收，使之成为财政收入的一个重要新
税源的合适机会。而事实上，随着中外贸易量的迅猛增长，夷税也在
快速增长。只是，域于惯例没有对贸易量进行统计——加上大量存在
的走私行为，清政府并不知道所得税额与应得税收之间的巨大差距，
加之各地官员欺上瞒下，中枢满足于已有税额的增长，没有任何大规
模改变征税机构、改变征税方式的构想。夷税不是清政府榷税结构中
的一个特例，只是榷税征收的一种移植——无论是人事设计还是征税
方式。这一点在粤海关中可以清晰地看到。

历史无法假设，我们难以设想若无列强一次次的入侵，是否清政
府仍会坚持其体制不变，或在 1850 年后进行某种程度的变革，将榷关
制度引入另一条道路。历史的吊诡在于，榷关制度的重大变革起源于
内部事件，而它的衰微则为洋关的崛起铺平了道路，最终形成洋关与
榷关并存，关监督与税务司并存的二元体制。

---

① 关于道光帝的节俭，参见谢世成：《晚清道光、咸丰、同治朝吏治研究》，
70～73 页，南京，南京师范大学出版社，1999。需要说明的是，道光帝试图以自
己的节俭观要求群臣，却无甚效果。

② 关于清政府在第一次鸦片战争末期因财力枯竭而试图停战的情况，参见
茅海建：《鸦片战争清朝军费考》，载《近代史研究》，1996(6)。文中直言："事实
上，除了军事上无力对抗外，财政困难也是清朝停止战争决定妥协的最重要的
原因。"

第三章　榷关的衰落

晚清时期榷关的衰落主要源于两个因素，一个是其自身税额的减少，并进而导致其在财政体系中重要性的下降；另一个是其他税种的崛起，税额增加，并更加受清政府重视。这两个因素都发生在咸同时期，都与太平天国运动和第二次鸦片战争有关。笔者在本章中将就榷关衰落的两个因素进行三个方面的讨论。第一是太平天国对榷关的冲击，第二是太平天国战争后来自厘金的"压迫"，第三是新开口岸的影响。

第一节　太平天国冲击下的晚清榷关

导致晚清榷关衰落的原因有很多，既有其自身的原因，如体系庞杂（主管机构涉及地方大员、户部、工部、内务府），税率、税种的改变常常跟不上经济的变化（常常数十年，甚至百年方始更改税则）①，也涉及很多外部性因素，如战争对榷关体系的破坏以及其他税种的兴起。本节即从太平天国战争与清政府应对的角度对这一时期的变化展开论述。

相比于此前的各次战争，太平天国战争对清政府的榷关体系冲击最大：来自列强侵略导致的战争（第一、第二次鸦片战争）为时较短，且多集中于沿海，虽然对于粤海关冲击较大，但并未涉及多数榷关；西南、西北的"叛乱"多非榷关、钱粮重区所在之地。而太平天国运动

---

① 　榷税与厘金比较中的诸多不利因素，参见拙文：《同治初年的榷关与厘金之争：以江南四榷关为例》，载《中国社会经济史研究》，2010(3)。

发生在榷关较为集中的长江和运河一带,不仅南京的龙江—西新关、芜湖的芜湖关、九江的九江关、苏州的浒墅关、杭州的南新关—北新关等被长期占领,而且西至湖北武昌的武昌厂—游湖关,东至上海的江海关,浙江宁波的浙海关,北至山东临清的临清关,南至江西赣州的赣关都曾被短期占领。加之战争导致的商路封锁、经济凋敝,即使没被攻击、占领的各榷关也受到巨大冲击。本节拟以太平天国运动对清政府榷关体系的冲击为考察对象,分析榷关在此间的变化和后续影响。

此前国内关于 19 世纪五六十年代榷关和太平天国的研究多处于分离的状态,研究者们或单独研究太平天国及其榷关或单独研究清政府榷关,而于太平天国对清政府榷政的影响则甚少关注。笔者以为,既有榷关体系所受的重创不仅影响到了清政府唯一的商税部门,而且为厘金、洋税的建立与发展铺平了道路。此为本节研究的意义所在。

一、晚清榷关的定额制与道光末期的形势

清代的榷关承袭明代钞关的基本格局,但在具体的制度上略有变化,例如关监督不再由官员派遣为专差或宦官出任,而是多由地方官兼任①;税额有了大幅提升。最重要的是钞关的设置也略有变化,基本形成几个重要的榷关设置路线:沿长江的渝关(成都),夔关(夔州)、荆州关(荆州)、武昌厂(武昌)、芜湖关、九江关、龙江—西新关(江宁/南京)、江海关(上海);沿运河的南新关—北新关(杭州)、浒墅关(苏州)、扬州关、凤阳关、宿迁关、淮安关、临清关、天津关、坐粮厅(通州);沿海的粤海关(广州)、闽海关(福州)、浙海关(宁波)、江海关(上海);环京师的崇文门、左翼、右翼、张家口、杀虎口、山海

---

① 必须说明的是,清代虽然不再由太监出任关监督,但部分榷关仍由内务府人员作为专差管理。例如,三织造分别管理苏州的浒墅关、江宁的龙江—西新关、杭州的南新关、北新关,粤海关也多由内务府人员出任[参见拙文:《道咸时期粤海关监督出身考》,载《中国经济史研究》,2012(1)]。关于内务府与榷关的关系,参见何本方:《清代的榷关与内务府》。何本方先生认为内务府司员控制的榷关包括了粤海关、九江关、凤阳关等 10 处,笔者以为这大概是乾嘉时期的情况,到嘉道时期有明显的变化,即文官-地方官系统控制的榷关在增加。

关。其余是零星设置的地区性经济枢纽，如赣关（赣州）、归化城（绥远）、打箭炉等。对照清代的经济地理，除了环京师各关的经济地位相对较弱外，各关的设置大抵都位于全国性经济枢纽地区。

雍正、乾隆朝时期，榷关采取三年比较制，即与此前三年中关税额最高的年份进行比较，其不足之额由关监督赔补。嘉庆四年后，清政府推行定额制，并确定了各榷关（包括户关与工关）的盈余数目；道光十年后将关税分为额内盈余和额外盈余两部分，额内盈余占盈余总数的六成，额外盈余为四成（详见本书第一章）。

有了这样的规定，无论是否发生征不足额的情况，实际征收过程中清政府都至少能获得定额 435 万余两以上的榷税收入。[①]

而事实上，各榷关在清政府的财政结构中也处于非常重要的地位。首先，从总数上比较大，以道光二十七年为例，各关的正额征收总数为 5237097 两，而全国直省岁入正项总数为 39387316 两，占 13.3%。[②] 其次，是作为可供清政府中枢调配的数额比较大。清代的制度中，如地丁等税款，都是先直接运用于本省文、武官员的俸饷，可留供清政府中枢支配用于河工、京师俸饷等另案开支的数额较小，甚至需要额外从户部拨付。如道光二十七年地丁杂税项下不敷数额在 100 万两左右，需要户部另案拨款。[③] 清政府在实征项下，可供灵活支配的税额仅为

---

① 参见倪玉平：《王庆云〈石渠余纪〉所载道光关税辨析》。此文仅探讨了 24 处户关和 5 处工关，未包含其他各关。

② 参见近代史所档案馆藏：《清代文件·道光 2·道光廿六年岁入岁出清单一件》。本节所用银两单位除特别注明外均为库平两。需要说明的是，道光时期榷关额与全国征税额有一定的变化，各年份差别较大，如道光二十九年榷关正税额为 4704874 两，而全国正税总数为 37010019 两，占 12.7%。参见虞和平主编：《近代史所藏清代名人稿本抄本》第 1 辑第 50 册，28 页，郑州，大象出版社，2011。

③ 道光二十七年账面地丁杂税项下收 29037031 两，支 32033759 两，不敷 2996728 两。但其中湖北拨解河工并采买谷价等银 165126.855 两，河南河工防险并豫办料价等银 1461444.474 两，山东拨解甘肃兵饷并南河豫购岁料等银 1062768.774 两，山西拨解江南筹备大汛工需并解赴归绥道库等银 228714.9634 两，这些开支存在重复计算之处，笔者以为实际不敷在 1000000 两左右。相关资料参见近代史所档案馆藏：《清代文件·道光 2·道光廿六年岁入岁出清单一件》。

盐课项下的 4538779 两和关税项下的 2113710 两，而关税项下另有粤海关已经支出的款项中 778666 两系接受户部命令协拨广西军需。①

鸦片战争结束后，清政府被迫开放广州、福州、厦门、宁波、上海五口②，并设立新海关专门管理西洋进出口贸易③。与此同时，西方各国步加强了对华进出口，其结果就是进出口贸易税猛增，到咸丰二年份五口的夷税税额已经高达近 283 万两。④ 是以，当全国各税处于下降的时候，唯有各关税处于增长状态，咸丰三年时户部曾这样评述当时全国的税收状态："地丁正供而外，盐课、关税均为大宗。近年以来，各省办理盐务渐形疲敝。惟关税一项，虽有短收之关，而溢额者亦复不少。通融核算，较之从前实属有盈无绌。"⑤

只是，这种所谓尚可的局面仅相比于其他税项而言，就其内部而言，同样也是黑幕重重，问题多多。道光三十年（1850），耆英在一份奏折里即直指各榷关存在的诸多问题：

> 关税较之盐课尚不致大形疲惫，而任满各员欠项累累，业经照例办议处、勒限迫交。如数完缴者计十之一二，总由经理不善、用度太烦、胥役家丁人数过多，日入之数先尽开销私款，其余归入正课，任满合计私款既已零分⑥，正课遂致短绌。加以奸商之偷漏、丁蠹之卖放，种种侵耗，不能尽委之水旱偏灾、商贩之稀

① 参见蒋廷黻编：《筹办夷务始末补遗》道光朝第 4 册，574～578 页。
② 参见王铁崖编：《旧约章汇编》第 1 册，31 页。
③ 参见陈勇："'经制'与'新增'：五口通商时期清廷对海关夷税的管理"；拙文：《从榷税到夷税——1843—1854 年粤海关制度》，载《历史研究》，2017(4)。
④ 参见拙文：《从榷税到夷税——1843—1854 年粤海关制度》。咸丰二年份的时间为咸丰元年十月二十六至二年十月二十五日。另外需要说明的是，这仅仅是夷税的税额，各榷关仍在征收榷税，且多完成了定额，也就是说，五口的关税收入超过了 310 万两，达到了此前全国关税收入的 3/4。
⑤ 咸丰三年八月十七日，为查浒墅等关关税征收情形事片，见《祁寯藻集》第 3 册，238 页。亦可参见咸丰三年八月十七日，户部将亏短关税俟一年期满酌量奏办附片，参见王庆云：《王文勤公奏稿》卷四，93 页，民国三十一年铅印本。
⑥ "零分"一词不可解。原文如此，待考。

　　少也。此关税之弊不可不除……①

　　户部议覆，令各关自查。自不了了之。如福州将军（兼管闽海关）即一一驳斥耆英所论，并言："其常税短绌，实为夷税侵占……奴才屡行严禁陋规、裁汰浮费，宽赏裕课，设法招徕。稽查不厌其详，杜弊为防其渐。不时密派亲信弁兵等，发给盘川，改妆易服私往各税口访查情形……"言下之意是：地方上已经做得很好，不用再整顿了。而实际上，他所征收的闽海关道光三十年份（道光二十九年十一月十六日至三十年十一月十五日）榷税短征了 30457.602 两。②

　　二、兵锋所指下的榷关

　　虽然榷关经常保管有大量财富（很多榷关没有设立官银号，税款收缴和保管都在关监督衙署内），但并非核心作战目标，太平军对它的冲击往往不过是地区争夺过程中的连带行为。但即使是这样的连带冲击，也给各榷关造成了极大的负面影响："征存历年银两尽被劫掠，关署尽被烧毁，手、关书亦多被杀害。"③

　　我们一般将清政府的榷关设置认知为沿江（珠江流域、长江流域）、沿运河、沿海、沿京师分布，其中以长江沿岸和运河沿岸榷关分布最为密集。而太平军的军事行动范围多与之重叠。因此，榷关接连不断受到打击。我们先看一下咸丰二年至同治三年（1852—1864）太平军对部分榷关所在区域和榷关的军事行动。

表 3-1-1　太平天国攻占部分榷关时间表

时间	攻占城市	影响榷关	备注	出处*
1853 年 1 月 12 日	武昌	武昌厂	太平军 2 月 9 日撤出	1-620，1-649
1853 年 2 月 18 日	九江	九江关		1-661
1853 年 3 月 3 日	芜湖	芜湖关		1-674

---

　　① 咸丰元年正月十一日，福州将军裕瑞折，档案编号：3-168-9490-1。
　　② 咸丰元年正月十一日，福州将军裕瑞折，档案编号：3-168-9490-1。
　　③ 咸丰五年三月初四日，山东巡抚崇恩折，档案编号：3-4378-3。

续表

时间	攻占城市	影响榷关	备注	出处*
1853 年 3 月 19 日	南京	龙江—西新关	1864 年 7 月 19 日湘军攻入天京	1-701，4-2540
1853 年 4 月 1 日	扬州	扬州关	1853 年 12 月 27 日太平军离开扬州	2-1076，2-1132
1853 年 5 月 28 日	凤阳	凤阳关		2-757
1854 年 4 月 12 日	临清	临清关		2-813
1853 年 9 月 29 日	九江	九江关	1858 年 5 月 19 日李续宾攻破九江城	3-1562
1854 年 6 月 25 日	武昌	武昌厂	1854 年 10 月 14 日弃守武昌	2-1007，2-1038
1855 年 4 月 3 日	武昌	武昌厂	1856 年 12 月太平军弃守武汉	2-1048，2-1071
1858 年 10 月 9 日	扬州	扬州关		3-1616
1860 年 6 月 2 日	苏州	浒墅关	1863 年 12 月 5 日淮军入城	3-2093，4-2396
1860 年 3 月 19 日	杭州	南新关—北新关	1860 年 3 月 24 日李秀成率部撤离杭州	4-2181
1861 年 12 月 9 日	宁波	浙海关	1862 年 5 月 16 日太平军撤离	4-2198，4-2234
1861 年 12 月 31 日	杭州	南新关—北新关	1863 年 3 月 31 日湘军蒋益澧部进据杭州	4-2208，4-2250

资料来源：崔之清主编：《太平天国战争全史》，南京，南京大学出版社，2002。此表中时间采用西历。

注：* 两组数字分别代表某册和某页，如"2-1048"代表第 2 册，1048 页。

关于此表(表 3-1-1)首先需要说明的是，每个榷关都有多个税口。此处只列出大关所在城市，主要是因为大关一般而言也是最主要的税口，税款一般也都储存其中。大关被攻破，也就意味着此榷关将停止征税。笔者于档案中未见大关被攻击后其他各税口仍继续奏缴税款者。① 而太

———————

① 笔者揣测，可能也存在大关被攻击后，偏远的税口仍继续征税。例如，宁波被太平军占领，作为其下税口的温州口与之陆路相距 500 余里，存在继续征税的可能性。但这些税款未见于关监督的报告，于清政府中枢而言就意味着税款的损失。

平军虽然未能攻破一些税关，但仍然对其征税造成了重大影响。如长江航运的切断，使得沿岸税关的税额大减。

此外，除了太平军之外，同时期也有其他起义队伍攻击了多处税关，如上海小刀会起义时对江海关的攻击和厦门起义时对厦门海关的攻击。

这些榷关的被攻击主要源于太平军几次重大的军事行动。第一次是 1853 年继攻破武昌城之后顺流东下，一路上沿长江攻破了从武昌到九江、芜湖、南京的各个城市，顺带将榷关摧毁。第二次是 1853—1854 年的北伐，攻破了扬州、凤阳、临清各关，但绕开了运河上最重要的城市——淮安，使得淮安关得以保留。第三次是 1853—1855 年的西征，将得而复失的九江、芜湖、武昌长期占领，直到被新兴的湘军攻破，而芜湖关直至太平天国覆灭后的数年仍无法恢复。第四次是 1860—1862 年的东征，经略苏浙，占领苏南、浙江等富庶地区，甚至获得了宁波这个开埠口岸、出海口。

对榷关的攻击，太平军不仅获得了巨大的缴获（如太平军攻破临清关即夺得正项银 32920.261 两，杂款银 6470.144 两以及未经发卖之参斤 10 两①），而且清政府的财政收入也受到了打击，进一步加剧了清政府的财政困境。

从现有材料和一些研究看，太平天国政府在夺取这些城市之后也随之开始设立税关，在天京设立天海关，在宁波设立天宁关。此外还在太平天国序列中的各省、郡设立九江郡的九江关、安庆郡的安庆关、镇江郡的镇江关，苏福省的芦墟关，长兴的夹浦关、嘉兴的陡门税卡等。这些税关不仅杜绝了鸦片的输入，还为太平天国政权获得了一定的财政收益。②

---

① 参见咸丰六年七月二十二日，山东巡抚崇恩折，档案编号：3-74-4379-38。

② 学界对于太平天国设立税关的研究注意的比较早，例如，宓汝成即在 20 世纪 80 年代发表的《太平天国的财政收入及其得失》[《近代史研究》1983 年第 2 期]对太平天国的税关及其地位有所论述，晚近则有高小亮《论太平天国的税关与海关》[《广西师范大学学报（哲学社会科学版）》2009 年第 3 期]对太平天国的税关及其收入有更为详尽的讨论。

三、战争初期榷关的混乱与政府的应对

清代的榷关监督或系道员的兼差，或系六部、内务府等中枢各部院的专差，极少为府州县官兼差（如山东临清州知州于临清关），所以在战争发生时，他们无须承担守土之责，故多能顺利离开。他们在保全身家性命之余，仍需面对一个重大问题，即赔补榷税的不足。

从有关档案看，从太平军进入如湖南之后，原本运行顺畅的商路开始出现停滞，并进而影响到了经济运行，榷税的征收也受到极大影响。这里以咸丰三年年初龙江—西新关监督、江宁织造文熊的奏片为例。

> 再查龙江关工税以木簰、煤炭为大宗，西新关户税以进城丝、布、油、糖、杂货，出城以缎绸为大宗。木植、煤炭分产四川、楚南。自粤匪窜扰长沙以来，木簰、煤炭均已收本，停止入山采购，仅有存滩、存栈之货运销，以致工税渐稀。迨入冬，贼匪扑扰汉阳，此地为各省咽喉，商贾辐辏之所，不惟上游之工税阻隔，即下游之货船亦无路行循，且本城缎绸往汉阳转售者居多。闻楚北警信，江西、江南防堵，机户全行歇业，户税更少。①

从这份奏片中我们可以清晰地看到，此时的长江中下游地区已经成为一个经济整体，长江中游各地的战乱严重影响到了下游的经济。加上战争临近的人心动荡，虽并未兵临城下，江宁城的经济已经是一片哀鸿。

战争阻隔了商路，进而引起了经济的波动，经济的波动又影响了关税的征收。于是，各地的榷关监督们纷纷上奏，告知关税短绌，进

---

① 咸丰三年正月二十一日，文熊片，档案编号：3-74-4376-2。需要说明的是，咸丰三年正月二十一日是朱批的时间，具体上奏的时间因为原折与奏片分离，笔者另见咸丰三年正月初六日文熊《奏报接受江南织造库项清楚事》（档案编号：03-4435-001）。从这份奏折，推测此片的上奏时间当为正月初六日。

长江沿岸各关的情况多与之类似，如芜湖关"税课全赖川、楚、江西货物，赴浙江、江苏仪征、扬州、清江浦等处转行北五省销售"。参见咸丰三年六月初五日，安徽巡抚李嘉瑞折，档案编号：3-74-4376-28。

而要求尽征尽解：不再按定额征收，不再遵守亏短定额者赔缴甚至要被革职监追的则例。如果说战火所及的榷关请求尚情有可原，那么，我们在档案中也看到了诸多浑水摸鱼者。

表 3-1-2　咸丰三年各榷关奏报短征并请宽免情况表

朱批时间	所涉榷关	内容	档案编号
二月十三日	南、北新关	沿江各省戒严，拟将杭关加紧稽查	3-74-4376-5
二月二十二日	夔关	贼踪窜扰两湖，以致夔关商船稀少	3-74-4376-6
二月二十四日	浒墅关	湖北军兴以来，税课阻断，关税短绌，请尽征尽解	3-74-4376-7
二月二十七日	淮安关	粤匪东窜，沿江各省戒严，南北货不能流通，关税无征	3-74-4376-8
四月十二日	凤阳关	军务未竣，商货阻滞，关税短征，请尽征尽解	3-74-4376-12
四月二十三日	天津关	本年南来货物稀少，又兼江浙运米船携带二成货系免税银，关税短征	3-74-4376-14
五月十一日	南、北新关	杭州关税短绌	3-74-4376-22
五月十八日	崇文门	商税短绌，请尽收尽解	3-74-4376-23
五月二十四日	九江关	因江路梗阻，致令短征盈余，请尽征尽解	3-74-4376-24
六月初五日	芜湖关	被匪滋扰，商税无可征收，请尽征尽解	3-74-4376-28
六月十三日	凤阳关	寇陷皖城，道路梗阻，客商裹足，奉旨尽征尽解	3-74-4376-31
六月二十六日	淮安关	关税短征，遵旨尽征尽解	3-74-4376 35
六月二十七日	南新关	邻省戒严，商稀课绌	3-74-4376-37
六月二十八日	九江关	江路梗阻，商贾滞留，恳请本年暂行尽征尽解	3-74-4376-38
七月初七日	临清关	南北商贩阻滞，关税短绌，恳请尽征尽解	3-74-4376-39
八月初四日	浒墅关	税课来源阻断，关税短征，尽征尽解	3-74-4376-47
八月二十一日	武昌厂	请将武昌厂关税尽征尽解	3-74-4376-51

朱批时间	所涉榷关	内容	档案编号
八月二十三日	闽海关	南北商贩未能熟通，关税亏短	3-74-4376-52
九月十六日	北新关	关税亏短实在情形	3-74-4376-53
十月二十五日	淮安关	关税亏短实在情形	3-74-4376-54
十月二十六日	闽海关	夷税亏短常税，南北商贩阻隔，请尽征尽解	3-74-4376-55
十二月初六日	夔关、渝关	夔关、渝关亏短甚巨，请分年带征还款	3-74-4376-57
十二月二十一日	张家口关	本年不能赴南办茶，关税短绌	3-74-4376-59
十二月二十三日	闽海关	闽海关常税一年期满，关税短绌	3-74-4376-60

资料来源：中国第一历史档案馆藏：咸丰朝《军机处录副》财政类关税项。

从上表（表3-1-2）可知，各关监督认为战争的影响从南到北，从东到西，几乎影响了全国的经济，榷政也因此大受影响。如果说，长江、运河沿岸的经济波动，税课受到严重影响尚在情理之中，那么，崇文门、张家口等遥远的北方税关也由此产生巨额亏短实在于理不合。但各关的奏报都言之凿凿，并声称有例可循："请援照淮关、龙江关奏准成案，一体尽收尽解。"①对于户部而言，更糟糕的是，咸丰帝竟然直接插手了榷关事务：对多处榷关的尽征尽解奏请，未与户部商议，直接朱批了同意。② 例如，对于瑞长二月二十四日奏请将浒墅关关税尽征尽解，朱批为："自应如此办理。"③对于奎绶三月二十九日的凤阳关宽免，朱批为："览奏。系属实在情形，着照所请办理，该部知道。钦此"④。对于安徽巡抚五月十八日奏请芜湖关尽征尽解，朱批为："览

① 咸丰三年五月十八日，德木楚克扎布、奕湘等折，档案编号：3-74-4376-23。

② "天子躬亲庶政"往往在中国传统王朝中被认为明君之相，但君王直接干涉钱粮事务者罕见。究其原因，大抵在于钱粮事务的烦琐和成规很多。就笔者在档案中所见，奕詝是不多的在其即位初期就大幅插手度支的皇帝。

③ 《咸丰朝实录》卷八六，咸丰三年二月己亥（二十四日）条，19页。

④ 咸丰三年三月二十九日奏（四月十二日朱批），奎绶折，档案编号：3-74-4376-12。

奏。均系属实在情形，着照所请行，该部知道。钦此"①。对于七月初七日，山东巡抚李僡奏请临清关尽征尽解，朱批为："着照所请行，该部知道。钦此。"②

各榷关监督纷纷奏请尽征尽解，且多有不详不尽之处，户部其实并不满意，但碍于对皇权的尊重，并未明确提出反对意见。到了六月，咸丰帝的一份未曾明言的朱批给了他们表示不同意见的机会。在咸丰三年六月九江关奏请尽征尽解折的覆奏中③，不知为何咸丰帝没有在奏折后直接朱批同意，而是让户部议覆，户部即留下一个口子："所有九江关应征本年税银着准其暂行尽收尽解，俟军务告藏后即按照常额征解。仍着该监督严查丁胥人等认真征收，毋得借端侵渔，致滋弊混。"④其实户部官员明白其中关窍，知道关监督们是巧立名目以行贪渎之事："是征收关税可以任意亏短，而臣部亦无凭考核。其名虽若无弊，而其实最易滋弊矣。"于是，在咸丰三年八月十七日，户部奏请：

> 除龙江、扬州未经奏报开征，芜湖、九江江面尚未肃清，应暂准其尽征尽解外，其余浒墅、淮安、凤阳等关，不得概以尽收尽解为词，任意亏短。至崇文门、临清关，道路通畅、商贾辐辏，尤宜设法整顿，力复旧额。⑤

---

① 咸丰三年五月十八日奏（六月初五日朱批），李嘉瑞折，档案编号：3-74-4376-28。

② 咸丰三年七月初三日奏（七月初七日朱批），李僡折，档案编号：3-74-4376-39。

③ 查照档案，此折当系咸丰三年六月二十八日（上奏时间为五月十三日）九江关监督义泰所奏（档案编号：3-4376-38）。录副中未见朱批。

④ 《咸丰朝实录》卷九八，咸丰三年六月辛丑（二十八日）条，34～35页。

⑤ 咸丰三年八月十七日，为陈明关税情形请照常征收事奏折，见《祁寯藻集》第3册，238页。亦可参见咸丰三年八月十七日，户部议驳关税尽收尽解折，见王庆云：《王文勤公奏稿》卷四，94页。亦参见咸丰三年八月十七日，祁寯藻等折，档案编号：3-74-4376-49。前两个奏折与录副奏折所见有所差别。

户部此间的意思比较明确，除了被太平军占领地区的榷关免征，交战区榷关特允尽征尽解外，其余各榷关均要求按照定额征收。在此折的附片中，祁寯藻与文庆、孙瑞珍等堂官甚至明言："臣部为财赋总汇之区。"①意思是，皇帝不要再插手关税事务了，财赋之事当由户部主持。折片递上后未见朱批，但同日有上谕发出。

　　自本年二月逆匪窜扰江南，浒墅、淮安、九江、芜湖、凤阳等关纷纷奏请尽征尽解。继而崇文门、临清关、亦援案奏请，业经降旨允准。惟各关距贼氛远近不一，情形亦各不同，若概以尽征尽解为词，漫无限制，必至任意侵亏，弊端百出。着照部议，嗣后各关均宜设法整顿，仍遵额定税数照常征收，不准以尽征尽解违例奏请，致滋流弊。如将来亏短实属有因，着俟一年期满，奏报到时，由户部酌量情形，分别奏明，请旨核办。②

上谕承认了此前朱批的内容（同意已奏请的各关当年尽征尽解），维护了皇帝的权威，但下不为例。咸丰帝的面子保住了，户部也维护了自己的权力。咸丰帝此后也不再轻易在各关的奏折上批示意见，将主导权交还给了户部。从表 3-1-2 可知，户部的奏请还算及时，因为八月后仍多有榷关闻风而动，奏请尽征尽解，武昌厂、闽海关、张家口即为代表。而户部不许随意奏请尽征尽解的命令也得到了一定程度的贯彻。

户部命令得到贯彻的情况，可以四川夔关为例。四川的夔关和渝关因为下游战事激烈，商道受阻，关税亏短严重，夔关咸丰三年份（咸

---

　　① 咸丰三年八月十七日，祁寯藻等片，档案编号：3-74-4376-50。

　　② 笔者所见为录副，也就意味着没有留中，秘不发送。但笔者未见录副所载朱批——如有，多当写"另有旨"。另查上谕档也未见发布的上谕——咸丰年间上谕丢失的情况并不罕见。笔者推断，咸丰帝没有承认自己此前朱批的错误，而是采取默认户部奏请的方式解决各关尽征尽解的问题。

　　此上谕未见上谕档，但实录中有节抄。参见《咸丰朝实录》卷一〇三，咸丰三年八月乙丑条（八月十七日），37～38 页。

丰二年六月初一日至三年五月底）定额的 183740.492 两，实际仅征收 105315.724 两，亏短 78424.768 两；渝关（关期与夔关相同）定额 5105.859 两，实际征收 908.853 两，亏短 4197.006 两。二者均将额外盈余亏蚀殆尽，渝关甚至连正额也亏短了。四川总督将此事上奏后，咸丰三年十二月初六日朱批："户部议奏"。户部随即于十二月二十八日议覆："所有该关监督俞文诏应得降二级调用处分……准其改为降四级留任，不准抵消……饬令该关监督，将短收盈余八万二千六百二十一两七钱七分四厘，按例定八年之限，照数完交。如限满不完，即行革职监追，以严考成而重帑项。"①奏折得到了咸丰帝的允准。于是原本亏短关税需要革职追赔的则例修改为降级调用或革职留任，并一直沿用。② 从这个处理来看，户部虽然还是坚持定额，但至少在处罚方面做了一定的让步，并未一味固守则例。

上述上谕发布之后，从各关的反应来看，大致可分为三种情况：第一种是坚决执行，如咸丰四年正月十一日临清关直接奏请按照则例议处③；第二种则是仍心存侥幸，如咸丰四年正月二十六日赣关奏请"按照常额征解实属力有未逮，可否准其暂行援案办理，相应请旨遵行"④；第三种与第二种类似，但强调原因，并将是否同意宽免或减轻处罚的决定权交给皇帝和户部，如二月十九日浙海关的奏请"亏短并非无因，可否仰恳天恩，敕部一起酌量情形，奏明请旨核办"⑤。就笔者所见，第三种情形在咸丰四年后越来越多：陈明客观原因，但不提任

---

① 咸丰三年十二月二十八日，为夔渝二关短收盈余银两缘由事奏折，见《祁寯藻集》第 3 册，255～257 页。

② 就笔者所见，此后归化城亏短事即援此案为例，改为革职留任。参见咸丰四年十一月初八日，为暂缓追缴归化城课税事奏折，见《祁寯藻集》第 3 册，325～326 页。

③ 参见咸丰四年正月十一日，张亮基折，档案编号：3-74-4377-1。

④ 咸丰四年正月二十六日，张蒂折，档案编号：3-74-4377-4。此折未见朱批和议覆，未知是否准奏。

⑤ 咸丰四年二月十九日，黄宗汉折，档案编号：3-74-4377-6。此折亦未见朱批和议覆，未知是否准奏。

何处理意见。这可以看作是地方督抚和税关监督们对中枢的一种隐性施压，虽不能直接改变户部的决策，但可以不断强调客观因素。这种手段的直接效果不大，但长远来看还是引起了税额考核制度的巨大转变。

与此同时，户部还是寄希望于战事能尽快结束，或者是被限制在一定范围之内。①

可惜，战事的激烈并不以清政府的意志为转移，事实上，除了附表中所述各地、各关遭受的打击外，作为全国核心的赋税区的江南成了主战场，严重影响到了商业网络的运转，各地都出现了商业衰退的迹象，并进而影响到了关税的征收。

表 3-1-3　咸丰四年部分榷关奏报征税情况表

单位：库平两

上奏时间	年度时间	所涉榷关	定额	实征	比较差额	档案编号
正月十一日	咸丰元年十月初四日至二年十月初三日	临清户关	48202.313	58812.990	+10436.6770②	3-74-4377-1
正月十一日	咸丰二年正月十四日至十二月三十日	临清工关	6852.740	5001.010	−1851.7300	3-74-4377-1
二月十四日	咸丰二年二月二十八日至三年二月十七日	龙江—西新关	186983.550	69567.879	−117415.6710	3-74-4377-5
二月十九日	咸丰二年六月初八日至三年六月初七日	浙海关	79908.230	62698.970	−17209.2600	3-74-4377-6
二月二十日	咸丰三年正月初二日至四年正月初一日	张家口	60565.560	42205.196	−18360.3640③	3-74-4377-7

---

① 详见拙文：《1850 年前后的清政府财政困局与应对》（未刊稿）。

② 临清户关另有各役工食银 174 两算入正税收入内，合计无误。

③ 此年度，张家口关另征制钱 2741 千 420 文。

续表

上奏时间	年度时间	所涉榷关	定额	实征	比较差额	档案编号
四月初九日	咸丰三年三月十八日至四年三月十七日	天津关	88232.373①	80555.603	−7676.7700	3-74-4377-11
五月初十日	咸丰三年四月初一日至四年三月二十九日	天津海税	40000	40391.953	+391.9530	3-74-4377-16
六月初一日	咸丰二年十月二十八日至三年十月二十七日	山海关	105024.879	111129.379	+6104.5000	3-74-4377-18
六月十九日	咸丰三年五月十二日至四年五月十二日	淮安关	364365.602	69520.134	−294845.4680	3-74-4377-21
七月初二日	咸丰三年正月十八日至四年正月十七日	南新关	34169.519	20584.290	−13585.2286	3-74-4377-26
闰七月十九日	咸丰二年十月十六日至三年十月十五日	闽海关	186549.547	73527.749	−113028.7980②	3-74-4377-35
八月初四日	咸丰三年六月初三日至四年三月十四日	浒墅关	421151.388	311805.750	−109345.5980	3-74-4377-36
八月二十二日	咸丰三年八月初一日至四年七月三十日	北新关	188053.650	188142.473	+88.8230	3-74-4377-37
八月二十四日	咸丰三年六月初一日至四年五月底	夔关	183740.492	52269.602	−131470.8900	3-74-4377-38

---

① 天津关税定额的计算比较特别，按照《会典》计算，正额为 40464 两，铜斤水脚 7692.313 两，盈余银 2 万两，合计当为 68156.313 两。但在实际奏销时又会算入应解部科饭银 12399.69 两，额外盈余银 12380.81 两作为定额。后项额外盈余另折解交内务府。参见咸丰四年四月初九日，长芦盐政文谦折，档案编号：3-74-4377-13。

② 不知何故，此年度闽海关税额无法合账，亏短额多算了 7 两。

上奏时间	年度时间	所涉榷关	定额	实征	比较差额	档案编号
八月二十四日	咸丰三年六月初一日至四年五月底	渝关	5105.859	948.589	−4157.2700	3-74-4377-38
十月十七日	咸丰三年九月十三日至四年八月十二日	归化城	22800.000	8863.000	−13900①	3-74-4377-39
十二月二十二日	咸丰三年三年十月十六日至四年九月十五日	闽海关	186549.547	80352.866	−106196.6810	3-74-4377-51
十二月二十七日	咸丰三年六月初八日至四年六月初七日	浙海关	79908.230	62321.091	−17587.1390	3-74-4377-53

资料来源：咸丰朝《军机处录副》财政类关税项。

注：比较差额项下，亏短者前加"−"，盈余者加"＋"。

上表（表 3-1-3）系抄录于档案。因原档存在缺失，故称部分，但笔者并无选取或挑选。表 3-1-3 显示，除了四处榷关（临清户关、天津海税、山海关和北新关，且临清户关为咸丰二年份的情况）外，其余已知的 14 处榷关关税都处于亏短状态，某些榷关的亏短额甚至超过 10 万两（如淮安关、闽海关、浒墅关），更有诸多亏短额超过四成者（按照则例要求须革职追赔）作为关监督个人赔缴的压力很大，作为主管机构的户部压力也很大。

除了需面对榷关的全面性亏短，户部还遭遇了内务府"挖墙脚"式的行为，后者提出：亏短榷税的各关监督可以"认备修工银……（并）宽免赔项"。为此，到了咸丰四年十月，户部被迫推出一项新政：

> 拟请援照内务府认修工程之案，所有京外各官监督等，有愿将所欠赔项按照捐铜局奏定章程，以制钱一串、宝钞五百合银一两，赴局呈缴者，准其一律兑收，由臣部按照呈缴之数，核抵现银。其余未完银两，臣等缮折呈览，伏乞皇上加恩，准予宽免成

———

① 原文如此。

数若干，以期踊跃。如蒙俞允，在京各员，应令奉旨之日起，限
三个月内赴捐铜局呈缴，其在外各员，以接到部文之日起，除去
赴京程限，亦限三个月内呈缴。如逾限不交者，仍照旧章办理，
以示限制。①

在内务府竞争之下，户部其实已经打破已有则例，允许减成赔缴
亏短关税。这个政策的出台背景比较复杂，涉及清政府因镇压太平天
国运动而导致的粮饷匮乏，以及其时北京城因为行钞、铸大钱导致银
价飞涨。② 户部此间的政策可能更多是从获得制钱、回笼宝钞的角度
考虑，但减成赔缴由此开了先河。

这样的手段只能一时、一次，显然不能解决普遍存在的亏短局面。
到了咸丰五年(1855)，出现了另一种补救手段，即户部同意或皇帝亲
自批示宽免某位关监督若干亏短。如咸丰五年三月二十五日长芦盐政
(兼管天津关)文谦奏报咸丰四年份(咸丰三年三月十八日至四年二月十
七日)亏短关税 24791.61 两③，而咸丰帝朱批宽免了他 6055 两④。淮
安关咸丰三年份(二年五月十二至三年五月十一日)的亏短也得到部分
宽免："部议将短收税银照案减免一半，所剩一半银两再免六成，其余
四成照数分赔，并援案请免处分。"咸丰帝随即同意了这个处理办法。⑤
也就是说，淮安关监督只需赔缴亏短额的二成。而"免八赔二"作为先
例自此常常为关监督们所提及。

———————————

①　咸丰四年十月初五日，为应赔关税各员于捐铜局报捐请准宽免成数事奏
折，见《祁寯藻集》第 3 册，311～312 页。亦可参见咸丰四年十月初五日，户部折，
档案编号：3-74-4377-39。引文中"宝钞五百"不可解，若指银钞 500 两则似乎太
大，若指钱钞 500 文则又似乎太少。笔者对核对了《祁寯藻集》和原档均系如此。
②　关于这个时期清政府的财政情况，可参阅宓汝成《清政府筹措太平天国的
军费及其后果》(北京太平天国历史研究会编：《太平天国学刊》第 1 辑，341～382
页，北京，中华书局，1983)和拙文《1850 年前后的清政府财政困局与应对》(未
刊稿)。
③　参见咸丰五年三月二十五日，长芦盐政文谦折，档案编号：3-74-4378-8。
④　参见咸丰五年四月十四日，长芦盐政文谦折，档案编号：3-74-4378-13。
⑤　参见咸丰五年五月十一日，淮安关监督毓泰折，档案编号：3-74-4378-19。

从档案中可见，这个时期各关的常税短征已经成为一种常态，零星的宽免固然可以让皇帝获得臣子的感恩，但除了与皇帝极为亲近的人员，多数关监督无法寄希望于皇帝的"逾格鸿慈"，由此也可能造成另一种局面，即先行中饱私囊以备赔缴。于是，为预防这种最坏局面的出现，到了咸丰五年十一月初十日（12月18日），户部再次奏请援照四年的成案，"将京外各官监督未完赔项勒限三个月完缴实银，请旨宽免成数"。得到皇帝批准，将情况通行各处后，关监督们完缴情况并不理想，户部统计在规定的三个月期限内在京城完缴者仅33000余两，而京外尚有未完161万余两，赔缴者寥寥无几，其理由为接到"部文之日先后不齐，一时设措不及"。户部只好再次"请旨展限三个月"①。需要注意的是，户部此时所有的着眼点在于充实部库，维护体制被放到了第二位。有趣的是，咸丰帝插手关税的欲望再次发作，在朱批中直接点明了各位赔缴人员的名字及宽免数额。②

在这些赔缴的过程中，似乎初步形成了一些惯例，例如，崇文门总是亏短10万两以上，因此从咸丰六年开始，规定"减免八成五厘，……以示体恤。其余减剩一成五厘……（若系额外盈余，例免处分），应落该监督等分赔。"③此奏后来变成成案，一直被遵守。此种处理方案多作为个案的案例存在，并未编入成文则例。

户部减免、宽免的口子越开越大，并逐步成为惯例之后，地方督抚和关监督们也认识到了其间的规律，例如，咸丰七年（1857）后的各

_____

① 咸丰六年二月十八日，大学士管理户部事务文庆等折，档案编号：3-74-4379-7。

② 兹将朱批全文附录于下："依议。裕诚、哈兴阿、锡惠、德林均着全行宽免，贺寿慈着宽免四百四十六两零，桂良着宽免九千三百九十七两零，怡良着宽免四千五百五十一两零，有凤着宽免六千五百四十七两零，东纯着宽免四千七百五十两零，文谦着宽免四千三百九十五两零。"从人数上看，这十个大概是指奏折中所云："大学士裕诚等十员共完缴库平实银三万三千余两"，但不知为何将他们区别对待，是因为剩余银数不同？此事尚有待进一步考证。咸丰帝明确宽免数目当另有清单，笔者未见。

③ 咸丰七年八月二十二日，户部折，档案编号：3-74-4380-30。

任四川总督即以夔关监督"于限内完缴银数已在三成以上"为由，径直奏请"援案吁恳恩施，准将余银宽免并免议处"。① 苏州织造文煟则认为"咸丰七八两年短征税银均经前任制造奏奉部议减免六成，余令着赔在案。此次一年情形与上两届委系相同，不敢稽征不力。诚如圣谕，亏短有因"。文煟进而提出："可否援照上两年成案减免之处出自逾格恩施……"②

时至此时，户部似乎仍未有统一的模式以处理亏短的局面，仍然是依据各关情况不同，分别处理。例如，凤阳关咸丰八年份亏短了92647两，超过应征税额的一半，户部在咸丰八年（1858）七月的议奏中认为：

> 查凤阳关咸丰八年分贼氛肆扰，商贾不通，较之上年情形尤为喫重……可否将该员金光筋、黄元吉任内短收税银九万二千六百四十七两零全行宽免之处，出自天恩。该关道仍当实力整顿，设法稽查，不得以尽征尽解为词，任意亏短。俟关满时，仍由臣部酌量情形办理，其余各关亦不得愿意为例。③

显然，户部这次是在议覆中主动提出将凤阳关亏短全行免赔。另外，对于闽海关常税（奏折中直称"关税"，而进出口贸易税称"夷税"）的164221.877两，则以夷税征收得力（多征18000余两）而这届请援照历年成案免其赔缴。④ 淮安关监督毓泰任内亏短关税被豁免了4000两。⑤ 而浙海关历年亏短银两则系全额赔缴。⑥ 是否赔补，赔补多少，

---

① 咸丰七年八月二十六日，调任云贵总督、四川总督吴振棫折，档案编号：3-74-4380-31。第二年续任四川总督王庆云同样以"遵限缴银已有成数"要求宽免。参见咸丰八年九月十七日，四川总督王庆云折，档案编号：3-74-4381-26。
② 咸丰九年六月十六日，苏州织造文煟折，档案编号：3-74-4382-26。
③ 咸丰八年七月初十日，户部折，档案编号：3-74-4381-20。
④ 参见咸丰八年十二月初十日，户部折，档案编号：3-74-4381-38。
⑤ 参见咸丰九年五月初二日，热河正都统毓泰折，档案编号：3-74-4382-14。
⑥ 参见咸丰九年十二月二十一日，浙江巡抚罗殿尊折，档案编号：3-74-4382-44。

已经没有任何规则可言。勉强来说，大概只有惯例与皇权亲近程度可能可以看作赔补的基本原则。

外省官员的赔缴解交于何处成了一个大问题，某些大型榷关可以通过批解京饷时搭解赴部，例如，闽海关监督即"批解京饷时汇同解部投纳"①，而有一些榷关则是解交本省藩库。

四、咸丰朝后期和同治朝的税关政策

随着战争的拖延，户部调动全国财力的能力不断下降，加上"就地筹饷"政策的出台，原本作为机动款项的榷税，越来越少解往户部。户部对于各关不断奏请尽征尽解也是怨气越来越大。

中枢上下对尽征尽解基本采取拒绝的态度。咸丰十年(1860)，太平军进军浙江，杭州城一度被攻破(见表 3-1-1)，杭州织造(兼管南新关、北新关)随即借机奏请："请照被扰关口成案，暂行尽征尽解，一俟军务稍松，商货畅行，仍照旧以符旧制"，咸丰帝直接朱批："所请不行"。②

到同治元年，户部在一份奏折中几乎是全力抨击此项政策和地方官员："是尽征尽解转以遂不肖官吏自便之私，丧心昧良，莫此为甚！"而解决方案，还是"总之，各省大吏皆受恩深重，当此库储告匮之时，务当激发天良，将应解之银赶紧起解，以期多解一款即京师多受一款之益，毋得视同膜外，致被严参"③。户部的着眼点在于户部银库和京师供给，这与当时外省"需饷万急"的实际情况有很大的矛盾，无法落实自在情理之中。

到了同治朝，榷关的局面又有所变化，除了夷税/洋税的征收，咸

---

① 同治元年正月十九日，福州将军兼闽海关税务文清折，档案编号：3-86-4871-2。

② 咸丰十年六月二十三日，杭州织造恩麟折折、一档馆藏军机处录副奏折，档案编号：3-74-4383-19。

③ 同治元年十二月初六日，户部折，档案编号：3-168-9491-90。这里需要说明的是，这样一份解决方案非常婉转的奏折最后还是被留中了，没有外发。

丰九年之后随着《天津条约》的签订，各关又陆续着手征收洋药税。[①]
到咸丰十年后条约中规定的各口岸也陆续开埠。[②] 清政府于各关所征
税额其实相比于太平天国战争之前反而有所增长。各关监督，尤其是
开埠各关借助于洋税的增长，多有要求宽免常税亏短的奏请，咸丰帝
曾非常生气地在在闽海关奏请以洋药税归补榷税的奏折后写下朱批：

> 夷税未定，商税自有，何得如是含混？现在闽关若非畅旺，
> 焉能若兹应手？尚欲划抵归还，是徒有药税之名，挪东补西，惟
> 亏正款。所请归还之处，毋庸议。若将来关税借口短少，必将前
> 后任监督酌落赔补。[③]

皇帝与中枢大臣的不满延续如故，而他们的不满并没有使各榷税
征不足额的状况发生改变。在档案中我们依然可以看到大量关税亏短

---

① 参见咸丰九年五月初七日，王懿德等奏，档案编号：3-74-4382-17。

② 1858 年 6 月 26 日签订的中英《天津条约》中，设定的开埠口岸是："长江
一带各口，船只俱可通商。惟现在江上下游均有贼匪，除镇江一年后立口通商外，
其余俟地方平靖……准将自汉口溯流至海各地，选择不逾三口，准为英船出进货
物通商之区"，"广州、福州、厦门、宁波、上海五处，已有《江宁条约》旧准通商
外，即在牛庄、登州、台湾、潮州、琼州等府城口，嗣后皆准英商亦可任意与何
人买卖，船货随时往来"。(见王铁崖编：《中外旧约章汇编》第 1 册，97～98 页)。
中法《天津条约》规定的开埠口岸是："第六款 中国多添数港，准令通商，屡试屡
验，视为近时切要，因此议定，将广东之琼州、潮州，福建之台湾、淡水，山东
之登州，江南之江宁六口，与通商之广东(州)、福州、厦门、宁波、上海五口准
令通市无异"，"自今以后，凡大法国人家眷，可带往第六款所开中国沿海通商及
长江之各口市埠地方居住、贸易工作，平安无碍，常川不辍"。(见王铁崖编：《中
外旧约章汇编》第 1 册，105 页)中美《天津条约》规定的开埠口岸是："广东之广州、
潮州，福建之厦门、福州、台湾，浙江之宁波，江苏之上海。"(见王铁崖编：《中
外旧约章汇编》第 1 册，92 页)实际上，此后清政府实际开埠了琼州(琼海关)、潮
州(潮海关)、台湾、淡水(二者为台海关)、镇江(镇江关)、九江(九江关)、芜湖
(芜湖关)、汉口(江汉关)、登州(东海关)、牛庄(山海关/牛庄关)10 处 9 个海关
(在清政府内台湾和淡水统一管理，但税务司设了两个)。

③ 咸丰十年四月初七日，发端、瑞璸折，档案编号：3-74-4383-13。

的情况，这样的情况甚至延续到了 1864 年湘军攻克天京，1868 年捻军失败之后。同治五年，九江关再次奏报关税亏短，理由无非仍是："兵燹之后，商贩无几，加以常税多归洋税……"并进而提出："恳请将本届短征盈余银两，及以后征收盈余银两，如有短少，暂免着赔，俟税务渐有起色，即请复归旧制。"户部已经无力处罚各关监督，只能依照督抚们的奏请覆奏："本届短征银两，应请暂免着赔，下届如有短欠，再由该抚奏明办理。倘该监督有任意亏短情弊，请饬据实严参。"①

另外，如闽海关同治十二年份(同治十一年三月十六日至十二年三月十五日)常关税亏短盈余近 35398 余两，占盈余三成余②；扬州关(同治十一年三月初一日至十二年二月底)则仅征收 43000 余两，不足正额之半。③ 二者奏请之后都得以免于处分，减免赔项。

同时，比关税亏短更为糟糕的局面出现了，沿长江各关多有停征者，如芜湖关、龙江—西新关、浒墅关，南、北新关。其中后三关甚至是在重新开征之后因为督抚的奏请而再次停征，在原址附近设置厘局，征收厘金。到了同治十一年十一月初四日(1872 年 12 月 4 日)，工科给事中福宽曾上奏：

> 请旨饬下停征各关之该管督抚、织造、监督等遵照同治七年所奉谕旨，申明旧制，将所管关口一律开征，不得借端再行渎请，其所征税课仍照向章，一年期满扫数解部，不得丝毫积欠，以符定制。④

但此时的形势已经发生了巨大的变化，中枢无力整顿地方财政，更无论榷关。这份奏折甚至没有批示，而以留中为结束。除芜湖关常

---

① 《同治朝实录》卷一七二，同治五年三月庚午(十一日)条，1～2 页。
② 参见同治十二年五月三十日，李鹤年折，档案编号：3-86-4880(一)-84。
③ 参见同治十二年闰六月十一日，张树声折，档案编号：3-86-4880(一)-96。
④ 同治十一年十一月初四日，福宽折，档案编号：3-86-86480(二)-88。从此份录副看，笔迹为馆阁体，且无朱批，故推定为留中折。笔者孤陋，未见同治十一年的上谕和相关奏折。

关复征外，上述江浙两省的四榷关终清一代都未能重新开征榷税。

这样的结果可以从整体的财政格局解释，随着太平天国战争的结束，清政府的财政危机有所缓解，尤其是洋税和厘金的收入的大增，榷税对度支的作用开始削弱。关于洋税在这个时期的收入可参见下表（表 3-1-4）。

表 3-1-4　1861—1864 年洋税征收额

单位：库平两

年度（年）	1861	1862	1863	1864
江海关	2072603	3933305	2926402	2150662
镇江关	10987	8644	37485	19242
九江关			478266	579864
江汉关			932701	1047055
浙海关	373256	220834	346060	513302
闽海关	920484	1947852	2034424	2349469
台湾关		11814	50176	69036
粤海关	1553311	1279835	1415318	1130334
东海关	14813	59255	128690	214184
津海关	90917	98331	148132	175364
牛庄关			58822	128502

资料来源：汤象龙编：《中国近代海关税收和分配统计》，69～73 页，北京，中华书局，1992。

注：九江关、江汉关、牛庄关等三关均开征于 1863 年 1 月 1 日，是以 1861—1862 年无征收。

台湾关（含台湾、淡水两税务司）开征于 1862 年 7 月 18 日，是以 1861 年无征。

从上表（表 3-1-4）可知，洋税的收入在 1861 年即已超过了鸦片战争前全国榷税的收入，弥补了各榷关亏短造成的损失。清政府在无奈之余，放松对榷关的监督自也在情理之中，于是自嘉庆四年以来对榷关的处分沦为空谈，榷税/常税的税额也处于一个非常低的水平。到了光绪朝中期，榷关的税额已不足 300 万两①，变成数额最少的税种之一。

五、小结

嘉庆四年，清政府确定以定额制取代三年比较制，作为榷关的主要监管手段，而后续的奖惩办法（处分则例）则要到道光十年才完成修订。这套制度在当时的通信和其他条件之下，是一种比较合理的手段。自嘉庆四年算起的 50 余年时间内，国内外发生的重大事件——如白莲教起义，如第一次鸦片战争等——都未对此制度造成重大影响。②

待到太平天国运动爆发后，形势大变。起义军与清政府的主要交战区域恰是经济最发达，榷关最密集的长江中下游地区。多处榷关被占，区域经济也受到严重影响。清政府在处理大规模税额亏短的事件时颇显混乱。先是咸丰帝贸然同意一些榷关（如浒墅关、芜湖关、临清户关等）尽征尽解的奏请。户部到咸丰三年八月后方式夺回主导权，对各关尽征尽解的奏请予以驳斥，一定程度上维持了定额制的权威性。但随着战争的延续，各关的大规模亏短的情况无法得到缓解，而内务府等机构的拖后腿行为，使得户部被迫采取更灵活，或者说是侵蚀原则的方法。

当榷税大规模亏短成为常态，户部祈祷的尽快结束战争也化为泡影，亏短各关减免赔缴、宽免处分逐步成了惯例。但户部始终无法制定适应这种状态的新则例，对亏短税额的关监督的处分变得个人化（随皇帝喜好）、偶然化（前后不一致）。而在此期间兴起的厘金和洋税的税额变得越来越大，甚至超过了此前全国榷关的定额，也就越来越受到地方督抚和中枢的重视。榷关自此式微。

---

① 参见李希圣：《光绪会计录》，2 页，上海，上海时务报馆。常关税在光绪十八年为 2523449.336 两，光绪十九年为 2844374.829 两。当然，将光绪年间的常关和咸丰之前的榷关进行税额的对比并不是非常恰当，因为咸丰之前的榷关包括了粤海关的进出口贸易税，而且数额巨大，达到 150 万两左右，而光绪年间的粤海关常关仅有 10 余万两的税额。

② 笔者以为，新增的夷税虽然采取"尽征尽解"的考成方式，但其本质还是原来的办法，只是鉴于夷税额不断增加，而非对整体考成方式进行调整。参见拙文《从榷税到夷税——1843—1854 年粤海关制度》。

　　此前的一些研究者也注意到了太平天国战争对榷关的影响，但大抵将榷关的衰落归结为战争本身①，而从清政府的档案中看到的是，除了战争本身的因素，清政府自身的应对失当应该是更重要的因素。而战争及战后的榷关的无法恢复旧制更是暴露出其自身存在的问题。

　　首先是官员自身存在问题。清政府的关监督们，尤其是出身于旗人的关监督们，对自身的任务有着特别的理解，笔者在咸丰十年的一件档案中看到了颇为直白的揭示："管税之员，多系八旗世仆。我皇上于派办公事之中，兼寓**优恤旗仆**之意。"②笔者以为，这位关监督显然是将出任关监督视为肥己的大好机会，而这种机会是皇帝不言而喻给予他们的。他们自不会将全部的精力放在关税的征收和报解上。或者，我们可以理解为，榷关的奖惩条例本身带来的激励不足以让关监督们努力征税，而他们中很多人也将出任关监督视为解决个人经济问题的机会。③

　　其次是过于严苛的考核无法执行。作为一个庞大的国家，中枢对地方必须要有所监督，无论是三年比较还是定额制都是一种监管手段。④ 只是随着经济的衰落（吴承明先生认为存在"嘉道萧条"），三年比较制隐含的税额不断增长无法维持转而实行定额制，并不断调整。咸丰三年开始，战争触及经济核心区，关税定额制无法维持，而实行尽征尽解显然意味着放弃监管，使关税的征收变成关监督个人的良心活（奏折和上谕中常有"激发天良"的说法），这是户部所无法接受的，以致在八月十七日改变了咸丰帝此前随意同意尽征尽解的做法。但战争不断延续，经济的衰落使得关税征收足额变得更为困难，续行的手

---

　　① 很多研究者多持此种观点，例如，祁美琴在《清代榷关制度研究》（330 页）中认为"咸丰三年开始，直到同治三年左右。期间根本无法进行正常的征税行为，很多税关不得不停征"。笔者以为，情况远非如此，或者是此说有偏颇之处。

　　② 咸丰十年七月二十五日，张家口税务监督治昌折，档案编号：3-74-4383-20。黑体字部分为笔者所加。

　　③ 例如，满人震钧在《天咫偶闻》中理直气壮地认为崇文门税关滥设的数十名委员是解决旗人生计的好办法："计一岁国课少人者，不过数万金，而旗员无忧贫之虑。"见震钧：《天咫偶闻》，152 页，北京，北京古籍出版社，1982。

　　④ 笔者的想法多来自早年与和文凯先生的谈话，在此再次表示感谢。

段只能是维持定额不变但减成考核。沿袭之下,所谓的"定额"与处分则例已成具文。以浙海关为例:咸丰七年份(咸丰六年五月初八日至五月初七日)亏短 14441.05 两①;咸丰八年份(咸丰七年五月初八日至八年四月初七日)亏短 13568.159 两②,咸丰九年份(咸丰八年四月初八日至九年四月初七日)短征 13539.646 两③。各任浙海关监督则非常干脆地全额缴纳亏短银两,随同正项银一起解缴藩库。④

最后是机构设置不合理。这里包含两个部分。在地方层面,各榷关之间缺乏横向沟通(即使有,也属个人情谊,如同年、同乡构建的私人网络),无法协同处理某些事务(如缉私、税率调整等)。于中枢而言,则是管理机构地位偏低。笔者以为,终清一代,户部对以地丁、漕粮为主的农业税的关注度远超其他税课,户部固然有贵州清吏司主管榷政,但其自身在户部即地位不高,且全国各榷关分属不同部门管辖(有分属工部管辖者,即使是户部各关也有由其他清吏司管理者),而关监督的复杂身份更使其未必会接受来自贵州司的命令(除税额考核外,地方道员兼任关监督者固受督抚所辖,各专差归属本衙门,而如兼管闽海关的福州将军更可将贵州司视若无物)。在行政管理体系中,关监督无论是横向还是纵向都属无着,其权力自无由扩张。当他们面对自上而下统一管理的税务司体系时,从权力根源上即已处于弱势。当他们面对更得督抚等地方大员喜爱的厘局时,同样也会节节退让。

19 世纪五六十年代是榷关式微的起点,是绵延的战争将其一再打落尘埃,榷关的核心制度定额制及其处分则例成为具文,而清政府的财政困境更使其放弃了战后重塑榷关的机会,任由厘金与洋税不断壮大。榷关的式微固然可以看作偶发的外部事件引起的结果,而其内部制度更值得我们后人深思。

---

① 参见咸丰七年十二月十三日,晏端书折,档案编号:3-74-4380-47。

② 参见咸丰八年十二月十八日,浙江巡抚胡兴仁折,档案编号:3-74-4381-42。

③ 参见咸丰九年十二月二十一日,浙江巡抚罗遵殿折,档案编号:3-74-4382-44。

④ 相较于作为道员不足 6000 两的俸饷与养廉,13000 余两显然是一个庞大的数目,如此不拖延的全额赔缴不得不让人做他想。

第二节　从江南四榷关看同治初年的关厘之争

厘金之设，原是基于与太平天国作战的需要，朝野上下多以为是一种临时性的筹饷策略。到了同治三年六月（1864 年 7 月）清军攻克江宁，厘金之设已失大半根据。大约一个月后，全庆即奏请裁撤各省厘局。但清廷没有同意全庆的主张，反而支持了官文保留厘金并将之留为"国家经常正税"的意见。① 自此之后，厘金虽未得"正式身份"，但大小臣工已默认其为一项不可或缺的税源，罕有人提出将厘局"概行裁撤"的主张。可以说，同治三年是晚清厘金史的一个重要转折点，从此它的地位得到了默认。与此同时，厘金史上还有一件未曾被注意到的事情发生了：在江宁、苏州、杭州等地，榷关被厘局取代了——虽然名义上是临时的。或者说，厘金一定程度上变得比榷税更为重要了。

在近代财政史的研究中，学人大致有这样一个共识：太平天国后督抚权力的扩张与其财政权力的扩张有密切关系。作为督抚可直接掌控（或者说是控制力度较大）的厘金也相对更多地为人所关注。自罗玉东《中国厘金史》在 1936 年出版之后，后续的厘金研究者虽不绝于途，但罕有超过者。② 在这些研究中，就笔者陋见，除戴一峰注意到厘金和子口税之间的关系③之外，多专注于厘金本身，没有注意到作为新税种的厘金与清代其他税种之间的关系。或者说，没有考虑到税源相同的厘金和榷税可能存在的矛盾。而这种矛盾有助于我们理解厘金在晚清财政体系中的强势地位以及厘金作为新式商业税收的生命力。本节即拟以曾、左、李三人的三件奏折为核心，讨论厘金和榷税之间的关系。

一、三织造与四榷关

清代榷关有户关、工关之分，名义上虽称由户部、工部管辖，但

---

① 参见罗玉东：《中国厘金史》，37 页，上海，商务印书馆，1936。

② 关于厘金的研究史可参见陈锋《20 世纪的晚清财政史研究》（《近代史研究》2004 年第 1 期）中的有关论述。

③ 参见戴一峰：《论晚清的子口税与厘金》，载《中国社会经济史研究》，1993(4)。

多与内务府关系密切，不仅部分税款会直接供内务府使用，而且一些关监督还直接从内务府中选派①，其中三织造下辖各榷关尤为典型。三织造即江宁织造、苏州织造、杭州织造，是内务府官员固定的差使。② 其中江宁织造兼管龙江—西新关，苏州织造兼管浒墅关，杭州织造兼管南新关、北新关。这四榷关管理着富庶的江浙地区的商业税收，在榷关体系中有重要地位。其税收额见下表（表 3-2-1）。

表 3-2-1 道光、咸丰两朝四榷关税额表

单位：库平两

榷关名	关属	正额③	盈余银	合计	共计	备注
龙江关	工关	57607.225	55000	112607.225	186983.550	两关的盈余合并计算
西新关	户关	41376.325	33000	74376.325		
浒墅关	户关	191131.388	230000④	421131.388	421131.388	
南新关	工关	30247.500	3922.019⑤	34169.519	218223.169	北新关项下每年拨补南新关银 4000 两
北新关	户关	123053.650	65000	188053.650		

资料来源：咸丰朝《军机处录副》财政类关税项中有关档案。
注：总计 826338.107。

从税额角度看，四榷关 80 余万两白银的年财政收入看似很多，但

---

① 这方面的研究文献，参见何本方：《清代的榷关与内务府》。

② 清代的织造一职并非官缺，是差。按（光绪朝）《大清会典》（813 页，北京，中华书局），此职系特简之缺，和各关差一样，"以上驷院、武备院、奉宸院卿、护军统领、骁骑、参领及京察记名之郎中、员外郎特旨简放"。

③ 此表中的正额包含清代官方文书中的"正额"和"铜斤水脚银"两项。笔者之所以如此设置表头，一则为简单表格起见，再则二者在奏销时也多一并牵算。

④ 从嘉庆九年始，浒墅关的盈余银定额为 25 万两。由于连年征不足额，到了道光十一年定为 23 万两。关于这些浒墅关连年征不足额和下旨改变盈余额的情况，参见中国第一历史档案馆编：《嘉庆道光两朝上谕档》第 36 册（道光十一年），351～355 页。

⑤ 南新关只有正额和经费银两项，此数为经费银。其他各关多将此项经费另行奏销，南新关则将其计入定额内计算。

也不过是 400 余万的榷关税收定额的 1/5，是 4000 余万的全国财政收入的 1/50，并不为多。而若将视角集中于内务府，我们就又会得到不同的理解。首先，这些税款在内务府需要的时候（如皇帝生辰或大婚）能尽快用于相关用途，不必通过户部烦琐的奏拨程序；其次，这些税款便利于内务府人员从中得利，而不必受到诸如御史之类的言官的指摘。或者，我们可以认为，四榷关对于内务府及其人员有着远高于税额本身的利益。

如果将内务府的收入也视为清政府财政收入的一部分，那么我们还能在档案中发现这几个榷关对国家财政的作用。如苏州织造的"管关养廉"银 12000 两内要以一半 6000 两，交给内务府①；浒墅关还有"每两平余银五分八厘"，正常年份可达 2 万两左右，归户部拨用；此项平余银项下还有"并平余银"，也可达到 8000 余两，其中 3000 两交织造衙门动用，其余解交内务府②；此外还有所谓的"漏税补正连火耗银"，每年也可达 1 万两以上，除部分用于内务府的活计等外，其余归内务府拨用。③ 可惜，笔者在档案中没能找到龙江—西新关和北新关的这方面材料，但至少浒墅关已然为清政府的财政额外提供了近 4 万两的收入。

太平天国军兴之后，随着南京被占，运河不畅，这四榷关的征收额不断下降。到了太平军东征，苏州、杭州被占领之后，四榷关彻底丧失了财政方面的职能。

同治三年，苏州、杭州、江宁相继克复，这四榷关的复设也提上了议事日程。事实上，从京师赶来上任的织造们也确实着手卅始了这方面的工作。但，他们此时面对的不再是以往那些无力也无心干涉关务的封疆大吏。与以往的督抚不同，此时控制着江浙的湘淮系首领们

① 道光元年八月十八日，苏州织造嘉禄折，档案编号：3-55-3155-41。本节所引用档案除特别注明外，均引自一档馆藏《军机处录副》财政类关税项，下文不再一一说明。

② 参见道光三年六月二十九日，苏州织造延隆折，档案编号：3-55-3157-27。

③ 参见道光三年六月二十九日，苏州织造延隆折，档案编号：3-55-3157-26。

不仅要管理民政、吏治，还要负责为自己手下的军队筹饷，负责交战区域的战后重建。原有的饷源——如地丁、盐课——或早有既定的拨款去向，或难以征收足额，厘金是他们最方便收取、最方便使用的财源。因此，军队开到哪里，厘局也就开设到哪里。杭州、苏州、江宁等贸易聚集区的克复无疑可以为他们提供更多的款项，而榷关的重建则会大大影响到厘金的收入，甚至连厘局的设立也会变得很困难。

二、左、曾、李三人的纷纷上折与中枢的对策

同治三年十月二十六日（1864 年 11 月 24 日），也就是在左系湘军攻克杭州的九个月半月后，左宗棠突然上折，认为北新关自七月十一日（1864 年 8 月 12 日）重新开设之后，

> 迄今已逾三月，征数寥寥，而厘税亦形减色。推究其故，因向来关书、巡役视为利薮，借端刁索，任意抽收，商民久已视为畏途。兹当公私罄竭之余，遽行设关，书役故态复萌，以致商贾裹足不前，咨怨更甚。迭据各商呈控，以厘捐与关税虽同为商所应纳，然输于厘局者并无留难、诈索之烦，输于关口者有守候、揞勒之害，胪列十款，备陈苦况。……杭州省垣，向称繁富，自经兵燹，凋敝不堪，至今市肆萧条，未能复业，即设法招徕，犹难期遽复旧观。若令涸泽而鱼，各怀疑畏，不但百货翔贵，商贾无利可图，即此孑遗之民，生计艰难，必致益形窘蹙。①

由此出发，左宗棠请求将"北新关暂缓开设"。对于内务府和杭州织造的利益，他也想出了一个自认为足以弥补的办法："于浙江各属厘捐项下按月划拨钱一万串，解交织造衙门，为采办一切工料之需。另拨银一千两，津贴织造、司库、库使等办公及该衙门书吏、匠役、纸张、饭食各项用费"。他觉得二者合计每年给予织造衙门和内务府 10

---

① 湘军攻克杭州是在同治三年二月初二日（1862 年 3 月 2 日），见《左宗棠全集·奏稿一》，刘泱泱等点校，497～498 页。原文"涸泽而鱼"应为"涸泽而渔"。

万余两，"较该关现征银数已加倍蓰，于该关公私均为有益"①。其实，连左宗棠也在奏折中承认，他的动议受到了兼管北新关的杭州织造恒延等人的反对："恒延以事非定制，未免为关吏所持，不敢径决"。虽然左宗棠将责任推给了恒延的下属，但其中的关窍自也不难理解。

此折上奏后，拖延了一个多月，直到十二月初二（1864 年 12 月 30 日）才得到批复："另有旨"。从当时的文书制度来看，从杭州发出的奏折从发出到批复的时间一般为 8 天到 10 天，而这份奏折却要在 26 天后才批复。从处理程序来看，一般的文书若皇帝本人无法立即做出答复则会"下部议复"，此折却没有这道程序。从当时的奏折处理惯例来看，这份奏折被看作最棘手的那种，批复之前可能经过了慈禧与军机大臣的面议——既为慎重起见，也为免消息外漏。这就使得我们无法追查当时中枢的处理经过，只能从上谕中去推论中枢的态度。

查阅当日的上谕，我们能感觉到的是中枢的一种无奈，一种对现实的被迫承认：上谕首先承认"所奏切中地方利弊"，继而同意左宗棠所请，"着恒延将北新关暂缓开设关口，各税一概暂停抽收，毋得任听关书等怂恿，别生枝节"，最后又说"俟军需一律告竣，厘捐停止再行循照旧章办理"。② 一方面是承认权关扰民，另一方面却说日后还要重建，逻辑上的矛盾也使得这份煌煌上谕多少有些底气不足。

事情并没有到此为止。无故被人敲掉了"金饭碗"的杭州织造恒延似乎来了脾气。如前文所述，杭州织造兼管的有两个独立的权关，即北新关和南新关。左宗棠的奏折只说要暂停北新关，没有涉及南新关，恒延在其同治四年二月十三日（1865 年 3 月 10 日）奏折中提出干脆把南新关也关了："拟请一并暂停，统俟北新关开设之日一体循旧办理"。

---

① 左宗棠这份"泽被"杭州商民的奏折在很多地方都能找到，仅笔者所见，除了朱批奏折（档案编号：0385-037）、《军机处录副》（档案编号：3-86-4872-5）、《左宗棠全集·奏稿一》（497～498 页）之外，在很多文献中都有收藏，如陈弢辑：《同治中兴京外奏议约编》第 4 卷，34 页，上海，上海书店，1985。笔者比较了这几份稿件，发现彼此多有参差，故此处引用的是朱批奏折。

② 中国第一历史档案馆编：《咸丰同治两朝上谕档》第 14 册（同治三年），412～413 页，桂林，广西师大出版社，1998。

当然，他并没有忘记自己的利益，狮子大开口：左宗棠给的 12 万串钱作为采办经费是不够的，每月 1000 两办公经费也是不够的，要求在藩库内随时拨给。① 好在此时的浙江巡抚已经换成了与湘系关系不大的马新贻，马新贻自也欣然同意。中枢为此考虑了更久的时间，直到四月二十八日（5 月 22 日）才朱批"着照所请。该部知道"②。因为，另外的事情发生了。

在左宗棠的奏折得到批准的三个多月之后，同治四年二月二十七日（1865 年 3 月 24 日），已经和左宗棠失和的两江总督曾国藩又上了一份暂缓龙江—西新关开关的奏折。③ 这份奏折先是述说了自己在南京附近设立厘局的艰难过程：

> （同治）二年攻克九洑洲，乃在距城西南数十里之大胜关设卡抽厘，为凑发各营军饷之用。上年六月江宁克复后，十一月举行乡试，商民稍稍安集，又在城中添办门厘，专给上江两县耕牛之用，他事不准动用分毫。……然地方元气过伤，商民疲困，城中试办一月，旋改为半厘，月仅收钱一千余串。大胜关尚能月收钱三四千串，至正月则收数较少，不过收钱一千五百余串。

① 杭州织造对经费需求的无止境并不是个案，左宗棠其实早已领教过。早在 1863 年，左宗棠就曾向宁绍台道史致谔抱怨道："织造移驻绍兴，向索二万两，弟只允四千，此刻何能办此。且诰敕轴及制帛驾衣，原非细巧活计，亦不须多经费。"《清朝官员函牍选辑·左宗棠致史致谔函二十件》，见《太平天国学刊》编委会编：《太平天国学刊》第 3 辑，457 页，北京，中华书局，1987。

② 同治四年四月二十八日，恒延折，档案编号：3-86-4872-32。

③ 曾国藩的这份奏折笔者见一档馆《朱批奏折》（档案编号：0385-067）和《军机处录副》中的抄件 3-86-4872-27，同治四年三月十六日，曾国藩奏。另在《曾国藩全集·奏稿八》（4746~4747 页，长沙，岳麓书社，1995）中也有此折。三者间略有差别，本文引用的是《军机处录副》中的抄件。

笔者孤陋，遍查曾、左二人的书信集都未能发现二人关于此事的通信。笔者推断，他们很可能真的没有就此事进行过私下讨论而是仅仅通过官方途径了解了此事，不约而同地采取了行动。

不知何故，曾国藩在奏折中没有说江宁织造松瑞对此事的态度，而是直接说："若遽撤卡设关，断不能足额征之数，相去悬远，加以衙署多所开销，胥吏从而苛索，并恐所征不敌厘卡之数。"希望援照左宗棠的成案，暂缓开关：

> 臣查上年杭州北新等关开办之后，征解寥寥，经左宗棠专折奏停，仰蒙俞允。江宁蹂躏日久，其凋敝较杭州为尤甚，而城门进出皆须收税，更恐商民闻风裹足，有碍于招集流亡之政。应请援照浙省奏案，暂无庸开关征税。俟城市复业，各路商贾偕来，由臣体察情形，再行奏请设关，以复旧制。

对于安抚失去财源的织造衙门，曾国藩也如法炮制，"由厘金项下每月提银一千两"作为办公经费。至于如何办理"乙丑大运"则以"藩署文卷全失，臣处又无案可稽……"为由，先从藩库拨给 2 万两，"请旨饬下户部、内务府查明成案具奏，行文到臣遵照酌核办理"。如此一来，内务府原可直接动用的款项变成需要向户部申请，给内务府造成巨大的麻烦。精明且熟习制度的曾国藩显然并非一时的疏忽。

曾国藩的奏折上去之后，中枢看来也是花了些时间在考虑该怎么应付，到了 20 天之后的三月二十六日（1865 年 4 月 21 日），军机大臣奉旨："该衙门知道。"同日，发出上谕。和针对左宗棠奏折的上谕一样，都是承认"所奏切中地方利弊"，"着松瑞将龙江工关西新户关均暂缓设立，俟商贾复业再由曾国藩奏请设关，以复旧制"。当然，他们清楚地记得皇室的"大运工需"："着户部、内务府查明成案具奏"。①

看到左宗棠和曾国藩的奏折都得到批准后，江苏巡抚李鸿章随即

---

① 中国第一历史档案馆编：《咸丰同治两朝上谕档》第 15 册（同治四年），127 页。

于四月十四日(1865 年 5 月 8 日)上折请求暂缓开设浒墅关。① 与前两者不同，李鸿章在此折中非常坦诚，直接点出了榷关、厘局若同处设立必然发生的矛盾，并提出后者在征税能力方面远高于前者，为了国家(或者说是湘淮军)需要保留这些厘局。

> 臣因军饷支绌，不得已就地择要设卡抽厘，慎选廉干之员核实经理，并饬总局司道综核稽查，按月分衰旺牵计，每月收捐钱数万串，所有防兵饷需及援剿闽省、淮徐各军粮饷、军火并内河水师修艌船只均赖此款凑用，统归军需案内报销。是厘卡实饷源所自出，关系至要，难遽议撤。前任织造文熵、现任织造锡祉因大关未设，又设法就巡征税而子口过多，散布百数十里间，商民因与旧制不符，屡至臣衙门申诉，似于政体、舆情均未甚协。闻锡祉到任八月仅征税银五千余两，各口零星攒凑，每月共不过六百余金，得不偿失已有明证。即令撤卡设关，衙署多所开销，丁胥从而苛索，断不若厘卡委员各专责成，递相钤制。其所征自不敌厘卡之数，而税捐同一来源，不免互有借口。

末了，李鸿章请求援照左宗棠、曾国藩的成案"请旨一体暂停征税。俟苏省防军尽撤，南北商货流通，由臣等查看情形奏明办理，复归旧制"。对于织造衙门，李鸿章似乎也不是很客气，一口气裁了 1/4 的养廉等办公经费，原来的 16000 两只给了 12000 两。至于"大运工需"，也是要求少办，分年办。

不知是否是因为对于此类奏折有了足够的"抵抗力"，李鸿章的奏折在八天后的四月二十二日(5 月 16 日)得到了批复："另有旨。"同日

---

① 李鸿章的奏折同样也能在很多地方找到，如吴汝伦编的《李鸿章全集·奏稿·卷八》(282～283 页，海口，海南出版社，1997)和顾廷龙、戴逸主编的《李鸿章全集》第 2 册(56～57 页，合肥，安徽教育出版社，2008)。后者还附有上谕。笔者这里引用的是《军机处录副》(档案编号：3-86-4872-31)，同治四年四月二十二日，李鸿章折。

的上谕可以说是全盘同意了他的意见，并让李鸿章"传知锡祉实力奉行毋稍贻误"①。

笔者曾花了很长时间思考这三位"中兴名臣"之间是否曾就此事有过私下的讨论，最终在曾国藩的书信中找到了一段资料。同治四年二月初九日，在给李鸿章的信中，曾国藩写道："浙江所奏织造停收关税，月拨万串，酌量办贡，此间拟即仿照所奏，不知苏州亦欲稍变科②臼否？"③笔者在李鸿章的书信中没有找到相关的回复。但从这段话中我们可以知道的是，左宗棠此前并没有和曾国藩商量，而为了此事，曾国藩是和李鸿章商议过的。出于防范官员之间串通的目的，清政府的原则上禁止官员尤其是高级之间为公事沟通，而从这件事情上看，曾国藩和李鸿章显然是突破了这种规矩。而可能是因为"收复"金陵之后曾左之间的交恶，左宗棠是单独上奏。加上曾国藩、李鸿章都是单独上奏，这样就变成了三个单独事件，而不是地方大员们集体争夺税源。也许中枢其实知道他们的想法，但这样做至少保持了脸面，没有变成全国性的撤关建厘事件。

关厘之争到此似乎可以告一段落了。左、曾、李三人在此事中获得了全面胜利。而与四榷关利益息息相关的内务府和户部悄无声息地放弃了与这些督抚的争夺。这种放弃的背后除了督抚们的强势和中枢缺乏强有力的台面上的理由外，似乎还有值得探讨的深层原因。

三、关厘之争及其他

直如李鸿章所言，厘金和榷税本"同一来源"，都是一种商业税，尤其是最重要的行厘（也称百货厘）连在征收模式上都与榷税几乎完全

---

① 中国第一历史档案馆编：《咸丰同治两朝上谕档》第 15 册（同治四年），196 页。

② 当为"窠"。——引者注

③ 同治四年二月初九日，《复李鸿章》，见《曾国藩全集·书信七》，4945 页，长沙，岳麓书社，1994。

需要说一下的是，曾国藩与李鸿章商议上奏的事情并不是第一次。同一封信中还提到，就在之前不久，曾国藩还与李鸿章商议苏南地区减赋的事情，最后由李鸿章上奏，成为李鸿章一生中的重要德政之一。

一样。而在左、曾、李三人所辖的地域内，曾存在过龙江—西新关，南新关、北新关，浒墅关四个原本在榷关体系中非常重要的榷关。这些榷关一旦重新开设，就会严重影响到厘金的收益。这种事实上的双重征收也会对当地的贸易和商品流通造成极为不利的后果。在判断取舍中，这三位领军人物不约而同地采取了"舍榷关、设厘卡、补榷税"的方法。这其实是对内务府和皇室的"虎口拔牙"：损坏后者的既得利益。但在当时的背景之下，封疆大吏们的要求却"出乎情理，入乎形势"地得到了谕允。而且，四榷关终清一代都没有再行开关。[①] 连带着芜湖关[②]、凤阳关也在较长时间内没能重设。至此，我们几乎可以认为，在此次关厘之争中，厘金获得了全盘性的胜利，四榷关一扫而空。

至此，我们似乎可以认为是代表地方政府的湘淮军督抚们在和中枢的讨价还价中取得了胜利，但从另外的角度上看，是否也可以看成是厘金本身对榷关的胜利呢？

太平天国运动爆发后，清政府的传统财源受到了巨大的打击：二者之间来回拉锯的地区人口急剧减少，传统的最大税源地丁和漕粮都大大下降了，而且这种下降在短期内难以恢复；关税、盐课无法征收。唯一可以令清政府感到一点欣慰的是洋关的税收有所上升。与此同时，财政支出非但没有减少反而大幅增加：湘淮军的勇营并非国家经制军队，他们的支出并不在原有国家支出之列；已然开始的洋务活动也是一大支出。易而言之，清政府已经处于结构性的财政危机之中。改变此种局面的唯一出路就在于税收结构调整，加强商业税的征收。诚如罗玉东所说，"以前各朝（如宋，明）在开国之初，因在创业期内，不愿重敛民财，多不注重此税，但一至末世，岁用增加，收入如常，则又未有不赖扩充商税，以维持财政者。清代的财政亦正如此"[③]。

---

① 关于这几个榷关的后来情况，祁美琴在《清代榷关制度研究》（315 页）中认为北新关在光绪年间又重新设立了。查对原文系对文献的误读。

② 芜湖自咸丰三年为太平军占领，同治元年克复芜湖，但直至光绪二年才正式复关，而厘局也始终存在。而这次复关也与芜湖的开埠有很大的关系。参见民国八年修《芜湖县志》，332 页，台北，成文出版社，1970。

③ 罗玉东：《中国厘金史》，12 页。

厘金与榷税的征税对象都是商业税中的通过税，前者之所以能取代后者，重要的原因在于征税范围的不同。相比于榷税，厘金的征税对象更广，税收额也就可能更大①；厘金的征税范围更大，就需要更多的征税机构，这也就意味着需要更多来自地方政府的配合，而地方政府则可以更多地从中获得自己的份额。

从征税的情况来看，榷税和厘金都曾为士大夫们所诟病，都可以称为"恶税"。相比较而言，反而是榷税在扰民方面的批评更少一些。厘金之所以能一直存在到清末甚至是民国，除了财政方面的意义，我们还必须看到，全面性的商业税收是近代国家的税收趋势，是近代税收公平原则的要求之一。而这一点，榷税是无法做到的。

结　语

在后世的研究中，清代的榷关无疑问题多多，与研究者心目中高效的近代税务机关之间差别甚大。这样的判断自然没有多少可以指责之处，因为研究者都会依据心中的完美模式进行价值评判。清代的榷关制度从顶层设计到基层人员的管理都有诸多值得质疑之处，但若认为这是一个腐烂不堪的机构，则会引起另两个问题：这样的机构何以能征收起每年近 500 万两的税款，而且总体税额是各税种中唯一呈增长趋势的税种？② 何以清政府一直没有因为他们的不堪而大力整顿？

学界此前对咸同时期榷关的关注重点在于战争本身的影响，笔者

---

① 笔者简单比较了浒墅关的税则（参见同治四年《钦定户部则例》卷五五·税则十四，台湾成文出版社影印本）和《中国厘金史》（237 页）中的《江苏省课厘货物分类表》，发现浒墅关税则中没有洋货的税则，牲畜项下也仅有生猪一项，厘局则有六项。这至少说明厘金的课税对象更多。

② 按照许檀、经君健的统计（参见《清代前期商税问题新探》），清政府的关税从顺治九年的 100 万两增长到乾隆三十一年的 540 万两，到嘉庆十七年回落到 481 万两。笔者此处不知前后统计口径是否一致。如笔者在第一章所谈，清政府关于商税的统计有不同口径，户部多数时候仅统计 24 户关和 5 工关。若前后统计口径不一，此种变化则比较好理解——这是源于流入统计范围的榷关数减少所致。

通过对档案的梳理，以为战争固然阻断了商路，造成税额的减少，而另一方面，诸多榷关税额的减少可以看作各榷关在浑水摸鱼而非货流本身减少的后果。与此同时，清政府在战争时期与战争之后的应对失当也可视为榷关衰微的重要因素：没有对受战争影响区域进行划定，各榷关借机私扣税款；在大规模税额减少的情况下没有制定可行的措施，造成定额制的难以继续执行；战后则任由洋关和厘金局侵占榷关的范围。

脱离榷关的视角，从清政府全局的角度思考则是可得出另一种推断：榷关暮气重重，难以进行彻底的变革，由新税种、新机构进行商业税的征收未尝不是一种解决之道。而厘金和洋税也确实承担了清政府扩大财政规模的重任，支撑了清政府战后近半个世纪的残喘。

第四章　洋关的扎根——以闽海关为例

上一章讲述的是在太平天国运动的冲击下，榷关暴露出自身的诸多问题，以致无法继续维持定额制，榷税的萎缩使其在清政府中受重视程度下降。借由榷关的衰落而崛起的厘金与洋税则越来越受到清政府的重视。本章将就洋关的崛起进行探讨。

在以往的研究中有一个误区，多以为洋关一旦建立，税务司人员即可按照新定税则进行征税，洋税亦随即增长。洋关取代榷关似乎是一件顺理成章的事情。但如果联想到赫德努力地在全世界（或者准确地说是在欧美各国尤其是列强）广泛招募人员，19世纪60年代还曾努力周旋于清政府中枢与地方大员之间，就不难发现其间的不和谐。笔者拟在本章中就洋关如何在清政府的管理体系中立足进行探讨。

在海关史的研究中，有一个一直未能解决的问题：咸丰末年到同治初年的各地税务司是如何建立的？目前的研究多聚焦于总税务司李泰国和赫德，聚焦于他们个人性的活动，对于各地税务司如何活动，如何一步步争取到各省官员的支持则研究较少。

1949年前的晚清海关研究多由前税务司人员主导，最著名的莫如魏尔特、马士，出于种种原因，他们有意无意地塑造出"赫德神话"，将晚清税务司制度的演变描述为赫德的个人英雄史。而中华人民共和国建立以后的研究虽然多侧重将税务司解释成中外反动派相互勾结的产物，但也没有改变这样一种论述的路径。[1] 撇开那些过度意识形态

---

① 以陈诗启的《中国近代海关史》为例，其晚清部分基本是以李泰国、赫德这两任总税务司为主线进行叙述的。需要指出的是，笔者在此并无贬低陈诗启先生的意思，只是单纯想指出陈先生由于资料的限制而误入了"赫德神话"之中。

的表述，我们能发现这样的结论其实至少是没有足够的细节作为支撑。我们若能厘清开埠之初各地税务司的实际作为，当能解开税务司获得清政府信任的真正原因。现在的研究已经弄清楚的是，税务司对于增加关税收入、补充国帑颇有助益，但这种增长其实损害了地方官员的灰色(黑色)收益。仅凭这一点就使得税务司难以得到他们的支持。那么是什么原因使得税务司最终获得了地方官员的承认呢？

洋关地位得以确立的核心因素自是税额的增长，为清政府筹备了大量的财源。此前学者们也多关注到这个方面。对于赫德在 19 世纪 60 年代初在各省的巡视、与各封疆大吏之间的钩心斗角，前辈也已有过表述。笔者以为，除了赫德之外，各地税务司的表现是真正促使税务司体系扎根于清政府权力体系的核心因素。

一、新关的设置

1859 年 8 月中英《天津条约》签订，其中对外人帮办税务进行了明确规定：

> 通商各口收税，如何严防偷漏，自应由中国设法办理，条约业已载明；然现已议明，各口画一办理，是由总理外国通商事宜大臣或随时亲诣巡历，或委员代办。任凭总理(外国通商事宜)大臣邀请英人帮办税务并严查漏税，判定口界，派人指泊船只及分设浮椿、号船、塔表望楼等事，毋庸英官指荐干预。其浮椿、号船、塔表、望楼等经费，在于船钞项下拨用。至长江如何严防偷漏之处，俟通商后，察看情形，任凭中国设法筹办。①

这个条文隐含着数层意思。第一，各国(尤其是英国)放弃了"领事担保"制度，将收税、缉私等责任"推还"给了清政府。第二，各国吸取清代各海关各自为政的历史经验，要求"画一办理"。这个要求在晚清的政治体制之内其实是一个不可完成的任务——因为各海关事实上是

---

① 王铁崖编：《中外旧约章汇编》第 1 册，118 页。在中法、中美《天津条约》中都有基本相同的条文，只是将"邀请英人帮办税务"改成了"邀请法人(美人)帮办税务"。

处于各省督抚的控制之下。"画一办理"的规定也就为日后统一的、受控于列强的总税务司体制奠定了基础。第三，虽然条约中载明邀请三国中何人帮办税务并不受领事"指荐干预"，但这仅仅是各国摆脱由此而来可能需要承担的责任的一种托词，事实上列强各国中受聘任职于海关的人员依旧受到领事裁判权的保护，而且清政府依旧必须在受聘人员中寻求平衡（包括人数和职位）。

可能是基于不去打破清政府政治体制的需要，条约中虽明言"各口画一办理"但却未曾要求建立一个统一的海关管理机构。但这个条约却使原本非法的、不合体制的、仅限于上海一口的沿用外人帮办税务的制度，推广到其他各口岸。条约中又明言各国领事不得"指荐干预"，使得李泰国必须经过个人努力方可达到其目的。而条约中也未曾说明各口"帮办税务"的制度是否需要有一个类似"总税务司"的统领机构，仅依据"各口画一办理"的含糊规定，似又不足以成为将上海制度推广的法理依据。而事态的发展却似乎是对这个英国人特别眷顾。

咸丰八年十二月二十八日（1859 年 1 月 31 日），两江总督何桂清奉命为"各口通商大臣"。何桂清对李泰国比较信任，随即于 1859 年 5 月任命李泰国为"总管各口海关总税务司"，札谕全文如下：

> 兹派令（李泰国）帮同总理各口稽查关税事务，准其会同各监督及本大臣所派委员总司稽察，悉照条约画一办理。各口新延税务司统归钤束。设有未能尽善之处，随时报候查办。酌定五年为限，议给辛俸准由江海关支给。李总税司膺此重任，自宜一秉大公，尽心办事，毋负信任至意，是所切嘱。①

李泰国由此从清政府取得了全权管理各口税务司的权力。可能是事先

① 1859 年 1 月，《何桂清派李泰国为总税务司札谕》（底稿），见太平天国历史博物馆编：《吴煦档案选编》第 6 辑，270 页。此为底稿，送到时间为 1859 年 5 月 24 日，见［加拿大］葛松：《李泰国与中英关系》，中国海关史研究中心译，303 页注 25，厦门，厦门大学出版社，1991。笔者仅见底稿，未见正式任命的谕札，二者是否完全相同，尚有待进一步考察。

已得通知，李泰国于此前的 3 月即通过江海关监督吴煦向何桂清呈送了《江海关呈送税务司条款清折》，在清折中吴煦代李泰国表达了其雄心勃勃的构想：

> 现蒙总办通商钦差何宫保①邀伊帮同总办，务须新旧各口一律照上海式，各派外国人为税务司，俾归划一，以外国人治外国人，始能得法。②

李泰国在雄心勃勃之余并未顾及各省的差异性，而时任江苏按察使的薛焕则想到了这一层：

> 哩夷经费一节，最费筹画。此省不能定彼省之经费，此是中国定例，万难迁就，而哩夷必以总办在此，借词要挟，不如与之婉商别口。雇夷司税一层，此时暂听各口监督先雇，彼此断不能得法，如此一办，则各口自居募夷之名，再阅后文，而哩夷仍能遂其愿也。……阁下(指吴煦)务遵照宫保函嘱之意并参酌弟先后来函所议各层，委婉开导，使之就范方好。总以中国体制如此，不能活动压之。③

历史就是这样有趣，后来事态的发展确如薛焕所说，而却又一定程度上遂了李泰国的意愿。

1859 年的广州，虽有广东巡抚柏贵在任(总督叶名琛早已被英人

---

① 何桂清。——引者注

② 1859 年 3 月，《江海关呈送税务司条款清折》(呈通商大臣)，见太平天国历史博物馆编：《吴煦档案选编》第 6 辑，279～280 页。从时间上来说此清折发生在李泰国被正式任命之前，但从清代官场习惯和文中内容来看，他此时已知任命的内容。此清折中涉及内容较多，如税务司经费、缉私、船钞等，此处为论述方便，仅谈论此点，下文仍将有所涉及。

③ 1859 年 4 月 8 日，《薛焕致吴煦函》，见太平天国历史博物馆编：《吴煦档案选编》第 6 辑，283～284 页。文中的"哩夷"即指李泰国。

绑架前往加尔各答），但其实自 1858 年起就是一座英法联军控制下的城市。为地方大员们所欺瞒的中央政府，依然敕令粤海关向中央和其他省份解送银两，而粤海关已奉叶名琛之令关闭。无奈之下，两广总督劳崇光与粤海关监督恒祺决定"邀请"已赢得他们好感的英国领事馆翻译官赫德帮办税务。聪明又洞烛时势的赫德转而推荐了李泰国。是年 10 月，受到粤海关邀请又得到了英国公使支持的李泰国来到广州，于 10 月 24 日开办粤海新关，1860 年 1 月 1 日又开办了潮海新关。①这是李泰国在其自江海关之后，又建立的两个海关，但他在其他各口岸却遭到了挫折。

于是，李泰国转而去做薛焕的工作，到了 1860 年 12 月 30 日，薛焕以奏片上请"所有各外国通商一切防弊弥衅事宜，饬令该英人②帮同各口管理通商官员筹办，并由恭亲王等咨行各省将军、督抚、府尹一体查照"③。

葛松在其著《李泰国与中英关系》中对此评论道：

> 税务司制度只能在当地清政府官员准许的条件下才能推广到有关口岸（在这方面，天津海关是照此办理的）。事实上在上海，只有一次偶然的机会，两江总督一职在一个短暂时期内由愿意追随何桂清所立下的先例的汉族官员充任。在广州，任广东巡抚的满洲官员对税务司制度的优点持有怀疑态度。对阐明他的观点的奏折，朝廷曾在批复中指出，在外国人正在进军攻击时，对雇用的外国人支付薪金是个不正常的事。至其他三个口岸（厦门、福州、宁波）所在地的三位满洲官员曾奏称应征税课，当地官员是以管理等语。在奏折中他们并未直接提及何桂清曾咨请他们考虑（是）否另派"大员"办理海关事宜。可以肯定，在 1860 年初李泰国

---

　① 参见 1860 年 1 月 6 日，何桂清、劳崇光奏美在潮州开市情形折，见齐思和整理：《三朝筹办夷务始末》咸丰朝第 5 册，1741 页。

　② 李泰国。——引者注

　③ 1860 年 12 月 30 日，《薛焕奏请发给总税务司李泰国札谕片》，见太平天国历史博物馆编：《吴煦档案选编》第 4 辑，273 页。

拟将税务司制度推广到这些口岸，但也可以同样肯定，由于这些反对意见，计划也被推迟了。①

葛松的评论如许多外国人（如魏尔特）一样过分强调满人的保守性和对外国人的抵抗，而不知有更多的汉族士大夫怀有比这些满人更激烈的排外情绪，但他关于税务司的建立需要地方大员的支持无疑是正确的。

二、咸同年间的厦门海关

明代的厦门税关情况暂且不论，清代的厦门关开设于停止海禁后的康熙二十三年，其设关具体地点在泉州府同安县厦门塔仔街张厝保。但厦门并不是闽海关的衙署所在地，厦门是隶属于福州将军兼管的闽海关的几个总口之一，其地位至少低于设于福州南台的福州口。② 至晚从道光年间起，厦门口的最高负责人是督理厦门税务，这是一个兼差，一般由福州驻防八旗派出，其原职是骁骑校、参领、佐领等中等武官。督理厦门税务司的直接管辖者就是兼管闽海关印务的福州将军。

在道光二十三年厦门开埠之前，厦门海关的税额是与南台等各口合并计算的，从闽海关的总体情况而言，厦门关税额似乎即使在经济比较低迷的嘉庆、道光年间也能征收足额。③

道光二十三年闰七月初三日（1843 年 8 月 27 日）起，厦门口作为中英《江宁条约》划定的五个通商口岸之一，开始征收对外商税。④ 其

---

① ［加拿大］葛松：《李泰国与中英关系》，中国海关史研究中心译，108 页。书中还讲到了税务司建立困难的其他原因："缺乏最低程度合格的人选"；经费需从地方中出。

② 鸦片战争前闽海关的情况，参见黄国盛：《鸦片战争前的东南四省海关》。

③ 当时闽海关的税额是正额银 73549.547 两，盈余银 113000 两，合计每年应征 186549.547 两。而闽海关在全国各榷关多有亏征的情况下依然能征收足额，具体情况参见道光三年十一月十一日，赵慎畛等奏，查议征收关税由，见蒋廷黻编：《筹办夷务始末补遗》道光朝第 1 册，247～251 页。

关于闽海关在道光朝的征税情况，参见倪玉平：《清朝嘉道关税研究》，133～141 页。

④ 参见道光二十四年二月二十五日，保昌奏，厦门商税由，参见蒋廷黻编：《筹办夷务始末补遗》道光朝第 3 册，908～913 页。

时，管理架构依然没有改变，依旧是由福州将军统辖，督理厦门税务具体负责。改变的是厦门口的关税分成了两种，一种是针对"夷商"的夷税，另一种是针对国内商人的榷税，二者依据的税则也不同。而具体征收者都是闽海关的税吏。

咸丰八年，依据《天津条约》，厦门海关的海关机构发生了巨大的转变，即税务司的设立。目前的研究并不清楚的是，作为福建最高政务和军事长官的闽浙总督、福州将军等人是否曾经如广东①那样试图设立一个独立于李泰国之外的"协办税务"机构。按照现在的一般记载，厦门海关是在咸丰十一年（1861）六月初七日正式开埠的，但无疑此前即已有外籍人员参与到海关的管理过程之中。从当时福州将军的奏报来看，这些外籍人员并不是很得力，主要还是依靠中方的官吏②，而作为代理总税务司的费士来（George Henry Fitzroy）和福州、厦门海关税务司华为士（W. W. Ward）与清政府官员之间还颇有龃龉。时任福州将军的文清上折对他们进行了猛烈的攻击：洋税的开征大大减少了常税的收入，而费士来等人绝不体谅他们这些官员的苦衷；税务司自行开报洋税征收情况可能会因为大权独揽而产生问题（"税数既任其开报，货物又归其包揽，诚恐以多报少，弊窦丛生"）；而华为士又不通汉语，全凭通事转译，更会产生问题。因此，文清建议只是让税务司试办而不是全权负责，甚至动手让常关的人员代替税务司人员进行查验货物，压缩税务司的职权。③ 初始时的不愉快并不能阻止税务司的建立，福州将军、督理厦门税务、厦门税务司三者之间微妙的关系很快地建立

---

① 当时的广东官员们即试图设立一个独立于李泰国管辖之外的外籍"协办税务"机构，他们当时选择的是赫德。但赫德却让广东官员去和李泰国商量，于是广东成为上海之外最早设立由总税务司管辖的税务司机构的地方。笔者认为当时广东的官员未必是出于对抗李泰国和总税务司的目的，只是出于他们对《天津条约》的理解。

② 参见咸丰十一年七月二十五日，文清奏，遵办税务新章实力稽征由，见蒋廷黻编：《筹办夷务始末补遗》咸丰朝第 2 册，596～598 页。

③ 参见咸丰十一年八月初七日，文清奏，闽海关添设司税起办日期并常税短绌情形由，见蒋廷黻编：《筹办夷务始末补遗》咸丰朝第 2 册，618～613 页。

起来。福州将军作为高级官僚，其地位明显高于督理厦门税务，督理厦门税务与厦门税务司是同级机构，厦门税务司虽然在原则上与福州将军为敌体，但在正式行文时，还是使用下对上的申陈文书，体现出对福州将军地位的尊重。

作为闽海关监督的福州将军很少出面与税务司进行协商，关于税率、征缴税款、贸易纠纷的处理大抵在税务司与"督理厦门税务"之间进行。

表 4-1-1　同治初年厦门关税务司与督理厦门税务人员任职时间表①

税务司英文名	税务司中文名	税务司任职时间	税务司离职时间	督理厦门税务人名
W. W. Ward	华为士	1862 年 1 月 1 日	1862 年 10 月 4 日	协领广星佐领荣福
T. G. Luson	鲁逊	1862 年 10 月 4 日	1862 年 10 月 14 日	佐领荣福
W. W. Ward	华为士	1862 年 10 月 14 日	1862 年 11 月 11 日	佐领荣福
T. G. Luson	鲁逊	1862 年 11 月 11 日	1862 年 12 月 16 日	佐领荣福
G. Hughes	休士	1862 年 12 月 16 日	1864 年 4 月 6 日	佐领荣福
R. H. Payne	巴德	1864 年 4 月 6 日	1864 年 4 月 9 日	佐领荣福
G. Hughes	休士	1864 年 4 月 9 日	1864 年 9 月 21 日	佐领荣福协领图萨布协领广星
J. Porter	巴德	1864 年 9 月 21 日	1864 年 10 月 11 日	协领广星
G. Hughes	休士	1864 年 10 月 11 日	1865 年 4 月 21 日	协领广星
J. Porter	巴德	1865 年 4 月 21 日	1865 年 12 月 1 日	协领广星
C. Kleczkowski	克士可士吉	1865 年 12 月 1 日	1867 年 8 月 14 日	协领广星协领荣基协领成基
J. A. Man	满三德	1867 年 8 月 15 日	1868 年 7 月 10 日	协领成基佐领刘青藜

注：每个时间段内有数人者，为前后任，而非同时到任。

① 引自 Port of Amoy，*From 1862 to December 1893*，Customs Service：*Officers in Charge*，*1859-1993*，Shanghai，Statistical Department，p. 99。

福州将军对税务司的抱怨是一直存在的，这种抱怨主要是基于自身利益和所在机构利益受损的事实。更为重要的是，闽海关作为清政府的权关之一，是有征收税课的最低限额的，若低于此数目就需要兼管闽海关的福州将军进行赔补。

不知何故，在税务司的统计中(参见表4-1-1)，厦门税务司正式上任以1862年元旦算起。在1862年至1868年的不到7年时间里税务司有12任6人，其中鲁逊两次均为华为士离开期间短期代理，巴德两次为休士离开期间短期代理，而至克士可士吉开始在任时间较长。而督理厦门税务作为福州将军委派的官员则完全按照自己的人事制度，基本为一两年一任。

三、海关监督与税务司之公文

在税务司正式的文献记录中，税务司与海关监督是平级机构，由此而来的公文也似乎应当是咨文。而这两个机构之间似乎也应当来往密切，或者说至少是文牍往来频繁。但在 China and the West 等文献中反映出来的情况似乎反差颇大。

21世纪初，英国剑桥大学的方德万(Hans van de Ven)教授和布里斯托尔大学的毕可思(Rolert Bickers)教授等组成一个海关研究小组与南京第二历史档案馆合作编辑了有关海关档案，并由英国一家公司(Thomas and Gale)以"China and the West"为题以胶片形式对外发布。其中的第174卷至182卷收录了海关监督与税务司的往来公文。这些胶卷中第177号胶卷涉及了19世纪60年代——海关设立之初的档案。这卷胶片为我们揭示了地方税务司建立的过程，揭示出了除了赫德之外的税务司的实际工作以及税务司与海关监督公务来往的程式和内容。笔者希望通过自己的描述来揭开各地税务司建立的另一个侧面，除了"伟大、光荣"的总税务司之外的另一个侧面。

(一)公文之格式

以往的研究可能是因为多注重江海关、津海关等位置颇为特殊的重要海关，而诸如粤海关、闽海关这样的特殊海关则有自己特殊的规定。粤海关监督和闽海关监督情况的特殊之处在于他们的个人地位较高，管辖范围之内有多处海关，如闽海关范围之内有四处税务司：南台(福州)、厦门、淡水、打狗(今高雄),而兼任闽海关监督者为正一品的福州将军(他的正式名称是"镇守福州等处将军兼管闽海关印务"),就本文中主要涉及的同治初年,福州将军为英桂。① 除了福州将军之外,与厦门税务司有正式公文来往的还有兴泉永道(全称是"大清钦命分巡兴泉永兵备道")和作为福州将军派出管理厦门税务的"督理厦门税务"(到光绪后期,其正式名称改为"督理厦门总口通商税务兼洋药税厘")。闽海关监督机构与税务司之公文往来者不同时期、不同情况有各种不同格式。这里介绍的是档案中出现最多的两种公文格式:札与照会。

1. 札

福州将军兼闽海关监督,在行文厦门税务司时,使用这种上对下的公文格式。福州将军向税务司发出札文大致有三种情况:第一种是闽海关有事情需要税务司办理;第二种是转发来自同级或上级机构的咨文;第三种是各国领事照会需要税务司去查办。就笔者所见,第二种情况最多,这种公文我们可以称为"嵌入式札文"。其写法一般开头是:"镇守福州等处将军兼管闽海关印务某某为札行事。按于某年某月某日准某某衙门函开……"中间则是转述来自其他衙门的公文的内容,结尾是"为此札行税务司即便查照(办理)可也。须至札者"。

2. 照会

兴泉永道和督理厦门税务二者都是与税务司平行的机构,因此他们的公文也采用了这种平行文书,相比于仅有地方管理权的兴泉永道,督理厦门税务与税务司之间的公文似乎要多得多,就材料中所见,至少现存 2/3 以上的公文出自督理厦门税务与厦门税务之间。让笔者比较诧异的是,在档案中间居然发现了两份来自福建水路提督的公文,

---

① 英桂,字香岩,赫舍里氏,满洲正蓝旗人。道光元年举人,曾充军机章京,后外任山东青州知府、登莱青道、山西按察使、山东布政使、河南巡抚等职务。同治二年授福州将军,同治七年改闽浙总督,同治十一年授兵部尚书、总管内务府大臣。光绪三年(1877)授体仁阁大学士,光绪五年卒。英桂在福州将军任上,曾支持左宗棠设立福州船政局和建设海军,被认为是旗人中较为开明的官僚。

而格式居然也是照会。①

除了以上两种公文外，可能是基于让税务司了解事件背景的需要，海关监督衙署方面也会将清政府内部的一些公文转发给税务司。这些公文统称抄单，主要是涉及海关事务的奏折。

除了以上三个机构与厦门税务司之间有直接来往之外，还有一些其他机构与厦门税务司有间接的来往。档案中所见较多的是总理衙门、南洋大臣和闽浙总督。但是，即使是直接涉及厦门海关的事务，这三个机构也不会直接行文厦门税务司而是向福州将军发出咨文，由福州将军转行税务司。这是当时清政府的公文程式，不可越级给下属行文，他们自不会贸然违反。

（二）公文之数量

厦门税务司在整理这些清政府方面的公文时，按照来源的不同，将其分成了两种。来自福州将军的以"传字某某号"按照时间进行了编排，而来自兴泉永道和督理厦门税务两处的公文则以"会字某某号"按照时间进行编排。

也许是地位太高，不屑于与洋人税务司有太多的交涉，也许是厦门离福州太远，福州将军给厦门税务司的公文并不多，从资料所见，每年最多只有 10 余件，还有很多年份只有数件。例如，同治元、二年共有 9 件，系传字第一号起至第九号②；同治三年只有 5 件，是从传字第十号至第十四号③；同治四年共 9 件，自第十五号起至第二十四

---

① 在笔者的理解之中，这份公文的令人诧异之处有两点：首先，格式用的是发给敌体机构的照会；其次，居然是直接发给，而不是让督理厦门税务转交或咨询。再仔细查看时间，是在同治三年十一月十一日，笔者只能认为是因为当时的大员们其实对于如何与税务司交往没有经验而发出这个照会。见 ME05792，Rel177，会字第六十号，同治三年十一月十一日，钦命督办军务署提督福建水师等处地方军务札，546 页。

② 参见 ME05792，Rel177，p. 37。

③ 参见 ME05792，Rel177，p. 385。

号①；同治五年只有 4 件，是从传字第二十五号至二十八号②；同治
六、七、八年合计 12 件，自第二十九号起至第四十号③；同治九年至
光绪元年为第四十一号至五十号，共 10 件；而光绪二、三、四年则接
连三年没有任何札文④。传字系列的公文起自同治元年八月初三日，
为传字第一号⑤，此后每一年或数年编订一次，但序号是连续的，直
至光绪元年三月十五日开始重新编订序列号。⑥

与之相比，兼差"督理厦门税务"的骁骑校或者佐领们和税务司之
间的公文则多得多，每年都有数十件，甚至上百件。例如，同治三年
十一月十一日的编号是会字第六十号⑦；同治四年闰五月初九日的照
会会字第八十七号⑧，由此推算似乎在开埠之初即每年有 50 件。到了
光绪年间，笔者所见的编号最高者达到了一千八百十七号。⑨

四、共济时艰：太平军余部攻击福建时的税务司

1864 年 7 月，太平天国的首都天京被湘军攻破，其余部则继续在
长江中下游进行反清大业，其中以李秀成堂弟侍王李世贤为首的太平
军开始进入福建境内，并于同治三年九月十三日（1864 年 10 月 13 日）

---

① 参见 ME05792，Rel177，p. 62。

② 参见 ME05792，Rel177，p. 278。

③ 参见 ME05792，Rel177，p. 68。

④ 参见 ME05792，Rel177，p. 192。颇为奇怪的是，在这份文件中，居然出
现了苏州码子，即四十一和五十两个数字都是用苏州码子表示的。

⑤ 笔者在档案中未能见到其他系列的福州将军公文，而实际所见的传字第
一号是为八月初三日福州将军札，见 ME05792，Rel177，pp. 100-106。

⑥ 在一份文件的开头写明"此下再由第一号编起"。见 ME05792，Rel177，
光绪元年三月十五日，福州将军札，253 页。但笔者未见光绪元年三月后数年间的
文件，不知是否真的开始重新编号。

⑦ 参见 ME05792，Rel177，会字第六十号，同治三年年十一月十一日，钦
命督办军务署提督福建水师等处地方军务照会，546 页。

⑧ 参见 ME05792，Rel177，会字第八十七号，同治四年闰五月初九日，查
办厦门军务前兴泉永兵备道照会，538 页。

⑨ 参见 ME05792，Rel177，会字第一千八百十七号，光绪二十七年九月二
十四日，会办福厦二口常税分关事宜前署福建督粮道照会，399 页。

攻克漳州府。① 到达海边之后，李部不仅试图购买洋枪洋炮，还试图联络洋人。② 此时的厦门税务司则秉持扶助清政府的理念而积极查禁军火走私，甚至直接领兵攻击太平军，实现了"中外一体"。

太平军攻克漳州后，引起了清政府的恐慌，而与此同时，一些期望暴富或同情太平军的西方商人、冒险家开始通过海路为太平军提供军火、粮食。清政府认为，"外国匪徒夹带军器，附搭火轮、夹板等船，进入中国该处（漳州）口岸投顺贼匪，大为军务之害"③。出于引起外交纠纷的担忧，福建地方政府的官员们将查缉走私的任务从同治三年十月（1864 年 11 月）起交给了税务司和各国领事："惟外国匪徒，中国难以查悉，应由各国领事官设法查拿，以绝根株，为此特札休税司会同各国领事官示谕所属民人此后务须安分守己，各自营生。"④

在这件事情上，厦门税务司休士表现得极为配合。早在十月下旬，在得到兴泉永道的通知后，休士即已派人巡查海面，并抓获包括两名英国人在内的多名接济太平军的外国人员。⑤

同治三年十二月十七日（1865 年 1 月 14 日）晨，厦门税务司的通事林铖抓获误将税务司署当作外国领事馆的太平军首领陈金龙⑥，在

① 参见中华书局编辑部、李书源整理：《筹办夷务始末（同治朝）》，1283～1284 页，北京，中华书局，2008。
② 英国驻厦门领事与太平军来往的事情引起了清政府官员的极大关注，连曾国藩也在给丁日昌的信中询问："厦门领事与侍逆交通，闻由遵处转商英、布各使，致书约束，果能就我范围否？"参见同治四年三月十七日复丁日昌，见《曾国藩全集·书信七》，4973 页。
③ ME05792，Rel177，传字第十四号，同治三年十一月二十日，福州将军札，38 页。
④ ME05792，Rel177，传字第十三号，同治三年十月三十日，福州将军札，43 页。
⑤ 参见 ME05792，Rel177，传字第十二号，同治三年十月二十九日，福州将军札。可能是因为原档的问题，这份档案有多处脱落、漫灭，关于抓获人员的人数已经无法弄清。
⑥ 此前的一些著作将陈金龙（陈九里）写作陈金陇，很可能是出于清政府的惯例——将"叛匪"的名字改写。档案中明确写作陈金龙。参见 ME05792，Rel177，传字第十五号，同治四年正月十七日，福州将军札。

押送厦门海防厅衙门讯问后即于当天处死①。

同治四年三月（1865 年 4 月）中旬，厦门税务司查获"在虎头山非通商口岸私以军火济逆"的英国轮船古董号。② 依据和约，船货入官，古董号此后成了厦门税务司的专属缉私船。

同治四年三月（1865 年 4 月）下旬，厦门海关在休士的率领下又查获了"满载军器，希图接济发匪"的西洋国（葡萄牙）夹板船③，随即将其船货入官，解交给福州的清政府。④

厦门税务司在协助清政府的过程中最重要的一件事就是诱捕了白齐文。白齐文（H. A. Burgevine，或译白聚文，1836—1865 年）早年参加法军，参与过克里米亚战争。1860 年，他在上海与华尔一起组织洋枪队对抗太平军，并在 1862 年华尔死后接任洋枪队队长，后因与清政府的冲突而转投太平军，战争失利后投降常胜军戈登，并被美国驻上

---

① 从海关档案中看陈金龙为李世贤的结拜兄长，他来到厦门是想帮李世贤部与外国领事建立联系，他的身上还带有印信。关于林铖抓获陈金龙的过程可参见 ME05792，Rel177，会字第□号（原档不清），同治三年十二月二十五日，兴泉永道照会。而根据清政府的档案，陈金龙又名陈九里，是永定南雷乡人，在咸丰元年与洪秀全（泉）、李世贤、胡以珖（晃）结为兄弟，并曾资助他们起事。（这段供词颇不可信，当时这三人地位颇为悬殊，结为兄弟的可能性很低。很可能是出于提高陈金龙的地位而捏造的——笔者注）同治三年因为听说李世贤攻克漳州而来投奔，并为李世贤与洋人勾结而奔走。参见《左宗棠、徐宗干奏请奖厦门税务司休士折》，见中华书局编辑部、李书源整理：《筹办夷务始末（同治朝）》卷三一，1324页。而林铖后来的遭遇也颇为可笑，他在同治六年十月因为贱价串买充公货物而被兴泉永道指控，并被革职。参见 ME05792，Rel177，传字第三十号，同治六年十月十六日，福州将军札，209～214 页。

② 参见 ME05792，Rel177，传字第十六号，同治四年四月十九日，福州将军札，142～144 页。

③ 夹板船即多层的大帆船，这种称呼源自明人对 16 世纪起的荷兰多层帆船的称呼。这种船在性能方面高于中国传统的帆船。

④ 参见 ME05792，Rel177，传字第十八号，同治四年四月初六日，福州将军札，72～73 页。

海领事遣送到日本。① 同治四年四月十九日（1865 年 5 月 13 日），白齐文试图伙同英国人克令和另一名外国人从厦门附近登陆，结果被与之相熟的清军外籍教习司瑞里发现，并引诱至漳州附近，报知厦门税务司，恰逢代理税务司巴德正派人访拿白齐文。白齐文随即被捉。② 白齐文溺死在解送前往苏州途中。③

五、小结

在休士帮助清政府多次查获向太平军走私的军火之后，福州将军和闽浙总督都对他的表现极为满意，多次要对他嘉奖。④ 当休士和福州税务司美里登在同治四年三月（1865 年 4 月）前先后提出要回国休假时，福州将军、闽浙总督、福建巡抚三人联衔会奏称赞其"自办理洋人济匪事宜以来，均能一秉至公，不避嫌怨，而其才识尤为卓出流辈，中外推赞，并无异词"，"深明大义，可嘉之至"，还盛情挽留他们继续

---

① 关于白齐文个人的情况，除了罗尔纲先生的著作外，笔者还参考了两篇论文，即马振文：《对太平天国时代的白齐文评价的商榷》，载《历史研究》，1958（5）；项立领：《白齐文考》，载《上海师范大学学报（哲学社会科学版）》，1981(4)。

② 参见 ME05792，Rel177，传字第十九号，同治四年四月二十九日，福州将军札，76～79 页。

③ 关于白齐文的死，大陆的学者大抵都认为是被清政府蓄意淹死的，而不是因为事故，但这些研究都没有提出直接的证据。笔者在《丁禹生政书》中看到了几则非常有意思的材料。丁日昌时任苏松太道（一般所称的上海道），他向南洋通商大臣秘密行文，认为对于这些洋匪最好是"在水面对敌之时，用炮轰毙，较为简捷。……以免周折"。（参见《禀通商大臣外国拘捕匪徒登时轰毙无庸转解由》，183页）在另一份禀文中丁日昌又说，请总理衙门和闽浙总督"查核白齐文始终从逆，罪无可宥，酌夺办理，不可一误再误，致贻后悔"。（参见《并办理白齐文情形》，184～185 页）从这两份禀文中似乎可以看到丁日昌的杀心。但具体到白齐文淹死的事件时，丁日昌提到当时淹死的有十三人，其中外国人为白齐文和克令，而中方淹死的有十一人，其中还有一名作为押解委员的贺姓千总。（参见《浙江兰溪地方淹毙一案禀》，186～187 页）如此惨重的伤亡，笔者怀疑由中方官员出手策划的可能性不是很高。

④ 以上所述的各次缉私活动都受到了清政府的嘉奖。而捉拿白齐文的行动还使税务司有关人员获得了二三等宝星。参见 ME05792，Rel177，会字第八十七号，察办厦门军务前兴泉永兵备道照会，535～540 页。

留任。① 这大概也是休士得以多次留任的原因(参见表 4-1-1)。但奇怪的是，这样一个极大地促进了税务司和地方政府合作的人物在税务司历史上却鲜有记述。②

在税务司历史上，自赫德开始，他们一直标榜的是在面对清政府的内部、外部战争中秉持"中立"的政策：

> 作为总税务司，并为全局利益计，必须明白指出并予记录在案，凡海关在册人员不仅不予批准，而且禁止参加与战争有关之活动。任何好冒风险之关员自行决定志愿参加六〔陆〕军或海军服兵役，一旦服役，则不能亦不再归属于海关。每位志愿者自行承担违背本国法律与违反中立之惩罚风险。……不如此行事将危及海关之生存，而海关之倾覆又将招致诸多危难。③

从这个事后通令大概可以了解赫德何以要将厦门税务司的行动淹没在历史的长河中。但在 1865 年赫德巡视福州、厦门海关时，并没有对他们的行为提出任何的批评。我们至少可以将之理解成一种放纵。而正是这种放纵，使得福建地方政府对税务司的态度发生了巨大的转

---

① 参见 ME05792，Rel177，传字第十七号，同治四年三月二十九日，福州将军、闽浙总督、福建巡抚札，80～82 页。奏折上后，得到朝廷批准，并由总理衙门札文总税务司挽留。

有趣的是，赫德日记中记载了，美里登曾在一封信中抱怨福建官员对他的称赞不够。见[英]赫德著，[美]理查德·J. 司马富、[美]约翰·K. 费正清、[美]凯瑟琳·F. 布鲁纳编：《赫德与中国早期现代化——赫德日记(1863—1866)》，陈绛译，256 页，北京，中国海关出版社，2005。赫德的日记还透露出，督理厦门税务司广星对于税务司并不是很在意，而是更乐意和英国领事合作。只是，我们不知到底是赫德蓄意贬低休士等人，还是事实如此。

② 作为一项厦门税务司在 1864—1865 年有效沟通清政府、地方政府的行动，原本是可以得到大肆宣扬的，但遍查被认为记录税务司成长的重要文件集的 *Original, Development and Activitices*，我们看不到厦门税务司此间活动的任何痕迹。

③ 1894 年 8 月 23 日，海关总税务司署通令第 662 号，见黄胜强主编：《旧中国海关总税务司署通令选编》第 1 卷，352 页，北京，中国海关出版社，2003。

变，由拒绝、敌视变为支持和欢迎。

在以往的研究中，近代海关史的研究者多注重税务司在征税、港务、贸易统计或者是与列强勾结的方面，以这些证据来论证税务司得以在中国扎根的原因。这些事实难以解释很多现象，例如，洋税的征收是触犯了海关监督们的个人和机构利益的（洋税的透明性使得他们无法隐匿税款，无法中饱私囊；洋税的开征，尤其是免重征和内地子口税使得常税的定额无法完成，影响政绩）；港务的建设固然是商民称便，但这些不涉及官员个人考绩，也不是官员们关心的事情，并且工程也不是他们可插手分肥的。厦门海关在同治初年的情况为我们打开了理解税务司立足的另一扇窗户：税务司在帮助清政府处理很多麻烦事，在维护晃动的政权。而正是休士、巴德、美理登等人的努力，使税务司得到了福建地方官场的广泛认同。虽然赫德等人力图隐瞒这段特别的历史，但就是这段历史给予了税务司扎根在中国官场的立足点。

第五章　晚清财政中的关税

前面四章讲述的是自道光以来清朝榷关制度的演变，属于制度史的研究。笔者一直以为制度史的探讨不能仅依靠官政书，更需要探索其实际运作。在本章中，笔者将探讨关税在财政收支中的运作。

晚清的洋税收入达到了近 10 亿两①，构成了清政府重要的财政来源之一②。这笔财政收入对清政府的重要性不仅在于其数额，而且在于对洋务运动所起到的支撑作用，是这些洋税大力支持了从总理衙门经费到江南制造局的新事业。笔者无力就此进行全面的叙述，本章即截取三个断面进行讨论，以一窥清政府的财政运作情况。本章中关于浙海关数据的校勘则算是对当前大数据运用的一点个人思考吧。

第一节　三成船钞与同文馆

查阅晚清财政史的资料时，笔者发现一个奇怪的现象：在清代的

①　根据税务司的统计，从咸丰十一年至宣统三年(1911)的 51 年间，共征收洋税 971044747.555 关平两，按照 100 海关两折合 101.643 库平两折算(这个折算率参见[日]滨下武志：《中国近代经济史研究：清末海关财政与通商口岸》，高淑娟、孙彬译，351 页，南京，江苏人民出版社，2006)，等于 986999012.757 库平两。税务司的统计表可见本书附表。

②　晚清时期最重要的收入来源按照数额排列大致为：地丁、厘金、洋税、盐课、常关税。以光绪十一年为例，大致为地丁 2302 万两，厘金 1425 万两，洋税 1353 万两，盐课 739 万两，常税 240 万两，另有粮折 401 万两，耗羡 291 万两，杂赋 164 万两。参见刘岳云：《光绪会计表》，1 页，光绪辛丑冬仲，教育世界社印。

官方文献中，我们所能见到的是，几乎所有的机构都是在哭穷，都在催要经费，认为本衙门经费非常不足。与此同时，许多笔记、野史中都记载了此时诸多官员之富有、奢靡。在感慨于"穷庙富方丈"之余，笔者一直在思考，晚清时期是否也存在"富庙"？这样的"富庙"也许能为我们揭示晚清财政史中的另一面。就眼光所及，官方文献中较少哭穷的当数总理衙门与外务部。本节即聚焦于此。

总理衙门主要经费来源有四：户部拨款、三成船钞、三成罚款和六成洋税之一成半出使经费。这四项收入在设立之初均谓有特定的用途：户部拨款主要用于总理衙门的人事和办公经费①，三成船钞的名目是作为"同文馆经费"（这一点下文将有叙述）但却有相当部分被应用于总理衙门的开支，三成罚款因款数无定，主要"留备各项杂用并不时之需"②，出使经费主要用于与出使国外的开支③。本节即以三成船钞为例，探讨总理衙门下的同文馆何以会有如此充足的经费以及这些经费的开支情况。

关于总理衙门的研究不少④，但涉及同文馆经费的来源和支出情

---

① 就笔者在《中国近代经济史研究集刊》的《总理衙门同治六年收支户部经费清单》中所见，户部每年拨给总理衙门的经费非常有限，每月为 600 两，全年仅 7200 两（闰年为 7800 两），且每年均须扣短平银百两以上。

② 总理衙门：《奏销同治五年份各关罚款收支数目片》，见《同光间外交史料补遗》卷四，271 页。陈文进在其《清代之总理衙门及其经费》（《中国近代经济史研究集刊》，第 1 卷，第 1 期，1932，49～59 页）一文中认为，三成罚款数目后期可过万两，但总理衙门甚少动支。从笔者所见的资料来看，其动数目确实很少，多者为数千两，少者仅数十两。但多年积累之后，其总数最后竟超过了 10 万两。

③ 关于出使经费的收支状况，参见陈文进：《清季出使各国使领经费（1875—1911）》，载《中国近代经济史研究集刊》，第 1 卷，第 2 期，1933，271～310 页。

④ 就笔者所见，总理衙门的主要研究论著包括吴福环：《清季总理衙门研究》，乌鲁木齐，新疆大学出版社，1995；Masataka Banno, *China and the West 1858-1861*, *The Origins of the Tsungli Yamen*, Cambridge, Mass, Harvard University Press, 1863；陈文进：《清代之总理衙门及其经费》；钱实甫：《清代政权的半殖民地化与总理衙门》，载《历史教学》，1996(7)；孙子和：《清代同文馆之研究》，嘉新水泥公司文化基金会，1977；苏精：《清季同文馆及其师生》，自发行，1985。

况的研究并不多。其中最主要的研究当数陈文进先生的《清代之总理衙门及其经费》。① 在这篇文章中，他对总理衙门的各项经费就行了统计和分析，但他没有注意到三成船钞的名义也没有注意到同文馆对这些经费的实际开支情况。这就为笔者的研究留下了进一步探讨的空间。

一、三成船钞的缘起、拨解与数额

(一)缘起

船钞亦称吨钞，是指按船舶所载吨数征收的税金，相当于一种船舶管理费。早期的船钞比例甚高，第一次鸦片战争之后，根据列强的意愿，船钞税率开始下降，到了中英《天津条约》时规定，凡商人船舶无论大小，皆征吨税。百五十吨以上者，每吨征银四钱，一百五十吨以下者，征银一钱。一次缴清后，在四个月内，无论开往任何港口无须再纳吨钞。②

在第二次鸦片战争之前，清政府虽然有此税种的设置，对国内外船舶征收船钞，但在开支过程中并未将船钞单独计算，而是与其他税种混合，一并计算，纳入国家支出。《北京条约》谈判之时，由于涉及赔款的支付，清政府方面为了减少每年的赔款数额，经总理衙门与英法公使的谈判，最后认定船钞是使用于各港口的建设经费，应单独征收与核算，不必纳入赔款之中。事实上，各海关监督仍不断将船钞应用于其他的开支项目，且实际应用于港务的支出非常少。

到了 1862 年，赫德向总理衙门建议设立同文馆，其经费则自船钞内动支。③ 这种无损于各部院经费的动议④，经总理衙门和户部奏议，自同治元年七月二十五日(1862 年 8 月 20 日，即海关之第 8 结期内)为始，将船钞分为三成和七成。三成由海关监督每结(西历三个月)一

---

① 参见《中国近代经济史研究集刊》，第 1 卷，第 1 期，1932，49～59 页。

② 中法《天津条约》的内容与之相近，唯有一处相异：百五十吨以下者，亦征四钱。但在条约签订之后，法国人立即反悔，认为是笔误，要求按照中英《天津条约》征收。白纸黑字，说改就改。列强对条约的法理性认同于此可见一斑。

③ 清政府对于新设机构是非常慎重的，其中一个重要原因就是需要考虑到这个机构的经费来源。同文馆的设立即是一例。

④ 赫德的这个建议实际上损害的是各地海关监督的利益，削减地方各税关和政府的经费。

次，将款项转解给总理衙门，作为同文馆经费；七成则作为港务建设费用。① 也就是说，从一开始，三成船钞就是作为同文馆经费而存在的。在总理衙门的一般论述中，是这样表述三成船钞与同文馆、总理衙门之间的关系的：

> 臣衙门前因设立同文馆，学习外国语言文字，于同治元年七月间奏明南北洋各海口外国所纳船钞项下酌提三成，由各海关按三个月一结奏报之期，批解臣衙门交纳，以资应用。嗣于同治五年间奏设天文、算学馆，六年十一月开馆，所需经费银两遵照奏章，亦于三成船钞项下动支。自同治十三年各海关并将招商局轮船所纳船钞全数解臣衙门交纳，亦经一体收支。此项船钞于光绪三年分六十七结起，以三成解臣衙门交纳。此外，尚有海关解交洋商雇用华船钞银并经附入奏销。②

这段话的意思大体是说，总理衙门属下的同文馆经过了1862年的设立和1866年的扩建（天文、算学馆即下文中的新同文馆），其经费也经历了两次变化，不仅外国船钞、招商局船钞，而且洋商雇用的中国船只船钞也须以三成交纳总理衙门，作为同文馆经费。

除此之外，关于三成船钞之事，还须交代的是：三成船钞的解送曾引起总税务司的觊觎，试图将解送权攫为己有。1863年8月22日，总税务司曾向各关税务司发出通令：

---

① 七成船钞落入税务司的掌控有一个过程：在1862年时，其余七成船钞的收支与税务司完全无关，而且船钞还经常被挪作他用；到了第18结（同治三年十二月初四日至同治四年三月初五日）起，每结"另提一成交税务司办理浮椿号船等事。"第31结（同治七年三月初九日至五月十一日）起，"奉文除提解三成外，其余七成按月交给税务司收用"。原本在船钞项下支用的各项开支也转而在子口税等项下开支。（参见档案编号：3-86-4879-41，浙海关第29结至32结清单，上奏人和上奏时间不详。）

② 光绪十八年十二月二十日，总理衙门折，见中国第一历史档案馆编：《朱批奏折》第72辑，813页。

1. 遵恭亲王谕转告,已饬令各海关监督停止经由陆路转送供京都诸学堂所用之三成船钞,此款今后应拨交各(海)关税务司汇交总税务司。

2. 故收到尔口岸海关监督拨入上述款项后,应以最为省俭办法汇交本总税务司。①

若照此实施,则三成船钞的解送和保管都将由总税务司控制。而实际上,这条命令受到了各海关监督的抵制。从档案中,我们可以清楚地看到,一些海关的三成船钞依旧是由海关监督在控制,是海关监督在解送②,甚至还发生将三成船钞挪作他用的情况;而三成船钞上缴后的保管权也一直是总理衙门自己在控制。

(二)拨解和投纳

按照前文所引,似各海关应在每结期满之后,即将三成船钞全数拨解总理衙门。但在充满差异性的晚清财政中,这个规定始终没有得到过完整的执行。最常见的情况是延迟解交。按照当时的惯例,各海关当在期满三个月内将所有款项拨解完毕,三成船钞也当如此。而很多海关并不能按时将款项拨解完毕,三成船钞自也在其中。实际拨解过程与纸面规定之间有着巨大的差别:有的海关是拨而不解③,有的海关则为了减少麻烦、减少开支,干脆一年拨解一次。④ 各关的三成

---

① 海关总税务司署通令第 21 号,见黄胜强主编:《旧中国海关总税务司署通令选编》第 1 卷,26 页。

② 在档案中我们常常可以看到各海关监督(至少闽海关下属的四个口岸直至光绪朝时仍然由管理闽海关的福州将军奏报)通过号商将款项汇解到总理衙门。例如光绪七年(1881)时,闽海关第 81 结的三成船钞仍由福州将军交号商协同庆汇解(参见中国第一历史档案馆编:《朱批奏折》第 71 辑,785 页。)同样,在浙海关、东海关中也不断出现由海关监督汇解或现银解送三成船钞的奏折(片)。就此,笔者推断,至少有相当一部分海关是由海关监督负责解送三成船钞。

③ 就笔者所见,这样的情况其实非常普遍。金陵关的情况,参见光绪二十七年正月十六日,两江总督刘坤一折,档案编号:3-129-6416-11。

④ 例如,宜昌关多系每年拨解三成船钞一次,参见光绪八年十二月初七日,涂宗瀛片,档案编号:3-128-6347-67。东海关也有同样的情况,参见光绪三十三年,山东巡抚杨士骧片,见中国第一历史档案馆编:《朱批奏折》第 74 辑,923 页。

船钞拨解如此参差不齐给总理衙门造成了很多麻烦，到了宣统二年，外务部干脆下令，三成船钞和三成罚款、出使经费一起"改为一年一解"①。第二种情况是少解款项。例如浙海关就多次发生少拨三成船钞的情况。② 还有的就是挪用三成船钞，甚至是在总理衙门屡次催解之后依然顾若罔闻，最多是将此后的款项拨解足额了事。还有另一种更加特殊的情况是，总理衙门将三成船钞抵拨其他款项。③

三成船钞的拨解方式也和其他的款项相同，依据各关的惯例，或采用现银送解的方式，或采用票号汇兑的方式。款项送抵总理衙门之后，总理衙门因"未经建设银库，凡解到船钞银两数在一千两以上者，均于兑收后，随时装箱送神机营粮饷处代为存库"④。现在不是很清楚的是，三成船钞交纳时，是否也需要如户部般交纳饭食银或加平银；其交纳银两是采用镕铸成锭还是以散碎银两的形式？⑤

（三）数额

在很多总理衙门同文馆研究的论著中都没有提及三成船钞的数额，笔者在档案中也未能发现总理衙门关于历年三成船钞总数的奏报或统计。这里，笔者将根据税务司船钞的总数和有关档案做一初步估算。

首先，我们看一下来自总税务司关于船钞数的统计。

---

① 转引自宣统二年十月三十日，护理广西巡抚魏景桐清单，档案编号：3-154-7506-75。

② 参见浙海关第65结的情况。在这一结中，船钞火耗当是另款开支，而海关监督依旧在船钞项下开支。参见光绪三年八月十八日，梅启照清单，档案编号：3-128-6334-28。

③ 例如，在光绪二十五年时，总理衙门曾发出咨文："龙州铁路先交勘路经费银五万两，此款由江海关暂行挪借，即由三成船钞项下归还，今酌派闽海关船钞银一万两。嗣后，将此项船钞银两按照派数陆续解交沪关归还。俟完清后，仍解归本衙门"。转引自光绪二十五年十一月初九日，闽浙总督兼福州将军许应骙折，见中国第一历史档案馆编：《朱批奏折》第74辑，21页。

④ 光绪元年正月二十九日，总理衙门折，档案编号：3-128-6328-4。

⑤ 关于各地向户部交纳税款的手续和诸如加平银这些特别费用的情况，参见拙文：《试述晚清户部银库的制度与在庚子之后的变革》，载《清史研究》，2005(2)。

表 5-1-1　总税务司历年船钞总数统计表

单位：海关两

年度	船钞数额	年度	船钞数额
咸丰十一年	133653	光绪十三年	316443.140
同治元年	209410	光绪十四年	323312.023
同治二年	297687	光绪十五年	326443.080
同治三年	294799	光绪十六年	329892.890
同治四年	269195	光绪十七年	391572.007
同治五年	217732	光绪十八年	381587.137
同治六年	203647	光绪十九年	401096.550
同治七年	203614	光绪二十年	479634.700
同治八年	223549	光绪二十一年	478817.408
同治九年	207815	光绪二十二年	611026.250
同治十年	204798	光绪二十三年	579360.412
同治十一年	242227	光绪二十四年	612861.079
同治十二年	212554	光绪二十五年	640191.062
同治十三年	200832	光绪二十六年	724860.116
光绪元年	236694.383	光绪二十七年	809561.336
光绪二年	234314.488	光绪二十八年	920910.591
光绪三年	224033.829	光绪二十九年	953574.844
光绪四年	260130.758	光绪三十年	992584.559
光绪五年	247833.086	光绪三十一年	1105350.064
光绪六年	249590.689	光绪三十二年	1326619.387
光绪七年	273574.189	光绪三十三年	1321191.856
光绪八年	279798.527	光绪三十四年	1264915.222
光绪九年	284044.024	宣统元年	1276218.154
光绪十年	270914.358	宣统二年	1329023.811
光绪十一年	298909.137	宣统三年	1346385.249
光绪十二年	333347.480		

资料来源：近代史所藏《总理衙门 8·总税务司呈报"中国海关由咸丰十一年至宣统三年征收各项税钞数目表"》改编而成。同治二年至宣统三年合计25215066.875 两，同治二年至宣统三年三成船钞合计 7564520.063 两，折合库平两为 7688578.191525 两。

注：从上下文中推断此表的制作时间为民国初年，财政年度当为西历每年一月一日至十二月底，银两的单位依据税务司系统的惯例当为海关两，一海关两合1.0164 库平两。参见《中国近代海关税收和分配》，自序，8 页。

从上表（表 5-1-1）中，我们可以看到，若各海关按时、足额解交三成船钞，则自 1862 年至 1911 年的 50 年间，三成船钞总数将达到7688578 两零，每年平均达 15 万两余，这无疑将是一笔不小的款项。但实际解交数额并没有如此之多。我们再看一下来自档案中的数年实际解交情况。由于所见孤陋，我现在所能找到的只有这 50 年中的 7 个年度的收支表，权且列之于后：

表 5-1-2　各年份总理衙门三成船钞收支表[①]

单位：库平两

年度	新收	旧管	新旧合计	支出	实存
同治五年	80996.4356[②]	58070.9531	139067.3887	51130.5206	87936.8681
同治六年	62306.7623	87936.8681	150243.6304	41025.0600	109218.5704
同治九年	90516.8063	167602.85030	258119.65660	59564.58000	198555.0766
同治十一年	61896.3967	189547.45220	251443.84890	65178.09000	186265.7589

———————

①　各年度的资料来源分别为光绪元年正月二十九日，总理衙门折，档案编号：3-128-6328-4；光绪四年二月二十二日，总理衙门折，档案编号：3-128-6336-24；上奏人和上奏时间不详，档案编号：3-128-6344-55；光绪十五年三月二十九日，总理衙门折，见中国第一历史档案馆编：《朱批奏折》第 72 辑，325～326 页；光绪十八年十二月二十日，总理衙门折，见中国第一历史档案馆编：《朱批奏折》第 72 辑，813～814 页；光绪十九年九月二十四日，总理衙门折，见中国第一历史档案馆编：《朱批奏折》第 72 辑，27～28 页；光绪二十一年八月二十一日，总理衙门折，档案编号：3-129-6393-47。

②　新收项下的 80996 两余中，有 6852.1568 两系神机营用剩杂款银。总理衙门：《奏销同治五年份各关罚款收支数目片》，见《同光间外交史料补遗》卷四，269 页。

续表

年度	新收	旧管	新旧合计	支出	实存
同治十二年	61896.3967①	189547.45220	251443.84890	65178.09000	186265.7589
同治十三年	63920.9872	186625.53280	250546.52000	67644.82840	182901.6916
光绪三年	69617.7703	172476.47900	242094.24930	221843.74400	20250.5053
光绪四年	76081.5603	20249.32530	96330.88560	76224.44260	20106.4430
光绪五年	89332.7838	20106.44300	109439.22680	68595.21840	40844.0084
光绪六年	63153.3680	40844.00840	103997.37640	49564.93600	54432.4404
光绪十四年	109131.7380	197871.42380	307003.16180	78474.58100	228528.5808
光绪十七年	99671.9471	247094.96271	346766.90981	85965.38451	260801.5253
光绪十八年	105359.4111	260801.52530	366160.93640	103154.84500	263006.0914
光绪二十年	131815.7950	261030.30540	392846.10040	103526.73600	289319.3644

资料来源：《军机处录副》《朱批奏折》《同光间外交史料补遗》《中国经济史研究集刊》。

两表的年度时间之间有所差异，税务司所编之表的时间为西历每年一月一日至十二月三十一日，总理衙门计算三成船钞收支之数时，截取的时间为夏历的正月初一日至十二月底。而且，总理衙门是以全年实际收到各关解到船钞数目为准，因此，两表之间的数额会有所差别，不能完全吻合。不过，二者之间的数字相差不大，大体可参照税务司的统计数字作为同文馆实际收到的数字。例如，同治十三年份的收到的三成船钞为63900余两，而在同治十二年份、十三年份中，船钞的收入总额分别为21万余两和20万余两，平均为20万两余。两相对照，其间的差额不大。

除了以上这些收项外，总理衙门依据清代的"陋规"，还可从中得

---

① 新收项下的61896.3967两中，有415.6两为招商局船钞银。参见总理衙门：《奏销同治五年份各关罚款收支数目片》，见《同光间外交史料补遗》卷四，284页。

到平余银以供自己其他项目的开支。各海关解送总理衙门的银两均为十足库平银，而在放款时，总理衙门采用的是每两扣除六分的方式放款，即扣出 6% 作为平余，以供内部杂项开支。① 这部分款项是作为外销款项而存在的，不必奏销。

二、三成船钞的支出与同文馆的桌饭银

对于财政史研究而言，收入项的研究固然重要，支出项也同样值得关注，而且，支出项的研究也许能发现更多的问题。三成船钞的支出就显得非常特别，向我们展现了鲜为人知的一面。

对于三成船钞，很多学者都将其称为"同文馆经费"或"总理衙门经费"。似乎这笔款项是为(或者说是主要为)同文馆或总理衙门所用。事实是否如此呢？

从表 5-1-2 中，我们可以看到，三成船钞项下的支出在光绪三年分时高达 22 万余两，除了这个可能特殊的年份，其他的年份也有节节升高的趋向，与收入数基本处于同步增长。而就目前有关同文馆研究的情况来看，无论是同文馆教员还是学生的数量都不可能有如此之快的增长速度。问题出在哪里呢？

(一)同文馆、总理衙门、神机营、步军统领衙门

在档案中，笔者找到了三张三成船钞的收支清单，现列于下。②

────────────

① 总理衙门放款时用的是二两平，即当时京师地区较为通行的九八平银(理论成色为 98%)。这二者之间的一进一出，总理衙门还可得到总额 2% 的收益。但笔者未知这些收益为谁所获取，又是如何开销的。

② 笔者实际还找到了第四张清单，即同治七年正月二十八日，奕䜣等奏，《总理衙门同治六年分收支船钞清单》，载《中国近代经济史研究集刊》，第 1 卷，第 1 期，1932，109～112 页。但这张清单的开除项细目和总数不等，为避免引起误会，因此笔者在这里不列入。在社科院经济所藏的《题本 322——总理衙门及同文馆经费》中笔者找到了几乎全部的奏销清单，但这些清单同样也几乎全部存在数据的问题，是以在此没有采用。

表 5-1-3 总理衙门光绪二十年收支三成船钞及船牌银数四柱清册

单位：库平两

旧管	
存	261030.3054
新收	
江海关解到船钞及船牌共	95495.3100
江汉关解到船钞及船牌共	1518.0900
芜湖关解到船钞及船牌共	809.1000
闽海关解到船钞及船牌共	13470.5700
台湾关解到船钞及船牌共	800.3100
东海关解到船钞	9181.0500
镇江关解到船钞	3178.6500
山海关解到船钞	2292.6000
九江关解到船钞	103.5600
津海关解到船钞	3271.4500
浙海关解到船钞及船牌共	1322.1000
瓯海关解到船钞	257.1900
蒙自关解到船钞	115.8150
共	131815.7950
连前共	392846.1004
开除	
后同文馆桌饭除小建端节中秋节封印期内扣除共	2017.8000
后同文馆新添桌饭除小建端节中秋节封印期内扣除共	263.2400
后同文馆汉教习薪水	468
后同文馆学生膏火	717.3000
后同文馆苏拉工食	240
后同文馆茶烛	234
后同文馆煤炭	150

前同文馆天文汉教习席淦薪水	360
又席淦桌饭除小建	105.6000
席淦茶烛	23.0400
前同文馆学习人员及新添学习人员薪水	7173.5100
前同文馆桌饭除小建端节中秋节封印期内扣除共	4248
前同文馆新添学习人员桌饭除小建端节中秋节封印期内扣除共	5172
前同文馆新添学习人员茶烛	384
前同文馆煤炭及新添房屋煤炭	440
前同文馆苏拉工食	360
前同文馆茶烛	378
前同文馆巡更、皂役津贴	48
翻译官张德彝、沈铎恩、光塔、尤什纳、联湧、世增六员薪水	1040
翻译官桌饭并跟役饭食除小建	935.9850
翻译官茶烛煤炭	103
翻译官张德彝、沈铎恩津贴	540
上海广东学生桌饭除小建	335
汉教习米折共银	49
学生俸银米折共银	440.5000
天文化学馆茶烛煤炭	212
又风箱炉炭并购杂物	105.6000
前同文馆星楼、化学馆洋炉	350.6400
汉文试卷月课白折洋卷纸张岁考考试卷洋卷	187.9000
同文馆月考季考岁考及汉文课花红奖赏	387
又考试学生日期提调章京洋教习桌饭	61.6000
又岁考、季考暨开印、封印堂司桌饭学生点心、茶水跟役饭食赏需	197.8700
又考试算学录科用试卷堂司桌饭并苏拉皂役饭食	69.1900
又开印封印汉洋教习酒席及外国跟役饭食茶水赏需	155.1000
又汉洋教习翻译官学生三节添菜	143.5900
又洋总教习购买各种书籍机器等项	378.8290

又洋总教习丁韪良回国川资	600
又学生阎海明茂连往甘肃整装川资	480
又学生杨晟回籍川资	50
又学生丁永焜回籍川资	50
印书处匠人辛工	408
又煤炭	50
又买粉连泗纸、毛汰纸、贡榜纸并刷印、装订各种书籍等项	686.5400
又零用合银	439.4290
清档房章京桌饭除小建	354
清档房茶烛	72
清档房煤炭	47.5000
清档房供事工食	984
清档科房茶烛	72
清档科房煤炭	75
清档房纸张笔墨等项	264
清档房苏拉工食	90
清档房纸匠工食	12
海防股章京桌饭除小建	70.8000
海防股供事工食	192
海防股供事津贴	24
海防股心红纸张	120
海防股茶烛	36
西所茶烛煤炭	126.6000
西所巡更皂役津贴	48
西所苏拉工食	240
新西所看书库巡更皂役津贴	32.6100
西所添买陈设	124
西所添买洋桌银	517.5410
旧收掌处苏拉工食	60

续表

夹剪匠工食及修理天平夹剪等	48
步军统领衙门看守电线兵工食	576
添派更夫工食	144
会典馆供事工食	46
会典馆苏拉工食	30
会典馆纸张	4
会典馆纸匠工食	5
刷印电报、红格纸	122
祭武庙银库稿库朔望供筵香烛	131.8800
章京长恒俸银米折	103.6000
堂司三节添各菜蔬	284.4400
各国往来年用酒席暨随侍人等饭食赏需	668.4600
官报房工食及节赏	39
额外章京供事四季薪水	1543
刷印三联执照	130
觐见事章京桌饭暨执事马弁苏拉皂役饭食茶水赏需	969.1400
购买送各国里屋暨各国及税务司呈进礼物犒赏等项	1955.9700
刷印宝星执照、画地图、裱地图、装订各役四季收发书启堂标问答等簿	740.9700
买做宝星	358
端节中秋节年节津贴及各章京暨供事武弁听差苏拉皂役厨役人等共	12165.5000
端节中秋节、年节供事武弁听差苏拉及太监朝房军机处苏拉堆拨勇兵等节赏	1426.7900
洋人试马地租并贺彩茶水赏需	971.7000
赏洋员汉纳根银	1063.8300
添买马一匹价	15
电报处章京桌饭暨各项零用	826.8200
又茶烛煤炭及各处加茶烛	193.4500
书库做书格地板银库稿库档房添置木架、皮箱等	983.8690

续表

关署春联、封印开封条	72
关署岁修工程	795.3000
关署苏拉皂役买凉帽暖帽更役皮衣	153
关署凉棚布帐	980.6000
关署买雨具、油布冰脚出雪器具	75
关署糊棚并夏秋两季糊凉暖窗	886.9000
关署买白泥炉	327.2400
关署修石印茶炉搭炕厨房修砌炉灶	235.0230
关署添置家具铺垫	651.6600
捐助愿学堂经费	2000
捐助崇正义塾经费	1000
捐助资善堂经费	500
捐助百善堂经费	300
捐助公善堂经费	200
神机营炮车经费马队饷需	35000
共	103526.7360
实在	
存	289319.3644

资料来源：光绪二十一年八月二十一日，总理衙门折，档案编号：3-129-6393-47。按原文录入。

　　总理衙门的奏销清单无疑是非常烦琐，这种烦琐的背后除了制度的规定之外，可能还涉及上下其手的方便。为了便于理解，笔者将表中的各项合并为 9 项。

　　由于以上各表的款项较多，为表述方便，笔者将三个表的款项合并简化为以下三表(表 5-1-4、表 5-1-5、表 5-1-6)①：

表 5-1-4　同治十三年份三成船钞支出款项及所占比率表

单位：库平两

名目	款额	比率(%)
同文馆教习薪水、米折等	1097.040	1.6
同文馆学生开支	7593.760	11.2
同文馆人员桌饭银	6912	10.2
同文馆教学开支	0	0
同文馆杂支	4099.625	6.1
步军统领衙门开支	3000	4.4
神机营开支	35000	51.7
善事	2000	3
总理衙门各项开支	7942.403	11.7

表 5-1-5　光绪六年份三成船钞支出款项及所占比率表

单位：库平两

名目	款额	比率(%)
同文馆教习薪水、米折等	1085.040	2.1
同文馆学生开支	7266.050	14
同文馆人员桌饭银	9246.646	17.8
同文馆教学开支	1350.440	2.6
同文馆杂支	982	1.9
总理衙门各项开支	8481.360	16.3
神机营开支	17500	33.7
步军统领衙门开支	3000	5.8
善事	3000	5.8

---

① 因计算结果保留小数点后一位，略有误差。

表 5-1-6　光绪二十年份三成船钞支出款项及所占比率表

单位：库平两

名目	款额	比率(%)
同文馆教习薪水、米折等	3183.040	3.1
同文馆学生开支	9682.310	9.4
同文馆人员桌饭银	13704.975	13.2
同文馆教学开支	2818.938	2.7
同文馆杂支	1850.000	1.8
总理衙门人员各项开支	32709.193	31.6
神机营开支	35000	33.8
步军统领衙门开支	576	0.6
善事	4000	3.9

从这三个表中（表 5-1-4、表 5-1-5、表 5-1-6），我们就可以看到一个奇怪的现象，三个年度中，开支比例最高的居然都是神机营的开支，分别占 51.7%、33.7% 和 33.8%。神机营是第二次鸦片战争结束后，清政府为整顿京师武备而新设立的一支使用新式装备的满人武装。从其设立之时起，它的管理大臣就级别很高，它的第一任"掌印管理大臣"就是恭亲王奕訢。其后，位高权重的光绪帝之父醇亲王奕譞和庆亲王奕劻都曾先后担任过神机营管理大臣。可见神机营地位之特殊。可能他们都曾先后同时掌管过总理衙门，因见三成船钞开支略有多余而将部分钱粮用于神机营的开支。而实际上，神机营与同文馆之间是不存在任何行政关系的。在三成船钞这样被外界看作"同文馆经费"的项下拨款给神机营，实在是有些不伦不类。与之相类似的开支还包括为步军统领衙门的支出。

三成船钞开支中另两项较高的款目是"总理衙门各开支"和"同文馆人员桌饭银"。所谓"近水楼台先得月"，总理衙门的部分开支也自然而然地从有所剩余的三成船钞中开支了。从支出细目中，我们可以看到，总理衙门的开支包罗万象，有章京的"俸银米折银"，有与各国公使来往的开支，甚至还有莫名其妙的、与总理衙门本职并无多大关系的"制备随扈帐〔账〕房及给章京、苏拉盘费并购灯旗器具及马弁两次随园银"。看来，只要是总理衙门正式经费中不足或是无法奏销的款项都塞到了三成船钞项下开支了。

(二)桌饭银

笔者之所以将"同文馆人员桌饭银"单独列出，是为了印证来自曾在同文馆学习的齐如山的一段话：

> 驻馆的学生，除不管衣服外，其余都管，所谓煤油蜡烛，微如纸煤洋火等等，都由馆中供给。饮食最优，六个人一桌，共四大盘，六大碗，夏天一个大海，还有荷叶粥、果藕等等。……从前有好几位外国教员告诉我说，世界上的学校，没有同文馆待学生再优的了。[①]

他还记载了馆中的一位包办伙食的于姓厨子还在行贿于总管同文馆事务的提调之余，挣钱给自己捐了候补道台，给儿子捐了郎中。齐如山进入同文馆是在光绪二十一年，正是上列的第三个表（光绪二十年，1894）之后的一年。

从收支表中来看，桌饭银的开支是惊人的。从同治十三年(1874)的 6900 余两，到光绪六年(1880)的 9200 余两，再到光绪二十年的 13700 余两，基本上都是随着三成船钞数额的增长而增长。而同文馆的人数并没有数倍的增长，这一点可以从教师和学生薪水没有很大变化中看出。从文献中看，同文馆初始时，学生不得超过 24 名，外籍教师 2 人，汉教习仅 1 人。到同治六年(1867)设立天文、数学馆时，扩招 30 名，教师人数略有增长。到光绪十一年(1885)时，同文馆人数有了很大的增长，一次招生 108 名，外籍教师不少于 10 人，汉教习也有 10 多位。也就是说，在上述三表的时段中，同文馆的教师和学生人数有很大的变化，但并没有如桌饭银那样迅猛的增长。由于同文馆没有严格的学制和学时，所以在馆内学习时间很长的学生较多。以光绪二

---

① 齐如山：《齐如山回忆录》，30 页，沈阳，辽宁教育出版社，2005。

十年时，有 300 名学生和教师计算，平均每人达到了近 46 两，也就是说每个月近 4 两的桌饭银。而当时很多低级员役的每月薪金也不过 3 两左右。可见他们的伙食标准之高。笔者不知道为何会出现我们今天认为的"胡吃海喝"的局面，有一种解释就是，他们的其他各项开支都是有标准的，如人员薪金等，唯有桌饭银这样的事是户部没有制定严格标准。在经费充足的情况下，为避免其他机构觊觎所积存的银两，尽量把它们吃光是一种不错的选择。

而令人惊讶的是，同文馆教学性开支（如教学设施建设、设备购买）并没有很大的变化，而且数额很小。是因为这些开支恰好都不是发生在上述三表的时间之内，是原本这些开支就很小，还是另有其他原因？

洋教习的薪金没有出现在表中是出乎意料的。根据文献，正式聘用的洋教习的薪金为每年 1000 两，也就是说后期他们的个人薪水总计应在 1 万两左右。而这笔开支在表中没有见到，表中所见只是他们的桌饭银（见表 5-1-5）和回国川资（见表 5-1-6）这样小额的支出。由此推断，他们的薪水可能列入总税务司经费之中开支。

（三）小结：经费富有的机构与制度漏洞

三成船钞的收支情况无疑为我们提供了另一种类型的，也就是经费充裕的机构的案例。

从收入情况来看，总理衙门以三成船钞作为同文馆经费来源无疑是当时情况下一种非常明智的选择。自道光朝开始，清政府在无法通过金融手段和调整税收结构应付局面的情况下，财政收入一直无法满足支出的需要。各机构只能各显神通。按比例收取财政经费，就避免了经常处于收不敷支的各海关借口收入不足而少解或不解。当然，总理衙门的权威也是各海关监督不得不考虑的问题。随着进出口贸易和转口贸易的兴盛，船钞的收入也水涨船高，三成船钞的数额日益增长。这就为同文馆经费的充足奠定了基础。与此同时，在缺乏统一调控的背景下，各衙门间苦乐不均的情况也就更为严重。

从支出情况来看，三成船钞支出可谓一团混乱。清政府对于经费的开销一般是按照则例批准。凡初次通过者，此后尽可继续开销，余者尽属不当。但对于初次奏销是否合理却是不在后续的审核之内。三成船钞在初始即已定位为同文馆经费，此后也未曾发生过变化。而诸如神机营这样的机构仅因为与历任总理衙门大臣之间的特殊关系，也从中分了一大杯羹。总理衙门当然也没有忘记自身的福利，相当一部分三成船钞的支出也落到了总理衙门身上。

而剩余的、比例不多的支出与同文馆作为一个培养人才机构的身份也颇不相容。大量的经费被用于吃饭，其次是教师和学生的薪水。而在今天我们所认为的学校本身建设方面的开支却少得可怜。

名为"同文馆经费"的三成船钞的支出情况也提醒我们，在晚清的财政研究中，立项之名与其实际支出之间是存在一定差距的，切不可"望文生义"，而当以其实际收支情况为准，至少是在那些经费比较充裕的项目下。

第二节　江海关二成洋税与江南制造局经费

在中国的近代工业史上，江南制造局占有重要地位。自 1865 年收购"旗记"铁厂（Thomas Hunt & Co.）起，它在枪炮生产、轮船与机器制造等方面都曾名列前茅。在考察它的发展史时，无论是当时的官员，还是后世的研究者都多有"该局经费充裕"这样的总结性话语。而与此同时，同为政府创立和主办的其他军工厂则多有"经费不敷"的抱怨，其经费来源颇有值得关注之处。

关于江南制造局的经费来源问题，光绪三十一年（1905）江南制造局总办魏允恭在其所编的《江南制造局记》卷四中有这样一段被广泛引用的总结：

> 谨按制造款项，创办之初暂在军需项下通融筹拨。同治六年，议兴船工，两江总督曾国藩奏请在江海关解部四成洋税酌留二成案内以一成为制造轮船之用。八年，两江总督马新贻附奏，请以

酌留二成全数作为制造之用。

光绪十八、十九两年设无烟、栗色火药两厂。二十一年设钢铁厂。两江总督刘坤一奏，奉部拨银四十万两为三厂开办经费。二十三年复奏，请加拨三厂常费每年银二十万两，在江海关税厘项下拨解。二十五年改由江苏各司关道局分筹协济。是年以筹款练兵奉饬裁减局用，每年节省薪工银一万一千九百余两，提解江宁藩库。

二十七年，江海关解局二成洋税改为十二成之二成。

二十九年，两江总督张之洞奏建新厂，请在局款内每年酌提新厂经费银七十万两。嗣以南洋订购潜水快轮，奉饬借拨银三十万两。

三十年，钦差大臣铁查核历年制造各款，奉饬提存银七十七万余两。是年，遵照新厂奏案建立铜元厂，禀准借拨节省经费银二十万两，改造厂屋及订购机、铜等项。嗣经署两江总督周馥奏请归并金陵铜元局，并奉饬代购铜斤各料连借拨共垫付银五十三万余两。是年奉饬二成洋税以一成作新厂经费，按月由江海关扣提存储，以一成解本局。①

这段总结及其后的制造局经费收支表被后世的学者广泛引用，几成不易之论。

关于晚清财政，后世的一般认知多以为政府处于比较紧张的状态，连最为急迫的军饷与河工也常常发生延迟或部分拨款的事件，但江南制造局（包括后来坞、厂分离后）的经费有清一代始终处于相对宽裕的状态。这种情况无疑对江南制造局的发展是有利的。但整个拨款过程真的如《江南制造局记》所言那般简单而波澜不兴吗？

相比于福州船政局，江南制造局的研究相对边缘。虽然几乎所有

---

① 魏允恭：《江南制造局记》卷四，1 页，上海新马路福海里文宝书局石印本，光绪三十一年。

涉及江南制造局的论文和专著都会涉及它的经费问题①，但多参录《江南制造局记》卷四中的岁入表和岁出表，既没有注意政策中的微妙变动，也未能考证出表中的数据出入问题。

笔者即拟就江南制造局一成/二成洋税拨款的历史形成过程以及其数额进行考订，一方面是想探讨拨款制度的形成——具体地说就是江海关拨解二成洋税制度的形成过程及其变化；另一方面则是试图以此理解晚清奏销制度的具体落实。

一、江南制造局财政拨款制度之沿革

江南制造局，包括其前身上海铁厂，其初期经费来源大致分成两个部分，枪炮生产的经费划拨自淮军军饷，轮船制造的经费来自江海关的洋税②。关于早期枪炮生产的经费，核心的档案史料是同治四年八月初一日两江总督曾国藩和署理两江总督李鸿章③的奏折。在这份奏折中，他们声称铁厂的开办经费来自江海关革职通事唐国华等人，他们按"军需赎罪"例共同出资4万两买下了洋商旗记铁厂，并由江海关道丁日昌另筹2万两买下"其余局中必需之物，如铜、铁、木料等件"。而上海铁厂的日常开支"核计局用房租、薪水及中外工匠等有定之款，月需银四千五六百两，其添购物料多寡不能预定，大约每月总在一万两以外"①。照此计算，枪炮厂每年的日常运行经费约为 17 万两。此项经费，按照后来的说法，是从淮军的军需项下开支，无须政府另行为其筹划饷源。

奠定以江海关税款部分拨付江南制造局的是同治六年四月初七日（1867 年 5 月 10 日）的曾国藩的奏片。鉴于以往对此奏片多有误读，现长文引用如下：

> 如制造轮船，实为救时要策，上海开设铁厂，在沪及洋购买机器两副，大致已属全备。而造船一事，则以无款可筹，尚未兴办。……以必应速办之事，又有可乘之时，有可用之人，而坐困于无可拨之银，殊觉机会可惜。
>
> …………
>
> 查江海关洋税一项，自扣款清结以后，提解四成另款存储部库，本系奏定专拨之款，未敢动用丝毫。惟现当饷需万紧，合无仰恳天恩，俯准将洋税解部之四成酌留二成，以济要需。如蒙俞允，臣拟以一成为专造轮船之用，以一成酌济淮军及添兵等事，其余二成，仍随时按结报解。俟轮船办有就绪，各军饷项稍裕，即当奏明仍按四成全数解部，以符初议。②

从字面理解，这份奏折的意思包括江海关的一成洋税不是用于铁厂事务，而是拨付给制造轮船之用的，因为制造轮船是"救时要策"，

---

① 《置办外国铁厂机器折》，见顾廷龙、戴逸主编：《李鸿章全集》第 2 册，201 页，合肥，安徽教育出版社，2008。关于唐国华等人的情况则可参见此折的附片《唐国华赎罪片》，见顾廷龙、戴逸主编：《李鸿章全集》第 2 册，202～203 页。

② 《奏拨二成洋税片》，见《曾国藩全集·奏稿九》，5607～5608 页，长沙，岳麓书社，1995。原书不知为何，标点有所舛误，甚至完全曲解原文者，笔者自行修改，不一一指出。

且当时"无款可筹";动用四成洋税①中的一半仅仅是作为权宜之计，并不准备长久执行，一旦财政宽裕即将款项归复解交户部银库。而揆诸其时的经费运行惯例，经费交给某个机构后，实际运行情况常常是失控的，上海机器局既办理枪炮的生产，又办理轮船的制造，经费之间的往来划拨应用全行依靠主事者是否遵守前奏。而江南制造局的第一次奏销居然是在光绪元年，也就是第一次划拨江海关洋税后的七年之后，且是枪炮厂与轮船厂合并奏销，不得不使人怀疑其中另有玄机。而暂时的划拨，一旦长久也可成为惯例。我们可以将曾国藩的奏折看作是，看似处处小心，其实早已打了埋伏。其时，福州船政局也已紧锣密鼓地筹备开建。我们现在难以理解的是，既然经费紧张，中枢何以会同意两个性质相同的机构同时开建？更难以理解的是，关于江南制造局的奏折极少出现在同治朝《筹办夷务始末》，而关于福州船政局的主要奏折多可见诸此书。

曾国藩的奏请很快得到了批准，而获得了拨款的江南制造局也在轮船制造方面取得了很大的进展，到同治七年（1868）八月，即造出了第一艘明轮轮船"恬吉"号（后改名"惠吉"号），并开工制造第二、三号暗轮轮船。其时，制造局会办，江海关道应宝时认为"今正值工料费用吃紧之际，用款实属不敷"，而"所幸中原军务肃清，淮军裁剩留防各营饷亦经酌定"，因此请求继任两江总督马新贻奏请"将所留洋税二成全数拨充造船之用"。马新贻与江苏巡抚丁日昌随即据此于同治八年（1869）二月初十日会衔上奏②，却遭遇了中枢的否决，要求仍只留一

---

① "四成洋税"一词系指扣除船钞、子口税之后的海关税款的40%，原系专为拨付鸦片战争中英法赔款之用。赔款完结后户部即奏定以之补充银库，不准外省动用。具体情况可参见拙文：《中英、中法〈北京条约〉赔款的偿付》，见中国社会科学院近代史研究所编：《中国社会科学院近代史研究所青年学术论坛（2007年卷）》，70～91页，北京，社会科学文献出版社，2009。陈勇的《晚清海关洋税的分成制度探析》（《近代史研究》2012年第2期）亦有说明。

② 参见《江海关洋税酌留二成统归机器局用片》，见王锡蕃校：《马端敏公（新贻）奏议》卷七，703～705页，台北，文海出版社，1975。

成为制造轮船之用，其余四成洋税的三成全数解交户部银库。①

对于中枢的否决，地方大员们并非束手无策。数月后的十月初七日，马新贻、丁日昌与直隶总督曾国藩、湖广总督李鸿章一起会衔上奏，坚持前奏要求将二成洋税留为制造局之用，其理由是：

> 该局机器制造原分两项：其仿造外洋火器用款，始于同治四年闰五月，由李鸿章奏明在于军需项下通融筹拨；其造办轮船经费，始于同治六年五月，由曾国藩奏准酌留二成洋税拨用。其开办先后相隔二年。截至同治七年十二月底，两项制造同在一局，而用款各不相涉。嗣因军务肃清，军需无款可拨，而枪炮未能停工。自八年正月起，改归洋税项下借拨济用。论该局目前急务，自应以造船为专案，而洋火器一项，经营仿习，数年以来，甫得入门，既未便半途而止，虚弃前功。又枪炮二者之中，以洋枪拨用之数为多，内而京营调拨马枪或三四千杆必不可缓，外而江楚留防各军习用洋枪，亦需随时更换。其尤要者，有一轮船即有一船应安之炮位与护炮之洋枪。船既由厂自造，则随船枪炮不应外求。是故制造虽分两项，实则一事相因。综计该局用款：造船项下既须兼办枪炮，而制造之外又有诸色工程，各项经费较之前二年间用费倍增。察核该局所禀，均属实在情形。同治五年，前闽浙督臣左宗棠奏请设局试造轮船折内声明，开工集料及中外匠作薪水，每月约需银五六万两，以一年计之，需费六十万余两，其造船厂购机器、募师匠各款尚不在内。现在沪局造船事同一律，所留二成洋税，通年计之，不过四十余万两；况兼造枪炮及各项工程。经费无一不取给于此。即使全准充用，比照闽省用款，尚减三分之一。②

---

① 笔者未能见到户部关于马新贻这份奏折的议覆折，系转引自《机器局费绌请将济饷之洋税留用折》，见王锡蕃校：《马端敏公(新贻)奏议》卷八，785～791 页。

② 《机器局费绌请将济饷之洋税留用折》，见王锡蕃校：《马端敏公(新贻)奏议》卷八，787～789 页。

这份奏折透露出来的几个信息颇值得注意，淮军军需拨给江南制造局的款项截至同治七年十二月底为止，也就是仅延续了二年零七个月；在未经中枢同意的情况下，二成洋税已然挪用于军械生产，也就是挪用款项的情况未经中枢批准即已发生；无论是制造局会办应宝时还是几位上奏人都认为制造局的开支已翻倍增长；比照福州船政局的经费，江南制造局的开支并不为多。而事实上，这些信息后来都被证明存在严重的虚报。在江南机器局同治六年五月至十二年年底的奏销清单中，我们可以看到，其实这些年居然留下了 648000 余两的余存——将近一年半的收入。也就是说，江南制造局的经费并不存在严重缺乏的问题(具体情况将在下文中叙述)。

此折于 14 天后的同治八年十月二十一日得到批复："该衙门议奏。"一个多月后，在现存的由户部主稿，会同总理衙门办理的同治八年十一月二十五日(1869 年 12 月 27 日)议复中，主事者说出了他们最终同意由江南制造局留用二成洋税的原因："查该督等所陈轮船之款兼拨火器，已属移步换形，而诸色工程乘时并举，又复踵事增加，若必限以一成洋税通济各项，惟悬款难清，势必停工待饷，恐于制造事宜转滋贻误。"但最后还是再次强调："准如该督等所请，将原案酌济淮饷之一成洋税，暂作机器局用款，俟局务稍减，再由该督等奏明提还部库，以符奏案。"①此折递上之后，即于当日得到批准。需要说明的是，关于同意的理由，其实在二月初十日马新贻的奏折中都已提及。笔者以为，户部之所以最后同意，主要还是在于此折系四位封疆大吏共同上奏的压力。对于议复折中极为勉强的解释，我们可以认为当时户部和总理衙门在议覆时应该是经过了很久的考虑才被迫同意，这也大概可以解释为何议覆的时间花了一个多月(从十月二十一日到十一月二十五日)。更有趣的是，从二月上奏到十一月最后批准的 9 个月间，二成洋税划拨给江南制造局的行为从未受到影响——或者说，中枢的批准

---

① 《总理各国事务衙门奏拟准将酌济淮饷之一成洋税暂作江南制造局用折(奏底)》，见《中国近代兵器工业档案史料》编委会编：《中国近代兵器工业档案史料》第 1 卷，578 页。

与否并不妨碍拨款程序的先行运作。

从此，江海关二成洋税成了江南制造局稳定而充足的财政来源，这种情况一直延续到光绪二十七年（1901）。需要强调的是，所谓"暂时"使用二成洋税用于江南制造局的说法此后大概只存在于户部的文牍中，奏销人在此后的历年奏销中从未提及，更没有说明何时可将此税源交还户部。二成洋税似乎名正言顺地成了制造局的合法的、永久性的经费来源。

这里还要说明的一点是：江南制造局的管辖权比较特殊，除了辖地的最高长官南洋大臣—两江总督之外，北洋大臣—直隶总督也有控制权，这一点在后来的一份奏折中说得很清楚："查上海制造局本系李鸿章在两江署任内创办，其后调任直隶，即归南洋大臣管辖而报销、督察各事，仍会同北洋大臣办理。"①

自同治末年至光绪中叶，江南制造局的规模略有扩大，如同治十三年设火药厂，光绪元年设枪子厂，光绪五年设炮弹厂，光绪七年设水雷厂（三十一年改为铜引厂），但因为二成洋税的数额也一直在增长，主事者并未进一步提出扩充经费的需求。

到了光绪二十一年，正与日本酣战的清政府似乎突然想起了需要进一步加强军事工业。而在此之前的光绪十六年（1890），江南制造局添设炼钢厂，光绪十八、十九年（1892、1893）设无烟、栗色火药两厂。② 光绪二十一年四月初六日，两江总督刘坤一正领兵北上，署理两江总督张之洞上折转述了制造局总办刘麒祥扩充经费以为三厂建设之需的禀文：

> 查近时军械以枪炮、药弹为先，而枪炮尤以新出快式为利，是以前请设厂自炼钢料，为炮筒枪管之用。又因新式巨炮皆用栗色饼药，快炮、快枪皆用无烟火药，先后禀准试办。现当时势孔亟，待用方殷，局中造存无多，若不将应添各项择要先办，实恐

---

① 《闰五月政务处王大臣复奏》，见赵滨彦辑：《江南制造局移设芜湖各疏稿》，13页，社科院近代史所图书馆藏，无版本信息。
② 参见魏允恭：《江南制造局记》卷四，1~10页。

贻误。业经将炼钢、制药及造快枪、快炮各机器数十座向洋商定
购，约需银二十五万余两。又添购基地、增建炼钢厂、造栗色药
厂、无烟药厂，并建厂屋及添购炼造枪炮钢料与造物药料，约需
银一十五万余两。合而计之，约共需银四十余万两。惟事机甚紧，
拨款甚难，明知大局所关，实未敢稍涉拘泥，不得不权其缓急，
先经商允洋行，令其垫办，先将各项机器运来，建厂开工制造。
目前急需归还洋行垫款，此项用款系专造快枪、快炮及无烟、栗
色两项火药，在常年工作之外，所有局中原拨二成洋税银两，自
有制造各项枪炮弹药之用，未便顾此失彼。且此次所添各项机器、
物料，系为克期赶造解济前敌要需，非请拨专款银四十万两不能
济急。现在既经添设炼钢、制药各厂，其工匠、物料在在增添，
此后常年所用经费，仍仅恃二成洋税一项，势不能敷，并恳添设
的款，俾常年工作，不致缺乏。①

在奏折中张之洞也自承制造局的做法不符合规矩，是先斩后奏，
先行向洋商订购了机器；机器购买费用，加上场地、房屋，共需 40 万
两。此外，新建的炼钢厂、栗色火药、无烟火药三厂还需加拨每年 20
万两的日常运行费用。但仍认为制造局的行文是"防患未然，深知中外
情形、军需急务，似未便束以文法、致误戎机"。

因为机器已经订购，且订购对象是洋商，户部在议复张之洞此折
时，不得不认下开办的 40 万两经费，至于其余的 20 万两常年经费则
小小地拿捏了一把："至此后常年经费，原奏请由江海关税厘每年添拨
银二十万两，臣等公同商酌，拟俟该署督将加造枪炮、火药细数通盘
核定具奏后，再行酌量指拨。"②

---

① 《江南机器制造局扩充机器请拨专款折》，见苑书义、孙华峰、李秉新主
编：《张之洞全集》第 2 册，985～986 页，石家庄，河北人民出版社，1998。
② 《户部奏拟拨银四十万两以作江南制造局开办炼钢无烟药栗色药三厂经费
折》，见《中国近代兵器工业档案史料》编委会编：《中国近代兵器工业档案史料》第
1 卷，600 页。

待到甲午战争结束，刘坤一回任两江总督，就户部的议覆折再次上奏，已是近一年半年后的光绪二十二年（1896）十一月。在奏片中，刘坤一就户部的问题进行了详细的解答，告知新建三厂可能的生产能力，并再次请求拨款。刘坤一的奏折不知为何没有再交由户部议覆，而是由光绪帝直接同意了："着照所请。该部知道。"①户部也随即于光绪二十三年（1897）二月二十二日奏复同意此事，并咨照江海关拨款。②

原本事情可以到此结束，但自张之洞开始两江总督就有自落陷阱的嫌疑：江海关固然是关税税额最多的海关，但也是拨款最多的海关。而户部指定江海关拨款的额度早已超过了江海关的收入款项。即使是面对直属上级两江总督和作为同城同僚的江南制造局，江海关也无法足额、如期向江南制造局拨款。换而言之，原本规划中的"的款"无形中又变成了"无着之款"。③

光绪二十四年（1898）十二月十九日，刘坤一再次上奏，哀叹："第税收盈绌无恒，常费欠解甚巨。若非另请指拨的款，恐致机价两悬。迭据该局详请奏咨前来。"想来，刘坤一也知道自己前后变卦太快，于

---

① 《刘坤一奏请为江南制造局添拨常年经费银二十万两片》，见《宫中朱批奏折档》，转引自《中国近代兵器工业档案史料》编委会编：《中国近代兵器工业档案史料》第1卷，605页。这份奏折只有朱批的时间，为光绪二十二年十一月二十八日。笔者在《刘坤一奏疏》[（二），陈代湘、何超凡、龙泽黯等校点，1045～1046页，长沙，岳麓书社，2013]中找到了《机器局制造经费照案指拨片》，二者内容相同，上奏时间为光绪二十二年十月十九日。上奏时间和朱批时间相差近40天，远远超过了途中的时间。除了户部议覆的时间，可能还有其间反复斟酌的原因。

就笔者所见，清代君主对于财政问题的奏折一般都是采用交给户部处理的方式："该部知道""该衙门议覆"。很少有直接批示处理意见的。这一方面是儒家君王"垂拱而治"的原则，另一方面则是因为财政问题过于复杂，惯例和实际情况往往并非君王所周知。光绪帝在江南制造局经费上的几次直接同意，除了甫握大权显示自己的权威，对于自强的强烈希望大概也是主要因素。

② 笔者未见户部咨文，系转引自《刘坤一为户部咨江南制造局由江海关每年拨银二十万两饬该局遵照办理之札文》，见《中国近代兵器工业档案史料》编委会编：《中国近代兵器工业档案史料》第1卷，607～608页。

③ 这并非是江海关一处的独特情形，而是晚清税务机关的常态，尤其是在甲午战争后。

是拉上了直隶总督裕禄和江苏巡抚以壮声色，要求"此项三厂常费，关局均请改拨，已经据详咨部有案。税厘俱属正项，制造亦关要需，既难挹彼注兹，惟有仰恳天恩，敕部另筹的款，如数拨补，俾资制造而厚储胥，借副朝廷整军经武之至意"①。此折奉到的朱批是"户部妥议具奏"。户部随即找到了光绪二十三年十月二十四日的则例（"案例"）："上年钦奉懿旨，南北洋、湖北各省机器制造等局，着该督抚就地筹款，移缓就急，督饬局员认真考求，迅即制造。"把皮球踢回给了江苏方面："自应仍令该督遵照……懿旨，就地筹款，在于江苏司关道局各款项下斟酌缓急，通融分拨，按年凑足二十万两，解交机器局，以为三厂常费之用"，并自认为"庶江海关财力得以稍〔舒〕〔纾〕，而机器局要需亦可接济"。② 换而言之，户部并不想动用自身可控的款项，让两江总督自行在地方财政内筹拨。对于这种无须中枢头疼的解决方案，光绪帝自是欣然写下："依议。"

对于户部踢回来的皮球，刘坤一的解决方法是先让江海关出大头："该关宜先多认解数，方为正办。每年应筹解银八万两。"然后在各税收机构分别筹款：江苏藩司 2 万两，两淮盐运司 4 万两，镇江关 2 万两，苏松粮道 1 万两，江安粮道 1 万两，江南筹防局 1 万两，金陵厘捐局 1 万两。如此分散的筹款方式正是晚清筹款的一大特色。但效果并不明显，拖欠的情况屡见不鲜。江南制造局概莫能外。从此后的奏销清单看，几乎没有一年能凑足 20 万两的常年经费。虽然刘坤一强调各机构"不得以已经分派，遽图诿卸。切切"③。刘坤一言之切切，但残酷的事实是，几乎没有一年的三厂常年经费拨款能够足额，全赖二成洋税

---

① 《筹议扩充制造恳拨三厂常费折》，见《刘坤一奏疏》（二），陈代湘、何超凡、龙泽黯等校点，1190 页。朱批内容见《中国近代兵器工业档案史料》编委会编：《中国近代兵器工业档案史料》第 1 卷，611 页。

② 《户部奏江南制造局炼钢栗色无烟三厂常费拟由江苏自行筹措折（奏底）》，见《中国近代兵器工业档案史料》编委会编：《中国近代兵器工业档案史料》第 1 卷，612 页。

③ 《两江总督刘坤一札饬江苏各司关道局协拨银数》，见魏允恭：《江南制造局记》卷四，18～19 页。

的挹注。好在一切尚可支撑，且有所结余。

庚子之后，赔款的压力相当一部分转移到了各个海关，而江海关作为税额最大的海关，承担赔款的职责更大。江海关道袁树勋随即将主意打到了江南制造局身上，自光绪二十七年十月开始，将给予江南制造局的经费进出口正税中的进口税从原本的 2/10，改为 2/12，"照十二成之二成拨解"。二者相差进口税总额的 1/30，而就数额计，查照光绪二十七年全年的进口税收总额约计 300 万两①，二者约计相差10 万两，而此后进口税额有增无减，拨款额相差更大。这样的大笔差额在一些其他地方也许会引起巨大的反弹。时任江南制造局总办的毛庆蕃②在第一次告知两江总督，批示拒绝后，居然在第二年春与江海关之间的公函内就将事情办理完成，而并未立即请示上级或严词拒绝。③

刘坤一在毛庆蕃禀文上的批文并未直接否定此事，而是说"札饬该关查复在案"。从事后的情况来说，应该是按照既成事实办理了。

这里，我们再次引用毛庆蕃原文以理解这种转变的实际情况："（江海关监督袁树勋光绪二十七年）十月起将进口洋税改照十二成之二成拨解，前次具禀陈明，蒙批以此案已作罢。惟今春袁道仍照十二成之二成拨解，职道亦照数列收。"这段话似可理解为：光绪二十七年十月袁树勋将二成进出口洋税拨款中的进口洋税从原来的 2/10 变成了2/12。但未提出口税是否变化——笔者理解为未变。而后面的一段话也坐实了笔者的推断："以后此项月报，应否按关道来文，进口税照十

---

① 参见汤象龙编：《中国近代海关税收和分配统计》，271 页。原统计中仅有华商进出口正税101521两，洋商进出口正税5398412两，而没有进出口税分别统计，考虑到当时进口远多于出口，笔者估算进口正税额为 300 万两左右。

② 毛庆蕃(1849—1927)，字实君，江西丰城人。同治十二年中举人，光绪十五年(1889)中进士。甲午战争时期为刘坤一主持湘军粮台，光绪二十六年(1900)升永定河道，光绪二十八年(1902)调上海为江南制造局总办。后升任直隶按察使、甘肃布政使，因抗拒清理财政而以"玩误朝政"被罢职。

③ 参见《二十八年总办毛庆蕃禀清厘局款》，见魏允恭：《江南制造局记》卷四，22 页。

二成之二成，出口及洋药税照十成之二成，据实书写……"所以笔者以为：从此，江南制造局获得的"二成洋税款项"变成了"进口税的 2/12 和出口税、洋药税的 2/10"。那么，本节所引的魏允恭的"二十七年，江海关解局二成洋税改为十二成之二成"是他本人基于理解错误的错误表述。

需要说明的是，江南制造局除了来自江海关等处的财政拨款（"饷源"）外，还有其他的收入以为工厂运作的资金。

从现有材料来看，江南制造局在同治五年即已开始为湘淮军提供军火①，但似未照章给价或给予工料价。笔者现在所知的最早拨还江南制造局军火价格的时间是光绪十年（1884），当年江西、福建两省解还"林明敦兵枪并枪弹价值"，其数额也不大，仅 4.2 万余两，不足拨款额的 1/10。② 截至光绪三十年，拨还军火价值总数为 680194.7469 规平银两③，折合库平银两 620609.6871。除此之外，还有"折变轮船废机器及厂内机器用废铜铁件价"，此项收入自光绪六年始，截至光绪三十年总数为规平银两 191665.7277，折合库平银两 174875.81。二者合计 795485.4971 库平银两，占江南制造局收入总数的不足 2.8%。

二、制造局经费数额之分析

关于江南制造局的经费就笔者所见有三种材料，第一种是散见于各年的两江总督关于江南制造局奏销折，第二种是由汤象龙先生整理的"江海关历年税收分配统计表"中涉及的拨解江南制造局造船经费，

①　参见《同治五年总办沈保靖等禀修造汽炉机器》，见魏允恭：《江南制造局记》卷三，57～58 页。

②　参见《刘坤一奏销江南制造局光绪十年支用各款折（附清单）》，见《中国近代兵器工业档案史料》编委会编：《中国近代兵器工业档案史料》第 1 卷，591 页。此折与清单未见于《刘坤一奏疏》。

③　江南制造局还存在已经拨出军火，但无法收回款项的情况。如光绪二十年六月至二十一年四月即拨给台湾军火十二批，价值 13 万余两，但仅拨还 7 万余两。此后台湾沦陷自也不可能拨还军火价。参见《张之洞奏江南制造局历次拨解浙江等四省军火所欠价银（附清单）》，见《中国近代兵器工业档案史料》编委会编：《中国近代兵器工业档案史料》第 1 卷，601～604 页。此折单未见于苑书义等编《张之洞全集》。

第三种是《江南制造局记》卷四中的"岁入表"。

第一种是历任两江总督向兵部、户部、工部奏销时采用的数据，因为涉及奏销，需要支款机构（如江海关）和受款机构二者对照方可完成奏销过程，似乎比较可信。就奏折中所见，其作为收入项的款项，除了一成/二成洋税之外，早期有轮船机器变价、夹板船租价、军火价值等，其中以各机构拨还的军火价值数额最大，其他的数额都很小，且时间很短。到了光绪二十三年后，则增加了江苏司关道局的常年经费。从奏销清单中见到的三厂常年经费拨款常常不能足额，且相差较大：如光绪二十四、二十五两年为 32 万两；光绪二十八、二十九（1903）两年为 36.5 万两（参见表 5-2-1）。

表 5-2-1　江南制造局奏销折中各年度收入情况表

单位：库平两

年度	江海关一成/二成洋税	其他拨款	拨还军火工料等	其他收入	合计
同治五年至十二年	2884497.9894				2884497.9894
十三年光绪元年	1133499.5259				1133499.5259
二年					
三年					
四年五年	942862.5317				942862.5317
六年七年	1218221.2727			6804.7881	1225026.0628
八年	529037.6884			1693.2133	530730.9017
九年	438048.0248				438048.0248
十年	505205.8236		42460	774.4988	546640.3224
十一年	540953.0487				540953.0487
十二年十三年	1056137.6494		59840.7000		1115978.3494
十四年	1059279.7752				1059279.7752

续表

年度	江海关一成/二成洋税	其他拨款	拨还军火工料等	其他收入	合计
十五年					
十六年 十七年	1283466.3865	——	16446.6023		1299912.9888
十八年 十九年	1211961.8000	——	12737.6242		1224699.5079
二十年 二十一年	1402440.4411	400000	135881.0775	476.4225	1938797.9410
二十二年	793399.6517		75079.6991	31708.8753	900188.2262
二十三年	812251.0138	60000		1329.3560	873580.3698
二十四年	1728370.1622	320000	99286.4823		2147656.6445
二十五年					
二十六年					
二十七年					
二十八年 二十九年	2263499.2875	365000	133 148.9490		2761648.2365
三十年	946776.4533	?	?		?

资料来源：《军机处录副档案》《宫中朱批档》，见《中国近代兵器工业档案史料》编委会编：《中国近代兵器工业档案史料》第1卷，579～641页。

注：第一，其他收入项的内容复杂多样，各年度情况差别较大，笔者在下文中将一一注明。

第二，光绪六年、七年度的其他收入项包括"招商局交存惠吉轮船机器变价银"和"成大夹板船租价银"两项。

第三，光绪八年度的其他收入项包括"成大夹板船租价银"一项。

第四，光绪十年度的其他收入项包括"收回工部删减光绪九年分报销案内动用铅锡等料价值"和"收回工部删减光绪九年分报销案内护运舢板员弁等薪工并厂中员匠病故恤赏"两项。

第五，光绪二十、二十一年度的其他收入项包括"收回奉部删除工匠工食银"一项。

第六，光绪二十二年度的其他收入项包括"收厂中历年积存铜、铁等件变价"一项。

第七，光绪二十二年度的其他收入项包括"收扣平库平银"一项。

第八，不知何故，光绪十年度的分项与总和无法对应，二者相差 1800 两整，笔者核对原文无误。似为原文有误。

在奏销的过程中，江南制造局与中枢部院之间还存在不少近乎恶作剧的做法。例如，工部在光绪九年(1883)的奏销中，要求江南制造局收回报销册制造局的铅锡工料价，将其价值定到了"两"之后的 10 位——"尘"①。而江南制造局也以牙还牙，从光绪十年的奏销开始，干脆将整张奏销清单全都计算至"尘"。② 这样的闹剧直到光绪二十八年刘坤一奏销江南制造局二十三年收支清单时才告结束——银两单位截至"两"后四位(到"毫")。③

从光绪十年的奏销清单开始，奏销者莫名其妙地开始将计算单位从库平银两改成了湘平银两。就笔者所见，在向户部奏销时，绝大多数机构都以库平银两为单位，更何况江南制造局是中途改变银两单位，到光绪二十三年度奏销时，又再度改回了库平银两。

第二种是汤象龙根据历任江苏巡抚的奏销江海关年度收支情况的清单编制而成，因为同样需要经户部、总理衙门核销，也似乎比较可信(参见表 5-2-2)。

---

① 在清代的重量单位中，两之下的单位分别为钱、分、厘、毫、丝、忽、微、纤、沙、尘。一般的奏销中多至"毫"，或者是到"微"。而在实际的称量精度中，"毫"已经是当时精确度的极致了。

② 参见《刘坤一奏销江南制造局光绪十年支用各款折(附清单)》，见《中国近代兵器工业档案史料》编委会编：《中国近代兵器工业档案史料》第 1 卷，591 页。

③ 参见《刘坤一奏销江南制造局光绪二十三年支用各款折(附清单)》，转引自《中国近代兵器工业档案史料》编委会编：《中国近代兵器工业档案史料》第 1 卷，614～616 页。此折单亦未见于《刘坤一奏稿》。

表 5-2-2　江海关历年奏销折中支付江南制造局一成二成经费表

单位：库平银两

年度	金额	年度	金额	年度	金额
1867	196743	1880	731387	1893	742221
1868	449647	1881	777905	1894	856391
1869	462698	1882	731495	1895	845974
1870	487039	1883	629591	1896	1019418
1871	571822	1884	641942	1897	1051058
1872	590595	1885	730813	1898	970873
1873	555716	1886	769609	1899	1072175
1874	601655	1887	746578	1900	1030181
1875	593650	1888	782301	1901	1161935
1876	588790	1889	734839	1902	1519707
1877	584329	1890	717440	1903	1433778
1878	600498	1891	895180	1904	1445832
1879	655247	1892	868865		

资料来源：汤象龙编：《江海关历年税收分配统计表》，见《中国近代海关税收和分配统计》，274～293 页。本表采用西历。

注：1886 年金额中有 2 万两来自天津机器局经费划拨入江南制造局经费。

因原始数据缺失，汤象龙先生自称 1903 年和 1904 年的数值系估计值。

总计 29825917。

　　第三种是时为江南制造局总办的魏允恭于光绪三十一年编制而成①，但未明言系根据何种材料，笔者推断可能是依据常规的每月收

---

　　①　在卷首语中，魏允恭说明："职道上年五月奉委局务……自今夏历秋徂冬排篡全稿校印成书。以开局迄本年四月划分船坞之前为断。"基于此书的银数时间是光绪三十一年十一月，从这些话我们可以知道，编撰工作始于光绪三十一年春，直至大概十月或十一月方始结束，而此书内容的时间则自开办至光绪三十一年夏厂、坞分离。参见魏允恭：《江南制造局记》卷首，1～2 页。

支银钱数目账册合编而成。[①] 从其关于经费的卷四中看，江南制造局的收入项目比较多，有六项："江海关筹拨二成洋税并筹拨专款""各处解存修造轮船军火及洋匠扣存工食各洋行缴还定银等项""各省解还奏调军火价""折变轮船废机器及厂内机器用废铜铁件价""江海关筹拨购造新式军火及建厂专款""各司关道局认解炼钢栗色药无烟药三厂常年经费"。具体数额与情况可参阅表 5-2-3。

就笔者所见，此表（表 5-2-3）是研究者描述江南制造局经费情况时引用最多者。而表中的舛误通过笔者所设的"总数与分项之差额"项自可看清。与前二表相比，此表最大的差别是将银两单位改为了规平银两。笔者以为这更符合上海本地的情况，因为规平银两主要是在上海使用的一种虚拟货币单位，上海的机构多使用这种记账单位，更可见此表系根据江南制造局内部账册编辑而成，只是可能因为时间紧迫而造成数据的错误，或者说是会计人员未能将账目做平。

在考察表中内容时，此表有颇多不可解之处，如光绪二十一年拨解创建新厂经费在奏销折中说明是库平银四十万两，而表中则变成了规平银 40 万两，由于按照当时的兑换率库平银：规平银＝0.9124：1，二者相差了 35040 两。这可不是一个小数目。而且此表之总数与分项之和不一致，甚至有差额较大者。

---

① 参见《八月禀北洋大臣袁、南洋大臣魏、江苏抚院恩》，见赵滨彦辑：《江南制造局移设芜湖各疏稿》，44 页。从这份禀文中我们可知，"局收支银钱数目向须分别款目按月造册禀报宪台察核"，但也存在长期没有造报的情况，如赵滨彦即自承，至少有两年半以上（光绪二十六年冬月至二十九年七月）的收支情况没有造报。我们可以认为按月造报的制度没有得到很好的执行。

表 5-2-3　《江南制造局记》中岁入表

单位：规平银两

年度	江海关筹拨二成洋税并筹拨专款	江海关筹拨购造新式军火及建厂专款	各司关道局认解栗色药三无烟药三厂常年经费	各处解存修造轮船军火及洋匠扣存工食各洋行缴还定银等项	各省解还奏调军火价	折变卖轮船废机器及厂内废铜铁件价	共计	总数与分项之差额①
同治六年五月至十二年	2884497.9894			42959.9389			2927457.9283	0
十三年	491682.1455			45471.9644			537154.1099	0
光绪元年	520594.7527			28817.1726			549411.9253	0
二年	472594.6077			58848.9355			531443.5332	-0.0100
三年	333974.8136			19160.2945			353135.1081	0
四年	434779.0934			9846.9533			444626.0467	0
五年	468742.3613			18405.3271			487147.6884	0
六年	560095.2829			27773.7591		5287.6825	594056.7245	0
七年	657225.9898			87428.8157		1517.1076	746171.9131	0
八年	529037.6884			85594.3261		1693.2133	616325.2278	0
九年	438148.0248			135567.6202			573615.6750	-99.9700

① 笔者发现表中不知何故总数与各分项之和无法对应，是以在原表后加入此项，以便读者了解实际情况。

续表

年度	江海关筹拨洋税二成并筹拨专款	江海关筹拨购造新式军火及建厂专款	各司关道局认解栗色药钢及无烟药三厂常年经费	各处解存修造轮船军火及洋匠工食各洋银等项缴还定银等项	各省解还奏调军火价	折变轮船废机器及厂内机器用废铜铁件价	共计	总数与分项之差额①
十年	505205.8236			361386.7811		40660	907252.6047	0
十一年	527132.2929			77867.1642			604999.4621	0.0050
十二年	525468.4895			20135.4062		7786.7000	553320.5957*	-70
十三年	530669.1599			27410.9011		52124	610204.0610	0
十四年	556932.4802			11623.6566			568556.1368	0
十五年	502347.2950			128795.5455			631142.8395	-0.0010
十六年	793399.1061			96096.8520		6368.8121	895864.7702	0
十七年	679905.2804			96594.9322		10077.7902	786578.0028	0
十八年	647834.1767			19108.3776		6368.8121	673311.3664	0
十九年	564127.7181			58638.3354	6368.8121		629134.8656	0
二十年	622306.7371			126851.2558	68735.4164		817893.4093	0
二十一年	780133.7040	400000		50783.0120	67224.0100		1298140.7260	0
二十二年	793399.6517			223138.8111	75119.2124	31708.8753	1123366.5505	0
二十三年	812251.0138		60000	37677.7905			909928.8043	0

① 笔者发现表中不知何故散数与各分项之和无法对应，是以在原表后加入此项，以便读者了解实际情况。

续表

年度	江海关筹拨二成洋税并井筹拨专款	江海关筹拨购造新式军火及建厂专款	各司关道局认解购钢栗色药无烟药三厂常年经费	各处解存修造轮船军火及洋匠工食各洋行缴还定银等项	各省解还案调军火价	折变轮船废机器及厂内机器用废铜铁伴价	共计	总数与分项之差额①
二十四年	805208.6154		100000	95820.7150	26061.3112		1027089.6416	-1.0000
二十五年	923161.5468		220000	163604.6931	73183.7934		1379500.0333	-450.0000
二十六年	68468.8989		26000	101660.8518	191843.8854		1337973.6361	334000
二十七年	1069388.3410		195000	162314.9889	2200.0000	27268.1597	1455171.4896	-1000
二十八年	1140376.4913	191843.8854	195000	91955.4257	53963.0320		1481294.9493	-191843.8851**
二十九年	1123122.7962	73183.7934	170000	78144.0413	72608.4740		1443875.3115	-73183.7934
三十年	1025358.8985		238162.5300	80716.3297	42886.8000	804.5749	1387929.1331	0

资料来源：魏允恭：《江南制造局记》卷四，2~5页。

注：光绪十二年的共计项数字，孙毓棠在《中国近代工业史资料》（311页，北京，北京科学出版社，1957）中注意到了此数据的错误，直接修订为55339.6两，也就是将误差数值加入到"共计"值中。但笔者以为没有直接的证据认为是计算错误，还存在分项数值错误的可能。是以，笔者仅指出数值之误，由读者自行判断。

此表中，光绪二十八、二十九两年的"共计"项与各分项之间的差恰好是"江海关筹拨购造新式军火及建厂专款"项的数值。笔者不知是计算时加和之误，还是原本就在这笔拨款。笔者孤陋，所知的此项仅存有二十一年的专项经费40万两的专项经费。未见此后拨款的奏折或其他文件。是以笔者以为这笔款项误记的可能性很大。

① 笔者发现表中不知何故总数与各分项之和无法对应，是以在原表后加入此项，以便读者了解实际情况。

表 5-2-3 和表 5-2-1 之间，比较大的一个差别是"各处解存修造轮船军火及洋匠扣存工食各洋行缴还定银等项"和"折变轮船废机器及厂内机器用废铜铁件价"，后者这两项收入明显高得多。其总数历年合计达到了 286 万余两，几近收入总数的 1/10。也就是说，我们可以认为，江南制造局其实存在一个不为外界所知的账目黑洞。关于这一点，魏允恭有一个解释："（外省订购枪炮、修理轮船缴到价银）惟报部册内，如有各省咨部有案者，一体开报，若径用文牍、函电商请代办，则大部无案可稽，倘亦将收支各数一并列入，恐转干驳诘，是以未便列款开报。"[1]笔者以为这样的解释是合理的，符合清代的奏销程序。户部奏销时若出现没有拨款机构的受款，江南制造局的年度奏销必定无法成立，会造成无数的麻烦。江南制造局的做法是针对当时的奏销制度形成的规避措施。其结果固然是使得奏销成立，但无疑也造成了内部收支款项的混乱，为某些人浑水摸鱼提供了便利。制造局内部账册中出现大数额的款项似也可认为制造局的混乱未必如外界所说之甚。

以上三表（表 5-2-1、表 5-2-2、表 5-2-3）中，江海关的二成洋税拨款都是单独作为一项而存在的，但令人奇怪的是，三表的数额均不相同。在这三个表中，江海关的奏销年度是按照西历计算的[2]，而另外两个表格显然是按照夏历时间计算的，有所差别自也难免，但总数存在巨大的差额是最让人奇怪的。

表 5-2-4　各种记载中江南制造局受拨一成/二成洋税数额

单位：库平银两

年度	A	B	C	C—A***	C—B****
同治五年至十二年	2884497.9894	3314260*	2663432.9480**	−221065.0414	−650827.0520
同治十三年	1133499.5259	601655	454000.1176	−198802.5169	−147654.8824
光绪元年		593650	480696.8914		−112953.1086

① 魏允恭：《江南制造局记》卷四，26 页。

② 清政府的洋税财政年度是按西历计算的，其来源情况可参见拙著：《晚清海关再研究——以二元体制为中心》，117～134 页。

续表

年度	A	B	C	C—A***	C—B****
二年		588790	436375.4296	−152414.5704	
三年		584329	308379.3179	−275949.6821	
四年	942862.5317	600498	401458.0585	−108586.0577	−199039.9415
五年		655247	432818.4155		−222428.5845
六年	1218221.2727	731387	518001.1654	−93363.2601	−213385.8346
七年		777905	606856.8472		−171048.1528
八年	529037.6884	731495	488492.7690	−40544.9194	−243002.2310
九年	438048.0248	629591	404568.7983	−33479.2265	−225022.2017
十年	505205.8236	641942	466487.3545	−38718.4691	−175454.6455
十一年	540953.0487	730813	486733.4011	−54219.6476	−244079.5989
十二年	1056137.6494	749609	485197.1099	−80941.3333	−264411.8901
十三年		746578	489999.2062		−256578.7938
十四年	1059279.7752	782301	514249.7318	−81182.1427	−268051.2682
十五年		734839	463847.9007		−270991.0993
十六年	1283466.3865	717440	732593.7920	76925.4251	15153.7920
十七年		895180	627798.0196		−267381.9804
十八年	1211961.8000	868865	598184.8132	−92883.4529	−270680.1868
十九年		742221	520893.5339		−221327.4661
二十年	1402440.4411	856391	574613.7711	−107481.6329	−281777.2289
二十一年		845974	720345.0371		−125628.9629
二十二年	793399.6517	1019418	732594.2958	−60805.3559	−286823.7042
二十三年	812251.0138	1051058	750000.9084	−62250.1054	−301057.0916
二十四年	1728370.1622	970873	743498.2323	−132460.5609	−227374.7677
二十五年		1072175	852411.3690		−219763.6310
二十六年		1030181	632011.8870	−398169.1130	
二十七年		1161935	987431.4879	−174503.5121	
二十八年	2263499.2875	1519707	1052979.1770	−173472.3225	−466727.8230
二十九年		1433778	1037047.7880		−396730.2120
三十年	946776.4533	1445832	946776.4179	−0.0354	−499055.5821

　　说明：A代表江南制造局奏销折中所载江海关拨款一成二成洋税数额；B代表江海关奏销折中所载拨给江南制造局一成二成洋税数额；C代表江南制造局内部账册所载接收江海关一成二成洋税数额。需要着重说明的是，原本一般的行情是：

库平银：规平银＝0.9124：1，但在档案中笔者发现江南制造局内部造册时兑换率都是按：库平银：规平银＝0.923361：1。因此，此表按照后一个兑换率计算。江南制造局在库平银与规平银兑换时采用多重标准，接收江海关等处的库平银按照0.923361兑换，而其他地方收款和一些支出款项时则按照0.9124兑换。因为此表系考察江海关洋税部分，故按照0.923361由规平银数额转换为库平银数额。B 项合计29825917两，C 项合计21610775.99两，$C-B$ 项合计-8215141.01两。

注：＊ 此数额为同治六年至同治十二年。

＊＊ 此数额为同治六年至同治十二年。

＊＊＊ 代表江南制造局内部账册与奏销折所载数额之差。

＊＊＊＊ 代表江南制造局内部账册与江海关奏销折数额之差。

从表5-2-4中，我们可以清楚地看到，各项之间存在这样的大小关系：$B>A>C$。我们先看江南制造局奏销折与江海关奏销折数额的差额情况，二者之间的数额相差较大，几乎每年都可达到数十万两。造成这种情况的原因有以下一种解释：江海关奏销折奏报的数目是由统计口径造成的，其数额高于实际拨给江南制造局经费。光绪三十三年的制造局委办张士珩一份禀文大致可以让我们了解江海关的所谓拨给江南制造局二成洋税的实际分拨情况：

> 惟查该关征收洋税虽按三月一结，而提存二成制造经费则系按月分旬移解过局，且二成一款虽为制造而设，其实并不全归沪局领用，尚有金陵机器局南北洋军火经费每年七万两，南洋兵轮登瀛洲、保民等船薪粮每年十三万八千两，悉取资于此，向由江海关分月坐扣，而登、保等船所需修费亦在二成洋税项下开支，由关划扣，历办有案。光绪三十一年，沪局会办李道经叙遵奏携带学员、匠目、学生出洋考察，奉南洋大臣札饬江海关于二成洋税内扣提经费六万两，由关径交李道支用，亦经奉饬具报有案。[1]

---

[1] 光绪三十三年七月二十九日，《张士珩为报江南制造局光绪二十九年八月至三十二年八月实收二成洋税银数事呈陆军部之禀文（附清折）》，见《中国近代兵器工业档案史料》编委会编：《中国近代兵器工业档案史料》第1卷，628页。

李经叙(1867—1909)，李鸿章弟李昭庆之子，曾任江南制造局、金陵制造局总办，驻秘鲁参赞，此次出国系应署理两江总督周馥之奏请，管理赴英德各厂学习之学生、工匠。参见刘晓琴：《中国近代留英教育史》，70~71页，天津，南开大学出版社，2005。

　　除了上述张士珩的禀文之外，曾任职于江南制造局的景侨在光绪二十三年也有大致相同的记载："于同治六年奏准在江海关提洋税二成，每年约得七十余万金。嗣金陵筹防局提去养兵船费银十二万五千金，金陵制造局提去银六万，实每年入洋税五十余万金……"[1]

　　我们可以知道，江海关的"拨给江南制造局二成洋税"其实一直以来每年需要额外开销二三十万两，在光绪三十年前后涉及了"金陵机器局南北洋经费""登瀛洲、保民等船薪粮及修理费用""李经叙等出洋考察经费"，前二者每年约需 21 万两，后者一次性拨走 6 万两，而且这些款项都是不经江南制造局之手，而是直接由江海关道划拨给相关机构和个人。但在江海关奏销时，仍一律归入"拨给江南制造局二成洋税"项下。因此，笔者以为江海关奏销中的数额与制造局实际获得经费之间存在较大的差额是正常的。这里需要再次说明的是，江海关拨款时系按照夏历时间每月分上中下三旬拨款三次，而非按西历时间，这也就意味着常有不足 30 日的情况，每当有闰月时，还需按照 13 个月计算。[2]

　　以上的陈述解决的是何以江海关奏销的二成洋税数额高于江南制造局奏销二成洋税数额的问题，即江海关的数字其实包含了一些其他的款项，如金陵制造局、轮船经费等。接下来还有一个问题是江南制造局奏销二成洋税数额何以仍高于江南制造局账册数额。我们再看江南制造局内部账册与奏销折所载数额之差（表中"C—A"项）。二者之间除光绪十六、十七年后者多于前者外，其他所有有数值的年份均为前者多于后者，每年的差值少则 1 万余两，多则 9 万余两。

　　就笔者所见，有一些证据表明，江南制造局的账册数目与实际情况存在明显的差异。

　　首先是前期的拨款数目存在明显的缺失，或者说是一部分款项没有列入其中。根据有关史料，上海社科院经济所的学界前辈认为：

────────────

　　① 景侨：《江南制造局库房记表》，"序"，3 页，光绪庚子冬日刊于长沙。

　　② 如光绪二十九年即存在闰五月的拨款，见赵滨彦辑：《江南制造局移设芜湖各疏稿》，55 页。

制造局的资金来源，主要由清政府从各种税收中拨付。它的开办费用，包括下列项目：（一）容闳赴美购办机器的经费 68000 两，是向上海道和广东藩司各领半数；（二）购买美商旗记铁厂费用 6 万两，其中 4 万两由因贪污案革究的海关通事唐国华等报效赎罪，2 万两由海关道筹措；（三）第一年房租、薪工、物料等开支约 17 万 5 千两，由军需项下拨用；（四）高昌庙、陈家巷、龙华购地建厂费用，约计 24 万两，由军需项下拨用。四项开办费合计 54 万 3 千两。①

笔者以为这尚不是全部。如前文涉及的同治八年十月初七日马新贻、丁日昌奏折中所述，由淮军军需拨给江南制造局的时间绵延了两年七个月，每月开支一万四五百两，计 434000 两至 465000 两，取其中数 45 万两计算，也比引文中的第三项仅计算一年多了近 28 万两。也就是说，同治十二年前的经费中由江海关之外给予的洋税之外，江南制造局经费其实另有 80 余万两。而这笔经费无论是各年度奏销还是内部账册都没有计算在内。我们需要将这笔经费重新纳入江南制造局同治时期的开支之中。

显然，很多前辈学者都注意到了开办之初江南制造局经费除了一成二成洋税之外还有其他的来源，但可惜的是，在随后的江南制造局岁入表中依旧采用了《江南制造局记》卷四中的表格，而此表没有将这部分计算在内。

除此之外，还有一些内部证据证明江南制造局接收到的江海关二成洋税的数额与其内部的账册之间存在不小的差额。以光绪二十八年情况为例。如光绪二十九年二月二十九日张之洞即奏："查近年沪关税

---

① 上海社会科学院经济研究所编：《江南造船厂厂史（1865—1949）》，60 页。笔者对照了孙毓棠《中国近代工业史资料（第一辑 1840—1895 年）》上册（309～311 页，北京，科学出版社，1957）中的有关资料，二者内容完全相同。孙毓棠先生认为以上仅为开办经费，常年经费拨款时间为 1865 年 5 月至 1867 年 5 月，若根据马新贻等人的奏折，常年经费拨款时间当延长至同治七年十二月底（1869 年 1 月）。

收较旺，应拨该厂二成洋税，岁得银一百二十余万两。"①光绪二十九年闰五月总办赵滨彦在一份给两江总督魏光焘等人的禀文中明言："江海关二成洋税，上年（光绪二十八年）收数最多，共解一百数十万"②。而上表中，内部账册仅记载为105万余两，相差近20万两。即使对照江南制造局光绪二十八、二十九两年奏销折中的数额，两年合计也相差17万余两，平均每年相差约8.6万两。

当然，表中并非全部不符，例如，光绪三十年经费的数额在制造局奏销折和内部账册之间的差额仅为3分，基本可以视作完全相同。所以笔者非常疑惑的是，这种差额到底是何种原因造成的？何以有些时段差额甚大，而有些时段基本相同？

笔者在这里只能提出各种有来源的经费数额之间的不同，并试图解释何以如此，却无力重新构建自认为较为符合当时情况的江南制造局所得经费之数额，只能留待方家为我等解惑。

三、小结

江南制造局的经费其实是一个看似清晰又充满迷雾的历史事件。对于它实际收支情形的研究，我们至少可以得到这样几个结论。

第一，江南制造局的经费几经波折，这背后可见的是地方大员与中枢各机构之间关于饷项的不同取向。例如，在拨款由一成增加为二成时，户部出于增加银库，满足中央财政的需要而拒绝了马新贻的奏请。但这种矛盾远未发展到冲突的程度，一旦地方显示出高度坚决的姿态，中枢一般还是会最终同意。这也是马新贻二次奏请会得到同意的另一原因。地方大员们则常常利用信息的不对称寻找机会获得更多的财政权力，如制造局的炼钢厂其实早已在光绪十六年就已建立，但一直没有奏报，而是趁着光绪二十一年火药厂扩建的机会趁机要求拨付建设费用和常年经费。户部无法核查，只好认下这笔款项。当然，

---

① 《筹办移设制造局添建枪炮厂折》，见苑书义、孙华峰、李秉新主编：《张之洞全集》第3册，1563页。

② 《闰五月禀南洋大臣魏、本任湖广督院张》，见赵滨彦辑：《江南制造局移设芜湖各疏稿》，25页。

从另一个方面理解，我们也可以认为清政府内部无论是地方大员还是中枢大臣对江南制造局这个最重要的军工企业还是非常重视的，在核心的拨款问题上一直予以支持，即使在中枢经费最为困难的情况下也没有大规模削减其经费——至少截至 1904 年是如此。

第二，江南制造局作为洋务企业得到了政府各方面的支持，即使按照数额最低的制造局内部账册，到了 19 世纪 80 年代后其经费常可达 70 万两以上，到了 1900 年后更是多能达 100 万两以上。这样的经费额远远超过了全国其他的各个军工企业，但就其研发能力和制造能力而言，实与高额经费不相称。外界的啧有烦言不为无因。

第三，奏销制度，尤其是新事物的奏销处于混乱的状态。一方面是督抚们无法循例造报或者不愿被户部等核销机构找麻烦。如李鸿章即称："（江南制造局的奏销）名目繁琐，剖晰棼如，难以循例造报"①，以致将制造局的奏销合同治五年至十二年八年为一报。另一方面则是中枢各机构开始时无例可循，后来则含混其词，奏销成为走过场，成为胥吏牟利的机会。以工部对江南制造局的奏销议覆折为例。笔者仅见的光绪十六、十七年奏销折中，工部反复强调的是："按册查核，比较办过成案，价值互有增减，既经该督奏明，自应准其照数开销"，唯一提出异议的是要制造局方面多造册表，不要含混奏报。② 换句话说，因为是对外采购材料，其价格无法符合既有规定，只好同意奏销。而这种言论就是对奏销制度本身的否定，对奏销机构存在合理性的否定。

第三节　汤象龙浙海关数据校勘记

自清末以来，由于战争和其他破坏性因素，原本较为完整的清代财政资料到现在已多有缺佚，其中较为完整的是漕粮、厘金、关税三

---

① 《上海机器局报销折》，见顾廷龙、戴逸主编：《李鸿章全集》第 6 册，414 页。

② 参见《工部奏拟准江南制造局光绪十六十七两年用过银两报销折（奏底）》，见《中国近代兵器工业档案史料》编委会编：《中国近代兵器工业档案史料》第 1 卷，601 页。

大类。不知是否是巧合，在这三个领域中均出现了足以名垂后世的经典之作：李文治、江太新的《清代漕运》，罗玉东的《中国厘金史》，汤象龙的《中国近代关税收入与分配统计》。其中《中国近代关税收入与分配统计》尤以数据见长，也是除《中国厘金史》之外晚清财政收支最详尽、最准确的研究，若从数据准确性的角度而论，前者还远超后者。汤象龙先生当年在北平社会调查所主持抄录的关税档案和整理的《关税收支报告表》大部仍留于今中国社会科学院经济研究所图书馆。

　　在并不是很注重数字精确性的前近代中国①，关税的数据似乎是个异类：它的准确性非常高，远非其他财政数据可比。笔者当年选择关税作为对清代财政研究的切入点，一定程度上也是基于这样的原因。汤象龙先生的《中国近代关税收入与分配统计》基本上是清代财政史研究者在涉及关税数据时的必读书目，也是关税收支数据引用的主要来源。就笔者所知，几乎所有近代财政史的研究者在此书出版后都不约而同地引用了这本书的数据。

　　汤象龙先生是笔者最敬仰的近代经济史学家之一，他的《中国近代海关税收与分配统计》一书（北京，中华书局，1992，以下简称汤著）和他的海关关税分配系列论文构成了笔者仰止的高山。十几年前开始研究海关时，笔者在档案馆查找资料数年后，才发现书中的记述和数据与自己手头抄录的档案之间有一些距离。又过了数年，通过与中国社

---

　　①　"数目字管理"缺乏是黄仁宇先生研究明代财政时得出的结论。而在研究晚清财政时，笔者也有相类似的判断。表面上，清代的奏销数据极其精确，银两的数字可以到达两之后的八位，甚至十位（两之后的单位分别是钱、分、厘、毫、丝、忽、微、纤、沙、尘，均为十进位制，也就是精确到了两以下的负 10 次方）。但这些单位在当时不仅无法秤量，而且毫无意义，不过是作为记账单位存在于账面而已。到了晚清时期，随着外销款目的增多，内销（也就是我们在清代各部院衙门档案中所能见到的数据）在实际财政收支中的比例不断下降，后世研究者基本无法确定此时准确的实际财政开支规模。易而言之，对于统治者而言，这些奏报上来的数据并不是全部，也并不是最重要的。皇帝、户部其实都不知道实际的数字为何，各省的督抚、藩司也并不知道实际情况。他们手中所掌握的只是大致情况，甚至是与实际背离甚远的情况。这是长期制度运作的结果，并非某个皇帝或督抚所造成。

会科学院经济研究所(以下简称经济所)收藏资料的核对,笔者发现了
汤象龙先生在资料整理过程中(主要是从奏销清单转化为数据表——
"报告表")产生的一些问题。2015 年年底,借着在台湾访问的机会,
笔者又在台北"故宫文献馆"和"中央研究院"历史语言研究所查抄了一
档馆中缺失的一些资料,补充了之前未经校勘的几个财政年度。现谨
将我发现的汤著中的一些问题向学界同仁汇报于后。

一、汤著数据诸问题溯源

清代的财政制度中没有近代财政学"财政年度"的概念,但有"年
分""年"[①]等词与之意义相近。学界一般认为,清政府在实际运作年度
预决算(春秋拨)过程中基本以夏历的正月初一至十二月底,也就是夏
历的全年为一个财政年度。这个规则在地丁、漕粮、厘金等税收中均
有明显的表现,而关税则比较特殊,因为无论是榷关还是海关大都没
有依照夏历全年来统计每年的收支,而是依据惯例来执行。例如,道
光四年时各榷关的财政年度财政年度。[②]

表 5-3-1 道光四年各榷关财政年度时间表

榷关名	道光四年财政年度起止时间	资料来源
龙江—西新关	道光三年正月二十八日至四年正月二十七日	道光四年三月初八日,广亮折,档案编号:3-55-3158-17
天津关	道光三年二月十八日至四年二月十七日	道光四年三月初五日,阿尔邦阿折,档案编号:3-55-3158-15
凤阳关	道光三年三月十五日至四年三月十四日	道光四年五月初八日,陶澍折,档案编号:3-55-3158-28

---

① 在地丁、盐课和部分榷关的奏销折中多称某年,如"道光四年",其实所
指的是这一年的夏历全年或关期的一个年度。而在粤海关等榷关中则称为"某年
分"。究其原因在于这些榷关以夏历 12 个月为一个年度,随着闰年而产生的提前
数年的情况。例如,道光十六年四月二十六日至十七年四月二十五的这个年份其
实名为己亥年份(道光十六年为丙申年,十九年才是己亥年),提前了整整三年。
参见道光十七年六月二十日,文祥片,见蒋廷黻编:《筹办夷务始末补遗》道光朝
第 2 册,468 页。

② 有部分榷关在此前后数年均未见到奏报,因而笔者在此处未列这些榷关
的财政年度时间。这些榷关包括崇文门、左翼、右翼、夔关、渝关、赣关等。

续表

榷关名	道光四年财政年度起止时间	资料来源
芜湖关	道光三年四月初二日至四年四月初一日	道光四年五月初八日，陶澍折，档案编号：3-55-3158-29
荆州关	道光三年四月初六日至四年四月初五日	道光四年十月初十日，李鸿宾折，档案编号：3-55-3158-56
淮安关	道光三年四月十二日至四年四月十一日	道光四年五月十二日，文连折，档案编号：3-55-3158-31
南新关	道光三年四月十八日至四年四月十七日	道光四年五月十七日，福德折，档案编号：3-55-3158-34
浒墅关	道光三年五月初三日至四年五月初二日	道光四年五月三十日，延隆折，档案编号：3-55-3158-41
杀虎口	道光三年五月二十二日至四年五月二十一日	道光四年四月初八日，达林折，档案编号：3-55-3158-22
江海关	道光三年六月初一日至四年五月三十日	道光四年闰七月十七日，韩文铸折，档案编号：3-55-3158-52
北新关	道光三年七月初一日至四年六月底	道光四年七月二十七日，福德折，档案编号：3-55-3158-49
临清户关	道光三年九月初四日至四年八月初三日	道光四年十月二十二日，琦善折，档案编号：3-55-3158-58
浙海关	道光三年九月初九日至四年八月初八日	道光四年十月二十三日，黄鸣杰折，档案编号：3-55-3158-59
扬州关	道光三年九月初十日至四年八月初九日	道光四年十一月初九日，张师诚折，档案编号：3-55-3158-62
闽海关	道光三年九月十六日至四年八月十五日	道光四年十月二十四日，萨秉阿折，档案编号：3-55-3158-60
粤海关	道光三年九月二十六日至四年八月二十五日	道光四年十月二十八日，七十四折，档案编号：3-55-3158-61
山海关	道光三年九月二十八日至四年八月二十七日	道光四年十月十七日，海忠折，档案编号：3-55-3158-58
张家口	道光三年十二月初二日至四年十一月初一日	道光四年十二月初三日，英文折，档案编号：3-55-3158-63
天津海税	道光三年二月开河到至十一月封河	道光四年十二月十五日，蒋攸折，档案编号：3-55-3158-65

续表

榷关名	道光四年财政年度起止时间	资料来源
九江关	道光三年十二月初九日至四年十一月初八日	道光四年十二月十八日，郑祖琛折，档案编号：3-55-3158-67
临清工关	道光四年正月十三日开河到十二月底封河	道光五年二月十九日，讷尔经额折，档案编号：3-55-3158-6

资料来源：本表档案均出自道光朝《军机处录副》财政类关税项。

注：北运河各关的情况比较特殊，一旦运河结冰，各税口即停止征税，天津海税与下面的临清工关都是如此。

从表 5-3-1 可见，各处税关没有一处的财政年度是相同的，户部实际上也就无法编造某年度的榷关收支总表。由于地丁、漕粮等税项是以夏历全年为财政年度，户部自也无法在某年度全国财政实际收支总数中包括榷税在内，所谓的某年全国收入不过是奏报的收支情况，而不是实际的收支。[①]

榷关这种没有统一财政年度的制度也影响到了新设洋关。[②] 在进行英法二成赔款之时，依据《北京条约》，各海关以西历的三个月为一结：以 1860 年 10 月 1 日（咸丰十年八月十七日）为始，每西历三个月奏销一次，向户部和后来的总理衙门报告赔缴赔款的情况，称为"结"。

---

① 各关的财政支出依赖的是固定化的支出体系，临时性支出则依据户部临时指令，有时亦会造成寅吃卯粮的现象。如浒墅关嘉庆二十五年年初除例支各项和户部凑解银外仅余银 55000 两，户部又令其协解甘肃兵饷 20 万两。以致不得不动用他款，仅凑足 10 万两，拖至道光元年六月底始行凑足剩余 10 万两，这不仅影响到他款的拨解，而且造成寅吃卯粮的重大情况。参见道光元年六月二十六日，嘉禄折，档案编号：3-55-3155-28。笔者认为户部银库收支黄册中所列的数字是某夏历年出入银库的数目，而户部山西司红册所列之数据亦为某年度各关所奏报之数。笔者在近代史所档案馆中所见道光二十七年岁入岁出清单中所见榷关收支其实与道光二十七年无关，例如，此清单中粤海关的收支数，其实是道光二十六年正月二十六至十二月二十五日的这个年度的，但数字略有出入。关于这个问题笔者将另文撰述。

② 道光二十三年后，清政府统一了夷税的征收起止时间，但仅限于开埠的五口，且使用夏历。笔者以为洋税的年度时间和夷税没有直接继承关系。关于夷税的情况，参见拙文：《从榷税到夷税——1843—1854 年粤海关体制》。

这个制度成为后来各洋关关税统计的时间截止日期的滥觞。但这个制度仅规定了季度奏销，而没有规定年度奏销。各海关监督在呈报时，财政年度表现得五花八门。兹以光绪九年奏销年度为例，看看全国 14 个海关的情况（参见表 5-3-2）：

表 5-3-2　光绪八年各海关财政年度表

关名	结数	关名	结数
闽海关（福厦二口）	第 85～88 结	宜昌关	第 83～86 结
闽海关（沪打二口）	第 85～88 结	芜湖新关	第 83～86 结
浙海关	第 85～88 结	瓯海关	第 83～86 结
镇江关	第 85～88 结	牛庄海关	无
粤海关	第 85～88 结	津海关	无
江海关	第 85～88 结	东海关	无
江汉关	第 86～89 结	九江新关	第 86～89 结

资料来源：光绪朝《军机处录副》财政类关税项。

注："无"指此时北洋三海关此时尚未有四结的年度合并奏销。此三关至光绪十年后始有四结的奏销，其年度结数与江汉关、九江新关的情况相同。

有意思的是，各海关在财政年度计算方面的相同性与他们的开埠时间相同性之间有较大的关系：粤海关、闽海关、浙海关、江海关均自第 1 结开始计算关税；江汉关、九江新关均自第 10 结开始征收关税；瓯海关、宜昌关、芜湖新关均自第 67 结征税。此外，这种结期与清代政治地理因素也存在关系：台湾各关与福州、厦门的开始结期不同但同归于福州将军管辖；镇江关与江海关同归江苏巡抚管辖；牛庄海关/山海关、津海关、东海关（洋关）①同归北洋大臣管辖。

就这样，全国各海关依据自己的惯例，形成了至少三种不同的四结奏销结数计算模式，导致户部无法统一计算。到了光绪十三年（1887），户部向全国各海关发出咨文：

———————

① 东海关的情况比较特殊，其洋关的收支归直隶总督北洋大臣会同山东巡抚奏报，而常关的收支由山东巡抚奏报。

各海关四结奏销结期起止究未统归一律，户部现在办理岁出岁入于洋税收支各款恒苦辏辖不清，殊难核办。拟令各海关于下次四结届满，办理奏销之际，将结期起止另行划截，俾归一律。如各关于未接奉此次奏章之前接续前结，将后四结支销已经具奏，应即照另单所拟办法依次递推，总期各关办理四结奏销均截至一百八结止，务于本年冬月间奏销到部，明年奏销时即可皆自一百九结为始。①

同时，在清单内，户部还要求：

江汉、津海、东海、山海各关自第一百二结起至一百五结止四结奏销现已奏咨到部，计下届自一百五结至一百八结只剩三结，不足一年之数，应令各关下届仍从第一百五结起扣至一百八结止，按照限期赶紧奏销，以归一律。②

户部显然意图整顿各海关财政年度奏销自行其是的局面，统一为前一年的 10 月 1 日至当年的 9 月 30 日为一个财政年度。自此，各海关的财政年度都统一截至第 108 结（光绪十三年五月十一至八月十四日），也就是说，各海关都将以西历的上年 10 月 1 日至本年 9 月 30 日为某年财政年度。从实际情况来看，各海关大多都忠实地执行了这个命令，只有牛庄海关的洋药税厘奏销是特例。③

事情似乎可以就此完结了，但随着新海关的陆续开设，原来已经解决的问题再次产生：例如，重庆关征收洋税始于光绪十七年正月二十一日（1891 年 3 月 1 日），也就是在第 122 结期内，于是奏销时以第

———————————

① 光绪十三年十一月十六日，湖广总督裕禄折，见中国第一历史档案馆编：《朱批奏折》第 72 辑，161~162 页。

② 光绪十三年十一月十六日，湖广总督裕禄折，见中国第一历史档案馆编：《朱批奏折》第 72 辑，161~162 页。

③ 例如，东海关直至光绪十八年度仍是以第 126 结至第 129 结为一个财政年度，见光绪十九年八月二十四日，山东巡抚福润奏片，档案编号：3-129-6388-13。

122 结至第 125 结为一年。① 重庆关为何会如此，我们尚难以骤下结论，但从重庆关自称所有规章均抄录自宜昌关的奏文来看，可能是宜昌关遗漏了户部的上述咨文。户部当然无法容忍混乱的情况再次发生，于是在收到重庆关奏销折后的不久就向重庆关专门发出咨文：

各海关收支洋税四结奏销现均截至一百二十四结止，此次重庆关收支各数奏销系截至一百二十五结，核与各关办理未能一律。除暂就所奏办理外，嗣后该关应仍从一百二十五结起至一百二十八结止，扣足四结按年接续开列四柱清单，专折奏销，并将应送征收各项货物细数总册以及收支四柱支销经费等项清册，俟奏销时一并送部核销，毋得遗漏。②

有了重庆关的教训，此后新开的各海关都遵循惯例，将结期截止与原开各关相同。也就是说，从第 105 结起，全国各海关均统一以西历上年的 10 月 1 日至当年 9 月 30 日为一个财政年度。③ 到了宣统元年（1909），可能是为了与正在展开的筹备立宪的预算制度相配合，在常关以夏历正月初一至十二月底为一个财政年度④的同时，也将洋关的

————————

① 参见光绪十八年三月二十日，四川总督刘秉璋折，见中国第一历史档案馆编：《朱批奏折》第 72 辑，686 页。

② 光绪十八年三月二十日，四川总督刘秉璋折，见中国第一历史档案馆编：《朱批奏折》第 72 辑，686 页。

③ 此间也存在几个特例，苏州关一直没有进行年度奏销，从现在所有存在一档馆的档案和汤象龙先生当年抄档均没有见到相关的苏州关年度奏销。金陵关，据汤象龙先生所见，直至开关后的 6 年之后方始进行全部的年度奏销。参见经济所藏《清代关税收支报告表》(1)，一档馆中现已找不到原件。

④ 宣统二年十月十八日，闽浙总督松寿折，档案编号：3-154-7506-54。原文为："嗣准度支部咨奉部具奏常关奏报年分参差，请一律改为按年造报一折，宣统元年十一月十五日奉旨：依议。钦此。刷印原奏咨行遵照前来。计原奏内开：各常关收支款目造报期限拟嗣后均改为自正月初一日起至十二月底止按年奏报，如遇有闰之年按原定税额增摊一月比较，以重考核而符定章例。至各关现在奏报各案无论报至何年月日，均令截至各该年底止，或专案奏报，或别款开列，归入次年并案奏报，应视日期之多寡，由各该员酌核分别办理等因。"

财政年度定为西历的 1 月 1 日至 12 月 31 日。因此，宣统元年年度的奏销折中出现了包含有五结（第 193 结至第 197 结），合计西历 15 个月（1908 年 10 月 1 日至 1909 年 9 月 30 日）的特殊情况。

汤象龙先生在书中称："海关监督报销时限是按公历上年十月一日起至本年九月底为一年度……"①从上文中我们可以知道，这段论述只适合于光绪十三年至光绪三十四年这 21 年的时间，在其余的时间里，各海关监督的奏销年度都比较混乱。好在汤象龙先生自己在统计过程中是知道这个问题的，所以他没有直接引用并非以上年 10 月 1 日至当年 9 月 30 日的海关收支数据（如光绪十二年度前的江汉关、九江新关、宜昌关、瓯海关、芜湖新关、牛庄海关、津海关、东海关），都进行了改编。这些在经济所图书馆收藏的《清代关税收支报告表》中均有反映。②

（一）统计口径

对于数据统计来说，采用何种统计口径可能是除了数据本身的准确性之外最为重要的问题。单个数据往往难以说明问题，为了说明问题，多数研究者都会采用统计的方式从中观或宏观的角度对数据进行分析。这时，统计口径的重要性凸显，虽然不至于达到一些对统计数据持怀疑论者所称"采用何种统计口径，就会有何种统计结果"的程度，但不同的统计口径无疑会对统计结果产生巨大影响。

从档案反映的情况来看，清代财政支出款项并没有进行很好的分类——或者说是没有做与近代财政相类似的分类，其支出项目都是单独成项的。清代财政的开支款目非常复杂，这种复杂性不仅表现在各款名目字面相近而意义相差甚远，还表现在同一款目在前后会有不同的变化，如从某项改解某事，属于意外支出的赈灾用款和临时性军事用款多是如此。如非对清代财政情况比较熟悉，统计时常常不免发生误差。这种复杂的情况就要求在对关税收支进行统计时要格外小心。

---

① 汤著第 8 页。

② 倪玉平的《〈中国近代海关税收和分配统计：1861—1910〉税收统计》（《清华大学学报（哲学社会科学版）》，2016 年第 2 期）一文，也从收入数据的角度对汤象龙的统计进行了校勘。

(二)统计表形成过程中发生的一些问题

在笔者将手中的《录副清单》数据与汤著中的统计表数据进行核对时，发现二者之间有很大的差异。一直以来，笔者不知这些差异的由来：相同的数据来源何以在最后变成统计表后有如此的差别，直到在经济所图书馆见到了《清代关税收支报告表》。《清代关税收支报告表》是汤象龙先生进行统计时从奏折清单到统计表的中间环节，而问题恰恰发生在了这个中间环节。

根据笔者对汤象龙先生当年钞档的核校，钞档是依照奏折的样式抄录的(但行文格式发生变化，原本的避讳和抬头另起等格式已然不见)。此处，笔者以江海关第49结至第52结的收支清单为例，来看看其中出现的问题。原折所附清单为：

同治十一年八月二十九日第四十九结起连闰至十二年八月初九日第五十二结止

一收银三百三十二万四千九百一十五两五钱二分七毫六丝

前件内收(1)洋船、关照船进出口正税银一百九十七万六千一百三十三两五钱四厘；(2)洋药税银八十万二千四百四十七两九钱三厘；(3)洋船、关照船钞银一十万五千四两九钱六厘；(4)洋船、关照船、长江船各项半税银一十九万五千八百七十五两五钱五分六厘；(5)华洋商完纳内地子口半税银二十万八千二百七十二两三钱八分六厘；(6)招商局轮船正半税银六千二百二十七两二厘；(7)招商局轮船钞银二百二两八钱。以上共收银三百二十九万四千一百六十四两五分七厘，除照章每百两准销工银一两二钱外，计收银三百二十五万四千六百三十四两八分八厘三毫，又收上届存银七万二百八十一两四钱三分二厘四毫六丝，共计前数。

一支解银三百二十九万六千九百八十三两三分九毫

前件内解(1)户部京饷三十万两；(2)二成银三十一万五千七百一十六两二钱八分一厘四毫；(3)将军荣全月饷银五万八千二百两；(4)招商局轮船税款银六千二百二十七两二厘；(5)归还解部

二成项下借给宁苏两织造彩绸①工料银一十五万三千五百五十两八钱；（6）解内务府参价等银五千一百六十五两；（7）解万年吉地工费银一十万两；（8）解总理各国事务衙门船钞银三万一千五百一两四钱七分一厘六毫；（9）招商局轮船钞银二百二两八钱；（10）给例销汇费银三万八千八百二十二两五钱三分三厘九毫；（11）放奏留二成造船等用银五十五万五千七百一十六两二钱八分一厘四毫；（12）解苏藩司转解固本京饷银二万七千二百两；（13）解扬州粮台分局淮军月黔兵饷银六十万两；（14）解道库转解直隶协饷银三十六万两；（15）金陵军需局练勇月饷银一十八万五千两；（16）解道库济饷银一十一万五千七百七十四两八钱九分四厘五丝；（17）解局采买外洋军火价银一万七百五十九两一分；（18）解苏藩司派拨苏织造工料银三万六千二十一两二钱一分一厘二毫五丝；（19）解松〔淞〕沪厘局济饷银一千二百三十四两六钱六分四厘；（20）解赣州关同治十一年分拨补司税银三万九千七百九十五两九钱五分四厘；（21）放幼童出洋经费银七万四千一十五两；（22）办解神机营长竹茅杆价银二百五十四两二钱六分三厘三毫；（23）解南洋通商大臣养廉银三千三百七十二两七钱四分八毫；（24）给赴京修约委员蔡世保等薪水银三千四百二十两；（25）给总税务司船钞银七万三千五百三两四钱三分三厘二毫；（26）给新关司税人等辛工银一十八万两；（27）镇江关司税人等辛工一半银一万五千六百两；（28）解抚院缮书工食并额支书役经费共银六千九百三十二两六钱九分。以上共支解银三百二十九万六千九百八十四两三分九毫。

计存银二万七千九百三十二两四钱八分九厘八毫六丝。②

而在整理成报告表的时候，则如表 5-3-3：

---

① 原文繁体字为"綵紬"，简写有不同写法，笔者这里采用"彩绸"。

② 光绪二年二月十六日，江苏巡抚苏元炳折，档案编号：3-128-6330-26，文中"（1）""（2）"等序号是为下面行文方便所加。

表 5-3-3　江海关第 49～52 结报告表

单位：库平两

旧管		70281.432
新收	(1)洋船关照船进出口正税	1976133.504
	(2)洋药税	802447.903
	(3)洋船、关照船船钞	105004.906
	(4)洋船、关照船、长江船各项半税	195875.556
	(5)华洋商人完纳内地子口半税	208272.386
	(6)招商局轮船正半税	6227.002
	(7)招商局轮船船钞	202.800
开除	(1)户部京饷	327200
	(2)解部二成	315716.281
	(3)将军荣全月饷	58200
	(4)解招商局轮船税款	6227.002
	(5)宁苏织造工料银	189572.011
	(6)内务府参价	5165
	(7)万年吉地工程	100000
	(8)总理衙门船钞	31704.271
	(9)造船用款	555716.281
	(10)淮军黔兵月饷	600000
	(11)直隶协饷	360000
	(12)金陵军需局练勇月饷	185000
	(13)解道库济饷	115774.894
	(14)采买外洋军火价	10759.010
	(15)松〔淞〕沪厘金济饷	1233.664
	(16)赣州关拨补丝税	39795.954
	(17)放幼童出洋肄业经费	74015
	(18)神机营长茅杆价	254.263
	(19)南洋通商大臣养廉银	3370.740
	(20)赴京修约委员薪水	2420

续表

开除	(21)总税务司船钞	73503.433
	(22)新关司税辛工	180000
	(23)镇江关司税辛工	15600
	(24)抚院缮书工食并书役经费	6932.690
	(25)火耗	39529.969
	(26)汇费	38822.533

资料来源：经济所藏：《清代关税收支报告表》(1)。收支项前带括号的数字系笔者所加。新收总计3294164.057，开除总计3336512.999，实在27932.489。

注：录入时略有调整。原表尚有表头，记录上奏人、上奏时间、朱批时间等。此外，在数字栏中尚有两、千、百万的分界蓝线。

当对两份资料进行仔细核对后，我们可以发现奏销折所附清单是不完全四柱清册，而报告表则将之改造为完整的四柱清册。在进行数据统计时，后者明显会比前者更为方便。对照内容，我们会发现在新收的"总计"上，清单的总计是将12％的火耗直接扣除，而且是将船钞部分也扣除了火耗；报告表中则是没有扣除火耗。清单中江海关的火耗计算方式是违反规定的，因为依据户部的规定，火耗计算时不应将船钞计算在内；报告表将火耗归入开支项，与其他各关保持了一致，不仅方便了统计，也显示了全国各海关火耗的开支情况。汤象龙先生等人如此设计表格显然更合理一些，但与原清单有所出入。

在开支项中，报告表发生了数处明显的不妥：报告表的"(1)户部京饷"其实是清单中"(1)户部京饷"和"(12)解苏藩司固本京饷"的合并，这种合并是非常不合适的。首先，这是两个完全不同的开支项，京饷是主要用于京师官员俸饷和八旗军饷的户部摊派给各省关的款项，而固本京饷是主要用于弥补随着传统户部收入下降后京师八旗军饷不足而专设的款项；其次，二者的解缴方式也不同，京饷是由海关直接解缴，且须自己支付汇费，而固本京饷是由海关解给苏藩司，再由苏藩司转解户部，汇费、鞘费等开支亦由苏州藩司负责开支。①

报告表的"(4)宁苏制造工料银"是清单中"(5)归还解部二成项下借给宁苏两织造彩绸工料银"和"(18)解苏藩司派拨苏织造工料银"两项的合并，这种合并同样也是不合适的。若依照清单(5)的原意，这笔款项是户部从江海关解部二成银项下借给江宁织造、苏州织造的，也就是说，这是户部借给内务府，由江海关就近拨解给织造衙门的，而不是单独在江海关支出项下设立名目支给内务府，日后也应由内务府直接归还户部——虽然户部借给内务府的钱多是"有借没还"，这笔开支是户部的开支而不应算作是江海关直接拨解给内务府的经费。清单(18)的原意是江苏的苏州藩司需要支给苏州织造一笔工料方面的经费，而这笔经费则分摊由江海关支给，这笔开支当看作地方性的开支。而报告表(4)的意思则可理解为江海关拨解给了两处织造上述的银两，与原意差别甚大。

报告表"(7)总理衙门船钞"是清单中"(8)解总理各国事务衙门船钞银"和"(9)招商局轮船钞银"的合并。清单中的此两项均是作为解总理衙门—同文馆经费，这样的合并没有问题。

另一个值得注意的问题是，在报告表中所有的数据均只至两之后的三位(也就到厘)，且没有进行四舍五入，所以在报告表中收支并不平衡：旧管＋新收≠开除＋实在。例如，在表 5-3-3 中，开除的总数若依照表中的数据当为 3336512.996，而不是 3336512.999，实在项则应为 27932.49，而不是 27932.489。

我们再来看一下，这个报告表是如何转化为汤著中的表格。江海关同治十二年份(1872 年 10 月 1 日至 1873 年 9 月 30 日)的税收分配统计表在书中位于第 274～283 页，为表述方便，笔者将原统计表转化为表 5-3-4：

———————

① 江苏境内有两个藩司一个是驻苏州的江苏巡抚下辖的苏藩司，另一个是驻江宁(金陵，即现在的南京)两江总督下辖的宁藩司。二者管辖地界不同，江苏境内的各海关也由不同的督抚控制，例如，日后设立的金陵关就是由两江总督负责奏销。而江海关、镇江关、苏州关归江苏巡抚奏销。

表 5-3-4　江海关同治十二年税收分配统计表

单位：库平两

国用项下				(1)解部	649143
	解拨协饷			(2)造船经费	555716
				(3)军备购置经费	10759
		协饷	(4)直隶协饷		360000
			(5)贵州协饷		240000
			(6)淮军协饷		360000
			(7)甘肃协饷		58200
	皇室经费			(8)内务府经费	5165
				(9)江南织造经费	189572
				(10)陵工经费	100000
				(11)神机营经费	254
	中央政费			(12)总署及外务部经费	31704
				(13)总税务司经费	73503
				(14)通商大臣经费	3371
				(15)其他政费	76435
省用项下				(16)行政费	6933
				(17)军政费	300775
关用项下				(18)税务司经费	180000
				(19)汇费川资	38823
				(20)火耗	39530
其他				(21)代拨镇江关、芜湖关税务司经费	15600
				(22)解各厘局饷项	1234

资料来源：汤著第 274～283 页。

注：国用项下共计 2713822，解拨协饷共计 1584675，协饷共计 1018200，皇室经费共计 294991，中央政费共计 185013。省用项下共计 307708。关用项下共计 258353。其他共计 16834。分配总计 3296717。

这张统计表已经与清单和报告表都相距甚远，我们现在只能通过数据的核对和款项名目的相似性来推测统计表与原清单之间的关系。

统计表中的"(1)解部"似应为报告表中"(1)户部京饷""(2)二成银"和"(4)解招商局轮船税款"的合并。

统计表中"(2)造船经费"应为报告表中"(9)造船用款"。

统计表中"(3)军备购置经费"当为报告表中"(14)采买外洋军火价"。

统计表中"(4)直隶协饷"当为报告表中"(11)直隶协饷"。

统计表中"(5)贵州协饷""(6)淮军协饷"当为报告表中"(10)淮军黔兵月饷",但不知何以被分成两部分,笔者遍查《李鸿章全集》也没有找到相关的根据。①

统计表中"(7)甘肃协饷"当为报告表中"(3)将军荣全月饷"。但据笔者所知,荣全月饷和甘肃协饷是两个不同的款目,这种归类似离事实甚远。

统计表中"(8)内务府经费"当为报告表中"(6)内务府参价",据笔者所知,在晚清时期,这是两个不同的财政开支款目。内务府经费是在原为内务府掌控的各榷关和盐场收入下降之后,由户部核定专门批解的款项,而内务府参价是原为内务府将所收即将过期的人参发交各省关售卖所得,后来则不发人参而直接要求各省关摊缴的款项。

统计表中"(9)江南织造经费"当为报告表中"(5)宁苏织造工料银",内务府有三个织造衙门,分别为江南(江宁)织造、苏州织造、杭州织造,姑且不论报告表中的失误,将解往江南织造、苏州织造的款项仅称为江南织造经费即已不合实际。

统计表中"(10)陵工经费"当为报告表中"(7)万年吉地工程"。

---

① 汤象龙先生认为,自同治九年二月后,随着淮军由援黔奉命改为援陕后,这笔每月5万两的款项随即改为以每月2万作为贵州协饷,3万仍解淮军。但未能注明出处。参见汤著第32页。笔者遍查《李鸿章全集》也未能见到有关奏请。从李鸿章在同治九年关于援黔饷需的奏片中看(同治九年正月十三日,遵旨援黔陈大略折和援黔筹拨饷需片,见顾廷龙、戴逸主编:《李鸿章全集》第4册,5～7页),这笔款项是全部作为淮军军饷的,并无部分交给贵州本地的说法。从清单的名目上来看,这笔款项系全部解往扬州粮台,这是淮军的一个后勤机构,似不可能由此将款项另行解往贵州。

统计表中"(11)神机营经费"当为报告表中"(18)神机营长茅杆价"。

统计表中"(12)总署及外务部经费"当为报告表中"(8)总理衙门船钞",总理衙门船钞即三成船钞,而这笔经费是明文用于同文馆开支的——当然,神机营也顺便沾光一些经费也在三成船钞项下开支,后期出使大臣经费也从此拨出①,但直接将此项称为"总署及外务部经费"则名实不符。

统计表中"(13)总税务司经费"即为报告表中"(21)总税务司船钞"。总税务司船钞即七成船钞,这笔经费大部分是用于沿海、沿江的港务开支,"总税务司经费"若被理解成用于总税务司行政开支的经费,则这样的名目不是很符合实际情况。

统计表中"(14)通商大臣经费"即为报告表中"(19)南洋通商大臣养廉银"。

统计表中"(15)其他政费"当为报告表中"(17)放幼童出洋肄业经费""(20)赴京修约委员薪水";统计表中"(16)行政费"即为报告表中"(24)抚院缮书工食并书役经费"。

统计表中"(17)军政费"即为报告表中"(12)金陵军需局练勇月饷"和"(13)解道库济饷";统计表中"(18)税务司经费"即为报告表中"(22)新关司税辛工"。

统计表中"(19)汇费川资"即为报告表中"(26)汇费";统计表中"(20)火耗"即为报告表中"(25)火耗"。

统计表中"(21)代拨镇江关、芜湖关税务司经费"即为报告表中"(22)镇江关司税辛工";统计表中"(22)解各厘局饷项"即为报告表中"(14)松〔淞〕沪厘金济饷"。

奇怪的是,报告表中"(16)赣州关拨补丝税"则未被纳入统计表的支出项,因而统计表的"分配总计"比报告表的统计少了39795.999两,而清单中拨补赣州关丝税的数额为39795.954两。这笔开支何以在统

① 关于三成船钞的情况,可参见陈文进:《清代之总理衙门及其经费》;拙文:《三成船钞与同文馆》,见《中国社会科学院近代史研究所青年学术论坛(2008年卷)》,北京,社会科学文献出版社,2009。

计表中未被列为开支笔者至今百思不得其解。

通过以上对照，我们可以发现，汤象龙先生的统计表中问题主要是发生在将清单转化为报告表以及从报告表转化为统计表的过程中。从汤先生的叙述来看，这两个步骤他都未直接参与，而是依靠非清代财政史研究出身的一些人员完成的：

> 在各海关的数字编成系统的统计资料后，要求进一步把最主要的新收（税收）和开除（分配）两项编制各海关历年税收和分配的关别统计和全国历年税收和分配的综合统计。从 1935 到 1936 一年中得到有丰富经验的统计员陈文进和刘人鉴两位先生的大力协助，根据我拟订的分类办法把各关税收和分配的各项数字按性质分层依次归纳编成表格，工作量是很大的，有时还有前面提到的高、董、李、史四位一同工作，这是整理海关统计资料工作过程中最复杂、最重要的一个环节，这一环节整整进行了一年之久。[1]

可能也正是这种过宽的统计口径使得汤象龙先生在最后统计之时被迫采用涵盖面较宽的子项，并造成统计表款项名目与奏销清单款项名目之间巨大的差别。

（三）清代财政的分类

上面引文中汤象龙先生所称的"分类办法"，是指将全部支出分成国用、省用、关用和其他四大类，其下再进行二次、三次分类。如将国用分为解部、饷项、赔款、外债、皇室经费、中央政费六类，六类下再分为若干小类。这个分类看似简洁，且为当时很多学者所采用，如罗玉东在其《中国厘金史》中也采用与之相近的分类方法，但这背后最大的问题是：清代的会计制度中并没有这样的分类，清代财政制度中也没有中央与地方财政之分。在原始的财政资料中仅有的就是户部所立的各个独立款项。笔者认为这种分类相当程度上与民国以后开始的中央税、地方税划分有很大的关系，他们将这种观念带入了财政史

---

① 汤著第 7 页。

研究之中。在这里我们暂且不谈这种分类是否恰当，先看一下清代一些文献和后世研究中是怎样对清代财政支出进行分类的。

至少在光绪二十四年前后，根据《光绪会典》所述。清代户部财政经费的支出大致可以分为 15 项：(1)陵寝供应；(2)交进银两；(3)祭祀；(4)仪宪；(5)俸食；(6)科场；(7)饷乾；(8)驿站；(9)廪膳；(10)赏恤；(11)修缮；(12)采办；(13)织造；(14)公廉；(15)杂支。① 这种传统的分类并没有顾及太平天国之后财政结构发生的巨大变化——例如，海军和轮船经费、官办工业(事业)以及未被列为经制兵的湘军、淮军的军事经费。

而刊刻于 1901 年年末，1902 年年初的《光绪会计表》则注意到了这个问题，该书作者刘岳云将上述的 15 项称为"常例"，随后列"勇饷、关局经费、洋款"三项为"新增"，最后单列了"解京各衙门饭食经费各项支款"(海军衙门经费似列入此项)。②

到 1910 年资政院召开，《资政院预算股审查宣统三年预算报告书》③将岁出分为两大部分：(甲)国家行政经费，(乙)地方行政经费。国家行政经费根据中央 10 个部，分为：(1)外务部所管，包含外务部经费，各省交涉费；(2)民政部所管，包含民政部经费，步军统领衙门经费，禁烟公所经费，各省民政经费，典礼经费；(3)度支部所管，包含度支部经费，税务处、盐政处等署经费，各省财政经费，各洋关经费，各常关经费，宗人府、内务府等署经费，军机处等署经费，各省行政经费，资政院经费，赔款、洋款及各省公债，各省官业支出；(4)学部所管，包含学部经费，各省教育费；(5)陆军部所管，包含陆军部经费，军谘处经费，禁卫军，绿营，防营，防费、裁遣费，武卫左军，新军，筹备军装，军事教育，扩充军事教育，制造局所，扩充

---

① 参见(光绪朝)《清会典》卷一九，154～160 页，北京，中华书局，1991。内务府的收支有自己的体系，笔者兹不赘述。

② 参见刘岳云：《光绪会计表》，"支出总表"。

③ 《资政院各股审查宣统三年预算报告书》，见中国历史第一档案馆藏：《户部－度支部档》，档案编号：2441。

兵工厂，牧厂，炮台，军塘、驿站兵差；(6)海军部所管，包含海军部经费，各省海军水师经费；(7)法部所管包含法部经费，大理院经费，各省司法经费；(8)农工商部所管，包含农工商部经费，各省实业费，各省工程费；(9)邮传部所管，包含邮传部经费，各省交通费；(10)理藩部所管，包含理藩部经费，西藏。这种财政支出结构与清代税收中不分中央、地方税的财政收入结构是相符的，而且也符合政府预算拨款对象的明确性，但却不能让人直观地理解。同在《报告书》的另一处则将支出经费列为 10 项：行政费、财政费、官业支出、公债费、偿还外债、各项杂费、自治经费、慈善费等。这种分类是明确的财政支出具体用途分类，但却过于现代了——此前的很多开支项反而难以列入——例如，拨给内务府的款项。

《清史稿·食货志·会计》中关于宣统二年(1911)的预算则列为 18类：(1)行政；(2)交涉；(3)民政；(4)财政；(5)洋关经费；(6)常关经费；(7)典礼；(8)教育；(9)司法；(10)军政；(11)实业；(12)交通；(13)工程；(14)官业支出；(15)各省应解赔款；(16)洋关应解赔款；(17)常关应解赔款；(18)边防经费。这种分类比较符合近代财政理念，也考虑到了税源的不同(如洋关、常关税款性质的不同)，但没有考虑到地方性开支。事实上，从今天的角度，"(5)"和"(6)"单独列支非常突兀，至少应两项合并为税关经费；而"(15)""(16)""(17)"合并为赔款似更合适。

在后世学者的研究中，笔者以为对清代财政支出进行比较合理的整理的当数汤象龙和罗玉东两位先生。汤象龙在《鸦片战争前夕中国的财政制度》一文中将 19 世纪初清政府的支出重新归纳为下列 6 项：(1)皇室经费；(2)宗室世职和官吏俸禄；(3)兵饷；(4)驿站经费；(5)教育经费和(6)河工塘工经费。[①] 在《中国近代海关税收和分配统计》一书中，汤象龙先生则明确地将海关税款支出分为：(甲)国用项下，包含

---

① 参见汤象龙《鸦片战争前夕中国的财政制度》一文原载《财经科学》1956 年第 1 期，此处亦参见汤象龙：《中国近代财政经济史论文选》，208 页，成都，西南财经大学出版社，1987。

(1)解部、(2)饷项、(3)赔款、(4)外债、(5)皇室经费、(6)中央政费；(乙)省用项下；(丙)关用项下，包含(1)税务司经费、(2)关用经费、(3)解费川资、(4)火耗。^① 在这些项目下还列有各个具体的子项。汤象龙的这个分类无疑简约而明确。

罗玉东的财政支出分类是针对厘金的具体支出的，其分类如下：第一，国用款，含(1)解户部款、(2)国家行政费、(3)皇室用费、(4)铁路经费、(5)归还外债、(6)赔款、(7)各省协款、(8)海防经费、(9)水师军费、(10)各省军费；第二，省用款，含各省行政费和其他开除；第三，用途不详款，指解藩库款。^②

通过这番梳理，笔者认为，汤、罗两位先生在其著作中的统计分类仍然与清人的认知和实际情况之间有一定的距离，他们的这种理解和民国以来中央税与地方税的划分可能有很大的关系——现时经验被他们带入了研究之中。笔者认为，清人在清末新政——尤其是宣统三年预算案之前并无所谓国用与省用，在他们看来，在"天下"的概念之下，二者不同款项之间的区别仅仅在于是解往京师、协拨他省，还是用于本省的开支，而这一切都是为了国家，为了王朝。这种理解与西方自中世纪以来国王财产与领主财产的泾渭分明有很大的不同。

因此，对清代关税支出最好的分类可能就是不要按照处于近世的我们的观念来进行分类，而是就具体款目进行具体而相对合理的合并。

二、以浙海关为例对汤著收支两表进行校勘

(一)有关资料的情况

晚清关税的收支数据，主要原始来源只有一个：《军机处录副》中的清单，这些清单是在清政府依照惯例将奏销折进行归档时留在《录副》中。^③ 由于南京国民政府败退台湾时带走的主要是《朱批奏折》，所

① 参见汤著第 25~46 页。

② 参见罗玉东：《中国厘金史》，194 页。

③ 清代惯例，奏折由皇帝朱批后即交由军机处抄录并发还上奏人再上缴，其清单则不再发还而是留存于《录副》。另外，从当时的公文程序上讲，户部一度支部以及后来的税务处都会有一份收支清单，笔者在一档馆查阅资料的过程中也确实在这两个部门的档案中发现了海关收支清单，但前者数量极少（可能是在户部的多次大火中被烧毁），后者则时间太晚（1906 年才成立），留下的数据不多。

以大部分录副得以保留大陆，现存于中国第一历史档案馆（以下校勘所引档案未注明馆藏地点的均为中国第一历史档案馆所藏，只注档案编号）。① 汤象龙先生在 20 世纪 20 年代末、30 年代初组织人员对这些数据进行了抄录，这些钞档多留在了中国社会科学院经济所图书馆。② 也就是说，现在要查找有关数据有三个去处：中国第一历史档案馆、台湾"故宫博物院"和中国社会科学院经济研究所。出于尽量利用第一手资料的原则性考虑，笔者前期抄录关税收支数据的都是来自中国第一历史档案馆中《军机处录副》财政类关税项中的清单。2007 年后又前往经济所查补了部分档案。2015 年年末，笔者前往台湾，获得了一些存于台北"故宫博物院"文献馆所藏宫中档，也弥补了部分缺失。

　　关于关税的奏销，清政府自有其规则。上奏人一般是海关所在省份的督抚——广东和福建两省各关是例外，由直接管辖海关的粤海关监督和福州将军自行奏销。奏销的时间不定，早期多在每结结束后的 3 个月内（台湾各关则多在半年左右③），后期则多有拖延，甚至是在数年后。奏销的次数原则上是每年 5 次，即四结各奏销 1 次，年终合计奏销 1 次，但往往各地情况不同，例如浙海关的奏销则达到 10 次之多，即洋税 5 次，洋药税厘 5 次；而北洋各关（津海关、牛庄关、东海关）则没有全年奏销，仅有各结的奏销，即全年仅 4 次奏销——这对统计而言有时是一个麻烦。奏销折的格式，除闽粤两省海关外，多为嵌入式奏销折，即明言内容来自管辖海关的关监督的禀文（"据……详称……"），但在其后会说明曾经过自己的查核（"臣覆核无异"），而收支的数据则作为清单附着于奏销折后。皇帝的朱批则多系"该衙门知道。单发"。这些收支数据对于当时的清政府而言，大概只有负责核销的户部贵州司有兴趣，而且因为技术手段的原因，某些海关的收支数

---

　　① 笔者在台湾"故宫博物院"文献馆查阅有关资料时也佐证了这样的理解：那里的朱批较多而录副则远较一档馆为少。

　　② 关于当年陶孟和先生主持下社会调查所抄录的档案何以会缺少，笔者曾咨询过经济所图书馆的王砚峰馆长和葛老师，他们告诉笔者这些资料在抗战时有过多次搬迁又一直没有很好的整理和编目，所以短少的原因尚不清晰。

　　③ 当时的理由一般为风浪阻隔，音讯不便。

目存在明显的问题也没能发现，堆积在尘封的档案中。

（二）浙海关 1861 年至 1892 年数据校勘

如前文所述，汤著中数据的最大问题是统计口径和数值准确性。在本节中，笔者将选择浙海关作为对象，就这两个方面逐一进行校勘。笔者所占有的完整年度数据包括 1861 年至 1872 年[①]、1874 年至 1880 年、1882 年、1884 年至 1888 年和 1890 年至 1892 年。合计为 28 年，约占晚清 51 年（1861—1911）的一半略多。[②]

在校勘的过程中，笔者遵循以下几个原则：第一，敬重前辈。校勘不可独树一帜，笔者将尽量在汤先生的思路内探求其合理或不合理。第二，循名求实。笔者将从奏销折的收支款目出发，从其名目中查照与汤先生契合或凿枘之处。第三，以数倒推。如前所述，彼此理解多有不合之处，笔者将从各细目数值倒推汤著款目系总合哪些细目。

浙海关原系管辖浙江全省沿海贸易税的榷关，其洋关始设于咸丰十年十一月二十九日（1861 年 1 月 1 日）。[③] 以下即为各年度收支数据校勘情况。

表 5-3-5　1861 年（第 2～4 结，咸丰十年十一月二十九日
至十一年八月二十六日）收入表

单位：库平两

各项		汤著	笔者
税收总计		373256	373255.347
进出口正税	华商		9690.607
	洋商	340545	330854.462

---

①　笔者此处的年度均按当时的奏报年度，而非夏历或西历一年的年度。如前文所述，每年的年度时间，前后有所变化。各年度的起止时间将在校勘中会一一指明。

②　其实宣统三年（1911）年度的奏销由于时间差（奏销时间多滞后于年度结束时间的 3 个月以上）的原因，基本没有完成。笔者也未曾在档案见到此年度的奏销。但基于"说无难"的原则，笔者权且认为晚清奏销的年度为 51 年。

③　同治五年七月初二日，浙江巡抚马新贻折，档案编号：3-168-9493-63。

续表

各项		汤著	笔者
内地子口半税	华商		
	洋商	28830	28830
船钞	华商		
	洋商	3881	3381

资料来源：汤著第 387~388 页，笔者依据档案编号：3-168-9493-64。

在此年度的收入表中，二者之间的主要差别有二：一是对"关照船"的不同理解。所谓关照船应是指悬挂洋商旗帜，为洋商雇佣的华商船只。这些船只在洋关所受的待遇与日后成立的招商局船只大抵相同，故笔者将之视为华商。[①] 二是四舍五入带来的误差。汤著数据均行四舍五入法，最小单位为两，而笔者依据清单，最小单位为厘。这就造成我们之间各数据均有一定的偏差，造成 1 两到数两的差别。这样的差异贯穿全书。是以相同的问题在下文中不再一一指出。

表 5-3-6　1861 年（第 2~4 结，咸丰十年十一月二十九日至十一年八月二十六日）支出表

单位：库平两

各项		汤著	笔者
分配总计		320503	363361.065
国用项下偿付赔款之英法赔款		107948	102979.575
省用项下军政费		169000	216826.900
关用项下	税务司经费	7871	7870.760
	关用经费	6780	6779.739
	汇费川资	1517	1516.598
	火耗	7387	7387.493
其他（拨补常税）		20000	20000

---

①　丁日昌在同治三年九月（1864 年 10 月）前后曾说明："关照船者……并非外国船只，多系洋商雇用，往来上海、宁波二处，驳运货物，在新关报关报税钞。"《禀复内地商人购买洋船情形》，见赵春晨编：《丁日昌集》上册，299 页，上海，上海古籍出版社，2010。

资料来源：汤著第 391～395 页，笔者依据档案编号：3-168-9493-64。
注：关用项下，汤著总计 23555，笔者总计 23554.59。

在这个年度中，汤先生与笔者之间最大的区别在于国用项下英法赔款数目的计算和省用项下军政费的计算。第一，英法赔款。根据奏销清单，实际交给英法两国的赔款应为 102979.575 两，书中的数据不知来自何处。第二，军政费。在省用项下，他仅将"解省城筹饷局银"计算在内，而没有将被挪用的"扣存第四结英法两国各二成赔款借付宁郡海防局军需银"计入。事实上，这笔原本应雷打不动交给英法领事的赔款是被"胆大包天"的宁绍台道张景渠擅自挪用，而这笔钱在清查后于次年补缴（详见下文）。由于这两项开支的不同，本年度的开支总数也不同。

表 5-3-7　1862 年（第 5～8 结，咸丰十一年八月二十七日至
同治元年闰八月初七日）收入表

单位：库平两

各项		汤著	笔者
税收总计		220834	220834.102
进出口正税	华商		10154.252
	洋商	183454	173299.969
复进口半税	华商		
	洋商	5663	5663.308
内地子口半税	华商		
	洋商	25392	25391.673
船钞	华商		
	洋商	6325	6324.900

资料来源：汤著第 387～388 页，笔者依据档案编号：3-168-9493-65。

此年度二者数据差别同上。

表 5-3-8　1862 年(第 5～8 结，咸丰十一年八月二十七日至
同治元年闰八月初七日)支出表

单位：库平两

各项		汤著	笔者
分配总计		177284	220160.004
国用项下偿付赔款之英法赔款		69320	69146.888
省用项下军政费		51000	101502.170
关用项下	税务司经费	15374	15373.830
	关用经费	16578	9124.900
	汇费川资	722	722.034
	火耗	4290	4290.184
其他(拨补常税)		20000	20000

资料来源：汤著第 391～395 页，笔者依据档案编号：3-168-9493-65。

注：关用项下，汤著共计 36964，笔者共计 29510.948。

此年度数据相差甚大，主要有三：第一，英法赔款项下，他计算
了第 7、8 结和并不应计算在内的"支扣存第五结英法两国各二成赔款
借付宁郡海防局军需"，事实上当年年度实际赔缴的应为第 7、8 结和
"补解第 4、5 两结欠交英法两国各二成扣款"，实合上数。第二，在省
用项下，他统计在内的仅有"解省城筹饷局银"，而没有将"支扣存第五
结英法两国各二成赔款借付宁郡海防局军需"和"支发宁郡海防保卫各
局军需"统计在内。第三，在关用项下的关用经费，不知他的数据来自
何处，笔者的数据是"另款造报吨钞""置买新关基地银"两项的合并，
但这个数据也并不准确，因为在此年度中，自同治元年七月二十五日
(1862 年 8 月 18 日)起开始在船钞项下扣除三成船钞解总理衙门，但
清单中未曾明言数据到底是多少。

表 5-3-9　1863 年(第 9～12 结,同治元年闰八月初八日至
二年八月十八日)收入表

单位:库平两

各项		汤著	笔者
税收总计		346060	346059.350
进出口正税	华商		3323.975
	洋商	199335	196010.710
复进口半税	华商		
	洋商	37322	37321.936
内地子口半税	华商		
	洋商	65481	65481.122
船钞	华商		
	洋商	20212	20112
洋药税	华商		
	洋商	23710	23709.600

资料来源:汤著第 387～388 页,笔者依据档案编号:3-168-9493-66。

此年度二者数据差别同上。

表 5-3-10　1863 年(第 9～12 结,同治元年闰八月初八日至
二年八月十八日)支出表

单位:库平两

各项		汤著	笔者
分配总计		280905	280905.290
国用项下偿付赔款之英法赔款		107088	107088.128
省用项下军政费		101008	108008.334
关用项下	税务司经费	24877	24876.900
	关用经费	22427	22426.524
	汇费川资	933	932.941
	火耗	4572	4572.463
其他(拨补常税)		20000	20000

资料来源:汤著第 391～395 页,笔者依据档案编号:3-168-9493-66。
注:关用项下,汤著共计 52809,笔者共计 52808.828。

此年度基本相同。

表 5-3-11　1864 年(第 13～16 结,同治二年八月十九日至
三年八月三十日)收入表

单位:库平两

各项		汤著	笔者
税收总计		513302	513292.958
进出口正税	华商		9314.486
	洋商	279449	270135.370
复进口半税	洋商	49138	49127.806
内地子口半税	洋商	111506	111506.463
船钞	洋商	36399	36399.300
洋药税	洋商	36810	36809.531

资料来源:汤著第 387～388 页,笔者依据档案编号:3-168-9493-67。

此年度数据的差别另有二:第一,进出口正税中,汤先生将华商部分归入洋商。第二,复进口半税中汤先生的数据多了 10 两,并进而导致总数也多了 10 两,似为抄录错误而成。若根据现存清单,笔者无误。

表 5-3-12　1864 年(第 13～16 结,同治二年八月十九日至
三年八月三十日)支出表

单位:库平两

各项		汤著	笔者
分配总计		507863	507862.891
国用项下偿付赔款之英法赔款		141978	141977.929
省用项下军政费		269858	269858.440
关用项下	税务司经费	31200	31200
	关用经费	36964	36964.070
	汇费川资	2140	2139.729
	火耗	5723	5722.723
其他(拨补常税)		20000	20000

资料来源:汤著第 391～395 页,笔者依据档案编号:3-168-9493-67。
注:关用项下,汤著共计 76027,笔者共计 76026.522。

此年度基本相同。

表 5-3-13　1865 年(第 17～20 结,同治三年九月初一日至

四年八月十一日)收入表

单位:库平两

各项		汤著	笔者
税收总计		407924	407923.880
进出口正税	华商		5779.926
	洋商	248650	242869.580
复进口半税	华商		5386.116
	洋商	43775	38389.156
船钞	华商		
	洋商	17818	17818.300
洋药税	华商		
	洋商	32708	32707.780

资料来源:汤著第 387～388 页,笔者依据档案编号:3-86-4874-37。

此年度数据二者差别仍在于,进出口正税和复进口半税中,汤著均将华商部分归入洋商。

表 5-3-14　1865 年(第 17～20 结,同治三年九月初一日至

四年八月十一日)支出表

单位:库平两

各项			汤著	笔者
分配总计			470765	470764.881
国用项下	解部		10000	10000
	解拨协饷之各地临时协饷		10000	10000
	偿付赔款之英法赔款		119831	119830.940
	皇室经费		15000	15000
	中央政费	总署及外务部经费	5364	5345.490
		总税务司经费	1782	1781.830
省用项下军政费			238206	238205.930

续表

各项		汤著	笔者
关用项下	税务司经费	31200	31200
	关用经费	12968	12986.075
	汇费川资	1733	1733.353
	火耗	4681	4681.266
其他(拨补常税)		20000	20000

资料来源：汤著第 391～395 页，笔者依据档案编号：3-86-4874-37。

注：国用项下，汤著共计 161977，笔者共计 161958.26。国用项下中央政费，汤著共计 7146，笔者共计 7127.32。关用项下，汤著共计 50582，笔者共计 50600.694。

此年度的差别主要有二：第一，对三成船钞的计算误差。1865 年度的船钞总额为 17818.3 两，其三成自应为 5345.49 两，而汤先生计算成了 5364 两，相差 9 两。由此而来的还有四成船钞的计算，影响了关用经费的计算。其实，此年度中，一成归税务司的制度始至第 18 结，由于笔者手中没有第 17 结的收支清单，只能勉强全年通计。第二，省用项下"发给福建候补道胡光墉采办军火银一万六千五百两九钱二分七厘"，这笔款项在我们二者的计算都列入了省用项下，其实此时左宗棠已经离开浙江，并不再兼任浙江巡抚，这笔开支其实是用于福建的军事开支的，应列入协饷项下。

表 5-3-15　1866 年(第 21～24 结，同治四年八月十二日至
五年八月二十二日)收入表

单位：库平两

各项		汤著	笔者
税收总计		465906	465905.230
进出口正税	华商		5606.072
	洋商	330847	325241.250
复进口半税	华商		4062.293
	洋商	32008	27945.561

续表

各项		汤著	笔者
内地子口半税	华商		
	洋商	61319	61319.430
船钞	华商		
	洋商	6895	6893.800
洋药税	华商		
	洋商	34837	34836.825

资料来源：汤著第 387~388 页，笔者依据档案编号：3-86-4874-35。

此年度数据差别仍在于，进出口正税和复进口半税中，汤先生均将华商部分归入洋商。

表 5-3-16　1866 年(第 21~24 结，同治四年八月十二日至五年八月二十二日)支出表

单位：库平两

各项			汤著	笔者
分配总计			383254	382564.909
国用项下	解部		141668	191668.509
	偿付赔款之英法赔款		52363	52362.722
	皇室经费		15000	10330
	中央政费	总署及外务部经费	2068	2068.140
		总税务司经费	689	689.380
省用项下军政费			106000	49000
关用项下	税务司经费		31200	31200
	关用经费		7703	19216.508
	汇费川资		1055	521.514
	火耗		5508	5508.136
其他(拨补常税)			20000	20000

资料来源：汤著第 391~395 页，笔者依据档案编号：3-86-4874-35。

注：国用项下，汤著共计 211788，笔者共计 257118.751。国用项下中央政费，汤著共计 2757，笔者共计 2757.52。关用项下，汤著共计 45466，笔者共计 56446.158。

此年度与汤著差别甚大，主要有三：第一，解部款项的计算。笔者在此项计算中包括"户部京饷"和"提解户部四成款项"，合计如上数；皇室经费包括"批解内务府银""随解平余银""随解抬费劈鞘"，共三项，合计如上数。第二，省用项下，包括"解赴藩司充饷"和"支发海运经费划作解司银"二项，合计如上数。第三，关用经费应包括六成船钞、"南北两卡洋人经费"①和"拨补吨钞不敷支销"三项，合计如上数。汤著的这些数据笔者不知由何而来。

表 5-3-17　1867 年（第 25～28 结，同治五年八月二十三日至
六年九月初三日）收入表

单位：库平两

各项		汤著	笔者
税收总计		516255	516255.640
进出口正税	华商		5647.275
	洋商	379648	374001.060
复进口半税	华商		2702.711
	洋商	34352	31649.482
内地子口半税	华商		
	洋商	79795	79794.703
船钞	华商		
	洋商	8810	8810.200
洋药税	华商		
	洋商	13650	13650.200

资料来源：汤著第 387～388 页，笔者依据档案编号：3-8G-4877-155。

① "北卡洋人经费"的问题比较复杂。在一份清单中〔上奏人及朱批时间均无，档案编号：3-86-4880（一）-35〕于洋人经费项下注明："此项经费奉准总理衙门咨复准在子口半税项下核实开销等因。查是项经费按月由税务司开单函请发给。"这个说明足以让我们确定这笔款项是洋税务司开销而非海关监督开销。在民国初年出版的《海关常关地址道里表》（35 页，近代史所图书馆藏，民国初年税务处印）中可知：海关北卡位于鄞县（今鄞州区）湾头，距正关七里。同时还注明："由监督派员办公，不归税务司兼管。"笔者以为前后差异的原因可能源于庚子后海关兼管五十里内常关发生了变动，此前系税务司派人管理。

此年度数据差别仍在于，进出口正税和复进口半税中，汤先生均将华商部分归入洋商。

表 5-3-18　1867 年(第 25～28 结，同治五年八月二十三日至
六年九月初三日)支出表

单位：库平两

各项			汤著	笔者
分配总计			601655	601654.186
国用项下	解部		405061	405060.505
	各地临时协饷		50000	50000
	皇室经费		20660	20660
	中央政费	总署及外务部经费	2643	2643.060
		总税务司经费	20597	881.020
省用项下军政费			30000	30000
关用项下	税务司经费		31200	31200
	关用经费		14981	34696.256
	汇费川资		424	424
	火耗		6089	6089.345
其他(拨补常税)			20000	20000

资料来源：汤著第 391～395 页，笔者依据档案编号：3-86-4877-155。

注：国用项下，汤著共计 498961，笔者共计 479244.585。国用项下中央政费，汤著共计 23240，笔者共计 3524.08。关用项下，汤著共计 52694，笔者共计 72409.601。

此年度的差别主要有二：第一，"总税务司经费"当指洋船钞的一成，不知原书中何以会出现何以会有如此庞大的总税务司经费。第二，关用经费在本年度中当包括"六成船钞""子口税项下支给北卡洋人经费"和"子口税项下拨补吨钞不敷支销"三项，此三项合计总数如上。同时，由于各子项下的小数点问题，最后的总计数目也多了 1 两。

表 5-3-19　1868 年(第 29～32 结，同治六年九月初四日至

七年八月十五日)收入表

单位：库平两

各项		汤著	笔者
税收总计		608762	608762.560
进出口正税	华商		5762.103
	洋商	436988	431225.720
复进口半税	华商		2781.230
	洋商	32078	29297.479
内地子口半税	华商		
	洋商	45323	45323.265
船钞	华商		
	洋商	8980	8979.600
洋药税	华商		
	洋商	85393	85393.161

资料来源：汤著第 387～388 页，笔者依据档案编号：3-86-4879-41。

此年度数据差别仍在于，进出口正税和复进口半税中，汤先生均将华商部分归入洋商。

表 5-3-20　1868 年(第 29～32 结，同治六年九月初四日至

七年八月十五日)支出表

单位：库平两

各项			汤著	笔者
分配总计			601121	601121.772
国用项下	解部		426648	426647.553
	解拨饷项之各地临时协饷		50000	50000
	皇室经费		10114	10114.293
	中央政费	总署及外务部经费	2694	2693.880
		总税务司经费	8031	3591.840

各项		汤著	笔者
关用项下	税务司经费	31200	32446.691
	关用经费	8786	131978.642
	汇费川资	16451	16451.477
	火耗	7197	7197.396
其他(拨补常税)		40000	40000

资料来源：汤著第391～395页，笔者依据档案编号：3-86-4879-41。

注：国用项下，汤著共计497487，笔者共计493047.566。国用项下中央政费，汤著共计10725，笔者共计6285.72。关用项下，汤著共计63634，笔者共计188074.206。

本年度在数据中发生的差别主要有二：第一，船钞开支的不同理解。依据总理衙门的咨文，自第31结起，船钞改为三成归总理衙门应用，"其余七成全部按月交给税务司收用"。"此外，应支关务委员薪水银两、关卡经费、房租、委解京饷路费、汇费以及添设书巡饭工、修葺巡船望楼不敷经费均在吨钞项下动用，如有不敷即在子税项下开支。本年二十九、三十两结应支各款费用仍在吨钞项下支销，自三十一结起因吨钞提解无存，即在子税项下动用。"①这也就意味着第29、30结船钞六成作为关用经费支销，而解总税务司者为第29、30结的一成船钞和第31、32结的七成船钞。汤著的总税务司经费居然接近了全部船钞的总额，殊不可解！第二，"北卡洋人经费"亦应被纳入税务司经费之中，这笔款项是宁波关税务司在总税务司规定的税务司经费之外向浙海关监督另行索取的经费。

---

① 上奏人及朱批时间均无，档案编号：3-86-4878-41，上引文出自原清单中对船钞的注解。

表 5-3-21 1869 年(第 33~36 结，同治七年八月十六日至八年八月二十五日)收入表

单位：库平两

各项		汤著	笔者
税收总计		659711	659711.535
进出口正税	华商		5807.966
	洋商	463313	457434.991
复进口半税	华商		4246.315
	洋商	36064	31888.298
内地子口半税	洋商	26723	26723.062
船钞	洋商	5800	5800
洋药税	洋商	127811	127810.903

资料来源：汤著第 387~388 页，笔者依据档案编号：3-86-4880(一)-35。

此年度的统计出入较大，差别有二：第一，进出口正税和复进口半税中，汤先生均将华商部分归入洋税。第二，进出口正税总数当为463242.957 两，复进口半税总数当为 36134.613 两，但二者的总数相近。汤先生可能是根据总数核算倒推而得，若依据奏销清单，当以笔者的数据为准。

表 5-3-22 1869 年(第 33~36 结，同治七年八月十六日至八年八月二十五日)支出表

单位：库平两

各项			汤著	笔者
分配总计			677412	677412.143
国用项下	解部		514098	514098.358
	解拨饷项之各地临时协饷		50000	50000
	皇室经费		9685	9684.496
	中央政费	总署及外务部经费	1740	1740
		总税务司经费	4060	4060

续表

各项		汤著	笔者
关用项下	税务司经费	31200	32483.785
	关用经费	8433	7149.360
	汇费川资	30349	30349.206
	火耗	7847	7846.938
其他(拨补常税)		20000	20000

资料来源:汤著第391~395页,笔者依据档案编号:3-86-4880(一)-35。

注:国用项下,汤著共计579583,笔者共计579582.854。国用项下中央政费,汤著共计5800,笔者共计5800。关用项下,汤著共计77820,笔者共计77829.289。

此年度的差别仍主要在于"北卡洋人经费"是否应列入税务司经费。

表5-2-23 1870年(第37~40结,同治八年八月二十六日至九年九月初六日)收入表

单位:库平两

各项		汤著	笔者
税收总计		700468	701468.074
进出口正税	华商		4938.162
	洋商	498169	494231.280
复进口半税	华商		3596.602
	洋商	32029	28431.514
内地子口半税	洋商	21792	21792.334
船钞	洋商	5856	5856.100
洋药税	洋商	142622	142622.082

资料来源:汤著第387~388页,笔者依据台北"故宫文献馆"宫中档104936之清单。

此年度的差别主要有二:第一,出口正税和复进口半税中,汤先生均将华商部分归入洋税。第二,在"进出口正税"上,若依照档案,汤先生少计算了1000两,并导致总数相差1000两。

表 5-2-24　1870 年(第 37～40 结,同治八年八月二十六日至

九年九月初六日)支出表

单位:库平两

各项			汤著	笔者
分配总计			626529	626528.903
国用项下	解部		454741	454741.344
	解拨饷项之各地临时协饷		65000	65000
	皇室经费		9384	9383.512
	中央政费	总署及外务部经费	1757	1756.830
		总税务司经费	4099	4099.270
关用项下	税务司经费		31200	32457.025
	关用经费		8353	7095.972
	汇费川资		23650	23649.526
	火耗		8345	8345.424
其他(拨补常税)			20000	20000

　　资料来源:汤著第 391～395 页,笔者依据台北"故宫文献馆"宫中档 104936 之清单。

　　注:国用项下,汤著共计 534981,笔者共计 534980.956。国用项下中央政费,汤著共计 5856,笔者共计 5856.1。关用项下,汤著共计 71548,笔者共计 71547.947。

　　此年度的差别主要仍在于"北卡洋人经费"是否应列入税务司经费。

表 5-3-25　1871 年(第 41～44 结,同治九年九月初七日至

十年八月十六日)收入表

单位:库平两

各项		汤著	笔者
税收总计		681746	681745.590
进出口正税	华商		5365.993
	洋商	471438	466071.680
复进口半税	华商		4205.188
	洋商	29579	25374.182

续表

各项		汤著	笔者
内地子口半税	华商		
	洋商	23883	23882.560
船钞	华商		
	洋商	3266	3266
洋药税	华商		
	洋商	153580	153579.990

资料来源：汤著第 387～388 页，笔者依据档案编号：3-86-4880(二)-8。

此年度的主要差别是出口正税和复进口半税中，汤先生均将华商部分归入洋税。

表 5-3-26　1871 年(第 41～44 结，同治九年九月初七日至十年八月十六日)支出表

单位：库平两

各项			汤著	笔者
分配总计			686758	686575.944
国用项下	解部		558012	558011.751
	解拨饷项之各地临时协饷		30000	30000
	中央政费	总署及外务部经费	980	979.800
		总税务司经费	2286	2286.200
关用项下	税务司经费		31200	32473.546
	关用经费		8358	7084.084
	汇费川资		27780	27779.808
	火耗		8142	8141.755
其他(拨补常税)			20000	20000

资料来源：汤著第 391～395 页，笔者依据档案编号：3-86-4880(二)-8。

注：国用项下，汤著共计 591278，笔者共计 591277.751。国用项下中央政费，汤著共计 3266，笔者共计 3266。关用项下，汤著共计 75480，笔者共计 75479.193。

此年度的差别主要仍在于"北卡洋人经费"是否应列入税务司经费。

表 5-3-27　1872 年(第 45～48 结，同治十年八月十七日至
十一年八月二十八日)收入表

单位：库平两

各项		汤著	笔者
税收总计		826739	681745.585
进出口正税	华商		8178.176
	洋商	560034	551856.450
复进口半税	华商		4524.115
	洋商	33219	28695.145
内地子口半税	华商		
	洋商	30416	30415.642
船钞	华商		
	洋商	2583	2583.467
洋药税	华商		
	洋商	200487	200487.030

资料来源：汤著第 387～388 页，笔者依据档案编号：3-86-4880(二)-98。

此年度的主要差别是出口正税和复进口半税中，汤先生均将华商部分归入洋税。

表 5-3-28　1872 年(第 45～48 结，同治十年八月十七日至
十一年八月二十八日)支出表

单位：库平两

各项			汤著	笔者
分配总计			884072	884073.004
国用项下	解部		700937	700937.392
	解拨饷项之各地临时协饷		30000	30000
	皇室经费		50000	50000
	中央政费	总署及外务部经费	775	775.0401
		总税务司经费	1808	1808.4269

续表

各项		汤著	笔者
关用项下	税务司经费	31200	32499.496
	关用经费	8389	7089.528
	汇费川资	31073	31073.242
	火耗	9890	9889.879
其他（拨补常税）		20000	20000

资料来源：汤著第391~395页，笔者依据档案编号：3-86-4880(二)-98。

注：国用项下，汤著共计783520，笔者共计783520.859。国用项下中央政费，汤著共计2583，笔者共计2583.467。关用项下，汤著共计80552，笔者共计80552.145。

此年度的差别主要仍在于"北卡洋人经费"是否应列入税务司经费。

表 5-3-29　1874 年(第 53~56 结，同治十二年八月初十至同治十三年八月二十日)收入表

单位：库平两

各项		汤著	笔者
税收总计		747564	747564.545
进出口正税	华商	32587	42305.270
	洋商	439932	430214.415
复进口半税	华商	896	5766.072
	洋商	28451	23581.159
内地子口半税	华商	29405	
	洋商		29404.652
船钞	华商		
	洋商	2858	2857.900
洋药税	华商	4233	4233
	洋商	209202	209202.077

资料来源：汤著第387~388页，笔者依据档案编号：3-128-6328-3。

此年度的差别仍在于对关照船的不同理解。另外，从1873年度开始，汤先生将内地子口半税的华商、洋商合并计算，而档案中显示，仍为分别计算。

表 5-3-30　1874 年(第 53～56 结，同治十二年八月初十至
同治十三年八月二十日)支出表

单位：库平两

各项			汤著	笔者
分配总计			727869	727873.585
国用项下	解部		505767	505766.597
	解拨饷项之各地临时协饷		100000	100000
	中央政费	总署及外务部经费	857	857.370
		总税务司经费	2001	2000.530
	其他国用		20000	20000
关用项下	税务司经费		31200	32445.036
	关用经费		8449	7208.656
	汇费川资		30659	30658.917
	火耗		8936	8936.479
其他(拨补常税)			20000	20000

资料来源：汤著第 391～395 页，笔者依据档案编号：3-128-6328-3。

注：国用项下，汤著共计 628625，笔者共计 628624.497。国用项下中央政费，汤著共计 2858，笔者共计 22857.9。关用项下，汤著共计 79244，笔者共计 79249.088。

除了对"北卡洋人经费"的不同理解外，此年度数据方面的差别有：第一，"中央政费"的"共计"项，汤先生明显存在笔误，未将"其他国用"计算在内，以致少了 2 万两。第二，"其他国用"指的是"批解同治十二年分直隶赈恤银"，若照清政府此时的度支观念，似应理解为一种协饷。第三，在"关用经费"项下即使按照以往汤先生的计算口径也当为 8453.692 两，而不是 8449 两，由此而来，我们之间的总数也有所不同。若依照原清单，当以笔者的数据为准。

表 5-3-31 1875 年(第 57～60 结，同治十三年八月二十一日至
光绪元年九月初二日)收入表

单位：库平两

各项		汤著	笔者
税收总计		770773	770774.028
进出口正税	华商	66525	66525.075
	洋商	394397	394397.257
复进口半税	华商	6934	6933.778
	洋商	25235	25235.391
内地子口半税	华商	23637	
	洋商		23637.315
船钞	华商	234	234.400
	洋商	1573	1573
洋药税	华商	4512	4512
	洋商	247726	247725.812

资料来源：汤著第 387～388 页，笔者依据档案编号：3-128-6330-20。

此年度数据差别在于"内地子口半税"的华洋商是否合并计算。

表 5-3-32 1875 年(第 57～60 结，同治十三年八月二十一日至
光绪元年九月初二日)支出表

单位：库平两

各项			汤著	笔者
分配总计			795716	795716.057
国用项下	解部		512360	512359.885
	借拨饷项之海防经费		124489	124489.343
	赔款偿付之其他赔款		50000	50000
	皇室经费		10000	0
	中央政费	总署及外务部经费	706	706.300
		总税务司经费	1101	1101.100

各项		汤著	笔者
关用项下	税务司经费	31200	32439.780
	关用经费	8583	7343.136
	汇费川资	28031	28030.847
	火耗	9246	9245.666
其他(拨补常税)		20000	30000

资料来源：汤著第391～395页，笔者依据档案编号：3-128-6330-20。

注：国用项下，汤著共计698656，笔者共计688656.628。国用项下中央政费，汤著共计1807，笔者共计1807.4。关用项下，汤著共计77060，笔者共计77059.429。

此年度差别较大，除了对"北卡洋人经费"的不同理解外，此年度数据方面的差别在于对"半税项下支给提补常税凑解万年吉地工程银"的理解。笔者认为这是洋税项下划给常税的款项，而不是洋税直接解给万年吉地工程，这其中最重要的是对"提补常税"一词的不同理解。汤先生将其纳入"皇室经费"项下，笔者则将其归入"其他(拨补常税)"项下。

表5-3-33　1876年(第61～64结，光绪元年九月初三日至光绪二年八月十三)收入表

单位：库平两

各项		汤著	笔者
税收总计		709663	709663.052
进出口正税	华商	116892	116891.895
	洋商	279439	279439.143
复进口半税	华商	7296	7296.440
	洋商	26484	26483.564
内地子口半税	华商	27993	
	洋商		27993.495
船钞	华商	579	578.500
	洋商	2226	2225.900
洋药税	华商	59430	59430.464
	洋商	189324	189323.651

资料来源：汤著第387～388页，笔者依据档案编号：3-128-6333-31。

此年度数据差别在于"内地子口半税"的华洋商是否合并计算。

表 5-3-34　1876 年(第 61～64 结，光绪元年九月初三日至

光绪二年八月十三日)支出表

单位：库平两

各项			汤著	笔者
分配总计			671199	671199.802
国用项下	解部		365000	365000
	解拨饷项	海防经费	160008	160008.145
		各地临时协饷	12497	12496.973
	中央政费	总署及外务部经费	1246	1246.270
		总税务司经费	1558	1558.130
关用项下	税务司经费		61800	63062.651
	关用经费		5743	7354.212
	汇费川资		34838	31964.406
	火耗		8509	8509.015
其他(拨补常税)			20000	20000

资料来源：汤著第 391～395 页，笔者依据档案编号：3-128-6333-31。

注：国用项下，汤著共计 540309，笔者共计 5409309.518。国用项下解拨饷项，汤著共计 172505，笔者共计 172505.118。国用项下中央政费，汤著共计 2804，笔者共计 2804.4。关用项下，汤著共计 110890，笔者共计 110890.284。

此年度我们之间的区别除了对浙海关"北卡洋人经费"的不同理解而导致税务司经费和关用经费的计算之外，对于汇费川资的统计也发生了差别，汤先生的数据若依照清单则颇有难以理解之处。

表 5-3-35　1877 年(第 65～68 结,光绪二年八月十四日至
光绪三年八月二十四日)收入表

单位:库平两

各项		汤著	笔者
税收总计		715191	715191.447
进出口正税	华商	223147	223147.220
	洋商	174453	174452.531
复进口半税	华商	7859	7858.558
	洋商	19325	19324.679
内地子口半税	华商	21585	
	洋商		21585.223
船钞	华商	1259	1257.300
	洋商	848	848.100
洋药税	华商	96733	96733.782
	洋商	169984	169984.054

资料来源:汤著第 387～388 页,笔者依据档案编号:3-128-6336-21。

此年度数据差别在于华商船钞、内地子口半税,汤先生总数与笔者相同,但比照细目则少了 2 两,当系抄误。

表 5-3-36　1877 年(第 65～68 结,光绪二年八月十四日至
光绪三年八月二十四日)支出表

单位:库平两

各项			汤著	笔者
分配总计			661939	661939.129
国用项下	解拨饷项	解部	333227	418696.423
		海防经费	67681	67681.215
		各地临时协饷	85469	12787.928
	中央政费	总署及外务部经费	632	597.230
		总税务司经费	1474	1508.170
		出使经费	20666	20666.196
	其他国用			5000

续表

各项		汤著	笔者
关用项下	税务司经费	72000	73280.501
	关用经费	13715	7434.212
	汇费川资	25709	25709.071
	火耗	8578	8578.183
其他(拨补常税)		32788	20000

资料来源：汤著第 391~395 页，笔者依据档案编号：3-128-6336-21。

注：国用项下，汤著共计 509149，笔者共计 526937.162。国用项下解拨饷项，汤著共计 153150，笔者共计 80469.143。国用项下中央政费，汤著共计 22772，笔者共计 22771.956。关用项下，汤著共计 120002，笔者共计 115001.967。

除了对"北卡洋人经费"的不同理解外，此年度数据方面的差别有四：第一，三成船钞和七成船钞的统计（"总署及外务部经费"与"总税务司经费"），汤先生好像是直接采用了船钞的 30% 和 70% 的统计，实际上，在清单中已经直接写明，"各国商船吨钞"按三成和七成开支，"商局关照船钞"则不按这样的口径统计，即 1257.3 两中的 342.8 两（约 27%）作为同文馆经费，914.5 两（约 73%）作为塔表望楼经费。第二，汤先生将"归还部垫西征欠饷"计入了"各地临时协饷"。这笔款项是直接交给户部的，而不是西征款项，笔者则将"解福建藩司闽省经费"视为了"临时协饷"。第三，汤先生的解部款项包括"抵闽京饷""京饷"和"商局关照船税内应提部库二成银"，笔者还将"归还部垫西征欠饷"也统计在内。第四，笔者的"其他国用"其实是"购办药弹银"。而汤先生则将此开支列入了"关用经费"项下，虽然在开支项中没有明确说明此款是为浙江本省还是外省之用，但绝非为本关之用。

表 5-3-37　1878 年（第 69~72 结，光绪三年八月二十五日至四年九月初五日）收入表

单位：库平两

各项		汤著	笔者
税收总计		630399	630398.034
进出口正税	华商	301020	301020.084
	洋商	55661	55661.348

续表

各项		汤著	笔者
复进口半税	华商	12810	12810.413
	洋商	16857	16856.772
内地子口半税	华商	21710	
	洋商		21709.566
船钞	华商	1666	1665.615
	洋商	1797	1796.661
洋药税	华商	141606	141605.875
	洋商	77272	77271.700

资料来源：汤著第387～388页，笔者依据档案编号：3-128-6339-49。

此年度数据差别在于"内地子口半税"的华洋商是否合并计算。

表 5-3-38　1878 年(第 69～72 结，光绪三年八月二十五日至

四年九月初五日)支出表

单位：库平两

各项			汤著	笔者
分配总计			729494	729491.722
国用项下	解部		530166	546752.108
	解拨饷项	海防经费	14763	14762.656
		各地临时协饷	16587	
	中央政费	总署及外务部经费	1039	1038.6828
		总税务司经费	2424	2423.5932
		出使经费	27036	27035.515
	其他国用		1824	1823.952
关用项下	税务司经费		72000	73241.010
	关用经费		8672	7431.368
	汇费川资		27418	27418.071
	火耗		7565	7564.776
其他(拨补常税)			20000	20000

资料来源：汤著第391～395页，笔者依据档案编号：3-128-6339-49。

注：国用项下，汤著共计593839，笔者共计593836.507。国用项下中央政

费，汤著共计 30499，笔者共计 30497.791。关用项下，汤著共计 115655，笔者共计 115655.225。

此年度的差别在于上述的"北卡洋人经费"和"归还部垫西征欠饷"汤先生将编计入了"各地临时协饷"二项。

表 5-3-39　1879 年(第 73~76 结，光绪四年九月初六日至
五年八月十五日)收入表

单位：库平两

各项		汤著	笔者
税收总计		653875	653876.019
进出口正税	华商	271898	271898.273
	洋商	121570	121569.799
复进口半税	华商	11927	11927.431
	洋商	16302	16302.280
内地子口半税	华商	17288	
	洋商		17288.378
船钞	华商	1640	1639.714
	洋商	2398	2397.894
洋药税	华商	89409	89409.150
	洋商	121443	121443.100

资料来源：汤著第 387~388 页，笔者依据档案编号：3-128-6342-19。

此年度数据差别在于"内地子口半税"的华洋商是否合并计算。又因四舍五入造成 1 两的差别。

表 5-3-40　1879 年(第 73~76 结，光绪四年九月初六日至
五年八月十五日)支出表

单位：库平两

各项			汤著	笔者
分配总计			856097	856096.8700
国用项下	解部		487880	526482.4400
	解拨饷项	海防经费	38603	37059.0590
		各地临时协饷	38603	1543.5190

续表

各项			汤著	笔者
国用项下	皇室经费		100000	100000
	中央政费	总署及外务部经费	1211	1211.2824
		总税务司经费	2826	2826.3256
		出使经费	47885	47885.2960
关用项下	税务司经费		72000	73235.7630
	关用经费		8669	7433.4520
	汇费川资		30573	30573.2220
	火耗		7847	7846.5110
其他（拨补常税）			20000	20000

资料来源：汤著第391～395页，笔者依据档案编号：3-128-6342-19。

注：国用项下，汤著共计717008，笔者共计717007.922。国用项下解拨饷项，汤著共计77206，笔者共计37059.059。国用项下中央政费，汤著共计51922，笔者共计51922.904。关用项下，汤著共计119089，笔者共计119088.948。

除了上述的"北卡洋人经费"和"归还部垫西征欠饷"计入了"各地临时协饷"二项的差别外，本年度差别主要在于汤先生将"晋豫赈款改解直省籽种银"也列入了"海防经费"项下，笔者将之列入了临时协饷。

表 5-3-41　1880 年（第 77～80 结，光绪五年八月十六日至
六年八月二十六日）收入表

单位：库平两

各项		汤著	笔者
税收总计		679128	679127.129
进出口正税	华商	282136	282135.997
	洋商	151916	151915.780
复进口半税	华商	7870	7870.664
	洋商	14977	14976.665
内地子口半税	华商	16949	
	洋商		16948.696
船钞	华商	926	926.994
	洋商	1582	1581.771

续表

各项		汤著	笔者
洋药税	华商	129223	129222.562
	洋商	73548	73548

资料来源：汤著第387~388页，笔者依据档案编号：3-128-6345-19。

此年度数据差别在于"内地子口半税"的华洋商是否合并计算。又因四舍五入造成1两的差别。

表 5-3-42　1880 年（第 77~80 结，光绪五年八月十六日至
六年八月二十六日）支出表

单位：库平两

各项			汤著	笔者
分配总计			670146	674539.305
国用项下	解部		281251	290685.303
	解拨饷项	边防经费	25000	25000
		海防经费	162794	162793.960
		各地临时协饷	9434	
	中央政费	总署及外务部经费	753	752.6295
		总税务司经费	1756	1756.1355
		出使经费	54501	54501.461
关用项下	税务司经费		72000	77636.120
	关用经费		8677	7433.728
	汇费川资		25830	25830.450
	火耗		8150	8149.525
其他（拨补常税）			20000	20000

资料来源：汤著第391~395页，笔者依据档案编号：3-128-6345-19。

注：国用项下，汤著共计535489，笔者共计535489.489。国用项下解拨饷项，汤著共计197228，笔者共计187793.96。国用项下中央政费，汤著共计57010，笔者共计57010.226。关用项下，汤著共计114657，笔者共计119049.823。

除了上述的"北卡洋人经费"和"归还部垫西征欠饷"计入了"各地临时协饷"二项外，本年度的差别主要在于汤先生未将"借拨瓯海关不敷

经费"列入支出项，笔者则将之列入了税务司经费项下。这样做粗看有重复开支的嫌疑——瓯海关可能会再次将其列入支出。但实际上，瓯海关的收入、支出项中始终没有出现来自浙海关的拨款，而有关的海关监督衙门经费瓯海关一直靠自己在维持。[①] 汤先生这样做无疑遗漏了一笔支出款项。笔者这种归纳也许比汤先生更合适一些。

表 5-3-43　1882 年(第 85~88 结，光绪七年九月初七日至
八年八月十九日)收入表

单位：库平两

各项		汤著	笔者
税收总计		669273	669273.494
进出口正税	华商	250474	250473.756
	洋商	153106	153105.890
复进口半税	华商	10431	10431.483
	洋商	19162	19162.420
内地子口半税	华商	14238	
	洋商		14238.008
船钞	华商	1511	1510.911
	洋商	2546	2545.851
洋药税	华商	118420	118419.975
	洋商	99385	99385.200

资料来源：汤著第 387~388 页，笔者依据档案编号：3-128-6348-19。

此年度数据差别在于"内地子口半税"的华洋商是否合并计算。

---

① 汤先生在书中在统计表中没有关于收到浙海关拨款的收入项也没有说明关于这笔款项的支出，而在关于瓯海关税务司的经费项下有一个注："(瓯海关)'税务司'经费一项，除本关每年支出 600 两外，其不敷之数由闽海关自 1880 年起每年拨给"(汤著第 408 页)。这就表明浙海关的拨款并没有被他列入收入。而笔者翻检档案中瓯海关第 75~78 结和第 79~82 结的收支清单中也没有看到瓯海关将这笔来自浙海关的款项纳入收支。原清单的做法原为防止重复核算，汤先生在浙海关、瓯海关收支表中均未体现此项收支，无疑会造成支出项的缺失。

表 5-3-44　1882 年(第 85～88 结，光绪七年九月初七日至

八年八月十九日)支出表

单位：库平两

各项			汤著	笔者
分配总计			634145	634144.7420
国用项下	解部		70000	70000
	解拨饷项	边防经费	50000	50000
		海防经费	228554	228553.9280
	偿付赔款之其他赔款		100000	100000
	中央政费	总署及外务部经费	1217	1217.0286
		总税务司经费	2840	2839.7334
		出使经费	55925	55924.6340
关用项下	税务司经费		72000	73250.6090
	关用经费		8722	7471.6600
	汇费川资		16856	16855.8670
	火耗		8031	8031.2820
其他(拨补常税)			20000	20000

资料来源：汤著第 391～395 页，笔者依据档案编号：3-128-6348-19。

注：国用项下，汤著共计 508536，笔者共计 508535.324。国用项下解拨饷项，汤著共计 278554，笔者共计 278553.928。国用项下中央政费，汤著共计 59982，笔者共计 59981.396。关用项下，汤著共计 105609，笔者共计 105609.418。

此年度的差别仅在于对"北卡洋人经费"的不同理解。此外，表中的"其他赔款"指的是"伊犁赔款"。

表 5-3-45　1884 年(第 93～96 结，光绪九年九月初一日至

十年八月十二日)收入表

单位：库平两

各项		汤著	笔者
税收总计		752788	752788.247
进出口正税	华商	186793	186793.151
	洋商	273383	273383.015

续表

各项		汤著	笔者
复进口半税	华商	9114	9114.178
	洋商	12068	12068.421
内地子口半税	华商	14106	
	洋商		14105.782
船钞	华商	1917	1917.200
	洋商	1692	1692
洋药税	华商	104963	104962.500
	洋商	148752	148752

资料来源：汤著第 387～388 页，笔者依据档案编号：3-128-6352-44。

此年度数据差别在于"内地子口半税"的华洋商是否合并计算。

表 5-3-46　1884 年(第 93～96 结，光绪九年九月初一日至

十年八月十二日)支出表

单位：库平两

各项			汤著	笔者
分配总计			683095	683095.659
国用项下	解部		220000	220000
	解拨饷项之海防经费		265556	132778.134
	中央政费	总署及外务部经费	1083	1082.760
		总税务司经费	2526	2526.440
		出使经费	64250	64250.160
省用项下军政费				132778.132
关用项下	税务司经费		72000	73235.475
	关用经费		8657	7421.432
	汇费川资		19990	19989.669
	火耗		9033	9033.457
其他(拨补常税)			20000	20000

资料来源：汤著第 391～395 页，笔者依据档案编号：3-128-6352-44。

注：国用项下，汤著共计 553415，笔者共计 420637.494。国用项下中央政

费，汤著共计 67859，笔者共计 67859.36。关用项下，汤著共计 109680，笔者共计 109680.033。

除了"北卡洋人经费"外，本年度主要差别在于海防经费的计算：此年度根据浙江巡抚的奏请有"应提南洋海防经费留作浙省防费银"支出项，而汤先生将这笔开支列入了海防经费项下，但按照他以往的统计方式似乎列入"省用项下军政费"更为合适。

表 5-3-47　1885 年（第 97～100 结，光绪十年八月十三日至十一年八月二十二日）收入表

单位：库平两

各项		汤著	笔者
税收总计		730251	730251.047
进出口正税	华商	92377	92377.207
	洋商	370770	370769.547
复进口半税	华商	11532	11531.805
	洋商	12090	12089.768
内地子口半税	华商	10421	10421.020
	洋商		
船钞	华商	119	119.400
	洋商	2503	2503.300
洋药税	华商	20733	20733
	洋商	209706	209706

资料来源：汤著第 387～388 页，笔者依据档案编号：3-128-6356-3。

此年度数据基本相同。

表 5-3-48　1885 年（第 97～100 结，光绪十年八月十三日至十一年八月二十二日）支出表

单位：库平两

各项		汤著	笔者
分配总计		670062	669274.9527
国用项下	解部	220000	120000
	解拨饷项之海防经费	257434	128717.1510
	解还外债之福建善后局海防借款	22471	22471.2067

续表

各项			汤著	笔者
国用项下	中央政费	总署及外务部经费	787	
		总税务司经费	1836	1835.8900
		出使经费	62423	62422.7170
省用项下军政费				228717.1520
关用项下	税务司经费		72000	73246.8100
	关用经费		8648	7400.7440
	汇费川资		15700	15700.2690
	火耗		8763	8763.0130

资料来源：汤著第 391～395 页，笔者依据档案编号：3-128-6356-3。

注：国用项下，汤著共计 564951，笔者共计 335446.9647。国用项下中央政费，汤著共计 65046，笔者共计 64258.607。关用项下，汤著共计 105111，笔者共计 105110.836。

　　除了"北卡洋人经费"外，本年度主要差别有四点。第一，解部银的计算，汤先生是将原清单内的"抵闽京饷""奉拨十一年分户部京饷""奏准截留十年分京饷拨解宁郡厘局军饷银"三项均计算在内了，而笔者则仅仅将前二项计算在内。笔者这样统计的原因有二：首先，此前的统计中汤先生也是将截留款项依照最终用途进行计算的；其次，开支项唯有依照最终去向才能明确，笔者将"奏准截留十年分京饷拨解宁郡厘局军饷银"纳入"省用项下军政费"。第二，海防经费项下。汤先生将"北洋海防经费"和"应提南洋海防经费留作浙省防费银"一起统计到了"海防经费"，从汤先生一直以来的统计口径而言，后者似纳入"省用项下军政费"更为合适。第三，汤先生在"福建善后局海防借款"项下出现了明显的笔误，共计项下和下属项数目不同，应以 22471 两为准。第四，原清单中并没有出现三成船钞即汤先生所说的"总署及外务部经费"的开支，这笔开支是汤先生自己自行统计而得，实际上当年度没有将此款项解缴而是留到了下一年度开支。

表 5-3-49　1886 年(第 101~104 结，光绪十一年八月二十三日至
十二年九月初三日)收入表

单位：库平两

各项		汤著	笔者
税收总计		704374	704374.297
进出口正税	华商	240719	240719.283
	洋商	171831	171830.560
复进口半税	华商	22368	22368.278
	洋商	11001	11001.234
内地子口半税	华商	14956	14955.692
	洋商		
船钞	华商	2172	2172.400
	洋商	2034	2034.400
洋药税	华商	111815	111814.800
	洋商	127478	127477.650

资料来源：汤著第 387~388 页，笔者依据档案编号：3-128-6359-30。

此年度数据基本相同。

表 5-3-50　1886 年(第 101~104 结，光绪十一年八月二十三日至
十二年九月初三日)支出表

单位：库平两

各项			汤著	笔者
分配总计			790661	790660.0402
国用项下	解部		120000	120000
	解拨饷项之边防经费		240737	240736.9170
	解还外债之福建善后局海防借款		60309	60308.7232
	中央政费	总署及外务部经费	2049	2048.8500
		总税务司经费	2945	2944.7600
		出使经费	58666	58665.8060
	其他国用		100000	100000
省用项下军政费			50000	50000

续表

各项		汤著	笔者
关用项下	税务司经费	72000	73246.8300
	关用经费	8645	7397.7690
	汇费川资	26858	26857.8950
	火耗	8452	8452.4900
其他(拨补常税)		40000	40000

资料来源：汤著第 391～395 页，笔者依据档案编号：3-128-6359-30。

注：国用项下，汤著共计 584706，笔者共计 584705.0562。国用项下中央政费，汤著共计 63660，笔者共计 63659.4160。关用项下，汤著共计 115955，笔者共计 115954.984。

此年度的差别仅在于对"北卡洋人经费"的不同理解。

表 5-3-51 1887 年(第 105～108 结，光绪十二年九月初四日至十三年八月十四日)收入表

单位：库平两

各项		汤著	笔者
税收总计		816322	816323.296
进出口正税	华商	248351	248351.342
	洋商	159814	159814.247
复进口半税	华商	27637	27636.878
	洋商	12225	12224.583
内地子口半税	华商	17224	17223.647
	洋商		
船钞	华商	2652	2652.100
	洋商	1670	1670.400
洋药税	华商	78185	78185.421
	洋商	93717	93717
洋药厘金	华商	80850	80850.340
	洋商	93997	93997.173

资料来源：汤著第 389～390 页，笔者依据档案编号：3-128-6363-50(华洋税部分)及档案编号：3-128-6364-65、档案编号：3-128-6364-66、档案编号：3-128-6363-52(洋药厘捐部分并无年度报告，以上为各结情况)。

此年度数据基本相同，仅因四舍五入造成1两的差别。

表 5-3-52　1887 年（第 105～108 结，光绪十二年九月初四日至
十三年八月十四日）支出表

单位：库平两

各项			汤著	笔者
分配总计			775755	775754.1902
国用项下	解部		75000	75000
	解拨饷项之海防经费		292027	292027.2700
	各地临时协饷		40000	40000
	解还外债之福建善后局海防借款		60309	60308.7232
	中央政费	总署及外务部经费	1297	1296.7500
		总税务司经费	3026	3025.7500
		出使经费	52206	52206.1350
省用项下军政费			100000	100000
关用项下	税务司经费		72000	93228.8500
	关用经费		28628	7399.0900
	汇费川资		21466	21465.7420
	火耗		9796	9795.8800
其他（拨补常税）			20000	20000

资料来源：汤著第 396～400 页，笔者依据档案编号：3-128-6363-50（华洋税部分）及档案编号：3-128-6364-65、档案编号：3-128-6364-66、档案编号：3-128-6363-52（洋药厘捐部分并无年度报告，以上为各结情况）。

注：国用项下，汤著共计 523865，笔者共计 523864.6282。国用项下中央政费，汤著共计 56529，笔者共计 56528.635。关用项下，汤著共计 131890，笔者共计 131889.562。

除了"北卡洋人经费"的不同理解，本年度的差别主要在于清单中对浙海关税务司第一、第二期"购买巡船经费"的统计口径问题。从有关总税务司一贯的行为来看，这是税务司系统单独从清政府中获得的专项经费，且巡船归税务司使用，自当列入税务司经费项下，而汤先生将其列入关用经费项下。不知出于何种考虑。

表 5-3-53　1888 年(第 109～112 结，光绪十三年八月十四日至
十四年八月二十五日)收入表

单位：库平两

各项		汤著	笔者
税收总计		1145320	1145319.552
进出口正税	华商	381213	381212.963
	洋商	102786	102785.734
复进口半税	华商	26048	26047.939
	洋商	9495	9494.995
内地子口半税	华商	15829	15829.104
	洋商		
船钞	华商	1771	1771
	洋商	1207	1206.800
洋药税	华商	74368	74367.920
	洋商	88726	88725.907
洋药厘金	华商	207275	207274.790
	洋商	236602	236602.400

资料来源：汤著第 389～390 页，笔者依据档案编号：3-128-6367-30(华洋税部分)及档案编号：3-128-6364-8、档案编号：3-128-6364-78、档案编号：3-128-6365-65、档案编号：3-128-6366-46(洋药厘捐部分并无年度报告，以上为各结情况)。

此年度数据基本相同，仅因四舍五入造成 1 两的差别。

表 5-3-54　1888 年(第 109～112 结，光绪十三年八月十四日至
十四年八月二十五日)支出表

单位：库平两

各项			汤著	笔者
分配总计			1120246	1120256.0802
国用项下	解部		80000	60000
	解拨饷项	海防经费	508837	438837.0090
		各地临时协饷	160000	20000

续表

各项			汤著	笔者
国用项下	解还外债之福建善后局海防借款		60309	60308.7232
	中央政费	总署及外务部经费	893	893.3400
		总税务司经费	2084	2084.4600
		出使经费	58238	58238.3270
	其他国用		80000	80000
省用项下军政费			40000	230000
关用项下	税务司经费		78000	99232.4000
	关用经费		11632	10409.3300
	汇费川资		25509	26508.6580
	火耗		13744	13743.8330
其他(拨补常税)				20000

资料来源：汤著第 396～400 页，笔者依据档案编号：3-128-6367-30(华洋税部分)及档案编号：3-128-6364-8、档案编号：3-128-6364-78、档案编号：3-128-6365-65、档案编号：3-128-6366-46(洋药厘捐部分并无年度报告，以上为各结情况)。

注：国用项下，汤著共计 950361，笔者共计 720361.8592。国用项下解拨饷项，汤著共计 668837，笔者共计 458837.009。国用项下中央政费，汤著共计 61215，笔者共计 61216.127。关用项下，汤著共计 129885，笔者共计 149894.221。

除了"北卡洋人经费"的不同理解，本年度的差别主要有六点。第一，"解部"项下。汤先生似包括了"加放官兵俸饷""京饷"和"拨浙海关备解光绪十四年(1888)即十五年分常税京饷"三项，这第三项汤先生此前也是一直列入"其他(拨补常税)"而此时则改变了统计口径。第二，"海防经费"项下，汤先生似包括了洋税项下支出的"北洋海防经费""南洋海防经费"和洋药厘捐项下支出的"补解奉拨光绪十三年分海军经费""北洋购买船炮银价""批解大连湾威海卫购炮筑台经费""拨解本关税务司康发达购买巡船经费"、拨解浙省饷需大项之下的"拨给镇海炮台工费"笔者则未将后两项列入，因为最后一项依照以往统计口径列入"省用项下军政费"似更合适一些，而"购买巡船经费"当列入税务司经费项下。① 第三，"各地临时协饷"项下。汤先生似包括了"台湾协饷"和拨解浙省饷需大项之下的"拨宁郡厘局光绪十三年十一月至十四年九月防饷"和"拨宁郡厘局裁勇饷银"，笔者则未将后两项列入，因为依照以往统计口径列入"省用项下军政费"似更合适一些。第四，"省用项下军政费"项下。汤先生似仅包括"丁亥年、戊子年浙省满绿各营官兵俸饷"，而笔者则将洋药厘捐项下支出的"拨解浙江饷需"19 万两也都包括在内了。第五，"税务司经费"项下。汤先生未将"拨解本关税务司康发达购买巡船经费"列入，理由如前；在"其他（拨补常税）"项下，汤先生没有列入数据。第六，此年度中汤先生的数据中还有一个计算方面的错误，即"汇费川资"项下当为 26509 两，而非 25509 两，奇怪的是其关用项下的共计与笔者相同。就此推断，很可能是笔误造成了这个数字。

表 5-3-55　1890 年（第 117～120 结，光绪十五年九月初七日至

十六年八月十七日）收入表

单位：库平两

各项		汤著	笔者
税收总计		1181252	1181252.546
进出口正税	华商	246887	246886.741
	洋商	224233	224233.136
复进口半税	华商	20371	20371.397
	洋商	11642	11641.763
内地子口半税	华商	19199	19198.945
	洋商		
船钞	华商	1662	1662.200
	洋商	2362	2362

---

① 从总税务司通令中我们可以看到，此次购买的巡船主要是用于各地税务司巡查、缉私之用，是总税务司呈报总理衙门之后单独立项获得的经费。

续表

各项		汤著	笔者
洋药税	华商	67349	67352.757
	洋商	111268	111264.507
洋药厘金	华商	179576	179576.450
	洋商	296703	296702.650

资料来源：汤著第 389～390 页，笔者依据档案编号：3-128-6375-18(华洋税部分)及档案编号：3-128-6371-29、档案编号：3-128-6373-11、档案编号：3-128-6373-46、档案编号：3-128-6374-54(洋药厘捐部分并无年度报告，以上为各结情况)。

此年度的收入项下，我们之间有两个数据有所差别即华商洋药税洋商洋药税的数目。从汤著第 389、390 页的注 3 和注 4 中我们知道，他将华商土药正税和土药复进口半税、洋税土药正税和土药复进口半税分别计算为了 7.7 两和 4.7 两，而根据清单(档案编号：3-128-6375-18)当为 11.588 两和 1.013 两。从数据上推断，他应该是未将华商土药复进口半税列入华商项下，而是列入了洋商项下。

表 5-3-56　1890 年(第 117～120 结，光绪十五年九月初七日至十六年八月十七日)支出表

单位：库平两

各项			汤著	笔者
分配总计			998218	998218.1592
国用项下	解部		140000	120000
	解拨饷项	海防经费	289893	289893.1760
		各地临时协饷	40000	
	解还外债之福建善后局海防借款		143114	143113.5822
	中央政费	总署及外务部经费	1207	1207.2600
		总税务司经费	2817	2816.9400
		出使经费	58476	58475.9650
省用项下军政费			200000	240000

续表

各项		汤著	笔者
关用项下	税务司经费	84000	85240.3300
	关用经费	6991	7407.2170
	汇费川资	17593	15936.9490
	火耗	14127	14126.7400
其他(拨补常税)			20000

资料来源：汤著第 396～400 页，笔者依据档案编号：3-128-6375-18(华洋税部分)及档案编号：3-128-6371-29、档案编号：3-128-6373-11、档案编号：3-128-6373-46、档案编号：3-128-6374-54(洋药厘捐部分并无年度报告，以上为各结情况)。

注：国用项下，汤著共计 675507，笔者共计 615506.9232。国用项下解拨饷项，汤著共计 329893，笔者共计 289893.176。国用项下中央政费，汤著共计 62500，笔者共计 62500.165。关用项下，汤著共计 122711，笔者共计 122711.236。

除了对"北卡洋人经费"的不同理解外，本年度的差别主要有四点。第一，"解部"项下，汤先生似包括"加放俸饷""京饷""拨浙海常关备解十六年即十七年分常税京饷"三项，而笔者认为第三项包括在内是不合适的而且违背了他自己此前的统计口径。第二，在"各地临时协饷"项下，笔者认为此年度中没有任何一项何以归纳到其下。第三，在"省用军政费"项下，笔者的数据包括"浙省满绿各营官兵俸饷"和"拨解浙省饷需"两项，合计如上数。而汤先生的数据不知为何未包括"拨解浙省饷需"。第四，在"汇费川资项下"我们之间也有很大的差别。

表 5-3-57 1891 年(第 121～124 结，光绪十六年八月十八日至
十七年八月二十八日)收入表

单位：库平两

各项		汤著	笔者
税收总计		1229809	1229809.2090
进出口正税	华商	268044	268043.5590
	洋商	243761	243761.1700

续表

各项		汤著	笔者
复进口半税	华商	19001	19000.5800
	洋商	13839	13839.4770
内地子口半税	华商	24838	24837.6650
	洋商		
船钞	华商	2132	2132.2000
	洋商	3300	3300.4000
洋药税	华商	67190	67190.1600
	洋商	111417	111417.3380
洋药厘金	华商	179174	179173.7600
	洋商	297113	297112.9000

资料来源：汤著第389～390页，笔者依据档案编号：3-128-6380-28（华洋税部分）及档案编号：3-128-6376-2、档案编号：3-128 6376-49、档案编号：3-128-6377-24、档案编号：3-128-6378-31（洋药厘捐部分并无年度报告，以上为各结情况）。

此年度两组数据基本相同。

表5-3-58　1891年（第121～124结，光绪十六年八月十八日至十七年八月二十八日）支出表

单位：库平两

各项			汤著	笔者
分配总计			1337300	1337300.2711
国用项下	解部		140000	120000
	解拨饷项之海防经费		306165	306164.8900
	解还外债	福建善后局海防借款	134498	134498.0485
		神机营怡和借款	280000	280000
	中央政费	总署及外务部经费	1630	1629.7800
		总税务司经费	3803	3802.8200
		出使经费	62137	62137.1010
省用项下军政费			280000	280000

续表

各项		汤著	笔者
关用项下	税务司经费	84000	85235.3100
	关用经费	12297	11062.5036
	汇费川资	18077	18077.2990
	火耗	14693	14692.5190
其他（拨补常税）			20000

资料来源：汤著第 396～400 页，笔者依据档案编号：3-128-6380-28（华洋税部分）及档案编号：3-128-6376-2、档案编号：3-128-6376-49、档案编号：3-128-6377-24、档案编号：3-128-6378-31（洋药厘捐部分并无年度报告，以上为各结情况）。

注：国用项下，汤著共计 928233，笔者共计 908232.6395。国用项下解还外债，汤著共计 414498，笔者共计 414498.0485。国用项下中央政费，汤著共计 67570，笔者共计 67569.701。关用项下，汤著共计 129067，笔者共计 129067.6316。

除了"北卡洋人经费"的不同理解外，本年度的差别主要有两点。第一，"解部"项下。汤先生似包括"加放俸饷""京饷""拨浙海常关备解十七年即十八年分常税京饷"三项，而笔者认为第三项包括在内是不合适的而且违背了他自己此前的统计口径，当列入"其他"项下。第二，"省用军政费"项下，我们的数据都包括"浙省满绿各营官兵俸饷"和"拨解浙省饷需"两项，而汤先生再次出现了前后统计口径的不一致。汤先生不知为何如此？需要说明的是，这个财政年度清单中，浙海关的数字突然显示为两之后的 4 位（"毫"）。

表 5-3-59　1892 年（第 121～124 结，光绪十七年八月二十九日至十八年八月初十日）收入表

单位：库平两

各项		汤著	笔者
税收总计		1198033	1198032.599
进出口正税	华商	216082	216082.117
	洋商	242452	242452.214
复进口半税	华商	19843	19842.610
	洋商	13000	12999.730

续表

各项		汤著	笔者
内地子口半税	华商	26662	26661.778
	洋商		
船钞	华商	2065	2064.900
	洋商	2391	2391.200
洋药税	华商	59651	59650.650
	洋商	124587	124587
洋药厘金	华商	159068	159068.400
	洋商	332232	332232

资料来源：汤著书第 389～390 页，笔者依据档案编号：3-128-6385-30（华洋税部分）及档案编号：3-129-6380-46、档案编号：3-129-6381-68、档案编号：3-129-6382-61、档案编号：3-129-6384-28（洋药厘捐部分并无年度报告，以上为各结情况）。

此年度两组数据基本相同。

表 5-3-60　1892 年（第 121～124 结，光绪十七年八月二十九日至十八年八月初十日）支出表

单位：库平两

各项			汤著	笔者
分配总计			1278876	1278876.3710
国用项下	解部		140000	120000
	解拨饷项之海防经费		287109	287108.7920
	解还外债	福建善后局海防借款	214652	214652.4066
		神机营怡和借款	170000	170000
	中央政费	总署及外务部经费	1337	1336.8300
		总税务司经费	3119	3119.2700
		出使经费	57849	57849.4780
省用项下军政费			280000	280000

续表

各项		汤著	笔者
关用项下	税务司经费	84000	85236.9200
	关用经费	8724	7486.9130
	汇费川资	17763	17762.8430
	火耗	14323	14322.9180
其他（拨补常税）			20000

资料来源：汤著第 396～400 页，笔者依据档案编号：3-128-6385-30（华洋税部分）及档案编号：3-129-6380-46、档案编号：3-129-6381-68、档案编号：3-129-6382-61、档案编号：3-129-6384-28（洋药厘捐部分并无年度报告，以上为各结情况）。

注：国用项下，汤著共计 874066，笔者共计 854066.7766。国用项下解还外债，汤著共计 384652，笔者共计 384652.4066。国用项下中央政费，汤著共计 62305，笔者共计 62305.578。关用项下，汤著共计 124810，笔者共计 124809.594。

此年度的差别与上年度相同，除了对浙海关"北卡洋人经费"的不同理解而导致税务司经费和关用经费的计算之外，尚有多处差异。在"解部"项下，汤先生似包括"加放俸饷""京饷""拨浙海常关备解十八年即十九年分常税京饷"三项，而笔者认为第三项包括在内是不合适的而且违背了他自己此前的统计口径，当列入"其他"项下；在"省用军费"项下，我们的数据都包括"浙省满绿各营官兵俸饷"和"拨解浙省饷需"两项，而汤先生再次出现了前后统计口径的不一致。

三、小结

通过以上的校勘，我们可以发现，汤著的统计数据存在着以下几个问题。

第一，财政年度表述不清。档案中的财政年度存在前后的变化，也就是并非一直是从前一年的西历的 10 月 1 日至当年的 9 月 30 日，且各关的情况不同。汤著的出于统计的方便而示为一致，不仅与事实相悖，也造成了统计上的失误。

第二，统计口径问题。这又包含两个部分：一是汤著的统计口径（或者说是统计项目）的设计上存在将近代财政观念强加于清代度支运作的嫌疑。我们现在知道的是，清代的度支大抵分为存留、起运（包括京饷、协饷)几部分，而这些其实都是在清政府将收入看作国家收入的一部分的基础之上，并无国税、地税之分。汤著将关税支出分为国用、省用、关用三大部分固然清晰明了，但与清人的观念差别甚大，尤其是将皇室经费视为国用更是谬误。内廷与外朝之别，清代虽然没有明代那么巨大，但在清代的户部官员那里是极为清晰的——晚清时期固然有户部拨补内务府每年数十万两的定制，但何项为外朝收入、何项为外朝支出是极为明了的。另外，四成洋税、六成洋税使用的差别——前者初期专为赔款，后期专为户部银库；后者专为本省和协饷，在数十年间虽然有含混之处，但始终存在。而这种类似后代专款专用的体制在书中无法得到体现。① 二是统计口径存在前后不一致的情况。年度统计自当以实际开支为度，但可能是因为资料收集的不完整，汤著存在将未支部分列入的情况；开支项存在名目相同而实际得款机构前后转换的问题，归类时自当以得款机构为别，汤著存在某处以原款项名列目而另处以得款机构列目的情况；某些款目如未发生变化，自当前后一致归入某类项下，而汤著的统计存在诸多前后不同之处。

第三，统计款项理解的错误。例如，"子口税项下支给北卡洋人经费"有明确的证据表明实为税务司另得经费，却被列入了海关监督经费；船钞的使用在第 31 结前存在数次变化，但汤著的统计多未注意，以致数值偏差较大；1880 年度的"借拨瓯海关不敷经费"既为列为浙海关的支出，也没有在瓯海关的收入项中得到体现。

第四，统计数字的错误。必须说明的是：书中这样的纯计算错误不多，且数额不大。而某些因笔误造成的结果则存在较大的数额差距。

目前国内学界对大数据研究似乎陷入了某种痴迷的状态。笔者初始以为只是一个经济学界的浪潮之一，但后来看到越来越多的史学界同人参与其中。笔者不知道玩大数据的经济学家们如何处理琐碎的原始数据，但从历史学研究者的基本训练来说，每一个数据都需要经过严格的审核，确保减少可能的误差。虽然细节的错误未必真的会造成结果的"失之毫厘，谬之千里"，但出于史学研究求真的学科本性，我

① 参见陈勇：《晚清海关洋税的分成制度探析》。

们自当小心翼翼。

在使用海关监督的奏销折时，我们权且不顾其间是否会有上奏时即有的偏差（因为即使是错了，只要通过了户部—度支部的核销，那也是清政府账面的财政收支）①，在对相关数据加权时的偏差即可导致数值的偏离，更何况还有统计方式、款项理解的不同。笔者此文非为挑剔汤象龙先生写作的细节，而是在提醒自己在敬畏历史的同时，必当小心翼翼。

中国历史上形成的数据非为现代的我们而做，其出发点、统计方法均与我们的试图解决的问题差距甚大。就海关奏销折所反映的情况来看，奏销者的初始目的不过是按照四六分成逐项奏报，力图符合户部—度支部则例而已，若想从其间得出中枢与地方之间的财权争夺、中枢控制力的演变无疑并非最合适的考察对象。我们仍需回到历史自身，回到数据编制者和数据自身，解决历史上的问题，如四六分成问题、某些款项的演变问题、税款解送的方式和成本问题……若想以这些数据解决现下关心的问题，除了需要更为巧妙的方法，尤需小心翼翼。

---

① 侯彦伯在《1869 年粤海关监督奏销折与粤海关税务司贸易表中洋税收入数据之考核》（上海中国航海博物馆主办：《国家航海》第 16 辑，18～30 页，上海，上海古籍出版社，2016）一文为我们揭示了一个极好的范例。他经考订后认为，粤海关同治八年的洋税额将海关两的数额直接写作了库平两，其间的差额完全被抹消。于清政府而言，差额中的关税收入无论是账面还是实际开支都完全不存在了。

附文一　清末各省财政监理官人员考

　　清末立宪时期，主管财政的度支部有这样的一段话："清理理财为预备宪政第一，各省（财政）监理官又为清理理财第一。"也就是说，在度支部官员看来认为，清理财政和清理财政处派往各省的财政监理官在预备立宪的进程中有着非常重要的地位。这种重要地位在当时体现为：是监理官们在各省财政部门的配合之下，清理了财政基本情况，编订了各省的财政预算，并由各省的财政预算汇总而成了全国的财政预算；是监理官们总结各省的税收情况，划分了地方税、国家税，为各省地方自治奠定基础。于后世而言，这是中国的第一次近代西方意义上的预决算筹备，并影响到此后的财政预决算；这是第一次全面调查全国的财政状况，为后世留下较为详细的财政资料。财政监理官的派出制度在民国初年尚再次施行，其中一些人员就是清末的监理官。在诸多意义上，清末各省财政监理官及其行为都具有深远的影响。

　　在目前的研究中，关于清末财政、预决算、某些监理官个人的研究不少[①]，如刘增合最近数年的一些研究对于我们了解清末财政问题

---

　　① 相关的文章很多，这里笔者仅举直接参考的文章，果鸿孝：《论清末政府在经济上除弊兴利的主要之举》，载《中国社会经济史研究》，1991(3)；龚汝富：《清末清理财政与财政研究》，载《江西师范大学学报（哲学社会科学版）》，1999(2)；周育民：《清王朝覆灭前财政体制的改革》，载《历史档案》，2001(1)；邓绍辉：《光宣之际清政府试办全国财政预决算》，载《四川师范大学学报（社会科学版）》，2007(1)；陈锋：《晚清财政预算的酝酿与实施》，载《江汉论坛》，2009(1)；张佩佩：《试论清末简派财政监理官》，载《学术论坛》，2010(7)；刘增合：《光宣之交清理财政前夕的设局与派官》，载《广东社会科学》，2014(2)。

有很大的帮助。

从现有的研究来看，我们现在只知道监理官们派出的时间、人员的姓名、度支部官方纸面的职掌，而至于他们的个人情况、他们到各省后的实际运作情况都尚有待进一步研究。笔者在此拟根据相关档案，以及现有的传记资料对这一群体做一初步探讨，以期对各省财政监理官有一个整体的把握。

一、各省财政监理官的派出

按清代的惯例，省级收支在督抚之下，由各省布政使、关道、盐运使、粮道各负其责，中央财政则由户部综核全局，除了春秋拨外，还对外省款项进行核销。咸同之后，太平天国运动打乱了原有体系，一方面是奏销体系紊乱，多有迟至 10 余年后方始奏销者；另一方面是地方出现各种掌管财政的机构如善后局、军械局，这些机构往往不在布政使等原有财政衙署的控制之下。其结果就是不仅户部不知全国的财政情况，连布政使和督抚们也不知本省财政情况。甲午战争和庚子赔款之后，由于巨额借款和赔款的拖累，整个财政体制进一步趋于混乱，连春秋拨、奏销制度都维持艰难。

清末财政之困顿，户部与各省于财税之罗掘俱穷，早已为时人所洞识，而如何改变这种局面则众说纷纭，对财政体制进行变革是舆论的主流，其中是否由中央政府——或者说是度支部，直接控制全国财政成了讨论的重点。清政府在此间并非无所作为，一些督抚开始进行财政清理，如李兴锐于光绪二十九年（1903）署理闽浙总督任上，裁撤了与财政相关的各局所（如善后、济用、劝捐、稽核、税厘等局）合并为财政局，统一事权。① 而在中枢，则于光绪二十九年九月十六（1903年 11 月 4 日）设立财政处，以军机大臣那桐、奕劻、瞿鸿禨领衔会同户部整理全国财政。② 到了光绪三十二年（1906），户部改组为度支部，采取分科治事，将原来的十四清吏司改组为田赋、漕仓、税课、通阜

_____

① 参见赵尔巽等撰：《清史稿》卷四四七《李兴锐传》，12507～12509 页，北京，中华书局，1977。

② 参见赵尔巽等撰：《清史稿》卷二四《德宗二》，911～965 页，北京，中华书局，1976。

等十司。除此之外，鉴于外省财政的混乱，度支部内外还有一些要求仿效日本，由度支部直接派员掌控各省财政的声音。光绪三十三年八月（1907 年 9 月），时为江苏农工商局总办的熊希龄上书度支部尚书载泽，他认为，除了历史性的因素外，如果当前"中央政府直接派员管理，不独目前人才不足，难以统一，机关未备，难以监督。倘大吏坐视其成败，则人们必轻藐其权威，终恐难以收实行之效也"①。这份禀稿对载泽影响不得而知，但它和当时《中外日报》《东方杂志》等杂志上的系列反对中央集权文章一起构成了反对度支部直接管理财税的浪潮，度支部也被迫将自己定位为"综核全局"，财政的集中也仅限于省级的布政使或度支使（全国各省到宣统元年时，设立度支使的只有东三省）。

此时，宪政运动正"轰轰烈烈"。到光绪三十四年八月初一日（1908 年 8 月 27 日），清政府颁布了九年预备立宪诏书，要求"自本年起，务在第九年内将各项筹备事宜一律办齐"②。在宪政编查馆和资政院拟订的《议院未开以前逐年筹备事宜清单》中前三年涉及的度支部工作如下："第一年，颁布清理财政章程；第二年，调查各省岁出入总数；第三年，覆查各省岁出入总数，厘订地方税章程，试办各省预算决算。"③这些工作既不可能让度支部的官员安坐于衙署内完成，也不可能由地方官员自行申报：此前的申报，由于各省的敷衍，早已证明此路不通。于是，度支部在直接管理外省财政和由各省自行申报之间选择了一条折中的道路：由度支部派出财政监理官，与地方官员一起调查各省财政实情。

度支部动议派遣财政监理官最早是在光绪三十四年十二月初一日（1908 年 12 月 23 日）的奏折中。这份奏折中，度支部的表述还比较含糊，只是说"各局应派监理人员临时酌量奏派……再行具奏"④。也就

① 熊希龄：《上载泽论财政书》（1907 年 9 月），见周秋光编：《熊希龄集》第 1 册，299 页，长沙，湖南人民出版社，2008。

② 度支部编：《度支部清理财政处档案》，1 页，宣统年间铅印本。

③ 度支部编：《度支部清理财政处档案》，13～14 页。

④ 度支部编：《度支部清理财政处档案》，夹页 6～9 页。原书在装订时出现问题，在第 27 页和 28 页中间，夹订了 12 页。应该是在编写页码时出现问题，只好再加临时页码。

是说，此时一切都只是一个想法。到了十二月二十日(1909 年 1 月 11
日)的清理财政章程清单中则已明确说明，要在各省"设监理官二员，
由臣部派员充之"①，并拟定了监理官之职责。正式奏派各省正监理官
的时间是在宣统元年闰二月十四日(1909 年 4 月 4 日)，奏派副监理官
的时间是在闰二月二十四日。此后这些人大致分成两批②，得到召见，
并陆续启程前往各省。以下为各省财政监理官人员清单。

附文表 1　各省财政正、副监理官名册

省份	正监理官	职衔	省份	副监理官	职衔
直隶	刘世珩	右参议	直隶	陆世芬	主事
湖北	程利川	候补参议	湖北	贾鸿宾	主事
江苏	管象颐	候补参议	江宁	景凌霄	主事
			苏州	王建祖	研究所评议员翰林院检讨
			两淮	梁致广	七品小京官
云南	奎隆	郎中	云南	余晋芳	主事
山东	王宗基	郎中	山东	章祖僖	主事
广东	宋寿征	郎中	广东	胡大崇	主事
甘肃	刘次源	郎中	甘肃	高增融	丁忧主事
陕西	谷如墉	员外郎	陕西	薛登道	主事
河南	唐瑞铜	员外郎	河南	蹇念益	七品小京官
四川	方硕辅	帮办土药统税事宜候补四品京堂	四川	蔡镇藩	丁忧主事
浙江	王清穆	丁忧开缺直隶按察使	浙江	钱应清	主事
山西	乐平	山西银行总办前广东南韶连道	山西	袁永廉	主事

①　度支部编：《度支部清理财政处档案》，29 页。
②　笔者未见到分批召见的文件，但从《履历档》中所见，他们的档案集中于
两个时间点。故此推断，他们的召见时间大致分成两批。

续表

省份	正监理官	职衔	省份	副监理官	职衔
贵州	彭谷孙	广西候补道	贵州	陈星庚	丁忧员外郎
江西	孙毓骏	江西九江知府	江西	润普	员外郎
安徽	鄂芳	前四川重庆府知府	安徽	熊正琦	主事
新疆	傅秉鉴	丁忧甘肃候补知府	新疆	梁玉书	主事
广西	汪德溥	署杀虎口监督山西试用知府	广西	谢鼎庸	主事
东三省	熊希龄	分省补用道	奉天	栾守纲	丁忧主事
			吉林	荆性成	主事
			黑龙江	甘鹏云	主事
福建	严璩	分省补用道	福建	许汝棻	丁忧主事
湖南	陈惟彦	江苏候补道	湖南	李启琛	郎中

资料来源：度支部编：《度支部清理财政处档案》，38～41页。

注：第一，刘世珩因受度支部指派管理造纸厂而于宣统三年正月离职（参见宣统三年正月二十四日，载泽奏，档案编号：03-7450-035）。直隶正监理官由沈邦宪（浙江嘉兴县人，举人，江苏候补道）接任。

第二，刘次源于宣统二年二月二十七日遭胡思敬弹劾，经湖南巡抚杨文鼎查核，最终离职（参见宣统二年八月初十日，杨文鼎奏，档案编号：03-74343-055）。甘肃正监理官一职由新疆省正监理官傅秉鉴兼任。傅秉鉴本人长期驻兰州。

第三，宣统二年十二月初七日，方硕辅补授山东盐运使（参见宣统二年十二月十八日，度支部尚书载泽奏，档案编号：03-7448-150）。宣统三年时，四川正监理官为文龢（江西萍乡人，举人，原江苏候补道）。

第四，乐平于宣统三年因肝病离职（参见宣统三年八月二十九日，载泽奏，档案编号：03-7461-164）。继任者为谢启华（广西桂林县人，进士，福建候补知府）。

第五，鄂芳于宣统三年四月二十二日在安徽正监理官任上病逝（参见宣统三年五月十一日，度支部尚书载泽奏，档案编号：03-7454-054）。安徽正监理官由赵从蕃（江西南丰人，进士，开缺广西劝业道）接任。

第六，熊希龄于宣统二年七月离职去署理湖北交涉使（参见宣统二年八月初七日，载泽奏，档案编号：03-7442-067），后又改调东三省盐运使。继任者为荣厚（满洲镶蓝旗，官学生，候补道）。

第七，湖南财政正监理官于宣统元年八月初八日由蔡源深接任，而蔡源深也于宣统三年三月因病离任回籍医治（参见宣统三年三月十二日，度支部尚书载泽奏，档案编号：03-7452-064）。接任者为杨士骢（安徽泗州人，记名邮传部参议）。

第八，润普在辛亥革命后改名张润普或张运谱。

第九，宣统三年甘鹏云调任吉林副监理官，黑龙江副监理官为楼振声（浙江诸暨人，副贡，度支部七品小京官）。

二、财政监理官履历

度支部此次派出的监理官合计正监理官 20 人，副监理官 24 人。之所以副监理官比正监理官多出 4 人，是因为东三省各省均有一位副监理官，而正监理官则只有熊希龄一人；江苏一省则设有苏州、江宁、两淮三位副监理官。当时的解释是："东三省地方辽阔，江苏为财富要区，又两淮盐务行销六省，款目繁钜。"① 按，之所以说苏州和江宁分立副监理官，是因为清代两江总督驻江宁、江苏巡抚驻苏州，原本就有两位布政使，各自核算辖地财政。

关于正监理官的人选，度支部是这样解释其原则的："简派正监理官责任綦重，自应遴选贤能之员以备任使。除将现在臣部当差人员开列外，并将曾在臣部当差得力暨现充臣部评议员，现办臣部银行、税务各员以及外省当差人员臣等知其于财政讲求有素者一并开列。"② 也就是说，度支部开列的人员中有当下仍在度支部就职者，有曾在度支部就职以及不曾在度支部就职但外界认为财政能力较强者三种。需要说明的是，正监理官是由度支部开单、由皇帝亲自简派，而副监理官则由度支部自行奏派。我们先看一下这 20 位正监理官的履历。

首先我们看一下刘世珩。刘世珩（1875—1926），字聚卿，又字葱石。原淮系重臣、广东巡抚刘瑞芬的第五子。1894 年中举，后捐道员衔，其商务方面的才能得到了两江总督刘坤一的重视，与张謇一起主

---

① 度支部编：《度支部清理财政处档案》，39 页。两淮地区财政的单独核算除了两淮盐务数额较大的因素外，可能与苏北财政多年以来的半独立有关——江宁、苏州两藩司在财政统计时多未将苏北淮徐等地区核算在内。

② 度支部编：《度支部清理财政处档案》，37 页。

持"江南商务局"，此后又负责过"裕宁官银局""江宁实业学堂"等机构。① 而他在财政、金融方面的才能也为海内所知。光绪三十一年，财政处大臣奕劻、瞿鸿禨即专折奏调他到财政处"差委"②，所谓的"差委"职缺在此折中没有明说，只是说"随同前派提调各员办理一切财政事宜"。而到了次年，有一份奏折中提到刘世珩是"财政处提调上行走"③。到了奏派正监理官时，他已官至"度支部右参议"——度支部的高层技术官员。宣统三年，刘世珩升度支部左参议。辛亥革命时，他因兼任湖北造纸厂总办而在武汉，"遂巡于炮火间，仅以身免，不得已只身仓猝避兵于沪"。此后闭门不出，致力于诗书间，被后世称为出版家、藏书家。④

管象颐⑤(1867—1926)，字养山，山东莒州(今日照市五莲县)人。

---

① 参见杨世奎编：《刘世珩(聚卿公)传略》，见刘重光、杨世奎等编撰：《安徽贵池南山刘氏瑞芬公世珩公支系史乘》上卷，306 页，北京，文物出版社，2012。此书为其后人石莹教授所赠，在此表示感谢。关于刘世珩的生平也可参见徐学林：《精于理财拼命存古——近代思想家刘世珩传略》，载《出版史料》，2003(1)。另，《清史稿》列传二二三《刘瑞芬传》后亦列有刘世珩仅 114 字的传记。

② 光绪三十一年十一月二十三日，财政处折，中国第一历史档案馆藏：《军机处录副》，档案编号：03-5450-064(下文有此编号者均出自一档馆，为节省篇幅，不再单独说明)。

③ 光绪三十二年(此年份系编目者所加，原《军机处录副》无时间)财政处折，档案编号：03-6667-145。

④ 参见杨世奎编：《刘世珩(聚卿公)传略》，见刘重光、杨世奎等编撰：《安徽贵池南山刘氏瑞芬公世珩公支系史乘》上卷，308 页。

⑤ 笔者曾见到一份管象颐的小传，颇多舛误，但也可供参考[朱晓峰：《日照的进士世家》，载《春秋》，2010(2)]。文中称管象颐系今山东日照五莲县小窑人氏，其家称"一门五进士"，其父管廷献为光绪九年探花，其叔父廷鹗、廷纲分别为光绪二年和光绪十八年进士，其弟象晋为戊戌科(1898)进士。以下是朱晓峰笔下的小传："廷献之子象颐(1867—1926)，字养山，别号梅痴居士。光绪十六年(1890 年)庚寅科进士，授翰林院庶吉士，改户部主事，后升任员外郎、郎中。户部改度支部后，他升任左参议。宣统三年任江南财政监理官加三品衔。民国建立后，他被选为众议院议员。袁世凯曾委以财政次长，他不应。山东水患，山西旱灾，他曾倡办义赈数百万，自捐万金。1926 年病逝。"

光绪十六年以二甲五十五名考中进士。① 光绪十八年在庶吉士散馆时，名列二等三十五名②，签分户部③。到了光绪二十七年慈禧从西安回銮的随扈人员名单中我们见到了作为户部主事的管象颐的名单。④ 光绪三十二年户部右侍郎陈璧考察铜币，调派随员时，名单中有管象颐，此时他已升任员外郎。陈璧在奏折中称："（户部）员外郎管象颐……有守有为，办事精详"⑤ 光绪三十四年七月内外荐举引见名单中，管象颐已是"度支部郎中"⑥。此次引见系经那桐等人的考察，管象颐显然得到了考察人员的好感，得到了擢升："度支部郎中管象颐着以本部参议候补。"⑦民国后，管象颐曾出任众议员，财政总长周自齐拟以次长之位相待，不就。隐居不出。后因地方匪乱，避居北京。曾任国务院谘议，经济调查委员会委员。⑧

程利川⑨（1867—1922?），字有光，号如方，又号汝舫，浙江宁波镇海县（今镇海区）人⑩，光绪十五年中举，光绪十八年以二甲五十二

---

①　参见中国第一历史档案馆编：《光绪宣统两朝上谕档》第 16 册（光绪十六年），光绪十六年五月初十日，155～168 页，桂林，广西师范大学出版社，1996。

②　参见中国第一历史档案馆编：《光绪宣统两朝上谕档》第 18 册（光绪十八年），光绪十八年四月十八日，124～126 页。

③　参见中国第一历史档案馆编：《光绪宣统两朝上谕档》第 18 册（光绪十八年），光绪十八年五月初三日，134～148 页。

④　参见中国第一历史档案馆编：《光绪宣统两朝上谕档》第 27 册（光绪二十七年），光绪二十七年七月二十一日，161～168 页。

⑤　光绪三十二年八月十三日，户部右侍郎陈璧折，档案编号：03-6685-055。

⑥　中国第一历史档案馆编：《光绪宣统两朝上谕档》第 34 册（光绪三十四年），光绪三十四年七月初三日，151 页。

⑦　中国第一历史档案馆编：《光绪宣统两朝上谕档》第 34 册（光绪三十四年），光绪三十四年九月初九日，196～198 页。

⑧　参见《诰封资政大夫，先考养山府君行状》，见政协莒县委员会编：《莒县文史资料》第 9 辑，72 页，1996。（出版信息缺失）

⑨　参见洪可尧编：《四明书画家传》，329 页，宁波，宁波出版社，2005。

⑩　参见顾廷龙主编：《清代朱卷集成》第 280 册，211 页，台北，成文出版社，1992。

名考中进士①，后签分户部。到了光绪二十二年，可能是静极思动，程利川考取了总理衙门章京。但在这次考试后，不知是因为排名靠后，还是因为户部的咨留，程利川未去总理衙门当过差。戊戌维新中，他在百日维新即将结束的光绪二十四年七月二十八日（1898 年 9 月 13 日）由户部代奏了他的条陈。② 其内容笔者未见，但拖至最后才上条陈可见其慎重。光绪三十年四月，随同铁良考察江南等省财政事宜，并奏补陕西司主事。次年九月题升贵州司员外郎，派充财政处委员。③ 光绪三十二年二月十六日（1906 年 3 月 10 日），他以京察一等被引见后，"交军机处记名，以道府用"④。次年七月，题升陕西司郎中⑤，九月十六日，他被授职为湖南岳州府知府⑥。但未上任，而是被留在了度支部，"在参议上行走"⑦。光绪三十四年九月，程利川经内外荐举，升为度支部"参议候补"⑧。

奎隆（1872—?），满洲镶黄旗，早年由贡生报捐笔帖式，光绪十五年签分户部，光绪二十八年因留京办事出力保奏五品衔。光绪二十九年升主事，三十一年升员外郎，三十二年经理银库得力经保奏赏四品衔，并外派为河南造币厂会办；三十四年升郎中。⑨ 直至宣统元年五月才作为京察一等人员引见后"着交军机处记名以道府用"。

① 参见中国第一历史档案馆编：《光绪宣统两朝上谕档》第 18 册（光绪十八年），光绪十八年五月十四日，153～166 页。
② 参见中国第一历史档案馆编：《光绪宣统两朝上谕档》第 24 册（光绪二十四年），光绪二十四年七月二十八日，392～395 页。
③ 参见秦国经主编：《清代官员履历档案全编》第 7 册，584～585 页。
④ 中国第一历史档案馆编：《光绪宣统两朝上谕档》第 32 册（光绪三十二年），光绪三十二年二月十六日，391 页。
⑤ 参见秦国经主编：《清代官员履历档案全编》第 7 册，740～741 页。
⑥ 参见中国第一历史档案馆编：《光绪宣统两朝上谕档》第 33 册（光绪三十三年），光绪三十三年九月十六日，221 页。
⑦ 中国第一历史档案馆编：《光绪宣统两朝上谕档》第 33 册（光绪三十三年），光绪三十三年十一月初四日，282 页。
⑧ 中国第一历史档案馆编：《光绪宣统两朝上谕档》第 34 册（光绪三十四年），光绪三十四年九月初九日，196 页。
⑨ 参见秦国经主编：《清代官员履历档案全编》第 8 册，197 页。

王宗基(1873—1912),字承祖,号稷堂,浙江嘉兴海盐县人,癸巳恩科举人,报捐郎中,签分户部,光绪二十一年到部。① 光绪二十四年就已是户部候补郎中,并在维新中因"于北城地面集资设立会文学堂,讲求中西实学"而被孙家鼐认为他"留心时务,造就人才"而"传旨嘉奖"。② 光绪二十九年以二甲六十七名中进士。到他中了进士之后,因为清政府有规定"历科进士单中有候补六部郎中、员外郎、主事等官奉旨以原官用",所以王宗基"以郎中即用"。宣统元年时官职为通阜司副司长、计学馆帮办。③ 民国时曾任财政部特派山东视察员④,病故于上任途中⑤。

宋寿征(1875—?),浙江山阴(今山阴县)人。癸巳(1893)恩科举人,报捐郎中,签分户部。光绪二十二年十一月到部。光绪三十一年八月因顺直赈捐案内出力而奏加四品衔。光绪三十二年五月奏调税务处差委。宣统元年时为税务处第一股总办,度支部税课司司长,统计处帮办。⑥ 民国后,出任过广东国税厅筹备处处长,1913—1914年还曾任粤海关监督等职。此后似长期在民国政府税务处工作,任提调等职。⑦

刘次源(1878—?),字璧墉,湖南郴州永兴县人。在宣统元年一份预备召见的履历单中写他的情况是:"庚子辛丑恩正并科⑧举人,报捐

---

① 参见中国第一历史档案馆编:《光绪宣统两朝上谕档》第29册(光绪二十九年),光绪二十九年闰五月初十日,155～166页。

② 中国第一历史档案馆编:《光绪宣统两朝上谕档》第24册(光绪二十四年),光绪二十四年七月初五日,306～309页。

③ 王宗基为晚清海盐大族,其家族内多士子。其从弟王滨基亦颇有文名。参见胡露、周录祥:《范门弟子小考》,载《南通大学学报(社会科学版)》,2005(2)。

④ 参见《财政部为派特使财政视察员名单呈暨大总统批》,载《政府公报》,第174号,1912-10-12。

⑤ 参见虞和平、夏良才编:《周学熙集》,429页,武汉,华中师范大学出版社,2011。

⑥ 参见秦国经主编:《清代官员履历档案全编》第8册,434页。

⑦ 参见全国政协文史资料委员会编:《文史资料存稿选编》第21辑经济(上),51页,北京,中国文史出版社,2002。原文未曾述及宋寿征在税务处任职的时间,但从文中看似乎时间较长。

⑧ 1901年。——引者注

郎中，签分度支部。光绪三十二年四月到部，现充丞参厅谘议员、统计处帮办、司会科科员。"①其实，他中举后即游学日本，回国后一度在郴州等地从事新式教育，与郴州知州金蓉镜发生冲突——他任财政监理官时被弹劾的主要理由也是因为这件事。② 后入京，光绪三十三年时，已是度支部四川司学习郎中。③ 宣统二年二月十四日，上谕称"刘次源通匪诈财查无其事，惟恃才傲物，未能恪守准绳而举动失宜，不知检束，以致乡评未洽，予人指摘。得旨，刘次源着交部议处"④。进入民国后，刘次源曾任代理福建民政长。⑤

谷如墉(1858—?)，字芙塘，山西神池县人。己丑恩科举人，光绪十六年(庚寅)五月考中进士。⑥ 以主事用签分户部，光绪十六年六月到部。庚子时，告假回籍。⑦ 在籍期间充山西大学堂副监督。在光绪二十八年山西巡抚岑春煊的奏折中称赞他"品诣端粹，尤洞明中外学术"，奏请将其留在山西办理学务(主要是山西大学堂事务)，并免扣除他在户部的资历和俸禄，朱批照准。⑧ 同年，他还被岑春煊和刑部尚书贵恒保举参加经济特科。光绪三十年，回户部当差，担任过计学馆提调、学部咨议官等差使。但他在户部的职务一直没有得到提升。光绪三十二年正月，新任山西巡抚张人骏鉴于谷如墉"品端学粹，于中外

---

① 秦国经主编：《清代官员履历档案全编》第 8 册，434～435 页。

② 参见宣统二年八月初十日，湖南巡抚杨文鼎折，档案编号：03-7443-055。

③ 参见光绪三十三年九月二十一日，刘次源呈文，档案编号：03-5620-019。

④ 《清实录·宣统政纪》卷三二，568 页，北京，中华书局，1986。上谕中虽然说刘次源与禹之谟无关，但从后来的一些材料来看，当时二人之间是有密切关系的，他们在 1904 年时曾一起刊布名为"大同会"的传单。参见成晓军：《同盟会湖南分会首任会长禹之谟述论》，载《湖南人文科技学院学报》，2007(1)。

⑤ 参见陈明胜：《民初北京政府的治国困境——以减政主义为中心》，载《安徽史学》，2010(4)。

⑥ 参见中国第一历史档案馆编：《光绪宣统两朝上谕档》第 16 册(光绪十六年)，光绪十六年五月初十日，155～168 页。

⑦ 参见秦国经主编：《清代官员履历档案全编》第 8 册，207～208 页。

⑧ 参见光绪二十八年五月十九日，山西巡抚岑春煊折，档案编号：03-7212-014。档案编号为 04-01-12-0618-069 的奏折，为内容相同的奏折，但无朱批。

教育事务均极谙熟",奏请将其调到山西大学堂担任监督,朱批是"户部知道"。① 从当时的情况来看,他应该是去上任了。至于他的本职,则直至光绪三十三年五月始得奏补主事,八月兼充礼部礼学馆顾问官,十一月派充库伦银行总办,光绪三十四年奏补员外郎。② 民国初年,曾出任山西民政长、署粤海关监督,1915 年辞职。

唐瑞铜(1869—?),贵州遵义贵筑县人。癸巳恩科(1893)举人,报捐员外郎,签分户部。但迟至光绪二十八年七月(1902 年 8 月)方始到部。光绪二十九年以二甲第七名考中进士。此时,他的职务是户部学习员外郎。③ 光绪三十三年二月奏补福建司员外郎,十二月改补制用司员外郎。宣统元年时为制用司副司长。④

方硕辅(1854—1921),又名方成周,字启南,河南禹州(今禹州市)人。⑤ 光绪八年以贡生参加顺天府乡试,中举,报捐道员。⑥ 光绪二十年七月十六日(1894 年 9 月 12 日)分发江苏试用道。⑦ 期间,颇得两江总督刘坤一的欣赏,认为他"才具优长,办事结实,堪以繁缺。留省补用"⑧。其后他还出任过很多职位——"历充河工、督销厘捐及水师学堂、制造局诸差"。为此,他遭到了御史的弹劾,攻击他"年甫五十而须发俱白,说者谓其利欲熏心之所致"⑨。好在后任的两江总督魏光焘还了他清白。光绪三十年由魏光焘以在徐海工赈出力而奏请保加

① 光绪三十二年正月二十四日,山西巡抚张人骏奏折,档案编号:04-01-38-0193-003。

② 参见秦国经主编:《清代官员履历档案全编》第 8 册,440 页。

③ 参见中国第一历史档案馆编:《光绪宣统两朝上谕档》第 29 册(光绪二十九年),光绪二十九年闰五月初十日,155~166 页。

④ 参见秦国经主编:《清代官员履历档案全编》第 8 册,435 页。

⑤ 参见方文昌:《方硕辅和民国初年河南的减漕活动》,见王卫红主编:《禹州文史》第 22 辑,113 页,禹州市政协委员会,1997。

⑥ 参见中国第一历史档案馆编:《清代官员履历档案全编》第 4 册,164 页。

⑦ 参见光绪二十年七月十六日,吏部折,档案编号:04-01-13-0379-005。

⑧ 光绪二十六年十一月二十五日,两江总督刘坤一折,档案编号:04-01-12-0577-083。

⑨ 光绪二十九年,御史英奎奏折,档案编号:03-6476-080。

二品衔。① 光绪三十三年"奉调办理豫晋土药统税分局，旋又专办晋局"②。他在土药统税局的工作似乎非常顺心，工作中"商人帖然就范，办理最为得法"③，为此受到嘉奖。光绪三十四年三月因管理土药出力，以四品京堂候补、帮办土药统税事务。管理全国土药统税事务的柯逢时对他也非常信任，他回籍时，称方硕辅"熟悉情形，极为得力"，请由方硕辅代理总局事务。④ 宣统三年，方硕辅提前结束他正监理官的差遣，出任山东盐运使。⑤ 民国后，方硕辅至 1915 年 5 月还担任过两淮盐运使，次年辞职。⑥

王清穆(1860—1941)，字丹揆，号农隐，室名学隐庐，江苏崇明县(今上海市崇明区)人。⑦ 光绪十四年顺天乡试举人，光绪十六年恩科进士，随即以主事签分户部。光绪二十二年考取总理各国事务衙门章京，光绪二十三年充会典馆纂修官。光绪二十四年补入总理衙门。光绪二十五年因会典告成而褒奖，"免补主事，以本部员外郎遇缺即补"。光绪二十七年外务部成立时，调补榷算司员外郎。光绪二十九年八月补授商部右参议，十一月转补商部左参议。光绪三十年三月由商部奏请考察沿江、沿海商务。⑧ 光绪三十一年，署理右丞。光绪三十二年正月真除，六月补授直隶按察使。因与袁世凯不睦，未及上任即回籍省亲、就医，奏请开缺。十二月二十八日(1907 年 2 月 10 日)生

---

① 参见秦国经主编：《清代官员履历档案全编》第 8 册，198～199 页。

② 光绪三十四年九月初八日，督办土药统税事务柯逢时折，档案编号：04-01-12-0667-023。

③ 光绪三十四年二月初三日，奕劻、载泽等折，档案编号：03-5985-006。

④ 参见宣统元年三月初三日，督办土药统税事务柯逢时折，档案编号：04-12-12-0674-009。

⑤ 参见宣统三年七月十九日，山东巡抚孙宝琦折，档案编号：03-7459-127。

⑥ 参见张宪文等主编：《中华民国史大辞典》，477 页，南京，凤凰出版社，2002。

⑦ 参见陈玉堂编：《中国近现代人物名号大辞典》，50 页，杭州，浙江古籍出版社，1993。

⑧ 参见秦国经主编：《清代官员履历档案全编》第 7 册，548 页。

母去世，在家守制。直至宣统元年派充浙江省正监理官。① 民国后曾出任江苏财政司司长，太湖水利局督办等职。② 他还投资于张謇的大生纱厂并自办富安、大通纱厂。抗战期间拒与日本合作，避居上海以终。③

乐平（1848—?），满洲镶红旗。以文员考取笔帖式，同治十二年补用户部，光绪元年奏补笔帖式。光绪二十年升主事，光绪二十一年升员外郎，光绪二十四年因参与纂修的《光绪会典》完成过半而经奏保赏加四品衔。同年，经户部右侍郎溥良奏派前往山东查勘赈灾事务，并查办事件。光绪二十五年回京，简放内仓监督。同年，会典完成，赏加三品衔。光绪二十六年奏补郎中，派充南档房领办。④ 光绪二十八年，因京察一等以道府用。次年派充张家口监督。光绪三十年充北档房领办，同年十二月补授广东雷琼道。未及上任即被两广总督岑春煊奏调南韶连道。光绪三十三年四月经度支部奏派为户部银行广东分银行总办，并开去南韶连道，未就任。⑤ 同年十一月回京时因受寒请假。光绪三十三年被度支部改派山西分银行总办。

彭谷孙（1866—?），字子嘉，江苏苏州府长洲县（今归苏州市管辖）人，原大学士彭蕴章之孙。⑥ 光绪十二年以附贡生报捐主事，次年二月签分户部。光绪十八年派充陕西司帮主稿上行走。光绪二十二年派充陕西司正主稿上行走。光绪二十四年因会典告成，保奏赏加四品衔。光绪二十七年因随扈有功而"以主事遇缺即补"。光绪二十八年派充陕西司正主稿，北档房总办，则例馆纂修官。光绪二十九年经溥伦奏调赴美国。复经都察院左都御史陆润庠奏保经济特科，位列二等。光绪

① 参见秦国经主编：《清代官员履历档案全编》第 8 册，357～358 页。

② 参见郑天挺、谭其骧主编：《中国历史大辞典》上，303 页，上海，上海辞书出版社，2000。

③ 参见吴成平主编：《上海名人辞典》，39 页，上海，上海辞书出版社，2000。

④ 参见秦国经主编：《清代官员履历档案全编》第 8 册，723～724 页。

⑤ 参见孔祥贤：《大清银行史》，148 页，南京，南京大学出版社，1991。

⑥ 参见崔来廷：《明清甲科世家研究》，295 页，北京，知识产权出版社，2013。

三十年任计学馆总办，并经溥伦保奏赏加二品衔，以道员分发广西补用。① 光绪三十一年四月到广西，五月，盛京将军赵尔巽奏调奉天。九月到省，派充商务局总办、学务处会办。光绪三十二年派充奉天法政学堂兼旗员仕学馆。光绪三十三年十二月派充奉天法政学堂监督。② 民国后曾任农工商部参事。

孙毓骏（1853—?），直隶盐山县（今河北省盐山县）人。咸丰时期兵部侍郎孙覃恩之孙，同治元年荫生，光绪四年以主事签分户部。光绪十五年正月派充山东司正主稿，光绪十八年补授贵州司主事，光绪十九年十月题升广东司员外郎，光绪二十一年七月题升湖广司郎中，十二月派充北档房总办，光绪二十二年三月简放宝泉局监督。③ 光绪二十三年二月十七日，作为京察一等人员在引见后，"交军机处记名，以道府用"④。光绪二十三年五月补授九江府知府，十一月到任。光绪二十八年四月曾参与"救平"唐才常等人发动的"富有票案"，为此被两江总督刘坤一等人奏保，以道员在任候补。光绪三十四年八月后以考核"卓异，并案领咨赴部"。在接到担任江西财政监理官的任命之时，他正请假回籍修墓。⑤

鄂芳（1850—?），满洲镶白旗，由监生报捐笔帖式，同治七年选补户部笔帖式，光绪十一年京察一等题升主事。光绪十二年题升员外郎，光绪十四年襄办大婚典礼，经保奏赏加四品衔，此后曾掌井田科、广东司印钥，光绪二十一年为北档房总办、俸饷处总办。⑥ 光绪二十三年京察一等引见，奉旨"交军机处记名，以道府用"⑦。光绪二十四年

---

① 参见秦国经主编：《清代官员履历档案全编》第 7 册，385 页。
② 参见秦国经主编：《清代官员履历档案全编》第 8 册，202～203 页。
③ 参见秦国经主编：《清代官员履历档案全编》第 6 册，293～294 页。
④ 秦国经主编：《清代官员履历档案全编》第 6 册，302～303 页。
⑤ 参见秦国经主编：《清代官员履历档案全编》第 8 册，197～198 页。
⑥ 参见秦国经主编：《清代官员履历档案全编》第 6 册，357 页。
⑦ 中国第一历史档案馆编：《光绪宣统两朝上谕档》第 23 册（光绪二十三年），光绪二十三年二月十七日，36 页。

纂修会典，赏加三品衔，八月十二日补授重庆府知府。① 因病至光绪
二十五年四月始到省赴任，在其任内还曾参与过镇压余栋臣起义。②
光绪二十七年十二月调署夔州知府，光绪二十九年调署顺庆府知府，
光绪三十年十一月回本任，光绪三十二年报效四川赈捐，奖给二品衔。
光绪三十四年八月，开缺，以道员候选。③ 从与荣禄的信函来看，他
与荣禄的关系似较为密切，不知后来突然得官是否与荣禄有关。④ 但
此时，荣禄已死，能出任监理官显然还有我们所不知道的原因。

　　傅秉鉴（1850—1911?），字蕙唐，山东清平县（今分属临清市、高
唐县管辖）人，光绪元年中举，光绪十二年以三甲三十四名考中进士，
时年三十六。⑤ 签分户部，三年期满后以主事候补。庚子之变时回到
济南，并与管象颐一起推动袁世凯奏请调动山东运库银解赴陕西。⑥
光绪二十六年九月赴陕西随驾，十一月奏派办理漕仓事务。光绪二十
七年七月二十日公布的随扈人员名单中有参与护送饷银的"户部主事傅
秉鉴"。但此时，他仍不过是候补主事。⑦ 直至近一个月后，他才由大
学士管理户部事务荣禄奏请循例升福建司主事。⑧ 十月调补湖广司主
事。光绪二十八年以知府指分山西，十一月到省。⑨ 到山西后，他长

---

　　① 参见中国第一历史档案馆编：《光绪宣统两朝上谕档》第 24 册（光绪二十四
年），光绪二十四年八月十二日，427 页。

　　② 参见李重华：《余栋臣第二次起义与义和团运动的爆发》，载《重庆大学学
报（社会科学版）》，2011(3)。

　　③ 参见秦国经主编：《清代官员履历档案全编》第 8 册，198 页。

　　④ 参见社科院近代史所藏《荣禄存札》，转引白冬烘刚：《从〈荣禄存札〉看晚
清官场请托》，载《历史档案》，2013(4)。

　　⑤ 参见中国第一历史档案馆编：《光绪宣统两朝上谕档》第 12 册（光绪十二
年），光绪十二年五月初十日，182~195 页。

　　⑥ 参见光绪二十六年八月二十四日，山东巡抚袁世凯为将运库公款移充军
饷解赴太原行在事奏片，见中国第一历史档案馆编：《慈禧西逃时漕粮京饷转输史
料》，载《历史档案》，1986(3)。

　　⑦ 参见中国第一历史档案馆编：《光绪宣统两朝上谕档》第 27 册（光绪二十七
年），光绪二十七年七月二十日，160 页。

　　⑧ 参见光绪二十七年八月十二日，荣禄折，档案编号：04-01-12-0607-029。

　　⑨ 参见秦国经主编：《清代官员履历档案全编》第 6 册，788~789 页。

期得不到重视，只是在光绪三十一年曾赴西路查看商务。但他在陕西大旱救灾过程中的表现得到了陕甘总督升允的赏识，奏请调赴甘肃差遣。① 不久即代理兰州知府。② 光绪三十四年，卷入升允与樊增祥互相弹劾案，六月卸职，调往山东考察学务，十一月因母亲去世，丁忧回籍守制。出任新疆正监理官时，甘肃正监理官刘次源与布政使毛庆蕃与发生矛盾而离职，他随即兼任甘肃正监理官，驻兰州。辛亥革命中，一度署理宁夏道，军乱中失踪。③

汪德溥（1860—?），字瞿鑫，号泽人，江西乐平县（今乐平市）人。光绪二十三年中举，后报捐知府衔，光绪二十九年发往山西以知府试用。④ 九月到省，十月即为发审局提调。光绪三十年调办警务学堂，六月兼办巡警总局提调。一年期满，经山西巡抚张曾敭奏请留省补用。光绪三十二年兼农林工艺学堂提调。光绪三十二年九月经山西巡抚恩寿奏请，署理山西朔平府知府。⑤ 光绪三十四年七月经度支部奏请，以朔平知府兼杀虎口监督。⑥ 宣统元年闰二月二十二日离任。⑦ 在宣统元年被任命为广西财政监理官时，他仍是杀虎口监督，因为直至四月初九日，他还在向度支部缴纳杀虎口的关税。⑧ 民国后"曾充财政部国税筹备员及政治会议议员"，1914年时为"广西驻京办事员"。⑨

熊希龄（1870—1937），字秉三，别号明志阁主人，双清居士，湖

---

① 参见光绪三十二年二月十五日，升允折，档案编号：04-01-12-0648-101。

② 参见光绪三十二年四月初四日，升允折，档案编号：04-01-12-0649-069。

③ 参见陈光辉：《历史中的"失踪者"：傅秉鉴事迹考述》，载《洛阳师范学院学报》，2013(10)。

④ 参见秦国经主编：《清代官员履历档案全编》第6册，657页。

⑤ 参见光绪三十二年九月十八日，恩寿折，档案编号：04-01-12-0649-069。

⑥ 参见《杀虎口监督、度支部郎中林景贤奏交卸进京日期折》，见《政治官报·奏折类》，十月二十六日第三百八十四号，8页。

⑦ 参见秦国经主编：《清代官员履历档案全编》第8册，189～190页。

⑧ 参见中国第一历史档案馆编：《光绪宣统两朝上谕档》第35册（宣统元年），宣统元年四月初九日，186页。

⑨ 《汪泽人启事》，载《政府公报》，第813号，1914-08-10。这则启事的发布是因为被宣布为"乱党"的人权急进社内有人与之同名。

南凤凰厅(今凤凰县)人。光绪辛卯科(1891)举人，甲午科(1894)进士，翰林院庶吉士。戊戌政变后因与康梁等人交谊较深，被革职，永不叙用。回乡之后，熊希龄从事学务(如西路师范讲习所)和实业(如醴陵瓷业)。① 光绪三十一年四月，经盛京将军赵尔巽奏请，熊希龄官复原职，旋因端方的奏请随同五大臣出洋，任二等参赞。光绪三十二年，在奉天赈捐案内报捐道员，为报答恩主赵尔巽，他前往奉天担任奉天农工商局总办，兼地方自治局局长。② 光绪三十三年，赵尔巽调任四川，熊希龄不愿前往，经江苏巡抚奏请，担任江苏农工商局总办，兼苏属谘议局筹备处会办、抚辕文案；两江总督端方也请他担任督属文案，兼宁属谘议局筹备处会办、南洋印刷官厂监督。一时间，他成为红极一时的人物。直至宣统元年担任东北财政监理官方始放弃在江苏的职务。1910 年 8 月，熊希龄一度调任湖北交涉使，但为载泽留任为奉天盐运使，仍兼监理官。③ 民国后，熊希龄被革命党排斥，组建了统一党，任理事。此后，还曾担任过财政总长、热河都统、内阁总理等职。1917 年后，退出政界，从事赈灾、慈善等事业。1937 年京沪沦陷后，从上海撤退到香港，因旅途劳累，突发脑出血，12 月 25 日逝世于香港。

严璩(1874—1942)，字伯玉，严复长子，福建侯官县(今归福州市管辖)人。光绪二十二年经出使英国大臣罗丰禄奏调随使英国，光绪二十三年以监生报捐县丞，指分江苏试用，光绪二十四年捐升通判。光绪二十七年五月随使德国。在这五六年间，他屡经奏保升至知府，仍留江苏补用。光绪二十八年春吏部尚书张百熙奏派编入编译处办理编

---

① 参见周秋光：《熊希龄简传》，见周少连、吴汉祥编：《维新·济世·救亡——纪念熊希龄先生诞辰一百二十周年文集》，501～624 页，北京，中国文史出版社，1990。

② 在很多关于熊希龄的研究中，不知是否是因为为尊者讳的原因，多对熊希龄报捐道员事讳忌莫深。其实，捐官在清末的官场是非常常见的一种履历。而熊希龄报捐的记载不仅在官方文书中可见，就是熊希龄自己编订的《明志阁遗著》中也有记录。参见熊希龄：《东三省财政正监理官任内呈本人履历禀稿(1909 年)》，见周秋光编：《熊希龄集》第 1 册，662～663 页。

③ 参见秦国经主编：《清代官员履历档案全编》第 8 册，537～538 页。

译事宜。光绪二十八年秋，出使法国大臣孙宝琦奏调出使法国，为三等参赞，光绪三十一年奏派前往安南等处考察商情。得加二品衔。同年经载泽奏调随同出洋，派充二等参赞。光绪三十三年七月法部曾奏报以京师检察厅检察长记名。八月外务部奏留本部，以郎中候补。同月，农工商部右侍郎杨士琦奏调随同出洋。光绪三十四年七月两广总督张人骏奏调赴粤派充洋务文案。光绪三十一年，在载泽的出洋考察团中，他是三等参赞，并专驻英国、法国。① 想来，也是和载泽有一定的关系。他与军机大臣鹿传霖可能也有一定的私交。光绪三十四年七月二十七日严璩外出时，曾向鹿传霖辞行，可为一证。② 民国后，严璩多次出任财政部次长、盐务署署长等职。③ 国民政府时期因王宠惠等人的关系，亦曾担任过财政部次长。抗战时期，拒绝出任伪财政部部长，于饥寒交迫中死于1942年的上海。④

陈惟彦（1856—1925），安徽石埭（今石台县）人，淮军早期重要财政官陈黉举（《清史稿》卷四五一、列传二三八中有传，陈惟彦亦有传，附其后）之子。光绪三年以监生报捐大理寺丞，步入政坛。光绪十一年其父去世后，经李鸿章推荐，接"治淮军银钱所"。此后经李鸿章保举至四品衔，"以知府补用"。光绪二十年后，先后出任贵州开州知州、婺川县令。光绪二十三年开始任贵州厘金总局提调，任内颇有政声。光绪二十四年署黎平知府。光绪二十六年卸任，光绪二十七年报捐道员，指分江苏。⑤ 光绪二十六年授"江苏试用道"。光绪三十年经周馥

---

① 参见潘崇：《杨寿楠与清末五大臣出洋考察——兼论两路考察团考察成果的不同源流》，载《江苏社会科学》，2009(6)。

② 参见许潞海、王金科：《鹿传霖日记（四）》，载《文物春秋》，1993(3)。七月二十七日条。

③ 参见刘国铭主编：《中国国民党百年人物全书》上册，772页，北京，团结出版社，2005。

④ 参见林国清、林荫予：《严复家世》，见福州市政协文史资料委员会编：《福州文史资料选辑（第二十二辑）船政文化篇》，456页，福州，福州市政协文史资料委员会，2003。

⑤ 参见秦国经主编：《清代官员履历档案全编》第6册，737页。

奏保，任金陵厘捐总局总办。光绪三十一年，顺直赈捐案内经袁世凯奏保二品衔。① 光绪三十二年，因周馥和端方争相调用，陈惟彦以病辞，归家。任湖南监理官时，因调查湖南米捐局，被弹劾，离职。后调盐政处。民国后，因与周馥的特殊关系，在其子周学熙担任财政总长时多出力辅佐，并创设裕中纱厂。1925 年病逝于江苏如皋。②

以下是 24 位副监理官的个人情况。

陆世芬，字仲芳，浙江钱塘县（今杭州市）人，生卒年不可考。光绪二十四年由浙江杭州求是书院派往日本学习商业③，求学于东京高等商业学校④。留学日本期间参加了励志会，参与编辑出版《译书汇编》，开启留学生编杂志的滥觞。⑤ 回国后，曾出任译学馆理财教员等职务。⑥ 光绪三十三年参加留学生考试，获得举人出身。⑦ 原本是要分省补用，不知是否通过捐纳留在了户部。民国后似一直在财经部门任职，先后就任财政部造纸厂厂长⑧、直隶审计分处处长⑨，交通银行驻

① 参见秦国经主编：《清代官员履历档案全编》第 8 册，714～715 页。

② 参见吴熙祥：《理财大家陈惟彦》，载《江淮文史》，2009(3)。

③ 参见吕顺长：《1898 年的浙江留日学生》，见杭州大学日本文化研究所、神奈川大学人文学研究所编：《中日文化论丛——1994》，杭州，杭州大学出版社，1996。

④ 参见胡明贵：《南京与日本求学时期报刊阅读对鲁迅思想形成的影响》，见胡星亮主编：《中国现代文学论丛》第 7 卷第 1 期，26 页，南京，南京大学出版社，2012。

⑤ 参见《励志会与译书汇编》，见冯自由：《革命逸史》初集，98 页，北京，中华书局，1981。

⑥ 参见蔡璐：《京师译学馆始末》，见全国政协文史资料委员会编：《文史资料选辑》第 140 辑，196 页，北京，中国文史出版社，2000。

⑦ 参见光绪三十三年九月二十二日，《学部为录所奏会同考验留学毕业生情形等折奉旨致军机处咨文》附件二《学部带领验看之考取留学毕业生姓名履历分数清单》，见中国第一历史档案馆：《光绪三十三年留学生史料》，载《历史档案》，1998(1)。

⑧ 参见《宋元武等关于调查财政部造纸厂严格报告书》，见中国第二历史档案馆编：《中华民国史档案资料汇编》第三辑工矿业，297 页，南京，江苏古籍出版社，1991。

⑨ 参见曹春编：《河北省志》第 53 卷审计志，4 页，北京，中国审计出版社，1996。

日经理员等职。

景凌霄(1872—1941)，字涵九，陕西户县(今鄠邑区)人。光绪二十三年拔贡，光绪二十八年中举，次年连捷成进士，签分户部，曾任山东司主稿。宣统元年时为南京造币厂会办。辛亥革命后，自江苏回陕，曾任陕西省财政特派员兼潼关监督，财政厅厅长，省议会副议长。民国十一年(1922)后携眷到北京居住，不再参与政治。1942年病逝于北京。①

蹇念益(1876—1930)，字季常，贵州遵义老城人。其父蹇诜曾在四川越西、马边等地任知县，因此他从小在四川随父读书。光绪二十一年曾受川东道黎庶昌的委托从成都运粮到遵义，以赈济遵义的旱灾。光绪二十六年赴日本，入早稻田大学学习法政，曾当选为中国留学生总会干事，并与同在日本的梁启超交好。光绪三十三年归国，因河南巡抚林绍年的推荐而任职度支部，为七品京官。宣统元年受同乡唐瑞铜之力荐而任河南省副监理官。② 民国后，因不喜袁世凯所为，拒绝出任官职。曾任国民协会常务干事，国会众议员。参与护国运动、反张勋复辟。③ 此后因对政治失望而嗜酒，但他与梁启超私交颇密，在梁启超去世后偏瘫，1930年9月8日服安眠药而亡。④

钱应清(1879—1938)，字镜平，江苏崇明县(今上海崇明区)人。以秀才身份赴日留学，光绪三十三年毕业于早稻田大学政治理财科，同年回国，被赏给法政科举人⑤，入宪政编查馆统计局，兼任京师译学馆理财教员。民国后，加入国民党，担任财政部司计处主管，库藏

① 参见王志新：《景凌霄传略》，见中国人民政治协商会议陕西省户县委员会文史资料委员会编：《户县文史资料》第4辑，24～26页，1988。

② 参见陈菜德：《蹇老未及写出的一篇文章——蹇念益先生简介》，载《贵州文史丛刊》，1996(5)。

③ 参见李芳：《严修〈东游日记〉的黔籍留日学生》，载《贵州文史丛刊》，2013(3)。

④ 参见陈叔通墓表，林志钧墓志铭，引自《蹇季常其人》，见黄濬：《花随人圣庵摭忆》下，李吉奎整理，723～727页，北京，中华书局，2013。

⑤ 参见《学部为录所奏会同考验留学毕业生情形等折奉旨致军机处咨文》(光绪三十三年九月二十二日)《附件二之学部带领验看之考取留学毕业生姓名履历分数清单》，见中国第一历史档案馆：《光绪三十三年留学生史料》。

司司长等职。参与制定《会计法草案》。① 1938 年加入汪精卫伪政权，同年死于暗杀。②

梁玉书，字素文，奉天新民府（今归新民市管辖）人，监贡生，生卒年不可考。③ 民国后曾任古物陈列所会办等职，并从事敦煌学、金石学研究。余不可考。

熊正琦（1882—1938），字慕韩，号木庵，江西南昌县月池村（今南昌市）人。熊氏为当地望族。光绪二十八年中举，曾入马相伯创办的震旦学院求学。后为度支部主事。④ 民国后曾任安徽国税厅筹备处署理处长、吉林财政厅厅长等职务。⑤ 并被选为众议员，加入安福系。⑥ "七七事变"后失踪，疑因拒绝出任伪职而为日寇所害。

王建祖（1877—1935），字长信。广东番禺（今番禺区）人，毕业于香港皇仁学院、天津北洋大学，旋赴日本留学，后转入美国加利福尼亚大学，获硕士学位。光绪三十三年九月十六日，王建祖作为留日游学生归国，和章宗元一起作为最优等赏给法政科进士。⑦ 民国后，曾任北京大学法科学长，广东军政府财政次长，燕京大学教授、上海租界临时法院推事、国民政府司法院秘书等职，著有《基特经济学》《银行学原理》等著作。⑧ 1932 年，因爱子战死于淞沪战场，心脏病加重，于1935 年病逝于南京。⑨

---

① 参见宋丽智：《民国会计思想研究》，37 页，武汉，武汉大学出版社，2009。
② 参见陈元芳：《中国会计立法先驱：钱应清》，载《财会通讯》，2012（7）。
③ 参见温世霖：《昆仑旅行日记》，61 页，转引自魏长洪：《论清末迪化王高升放火案》，载《新疆大学学报（哲学社会科学版）》，1998（1）。
④ 参见熊光炯：《心远——一个教育世家的百年沧桑》，见丁晓原主编：《2012 最佳纪实文学》，430 页，南京，江苏文艺出版社，2013。
⑤ 参见安徽省地方志编纂委员会编：《安徽省志·人大政府政协志》，158 页，北京，方志出版社，1999。
⑥ 参见谢彬撰：《民国政党史》，章伯锋整理，76 页，北京，中华书局，2011。
⑦ 参见《学部为录所奏会同考验留学毕业生情形等折奉旨致军机处咨文》（光绪三十三年九月二十二日），见中国第一档案馆：《光绪三十三年留学生史料》。
⑧ 参见刘国铭主编：《中国国民党百年人物全书》上册，193 页。
⑨ 参见《刻在墓碑上的故事》，载《周末》，2012-01-05。

梁致广（1876—1940），名季宽，广东三水（今三水区）人，20岁中秀才。光绪二十三年考取经济特科，签分度支部，为七品京官。① 民国后任两广榷运局副局长，中央银行监事，广东印花税局副局长等职务。抗战后避居香港，1940年病逝。②

余晋芳（1861—1938），字子清，晚年号春晖老人，湖北麻城县（今麻城市）人。光绪十四年中举，光绪二十年中进士，为翰林院庶吉士，散馆后改户部主事。光绪二十三年丁忧回籍，光绪二十八年回户部任贵州司主稿，则例馆协修③，北档房帮办。辛亥革命后被蔡锷聘为谘议，1912年返京"清理大清积案"。后返乡，任麻城县中心小学校长等职。1934年受聘总纂《麻城县志》，1938年去世。④

章祖僖（1868—？），字季鳌，号谷笙，浙江湖州府乌程县（民国时改为吴兴县，现湖州市）人。出身于当地荻港世家，廪贡生。⑤ 他是民国初年司法总长、驻日公使章宗祥的叔父。被任命为山东副监理官时，本职是度支部学习主事。民国后曾任交通部金事⑥等职。

胡大崇（1871？—？）⑦，字慕姚，湖北武昌县（今江夏区）人，光绪二

---

① 参见政协广东省三水县文史资料研究委员会编：《黄祝薹战时诗选》，29页，北京，中国文史出版社，1990。有关梁致广的信息来自诗下的注释。梁致广为当地乡贤，其说当较为可信。

② 参见《三水县抗日英烈传》，见中共佛山市委党史研究室编：《佛山市抗战时期人口伤亡和财产损失》上册，625页，北京，中共党史出版社，2011。另有一说，说他在抗战时期虽妻女被辱，却仍投敌。后被日寇在报复游击队时连带杀死，时间是在1939年。参见石宝珊著，席丹编：《金戈铁马烽火天：石宝珊抗日战地通讯》，164页，武汉，武汉大学出版社，2012。

③ 参见吴树威：《清末翰林余晋芳事略》，见政协麻城市委员会文史资料委员会编：《麻城文史》第4辑，1992。原文多有错误，仅择其可信者从之。

④ 参见湖北省·人物志编辑室编：《湖北人物传记（试写本）》第5辑，154～155页，1985。

⑤ 参见沈文泉编：《湖州名人志》，385页，杭州，杭州出版社，2009。

⑥ 参见《拟裁减交通部司与周自齐呈袁世凯文（一九一四年一月九日）》，载《政府公报》，1914-01-12。

⑦ 根据《内务总长钱能训呈大总统请将第三届四届核准免试县知事现任县缺人员陈长琛等分发省缮单呈鉴文》（载《政府公报》，第760号，1918-03-06），这一年胡大崇四十七岁，推断他的出生年份应为1871年或1872年。

十三年中举①，进士。民国后曾任湖北省财政司长，北洋政府财政部会计司司长。②

高增融(1863—？)，字仲昭，陕西米脂(今米脂县)人，光绪朝乙丑科(1889)进士。曾先后就任户部江南司正主稿，则例馆纂修，缎疋库监理、度支部田赋司司长，统计处总办，湖南铜元局总办、湖北造币厂会办。武昌起义后曾任陕西红十字会分会会长，1913年后曾任国会众议院议员。③

薛登道(1882？—？)④，山西稷山县均和村人，生卒年不可确考。光绪二十九年以三甲106名中进士，此后入进士游学馆，前往日本法政大学学习，光绪三十三年十一月的毕业考试中位列优等第九名。⑤签分户部，先后任计学馆帮办，会计司审计科科长。民国后曾署理陕西国税厅筹备处处长，财政部赋税司行走等职。

蔡镇藩(1864—1914)，字东侯，四川南充营山县人氏。自小有"神童"之称，16岁登庠序，20岁中举，光绪十八年中进士，入翰林院。庶吉士散馆后为吏部主事。戊戌维新中受牵连罢官。去职后，潜心研究西学。光绪二十九年为经济特科一等四名，却没能得到实职。因受黑龙江将军达善的赏识与推荐，四川总督赵尔巽聘其为"四川谘议局筹备处协理"、四川造币厂总办。在四川保路运动期间，蔡镇藩积极参与并组织参与了川省川汉保路同志研究会。民国后，因与袁世凯不合，

---

① 参见《中华姓氏通史·胡姓·源流》，231页，呼和浩特，远方出版社，2006。此文记述胡大崇字汝寿，号天阶。兹不从。

② 参见湖北省地方志编纂委员会编：《湖北省志人物志稿》，1783页，北京，光明日报出版社，1989。

③ 参见南京图书馆编：《中国近现代人物像传》，840页，上海，上海古籍出版社，2011。高增融的名字还曾出现在曹锟贿选的众议员名单中，但从日后参加广东革命军政府来看，可能是他人冒名。

④ 参见北京敷文社编：《最近官绅履历汇录》第1集，242页，北京，敷文社，1920。文中称薛登道在1920年38岁，故推断其出生年为1882年。

⑤ 参见《阅卷大臣陈璧等奏会考进士馆游学毕业学员情形折》，载《政治官报》，第69号，光绪三十三年十一月二十九日。

隐居不仕，1914年郁郁而终。[①]

润普（1882—1967），即张运谱、张润普，字霈青，别署虹南。满洲镶白旗，晚清户部计学馆财政经济专科毕业。[②] 曾任户部员外郎，江西监理官等职务。辛亥革命后，曾任财政部代理次长等职。后称病辞职，以诗词、书画自娱。1954年被聘为北京市文史研究馆馆员。

袁永廉，字履卿，贵州贵阳人氏，生卒年不可考。光绪甲辰科（1904）进士，选送日本法政大学游学，归国游学毕业考试时位列中等，签分度支部。辛亥革命后，历任山西国税厅筹备处处长，印花税会办，并加入梁启超的进步党。[③] 1917年后任财政部赋税司司长，司法部次长，代理财政总长。[④] 抗战时曾出任华北伪政权税务局长。[⑤]

栾守纲，号笑翁，山东济南府历城县（今济南市历城区）人[⑥]，生卒年不可考。光绪三十年甲辰科三甲第58名进士。民国后曾任甘肃国税厅筹备处处长、财政司长。[⑦]

甘鹏云（1861—?），字翼父，号药樵、耐公、耐翁。湖北荆州潜江县（今潜江市）人。光绪十年成为秀才，后入经心书院和两湖书院，光绪二十八年中举，光绪二十九年考中进士，光绪三十二年奉派前往日

---

① 参见《蔡镇藩——清末四川造币厂总办》，见南充市政协文史资料委员会、南充市地方志办公室、中共南充市委党史研究室编：《南充市文史资料》第4辑南充人物（一），92～93页，南充，南充市文史资料委员会，1995。

② 参见张润普：《漫谈老北京的桥》，见北京市政协文史资料委员会编：《北京文史资料》第60辑，258页，北京，北京出版社，1999。在此文中，编者还将其字写作霈卿。笔者不知何为确，谨在此存录。

③ 参见《周年追悼会启事（一九一八年七月十二日）》，载《晨钟报》，1918-07-12。

④ 参见李盛平主编：《中国近现代人名大辞典》，543页，北京，中国国际广播出版社，1989。

⑤ 参见张同乐：《华北沦陷区日伪政权研究》，436页，北京，生活·读书·新知三联书店，2012。

⑥ 另有一说，世居茌平县王老乡栾庄人，迁居历城。参见茌平县地名办公室编：《茌博乡音》，117页，1987。

⑦ 参见甘肃省地方志编纂委员会、甘肃省财税志编纂委员会编纂：《甘肃省志·财税志》，405页，兰州，甘肃人民出版社，1990。

本，就读早稻田大学。光绪三十四年回国。民国后担任过杀虎口监督①、吉林省烟酒公卖局局长、财政部佥事、北京古学院教授等职。后寓居北京，成为藏书家，并受夏斗寅之邀编订过《湖北文征》。② 著有《楚师儒传》等书。③

荆性成，字存甫，生卒年不可考，事迹不可考。

陈星庚（1864—?），原名运鸿，字翔生，一字钧侯。同治甲子年五月初八日生，浙江宁波鄞县（今鄞州区）人。④ 甲午年时曾任浙江抚署洋务总文案，经办了杭州开埠时期拱宸桥日租界划界等事宜。⑤ 光绪乙丑科进士。与蔡元培为同科举人，相善，并共同创办师范学堂。⑥在戊戌年时为四品衔户部学习主事，并曾作为英、法、意、比等国公使随员出使。他曾条陈请旨变更历法，聘请英国人才。⑦

谢鼎庸，字涤荃，湖南湘潭人，生卒年与事迹多不可考。著有《瓠庵诗存》。⑧ 曾于光绪二十八年创办湘潭县学堂。⑨

许汝棻（1867—?）⑩，字鲁山，号铁香。江苏镇江府丹徒县（今镇

① 甘鹏云在杀虎口监督任上的事迹，参见张连银、廖元琨：《从〈杀虎口监督报告书〉看甘鹏云对杀虎口税关的经营》，载《中国社会经济史研究》，2009(1)。
② 参见傅岳棻：《潜江甘息园先生墓碑》，见卞孝萱、唐文权编：《民国人物碑传集》，360～362 页，南京，凤凰出版社，2011。
③ 参见周家珍编：《20 世纪中华人物名字号辞典》，187 页，北京，法律出版社，2000。
④ 参见《光绪己丑恩科朱卷》，见顾廷龙主编：《清代朱卷集成》第 279 册，61 页。
⑤ 参见陈善颐：《杭州拱宸桥日本租界划界交涉经过》，见杭州市政协文史委编：《杭州文史丛编》政治军事卷上，1～4 页，杭州出版社，2001。
⑥ 参见陈善颐：《蔡元培早年办学史料二则》，见浙江省政协文史资料委员会编：《民国轶事撷拾》，1～3 页，杭州，浙江人民出版社，2002。
⑦ 参见《军机处录副·补遗·戊戌变法项》，档案编号：3-168-9453-53。原折日期为八月初三日，转引自茅海建：《戊戌变法史事考》，395 页，北京，生活·读书·新知三联书店，2005。
⑧ 参见寻霖、龚笃清编：《湘人著述表》第 2 册，1086 页，长沙，岳麓书社，2010。
⑨ 参见周磊：《湘潭老城故事》，129 页，长沙，湖南大学出版社，2008。
⑩ 参见周家珍编：《20 世纪中华人物名字号辞典》，961 页。此书有误，将其名字写作"许汝芬"。

江市丹徒区)人。光绪十一年举人,景山官学教习。其祖父、父亲都曾是户部主事。光绪三十四年为大清银行福州分行总办。① 抗战时曾出任伪满洲国文教部次长。

李启琛(1871—?),号葆初,湖北孝感人。民国后曾任代理湖北财政司司长,山东审计分处处长,吉林官银钱号兼东三省官银号监理官,国民政府财政部参事。②

三、监理官之履职

在度支部奏定的几个清理财政章程中,监理官的职责比较清晰。在光绪三十四年十二月二十日(1909 年 1 月 11 日)奏定的《清理财政章程》中说的是监理官与各省财政局一起:"一、造送该省光绪三十四年分出入款项详细报告册,及宣统元年以后各季报告册,一、造送该省各年预算报告册、决算报告册;一、调查该省财政沿革利弊,分门别类,编成详细说明书,送部查核,一、拟订该省各项收支章程,及各项票式簿式送部。"③在宣统元年二月三十日(1909 年 3 月 21 日)奏定的《各省清理财政局办事章程》中说的是:"稽察、督催一切应办事宜。……度支部于各省财政遇有特别事件,径饬监理官切实调查。"④从纸面上说,财政监理官的职责似乎非常简单。而此外,我们也在当时的文献中不断看到诸如"清理财政为预备立宪第一要政,各省监理官又为清理财政第一关键"的表达。二者之间的矛盾使我们不得不再去看一下到底财政监理官们需要做什么,使得似乎很简单的事情需要如此慎重地选择人员。

在这些财政监理官中,后世声名最大的无疑是后来当过内阁总理的熊希龄,而由于周秋光整理出版了新版《熊希龄集》,我们也得以看到熊希龄在财政监理官任上的详细资料。在此,笔者谨以熊希龄为例,

---

① 参见叶时荣编撰:《厦门掌故》,67 页,厦门,鹭江出版社,1993。亦可参见《福州金融志》,115 页,福州市金融志编纂委员会,1995。
② 参见周家珍编:《20 世纪中华人物名字号辞典》,410 页。
③ 《清理财政章程清单》,见度支部编:《度支部清理财政处档案》,29~30 页。
④ 《各省清理财政局办事章程清单》,见度支部编:《度支部清理财政处档案》,46 页。

考察监理官到底需要做什么，或者说是他的实际职能是什么。

第一，监理官需要与地方大员，尤其是布政使与度支使，有良好的沟通。监理官有类似钦差的身份，似乎可以在身份上压倒地方官。但具体的办事，尤其是各省清理财政局的办事人员多选自地方候补官员，而担任总办、会办的更是本省的布政使、关道、粮道等现任地方官，如果没有他们的配合，事情很难完成，至少是难以顺利完成的。在清理财政的过程中，熊希龄与东三省大员如锡良、程德全、陈昭常、周树模保持了良好的沟通，公私信函不断。而反观甘肃财政正监理官刘次源则与陕甘总督长庚、甘肃布政使毛庆蕃都关系不睦，以致与毛庆蕃双双去职。此外，监理官的温和往往也会被地方官员所欺负。吉林副监理官荆性成就是因为"人又长厚"，而且"与总、会办不和"，导致吉林的清理财政比较混乱。① 而熊希龄则要求荆性成"尤不宜再有冲突，务乞我公和衷共济，日与总督、会办切实商酌……"②

第二，需要跨越自己的本职，参与其他事务。原本，越俎代庖是官场大忌，但监理官除了考察、编订所在省份的财政资料外，还需深度参与各省清理财政局的组织建构和实际运作。《各省清理财政局办事章程》中看，似乎财政局是由地方官员组建并控制的，而从熊希龄的材料中我们看到，宣统元年上半年时，三省的清理财政局都未完全构建，只能由熊希龄等人一起考核、录用、选拔人员。事实上，经常是熊希龄一言而定，总、会办画诺而已。③ 吉林的官员对清理财政拖延成习，熊希龄不得已自行遴委人员进入吉林清理财政局，"帮同办理"。而且，这些人员中，熊希龄认为比较能干的张弧还被他们所排挤，被迫辞职

---

① 参见熊希龄：《条陈清理财政办法诸事致度支部财政处函（1910 年 8 月 17 日）》，见周秋光编：《熊希龄集》第 2 册，146 页。

② 熊希龄：《望和衷共济赶办册报复荆性成函（1910 年 8 月 17 日）》，见周秋光编：《熊希龄集》第 2 册，147 页。

③ 参见熊希龄：《为清理东三省财政预定进行办法报请批示致度支部丞参厅财政处函（1909 年 9 月 22 日）》，见周秋光编：《熊希龄集》第 1 册，542~543 页。

离开。①

第三，需要极高的专业技能并付出巨大的辛劳。即使是比较配合工作的地方官员也往往只是将各机构的材料一股脑儿交给监理官们。为了审核整理这些材料，并使之与度支部的统计格式相合，他们需要审核、改编成千上万册材料。熊希龄在宣统元年即因此困顿不堪，并导致发病，被迫于1909年年底赴上海养病。② 由于系首次清理财政，度支部初始时规定的统计办法常常与实际情况有出入或者需要重新考虑，例如各衙门的房产、仪器、家具等，在初次的统计设计中就没有加入，熊希龄注意到这种情况后向度支部提出以后需计入。③

第四，需要熟悉政情、商情，以免引起不必要的社会动荡。例如，清理财政中有很重要的一项是调查各省官银钱号。按，晚清时期，因为白银的不足，也因为地方政府需要以之为财源，官银钱号往往大量发行纸质有价证券，并流入市场。这些官银钱号往往准备金不足或者经营不善。当熊希龄得到度支部发出的函札后马上意识到："此事关系市面，必须不动声色，缜密盘查，以免动摇全局"，随即要求下属"于盘查时，只请抚帅及官银钱号总办到场，此外各员不得与闻，以免泄露消息"。④ 与此同时，还需要长袖善舞，化解一些不必要的麻烦。例如，当吉林调查到官帖局时，有一笔多达40余万两的款项居然被一直存放在吉林驻沪转运局，熊希龄动用自己的私人关系，请江苏巡抚瑞

---

① 熊希龄：《条陈清理财政办法诸事致度支部财政处函（1910年8月17日）》，见周秋光编：《熊希龄集》第2册，146页。张弧（1875—1937），原名毓源，字岱杉。祖籍河南开封，出生于浙江萧山。1902年中举。晚清时曾主持福建的学务，因与闽浙总督不合而改任于东三省。民国后曾任长芦盐运使、两淮盐运使、财政次长、财政总长等职务。

② 参见熊希龄：《因病假回沪安排有关事项致度支部清理财政处电（1909年12月27日）》，见周秋光编：《熊希龄集》第1册，600～601页。

③ 参见熊希龄：《为酌议清理财政办法与栾守纲呈度支部文（1909年10月29日）》，见周秋光编：《熊希龄集》第1册，560～561页。

④ 熊希龄：《为限制官银钱号事宜致张乾若电（1909年8月23日）》，见周秋光编：《熊希龄集》第1册，523页。

澂派一个能为熊希龄自己信任的人从苏州去上海调查此事。① 若无熊希龄就任监理官之前的各种官场关系，此事调查起来当会麻烦得多。

第五，要为人、做事小心谨慎。熊希龄来到奉天，下车伊始，就发文：

> 照得本监理官恭膺简命监理东三省财政，已于五月二十六日到差视事，一切职任悉守部章。凡有用度酬应及道途旅费，均归自备，无烦地方官署及各局供应。随带仆从人等严加约束，不得有所需索。亦并无亲戚子弟在外谋事，除因公事特用印文、派员调查外，本监理官决不为亲戚子弟及乡人、僚友关说人情，私函请托，以遵部示，而杜瞻徇。兹值下车之始，窃虑远近弗知，用特先行通饬，如有假冒本监理官亲友在外招摇，或执私函来谒者，即系伪造匪徒，仰该即当场拿获，解送省城，交地方官严讯惩办，以儆效尤。除照会司道外，合行札饬。为此札仰该转饬所属，一体遵照办理，毋违。切切。②

即使如此，熊希龄还是在报纸、杂志上不断受到攻击，也被迫公开发文为自己辩解。好在熊希龄一直洁身自好，对方无法将事闹大。他也没有因此受到处罚。

归结起来，作为财政监理官，需要有很高的财政专业技能、良好的身体以及融洽的官场关系。这几条要求从简短的履历中难以得到体现，笔者这里将其简化为可以从统计角度看待的几个数据，即从年龄看身体情况和阅历，从在财经部门就职时间看他们的专业技能和官场熟悉程度。这样做固然有点冒险，但笔者觉得大致可以显示监理官们的一些情况。

我们先看一下正监理官们的年龄。

---

① 参见熊希龄：《请派员核查吉省库款致苏州瑞莘帅电（1909 年 10 月 10 日）》，见周秋光编：《熊希龄集》第 1 册，547 页。

② 熊希龄：《与副监理官栾守纲发布札饬部下示（1909 年 7 月中旬）》，见周秋光编：《熊希龄集》第 1 册，511 页。

附文表 2　各省财政正监理官年龄排序表

省份	正监理官姓名	年龄（岁）	省份	正监理官姓名	年龄（岁）
山西	乐平	61	江苏	管象颐	43
安徽	鄂芳	59	贵州	彭谷孙	43
新疆	傅秉鉴	59	湖北	程利川	40
广西	汪德溥	59	河南	唐瑞铜	40
江西	孙毓骏	56	山东	王宗基	39
四川	方硕辅	54	云南	奎隆	37
湖南	陈惟彦	53	福建	严璩	35
陕西	谷如墉	51	广东	宋寿征	34
东三省	熊希龄	49	直隶	刘世珩	34
浙江	王清穆	48	甘肃	刘次源	31

从表（附文表 2）中我们可以看到，60 岁以上的仅乐平 1 人，50～59 岁者 7 人，40～49 岁者 6 人，30～39 岁者 6 人。最年轻的正是甘肃财政正监理官刘次源。选择青壮年承担如此重要的岗位，度支部多少也是考虑到了职责的辛劳程度。而年轻可能也意味着办事时缺乏圆滑的手腕，刘次源被弹劾一定程度上也是因为年轻而付出的代价。

下面是正监理官们在财经部门的供职时间。这个时间并不是很准确，因为多数人的就职、离职时间尚不明确，只是一个大概的数字。

附文表 3　正监理官供职财经部门的年限表

省份	正监理官姓名	供职财经部门的时间（年）	省份	正监理官姓名	供职财经部门的时间（年）
山西	乐平	33	江苏	管象颐	16
安徽	鄂芳	33	直隶	刘世珩	15
四川	方硕辅	27	山东	王宗基	14
贵州	彭谷孙	23	广东	宋寿征	13
云南	奎隆	20	浙江	王清彦	10
陕西	谷如墉	19	河南	唐瑞铜	6
江西	孙毓骏	19	甘肃	刘次源	3
新疆	傅秉鉴	19	东三省	熊希龄	3
湖南	陈惟彦	18	广西	汪德溥	1
湖北	程利川	16	福建	严璩	0

在这些供职低于 10 年的人中，唐瑞铜是因为入职较晚（光绪二十八年入户部）；刘次源是以留学生身份捐纳进入度支部；熊希龄是因为受维新派牵连而离开官场，从事实业和教育；汪德溥一直在山西；唯一与财经工作无关的是严复之子严璩，他一直就职于外务部门。而福建省的《财政说明书》就笔者所见，至少不是各省财政说明书中比较好的一本。

需要说明的是，在这些人中，刘世珩、陈惟彦、熊希龄、方硕辅、彭谷孙等人因为各自在实践工作或理财著述已然是海内闻名的财政专家，这些人能被网罗进来，并派往各省，也可一窥载泽的苦心。

笔者孤陋，多未考证出副监理官的年龄和就职时间。从可考的个人履历看，就职财经部门时间超过 10 年的仅高增融（19 年），胡大崇（13 年）和景凌霄（10 年）三人，其余的多仅一年甚至没有过任何这样的经历。从年龄来看，可考的为 14 人，略过一半，具体情况可参见下表（附文表 4）。

附文表 4　各省财政副监理官年龄排序表

省份地域	姓名	年龄（岁）	省份地域	姓名	年龄（岁）
云南	余晋芳	48	湖南	李启琛	38
黑龙江	甘鹏云	48	湖北	贾鸿宾	37
甘肃	高增融	46	河南	蹇念益	33
四川	蔡镇藩	45	苏州	王建祖	32
贵州	陈星庚	45	直隶	陆世芬	30
福建	许汝棻	42	浙江	钱应清	30
广东	胡大崇	38	江西	润普	27

从这 14 个副监理官看，他们的年龄相比于正监理官们普遍要年轻 10 岁以上，无年龄超过 50 岁者，40～49 岁者 6 人，30～39 岁者 7 人，而江西副监理官、满人润普则仅 27 岁。从某种角度上，这样拉开年龄，可能多少有助于正、副监理官间的协调与合作。例如在江西的孙毓骏与润普，一个 56 岁，一个 27 岁，前者因为曾出任九江知府熟悉官场，后者则是一直就职于度支部的新锐少年。润普努力推行度支

部的规定，孙毓骏则周旋于官场，并在润普受到攻击时多有回护。①
另一方面，从蹇念益的资料中，我们看到，他之出任河南副监理官是
因为同乡——已被简任为正监理官的唐瑞铜的力荐。② 也就是说，我
们可以揣测在某些省份，正、副监理官之间在被任命之前即已建立较
为紧密的关系，这大概也是他们得以配合密切的原因之一吧。

四、余论

一项良好的政策得以推行，除了制度本身的缜密外，还需要有优
秀的执行者。从事后来看，清末的清理财政行动留给后世最大的影响
有二：首先是冲突——监理官们与地方大员们的冲突，如甘肃布政使
毛庆蕃与刘次源的矛盾并双双去职，湖南的陈惟彦被诬陷解职；其次
则是清理财政的巨大成果。

我们先说一下冲突。改变原有体制，总会损害一批既得利益者，
也必然会引起他们的抵制甚至反抗。清理财政尤甚。熊希龄曾有过这
样的总结："清理财政本为众怨所归，监理官等在此办事，谨慎和平，
尚不免于疑忌，故一切兢兢业业，时凛临渊履冰之惧，不敢稍有大意
也。"③熊希龄的感慨大致来自地方官员对清理财政的抵制。地方士绅
们同样也是整理财政的阻力。江西副监理官润普曾留下这样一段记载：
他发现江西绅民集资修建的南浔铁路自挂牌开办以来，"所募的开办费
二百来万银子，寸路未成，而开办费已所剩不多。大概全是开支了乾
薪和夫马费"④。因此在一次铁路股东会议上提出裁撤诸位士绅的兼职

---

① 参见张运谱：《清末清理财政的回忆》，见全国政协文史资料委员会编：
《文史资料存稿选编》第 1 辑晚清·北洋(上)，45～46 页，北京，中国文史出版社，
2002。需要说明的是，张运谱即润普，大概是辛亥革命后改成的汉名。他的回忆
是笔者所见的唯一留存的监理官的清理财政记录，弥足珍贵。在文中，润普一直
对孙毓骏怀有感激之心。

② 参见林宰平：《蹇季常墓志铭》，转引自《蹇季常其人》，见黄濬：《花随人
圣庵摭忆》下册，李吉奎整理，725 页。

③ 熊希龄：《就改革财政事上度支部尚书泽公爷禀稿(1910 年)》，见周秋光
编：《熊希龄集》第 2 册，244 页。

④ 张运谱：《清末清理财政的回忆》，见全国政协文史资料委员会编：《文史
资料存稿选编》第 1 辑晚清·北洋(上)，45 页。

经费。士绅们无法在这样的公开场合反对，只好同意。但随之即在报纸上攻击润普，认为他侵夺江西官员的财权，致使江西的预算入不敷出。并进而说，江西已有杀死润普的流言。①

笔者以为，财政监理官们与地方官绅之间的冲突是一种制度性的冲突。来自反对者的声音也许有助于我们理解这一面。都察院广东道监察御史胡思敬的奏折可以为我们提供这样的一个视角：

> 今度支部设监理财政官四十余员，或选自曹郎，或拔自试用道府，或起自废黜，或荐自苫块之中。说者谓陛下不信亲简之督抚，而信一二暴起领事之小臣，固已启天下之疑矣！且若辈衔命以出，沿途擅作威福，酿逼人命，凌压道府，使司报章腾说，既屡有所闻。其事为武断之事，其人非安静之人，盖可知也！故抚陈启泰劾一上海道，事下两江密查，未遽加罪也。部臣听监理官一面之词，遽将藩司毛庆蕃奏革。不数日而甘肃册报至矣。即欲恢张权力，毋乃形迹太露乎？论我朝官制：道府以上，皆由特简。监理官乃部臣指名奏派，内不请训，外不专折言事，一朝得志，遂蹇然以钦使自居。如是则蹑其后者，学部已派员视学矣，法部又将派员稽察，监狱审判矣，民政部且派员查警察，陆军部且派员查新军矣。各凭借京朝势力，百计苛求，言辞不逊。贪者网利，强者逞威，命令二三，不相关白。上损疆吏之威，下乱地方有司之耳目，伏机弩于阱中，而寖其上患，有不可胜言者。拟请酌定监理财政官体制权限：正监理官与二司并行，副监理官与道府并行，不称钦差，不办供应，二年限满撤回。自此次遣使之后，各衙门不得援例以请。一切新政均责成疆臣督办。②

---

① 参见张运谱：《清末清理财政的回忆》，见全国政协文史资料委员会编：《文史资料存稿选编》第 1 辑晚清·北洋（上），45～46 页。

② 胡思敬：《力陈官制殽乱请厘定任用章程杜幸进折》（宣统二年正月二十八日上），见《退庐疏稿》卷二，癸丑南昌刊本。

这份奏折一如御史们的职责——"风闻奏事"，其间多有不尽不实之词。但在这份奏折中我们看到"钦使"①一词，大致可以就此为线索来理解这种冲突的制度性因素。自咸同之后，地方上控制财权、军权的是督抚们，可以"上达天听"的也只有督抚们的奏折、藩司、臬司虽然在法理上仍有上奏权，也直接接受中枢指令行事，但实际上多不过为督抚们的僚属。至于钦差大臣则只是作为某一事件的调查者而临时性派出，时间很短，更没有僚属和机构为其服务——探听消息、了解情况。这次派出的监理官们不仅携有钦命，而且有机构、有僚属。这些声名不彰的后生晚辈突然驾临地方，且可直接与中枢沟通，这在地方官绅中无疑会引起巨大的震动，而且一旦监理官们认真行事，必然会影响到他们的钱袋和名声——湖南正监理官陈惟彦即因调查厘捐而恶了掌控米捐局的湖南乡绅王先谦等人，终被弹劾并去职。但对于中枢，或者说对于度支部尚书载泽而言，恰是因为不信任地方官绅而派出监理官清理财政，自不会轻易矮化监理官们。胡思敬所说的将监理官们视同地方官员，必然将会使得监理官无法行使监督、清理之责。他的奏议无法得到批准自也在情理之中。而这种完全不符旧有体制的机构也一直留存到了清王朝的终结。

关于成果。唯一留下回忆录的江西副监理官润普的叙述，笔者认为是比较中肯的：

> 清朝最末时期的清理财政，本是敷衍立宪的一种措施，但是清朝的每岁出入总账，二百多年以来，也没有算过一次……到清理财政之后，就有了大概总数……（宣统）三年预算成立岁入为3亿余两，而岁出则为37000余两，收入相差不足7000余万两，至于所列的岁入岁出虽不能尽皆可靠，可是眉目一清，较之未清理以前各归各款记账绝无统计的时候就清楚多了。所以一般人说清

---

① 笔者曾就晚清的钦差制度请教于韩志远先生，承蒙他的指点而对钦差制度有所进一步了解，在此表示感谢。若有误解之处当由笔者承担。

朝的清理财政是给民国预备了一本财政底账······①

其实，清理财政的工作到清朝灭亡后也没有结束，到了辛亥革命一周年后的 1912 年 10 月 22 日，为纾解财政困局，经财政总长周自齐的请求，民国政府在财政部下成立了一个名为"财政调查委员会"的机构，再次向各省派出了"财政视察员"，以下是各省名单：

> 直隶，陆定、冒广生。河南，胡翔林。湖北，陶德琨、黄绍第。湖南，刘颂虞、叶端棻。江西，李盛衔、黄序鹓。安徽，陈维彦、熊正琦。江宁、江苏、江北，贾士毅、单镇、夏翊宸。福建，方兆鳌、郑礼坚。浙江，邵羲。广东，张汝翘、武宗珏。山东，王宗基、萧应椿。山西，袁永廉。东三省，栾守纲、邓邦述。陕西，薛登道。四川，蔡镇藩、陈光弼。云南，熊范舆。广西，汪德溥。②

仔细一看，我们在其中能发现很多熟悉的名字，在这 29 人的名单中有 8 人，也就是超过 1/4 的人是宣统元年派出各省的正、副监理官。当然，其中一些人出于各种原因没有就任，如四川的蔡镇藩。

至于此后监理官们的个人情况，原度支部清理财政处总办杨寿柟曾这样说过，"民国以来居财政要职者，半为清理处旧僚也"③。笔者以为，之所以出现这样的结果，除了财政监理官们的能力、资历之外，这段切实了解各地财政情况的阅历也应该是核心因素之一吧！

---

① 张运谱：《清末清理财政的回忆》，见全国政协文史资料委员会编：《文史资料存稿选编》第 1 辑晚清·北洋（上），46 页。

② 《财政部为派各省财政视察员名单呈暨南大总统批（1912 年 10 月 22 日）》，见中国第二历史档案馆编：《中华民国史档案资料汇编》第 3 辑财政，1221 页。

③ 苓泉居士：《觉花寮杂记》卷一，5 页，中国社会科学院近代史研究所图书馆藏，无出版信息。文中之清理处即清理财政处。

附文二 光绪三十年粤海关改革再研究

　　光绪三十年，是中国变化较大的一年：战场在中国东北的日俄战争爆发，清政府也紧锣密鼓地准备新一轮的新政。而远在南方一隅的广东在受广西民变震荡之余，悄悄地——至少在今天我们看来——发生了一件在中国关税史甚至是中国财政史上的一件大事：粤海关改革。

　　道光二十三年后，随着江海关贸易额和关税额的迅速增长，粤海关逐渐丧失昔日的辉煌，但仍是内务府经费的重要来源和内务府官员心荡神驰的美差。光绪三十年的改革则一举斩断了二者之间亦公亦私、千丝万缕的联系，使粤海关从内务府的肥缺和索贿之地变成为广东地方、清政府的一个重要财政机关，并进而在全国引起连锁反应，推动了全国各税关的变革。作为清政府自主推行的一次成功的税关改革，粤海关改革的影响不可谓不大。

　　汤象龙先生于1935年在《中国近代经济史研究集刊》第三卷第一期上发表《光绪三十年粤海关的改革》一文，对粤海关的这次改革做了初步的探索，但这篇文章主要论述粤海关的腐败（弊政），没有注意到当时的政治和财政背景，对于改革的主要过程和内容涉及较少，对于这次改革的影响也基本没有涉及。本文拟根据一档馆的有关档案、《谕折汇存》①和其他资料，从背景、过程和影响三个方面对粤海关的改革做全面的再研究。

---

　　① 《谕折汇存》因系转抄而成并非原档，且经对照其所标明的时间与档案所记录不同，笔者使用过程中如存于《朱批奏折》和《军机处录副》有者则不再单独注明。

一、粤海关的腐败——改革的远因

从监督来源的角度上来说，清代的榷关可分为四种：内务府派遣、户部派遣、工部派遣、地方大吏（督抚、将军）兼管或委榷关所在地的道府委管。在清代前期和中期，来自内务府的关监督颇多，如淮安关、粤海关和三织造兼管的龙江—西新关、浒墅关、南新关和北新关，而在晚清设立的各个海关中大多数海关监督都由地方道员兼任①，仅粤海关绵延其续，仍然从内务府补放官员担任粤海关监督。

与此同时，粤海关还是内务府收入的重要来源之一。② 在道光初年，每年固定解拨内务府的银两约为 15 万两③，道光十年后增至 45 万两④。而到了光绪朝，粤海关解往内务府的银两可多达 110 余万两。⑤ 这些是公务，另外还有私谊的来往，"中饱之款，虽归监督，实亦不能独享。都中馈赠，（每年）殆不下一二十万，如内监、御前、内（务）府、外（务）部、军机皆有"⑥。

---

①　也有特例，如思茅关监督由云南思茅同知兼任，闽海关监督直到 1907 年 7 月还一直由福州将军兼管。关于晚清海关监督设置的情况，参见拙文：《晚清海关监督制度初探》，载《历史档案》，2004(4)。

②　关于粤海关与内务府之间的关系，参见何本方：《清代的榷关与内务府》。

③　这 15 万两大致有三个部分：解造办处裁存备贡银 55000 两，停造米艇捐解造办处银 30000 两，洋商备缴办贡银 55000 两（后二项均非出自正款），并平截旷以及其他一些加平银。参见《军机处录副》，道光二年六月初一日，粤海关监督达三折，档案编号：3-55-3156-16；道光二年六月初一日，粤海关监督达三折，档案编号：3 55-3156-17。当然，这里并不包括皇帝大庆时的特殊开支。

④　除了道光初年的各项外，增加了解内务府每年 30 万两。参见道光十一年十二月二十日，粤海关监督中祥折，档案编号：3-55-3143-48。

⑤　在洋税项下开支的固定项目包括解广储司公用连加平银 312000 两，造办处米艇连加平 31200 两，内务府年例解两千两金价银 37000 两，造办处例解两千两金价银 37000 两，合共 417200 两，而内务府采办的各色货物价也多达 670000 两（参见光绪十七年九月十八日，粤海关监督广英，粤海各关 105～108 结收支清单，档案编号：2-128-6377-51）。常税项下还有一些内务府的开支项如颐和园常年经费等，每年约 4 万两（参见光绪三十二年六月初九日，前粤海关监督常恩，粤海各关二十七年份至三十二年份征收支销常税数目清单，档案编号：3-129-6436-20）。

⑥　张人骏光绪三十年十月十四日致其子张允言等书，见张守中编：《张人骏家书日记》，57 页。

　　除与内务府之间这种长达两百余年的关系之外，粤海关与广东各主要衙门之间的关系亦颇为特殊。

　　粤海关监督由于系皇帝简派，带有钦差色彩，有直接上奏权，一定程度上可以看成是皇帝派在广东的耳目。在广东的省级官员序列中，粤海关监督地位在总督、巡抚、提督、学政以下，布政使、按察使之上。原本，粤海关监督是单独行使自己征税权的，但由于后来出现的关监督与地方官员之间出现互相推诿相互指责的情况，雍正七年(1729)下旨："嗣后凡有监督各关，着该督、抚兼管所属口岸，饬令该地方文武各官不时巡查。如有纵容滋扰情弊，听该督、抚参处。至监督征收税课及一切应行事宜，仍照旧例遵行，不必听督、抚节制。"① 易而言之，督抚在税款征收方面此时仅有协助权。但在税务奏销方面，督抚有一定的权力，"自乾隆十五年以后，均系监督征收，会同总督题报。迨至五十七年钦奉特旨，改令监督专管，仍责成该督、抚查明，按月造册，密行咨部，俟期满核对，以防弊窦，以严钩稽……嗣后②粤海关务仍着该督抚一体稽查。倘有情弊，即随时参奏，并着按月造册，密行咨户部"。所谓"疏不间亲"，外任的督抚无人极少与这些可能一年后即回内务府，且有钦差色彩的八旗人员对抗，以致"于该关征收税务情形竟全不过问，是稽核之例，竟系有名无实"。③ 从管理的角度上来说，平级监察并且是外部监督多难有成效。事实上，即使有其他官员对粤海关监督提出弹劾，广东的督抚们也多曲为辩护(如李瀚章于光绪十六年粤海关监督联捷造弹劾时的所为)。当然，督抚们手中也握有一项致命的权力：监督任满或回原任时需要由督抚为他们评定在任期间的情况。

　　除了这种彼此协助，相互监督的情况外，粤海关还为督抚衙门提供一定的经费支持："粤海关向有拨给两广总督衙门办公经费每月三千

---

　　① 转引自梁廷枏总纂，袁钟仁校注：《粤海关志校注本》，115 页。

　　② 嘉庆十四年后。——引者注

　　③ 嘉庆十四年谕旨，转引自梁廷枏总纂，袁钟仁校注：《粤海关志校注本》，115 页。

两，巡抚衙门每月银八百两，系在常税盈余项下按月支送。"这笔钱到光绪二十五年刚毅南巡到广东时被要求"报效归公，由部指还汇丰镑款"。但因两年后五十里内常关归并税务司而将此款改为"作正开支"。① 这里的每月是指农历每月，逢闰年还需加增一个月。这笔钱相对于两广总督每年15000两，广东巡抚每年13000两的养廉银②而言无疑是一笔巨大的收入来源。

可能是要避免相互勾结，粤海关监督与另一位来自八旗的重要官员——广州将军——之间至少在公务上的往来较少。但粤海关内部驻粤海大关总口和澳门总口负责"弹压一切关税事务"的旗员、防御每年都由"将军衙门选员前往"③。

在粤海关内部，人员颇为复杂，有正式官员（如广州府澳防同知，香山县丞），有家丁，有书役，有长随，有水手，有佐杂人员。这些人的来源亦颇为复杂，多涉及广州各主要衙门，如派委雷州、潮州、廉州等口的委员系由"广东藩司于佐杂人员内，详请督臣派委前往……"④；家丁则是粤海关监督的私人，水手等人来自广州驻防八旗。有些人员在为自己养家糊口的同时，有的也为自己所属的部门提供一定的财政资源。如遍布于粤海关各口的水手，"向由将军选拔旗丁承充，始自康熙年间，相沿二百余年，俨同世业，该水手在关当差，向有带收船头、饭食等款，为备缴旗营公项、义学津贴、京员旅费及旗丁养赡家口之需⑤。这些人员中以书役人数最多，也最为人所诟病。其实对他们一直有极为详细的规定，"召募殷实良民充补，取具原籍地方官切实印甘

---

① "作正开支"意思是列入"内销"，其奏销要经过户部同意。参见光绪三十一年三月十二日，广东巡抚暂管粤海关税务张人骏片，档案编号：3-129-6427-16。

② 《光绪会典事例》卷二六一，户部，俸饷，外官养廉一。

③ 乾隆五十一年两广总督穆腾额奏折，转引自梁廷枏总纂，袁钟仁校注：《粤海关志校注本》，116页。

④ 穆腾额折，转引自梁廷枏总纂，袁钟仁校注：《粤海关志校注本》，116页。

⑤ 光绪三十一年二月初九，张人骏折，见中国第一历史档案馆编：《朱批奏折》第74辑，615页。

各结,该监督出具印结报科①"②。在各口任差时,"间一年期满,于五口内轮流更调,统计五年役满归农"③。清政府在对他们的使用过程中也是有所防范,多次要求"随时查察,严行约束"。但规定在实践中到晚清时已成虚文。这些人"合股朋充,世代相承,视同置产,每年由监督将各口轮派,各书役包征包解"④,也最为客商所诟病。

道光二十二年《江宁条约》签订后,广州开埠。此后,潮州、汕头、琼州、北海、九龙、拱北、三门、江竹等各洋关也陆续开设。但这些并未对这套体制构成巨大的冲击。这一方面是因为洋关码头与原来的港口并不在一处[如广州洋关码头在广东南海县(今佛山市南海区)城外沙基,而粤海常关码头在广州新城素波港],另一方面是因为征税方向有明确的区别,洋关征收的是洋商的洋船、民船货物和华商的轮船货税,而粤海常关征收的是中国民船货税。即使如光绪二十七年后税务司对粤海关五十里内常关的接管,也因顾忌引起强烈反弹不过"稍资整顿"⑤,对粤海关体制并未构成冲击。

洋关的出现、洋税的分征,事实上更成了粤海关舞弊的一个大平台。在一般的论述中,学者们多注意到粤海关高达898564两的定额银(其中,正额40000两,铜斤水脚3564两,盈余855000两),事实上粤海关在道光初年还有一笔数额巨大的收入——"杂羡余银",这笔钱数目巨大,在壬午年份(嘉庆二十四年十月二十六日至二十五年十月二十五日)和癸未年份(嘉庆二十五年十月二十六日至道光元年十月二十五日)

① 户科。——引者注
② 乾隆三十二年四月户部咨文,转引自梁廷枏总纂,袁钟仁校注:《粤海关志校注本》,118页。
③ 乾隆三十二年四月户部咨文,转引自梁廷枏总纂,袁钟仁校注:《粤海关志校注本》,118页。
④ 光绪三十一年二月初九日,张人骏折,见中国第一历史档案馆编:《朱批奏折》第74辑,614页。
⑤ 光绪三十一年二月初九日,张人骏折,见中国第一历史档案馆编:《朱批奏折》第74辑,614页。

分别达614766.704两①和629866.412两②。但这笔钱自道光二十三年后再未见粤海关监督的年份收支税数折。而且此后借口"夷税"为他口分占，以致不能完成定额为由，粤海常关税收数一直下降，直至"同治元年五月户部议复粤海关常税正额银56511.941两，盈余银100000两"③，即使加上北海关的22000两，整个粤海关也不过17万余两。可是，此后所见到粤海关常税的奏销中，很少能征足定额的。税务司在光绪二十七年接管后，仅五十里内各关每年就能征收25万两以上。而经张人骏、岑春煊等人的整理，则查出了每年多达40余万两的所谓办公经费。

奏销制度的紊乱也是同光年间的一个重要问题。咸丰九年后的关税报销有洋税和常税之分，海关监督负责一切奏销事务（税务司仅造册呈报洋税的收入情况），洋税以三个月为一结奏报一次，一年奏销一次。④ 其他各海关都是洋税和洋药厘金一起奏报，常税再单独奏报一次。粤海关却并非如此，而是分门别类地奏报，使奏销变得极为烦琐而难以查核："粤海各关征收税项，惟粤海、潮海、琼海、北海、三水、江门等关洋税、洋药税收支数目系按四结专折奏销，其各关洋药厘金，九龙、拱北两关洋药税以及九、拱两关百货税收支数目为数甚巨，向止分案造册报部，不列奏销。同是按结征收之款而分为三，复不同时造报"，而且"历届洋税各款迟至四五年始报，洋药厘金各款迟至七八年始报。所报收支银数任凭库书捏造，故得少报收数，浮报支数，以收抵支，率不敷数百万之多"。⑤

综上所述，粤海关构成了一个上至内务府下达广东各主要衙门之间的利益共同体，任何一个改动都会涉及方方面面，使得强如有外交

---

① 参见道光元年六月二十二日，粤海关监督阿尔邦阿折，档案编号：3-55-3155-27。

② 参见道光二年六月初一日，粤海关监督达三折，档案编号：3-55-3156-16。

③ 光绪四年九月初二日，粤海关监督俊启折，档案编号：3-128-6337-60。

④ 此处的年月是按照公元，而不是以往的农历。

⑤ 光绪三十二年正月二十七日，署理两广总督兼管广东巡抚粤海太平两关事务岑春煊折，见中国第一历史档案馆编：《朱批奏折》第74辑，732页。

使团支持的税务司也不能过于触动，清政府内部的各个官员也各自因循，即使偶尔有人出头企图改变这种局面也最终是"心有余而力不足"，只能看着它慢慢地腐烂。

在整个晚清期间，对粤海关制度构成最大冲击的可能要算左宗棠在同治四年年底的上奏。在奏折中，左宗棠认为："（粤）海关各口所收闻每岁不下二百万两，其解京之数无从稽考。（若）此项著督抚臣设法筹办，於正供因期无误，而于筹饷大局实裨益非浅。"①在此折下户部议复后，同治五年正月二十一日（1865 年 2 月 16 日），户部比较了咸丰六年至十一年粤海关常税征收税额，以及潮海关开办后洋税的迅速增长，认为"左宗棠现有此奏，自必确有见闻，拟请饬下两广总督、广东巡抚严密查明该关口实在收税数目以及朦蔽情形，妥议章程，限三个月内详细奏明，再由臣部酌复办理"②。当天，皇帝发出上谕，要求两广总督、广东巡抚稽察粤海关情形。同治五年五月二十七日（1865 年 6 月 20 日）广州将军兼署两广总督瑞麟、广东巡抚蒋益澧在回复的奏折中认定由督抚兼管关务有三难（辖地广而人员少；广东民气浮动，绅商把持；督抚事繁，难以周全），又说"自现任粤海关监督臣师曾到任后，力加整顿，稽查各口漏税尚为得法，从前奢侈之风亦稍敛逾"。最后把这个烫手的山芋又扔还给粤海关监督，"应请旨饬下监督臣师曾约束家丁、严惩书吏，查明各口收数，核实清厘，以力图补救"③。约八个月后，两人再上一折，将征收不力的原因推诿于书吏的蒙蔽，只将书吏傅四、丁五二人斥革，变卖其家财，"令广州府派员将其押解回籍"了事。粤海关监督师曾也仅得了一个"失察处分"④。

粤海关体制的变更此后这一拖就是近四十年。

---

① 左宗棠此折未见诸《左宗棠全集》，笔者也未能在录副中找到，此文转引自同治五年正月二十一日，倭仁等人折，档案编号：3-86-4873-3。

② 转引自同治五年正月二十一日，倭仁等人折，档案编号：3-86-4873-3。

③ 同治五年六月十九日，两广总督瑞麟、广东巡抚蒋益澧折，档案编号：3-86-4873-55。

④ 同治六年二月十二日，两广总督瑞麟、广东巡抚蒋益澧折，档案编号：3-86-4875-10。

二、财政的窘迫——改革的近因

粤海关改革之所以在光绪三十年发生，笔者认为其主因是清末财政的窘迫。

甲午战后，因巨额的战费、赔款和借款使清政府的财政能力一落千丈，而庚子赔款更使中央与地方对各种可能扩大税源的方法"罗掘俱穷"。就广东省而言，在光绪二十九年时，洋债、京协各项及其他各项杂支（还不包括"举行新政"各项）已经达到 1200 余万两，而包括闱捐等不光彩的收入在内，内销款仅 900 余万两。① 其时中央政府也将念头打到了关税身上，光绪二十六年三月二十六日（1900 年 4 月 26 日），户部、总理衙门要求各省督抚会议加税免厘②，在此后的两年多时间里，直隶总督裕禄、浙江巡抚刘树堂、湖南巡抚俞廉三、四川总督奎俊纷纷上陈。而光绪二十八年工部右侍郎唐子京，礼部右侍郎朱祖深又再次对税厘问题提出了意见。但这些议论由于种种原因都没有把矛头指向粤海关，真正促使改革发生的是日俄战争。

光绪二十九年，沙俄以种种借口拒绝履行从中国东三省撤走义和团运动时期侵入东三省的军队的协议，而日本也正在大肆扩展其在东亚的势力，双方剑拔弩张。1904 年 2 月 10 日，双方正式宣战。清政府于 2 月 12 日宣布局外中立。但此时清政府已经陷入极为尴尬的境地：无论双方胜负为何，东三省都有脱离中国控制的危险——而那里是清王朝的"龙兴之地"。

在总税务司赫德关于整顿田赋的条陈遭各省督抚反对之后（光绪三十年正月二十一日发布上谕，让各督抚讨论，后多有反对者），三月初二日（4 月 2 日）慈禧根据户部议复袁世凯密陈筹防折，向各省将军督抚发出上谕："现在时局艰危，非多练得力劲兵无以为固围安民之计。叠经降旨通饬认真筹款以备饷需。"要求各地方大员"自此次训谕之后……务即破除情面，悉心厘剔，不惮烦难，实力督催，期于饷源日

---

① 参见光绪二十九年五月二十九日，署两广总督岑春煊、调署广东巡抚、江西巡抚李兴锐折，见中国第一历史档案馆编：《朱批奏折》第 74 辑，433～434 页。

② 参见光绪二十六年三月二十六日，户部会总署折，档案编号：3-129-6412-30。

有起色。部议各条之外，如各省所办诸事有虚糜款项可从裁损者，并着核实节流移缓就急"①。到了五月初八日(6月10日)，上谕将矛头指向了身边的内务府，"嗣后，宫内一切用款工程着尽内务府例定经费量入为出，不准再拨户部款项。……至内务府司员太多，应如何裁汰归并，着政务处会同内务府大臣妥议具奏"②。五月二十七日(6月30日)，上谕明确宣布："所有粤海关、淮安关两监督着即行裁撤，其粤海关一切事务着归两广总督管理，切实整顿。江宁、苏州两织造同在一省，着即将江宁织造裁撤。"③虽未能找到内务府的这份奏折，但从五月八日、五月二十七日的上谕中，笔者推断，导致光绪三十年改革的直接原因并非出于岑春煊等督抚的奏请④，而是出自政务处、内务府⑤。

---

①　中国第一历史档案馆编：《光绪宣统两朝上谕档》第30册(光绪三十年)，40～41页。

②　中国第一历史档案馆编：《光绪宣统两朝上谕档》第30册(光绪三十年)，76页。

③　中国第一历史档案馆编：《光绪宣统两朝上谕档》第30册(光绪三十年)，97页。

④　在张人骏的家书中，张人骏不愿接手粤海关但并未责怪岑春煊。由此，笔者也可从侧面推定岑春煊并未上折要求接手粤海关。而岑春煊在其《乐斋漫笔》中却认为自己在此事中居功甚伟："余奉命监督(粤海关)，即令冯嘉锡、朱祖荫两人充该关提调，认真整理。是年(从原文上下文中看应为1905年——笔者注)即征得六百六十万两，奏明以五百八十万两解部，留八十万两充本省经费。奏入，即奉命裁除内务府派员，以后归总督监督。并查获舞弊侵蚀之库书周荣曜……"(岑春煊：《乐斋漫笔》，见《近代稗海》第1辑，98～99页，成都，四川人民出版社，1985。)岑春煊之言颇有自矜之嫌：倒果为因，当先有裁撤粤海关监督始有提调之设；夸大数字，考粤海关的收入，光绪二十九年至三十三年(1903—1907)各年总收入分别为4028601、4471217、5262767、5865709、6048739库平两(参见汤象龙编：《中国近代海关税收和分配统计》，472页表236)，即使加上50万两左右的常关收入，光绪三十三年也不过660万两。岑春煊之言不可信。

⑤　戴一峰先生认为："该年(1904年)，粤海关库书侵盗巨额税银案发，清政府便将粤海关监督裁撤。"(戴一峰：《近代中国海关与中国财政》，124页)。如果戴一峰先生"粤海关库书侵盗巨额税银案"所指的是周氏叔侄侵盗关库，那么从奏折中的情况来看，查出周氏叔侄侵盗问题是在张人骏接管以后(下文有述)，不知戴一峰先生是否另有所指。

三、太平关、黄江厂——粤海关改革的"榜样"

光绪三十年以前，广东省内曾进行过两次比较成功的榷关改革——同治五年开始由广东巡抚蒋益澧主持的太平关改革，光绪十二年由两广总督张之洞主持的广东黄江厂改革。在张人骏总结其整顿粤海关情形时，认为"前抚臣蒋益澧之于太平关，督臣张之洞之于黄江厂……至今成效卓然，粤海关情事相同自可仿照办法"①。可见这两次改革对粤海关改革的影响，笔者在此处即简单记述这两次改革。

蒋益澧，字芗泉，湖南湘乡人，咸丰三年后加入湘军，属罗泽南部。转战湖南、湖北、广西等地。同治元年后配合左宗棠进攻浙江太平军，于同治五年二月（1855 年 3 月）授广东巡抚，六年十二月（1857年 1 月）因受两广总督瑞麟疏劾而去职。闽浙总督吴棠在查办此事时认为蒋益澧"到粤东以后，极思整顿地方，兴利除弊。惟少年血性勇于任事，凡事但察其当然，而不允径情直遂"②。从处理太平关税务的情况看，蒋益澧确然"勇于任事"。

太平关位于广东、江西两省交界处，是清代南方最主要的两个陆路榷关之一（另一个是与太平关相隔大庾岭的江西赣关）。嘉庆四年后，"额定正税盈余银七万五千五百余两，咸丰年间奉部奏定关税盈余并加江海关代征丝税通共每年征银十三万四千八百二十五两有奇。乃自咸丰八年（1858）以来均未征收足额，至同治二、三、四等年短征银两自四万五千两起至七万二千余两之多，核定计每年征不及半"③。蒋益澧到任后，面对这种"历征税课年短一年，几有万难足额之势"的情况，上折"请以新授高廉道林述训调补南韶连道，责成管理太平关税务，以期日有起色"④。其后，蒋益澧在林述训等人的协助下制定了一套改革体系。第一，在经费方面，实报实销，提高关内人员的工食。除例支

---

① 光绪三十一年二月初九日，广东巡抚张人骏折，见中国第一历史档案馆编：《朱批奏折》第 74 辑，614 页。
② "大臣画一传档后编·蒋益澧"，见王钟翰点校：《清史列传》卷五〇，3920 页。
③ 同治六年七月二十四日，广东巡抚蒋益澧片，档案编号：3-86-4875-70。
④ 同治五年十二月初十日，广东巡抚蒋益澧折，档案编号：3-86-4874-38。

关道经费 9600 两和向例各项经费 5900 两外，又多支 24000 余两，达 40189 两，使关内人员有较高的薪金而避免他们因收入不足而勒索客商。第二，在人事方面，由南（雄州）韶（关）连（州）道一手管理经理太平关税务，在改办之初还令韶州府知府帮办（一年后不再设帮办），而"其太平、遇仙（桥）、洤光、北关四分厂委员各有经征之责，必须廉明公正之州县等员由巡抚衙门派充，一年交替，并饬该道随时稽察，如有办理不善，禀请抚臣更调，其余应差佐杂人员照此办理"，并"裁革积惯营私之家丁、书吏"。在税务经征一年期满并取得成效后，奖励经办官员。"该道林述训及帮办知府何世俊率各关委员悉心筹画，实力稽查，既有裨于帑项，并无损于商民，实属勤慎趋公，不辞劳怨，可否仰恳皇上天恩，录其微劳，以示鼓励……"①第三，在税则方面，因户部税则中多有未列货物，因而成为关务人员渔利之所，改革后蒋益澧决定不再仅依据户部颁发的税则，"饬该道林述训等详加考核"制定新税则，使"商贩缴税亦乐从"。

经过蒋益澧的努力，太平关的税收在较长一段时间内都能溢额：同治六年份（同治五年十月二十四日至六年十月二十三日）征 232761.7 两（其中太平关征 189825.1 两、江海关代征丝税 42936.6 两）②，同治七年份（同治六年十月二十四日至七年九月二十三日）征 248399.914 两（其中太平关征 189597.198 两、江海关代征丝税 58802.716 两）③，同治十年份（同治九年九月二十四日至十一年八月二十三日）征 229284.4 两（其中太平关征 175421.532 两、江海关代征丝税 53862.868 两）④，同治十一年份（同治十年八月二十四日至十一年八月二十三日）征 226240.799

---

① 同治七年二月十六日，降调广东巡抚蒋益澧折，档案编号：3-86-4877-6。

② 参见同治七年二月十六日，降调广东巡抚蒋益澧折，档案编号：3-86-4877-6。

③ 参见同治八年正月十二日，两广总督兼署广东巡抚瑞麟折，档案编号：3-86-4878-1。

④ 参见同治十一年正月二十三日，两广总督兼署广东巡抚瑞麟折，档案编号：3-86-4880（二）-11。

两(其中太平关征170071.259两、江海关代征丝税56169.54两)①。

张之洞,字孝达,号香涛,直隶南皮(今河北省沧州市南皮县)人。出身官宦之家,通过科举跻身仕途,光绪七年后迭膺疆寄。光绪十年闰五月二十日(1884年7月12日)始任署理两广总督,后改除。② 光绪十五年十月二十二日(1889年11月14日)因调补两江总督而离任。③

黄江税厂又称黄冈税厂,是地方税厂,经征西江下水货物,位于广东肇庆府内,向由肇庆知府经管。其改革源于光绪十年七月二十六日的上谕:"有人片奏:肇庆府黄冈税厂吏书巡役皆以厚资谋充,该府收受规费,每年收税十余万两,只报解三万余两;又有黑钱等名目刻剥商人,侵蚀正税,每年有解藩属陋规,前藩司刚毅未经收受,饬令解足溢额一万两充公,该府敷衍塞责……着张之洞等认真查办,一并据实覆奏。"④但因中法战争的干扰,此事的查办直至光绪十二年(1886)年初方完成。从张之洞的调查来看,黄江税厂也同样是问题多多。

首先是经征报销各目甚多,有"正税银一万二千八百两,院司养廉三百八十余两,羡余银一万五千九百五十两,片奏加征盈余银二万两,桥羡银一万两,共五万九千余两,有闰之年加增羡余银一千七百余两,共银六万九百余两……且尚有该厂缉私勇饷、篷夫工食、犒赏、平水、火耗、解费等项费用,并有肇庆端溪书院经费……皆出自该厂税余"⑤。在不同年代还有经奏请而解四成、解六成的变化。

从征收人员看,黄江厂书吏设一人,"照例五年充补一次","其巡

　　① 参见同治十二年正月二十五日,广东巡抚张兆栋折,档案编号:3-86-4880(一)-51。

　　② 参见《到两广谢恩折》,见苑书义、孙华峰、李秉新主编:《张之洞全集》第1册,237页。

　　③ 参见《恭报交卸两广督篆日期折》,见苑书义、孙华峰、李秉新主编:《张之洞全集》第1册,750页。

　　④ 《查革肇、潮两府税厂积弊折》,见苑书义、孙华峰、李秉新主编:《张之洞全集》第1册,409页。

　　⑤ 《查革肇、潮两府税厂积弊折》,见苑书义、孙华峰、李秉新主编:《张之洞全集》第1册,409～410页。

拦人役亦名签子手，额设四十名"。① 这些人员的来源和充补也颇为特殊："向来陋习，书巡于承充之时，有缴纳规费之事，其规费系合厂书巡统换朋凑合计充规，并幕友、家丁、司道、府县房费及一切杂费共需六七八万不等"，当年厂书朱安承充之时就缴了85000元；而巡役每名值千两，系私相授受。

从征收情况看，陋规名目繁多，有入柜钱、包揽钱、办用钱、官厘头、船头钱、额外加平，合计这些陋规约计每年达118000两左右，是定额的约两倍。

黄江税厂也有一个庞大的利益共同体：解藩司每年季规银3600两（已停），厂书承充之年纳藩署规费3000两，承充规费85000两，每年礼节4000两，厂费5000两，从上至下形成了一个巨大的关系网。肇庆府很多的地方性开支也是来自黄江厂。

张之洞根据署布政使萧韶、肇阳罗道潘骏猷等人的调查，认为"溯查同治五年前广东抚臣蒋益澧奏收太平关章程，委员试办，革除书吏各项人役名目使费，至今宿弊廓清，自应仿照办法"，将改革的重点放在了"另设委员承办"。②

综合张之洞的措施大致包括在人事方面，改由"委员帮办，驻厂稽征。将厂书、签子手及官房、总房、散房各项各目，永远革除。改用司事巡丁，不准幕友、书吏、家丁干预税项"③。张之洞改革之初委山西候补直隶州知州陈占鳌前往帮办，而巡丁人等则由陈占鳌直接雇募。（但后来情况发生转变，黄江厂改由"广东布政使……会同管理善后局各司道"④经征。）

---

① 《查革肇、潮两府税厂积弊折》，见苑书义、孙华峰、李秉新主编：《张之洞全集》第1册，411页。

② 《查革肇、潮两府税厂积弊折》，见苑书义、孙华峰、李秉新主编：《张之洞全集》第1册，412页。

③ 《札肇庆府革黄江税厂积弊》，见苑书义、孙华峰、李秉新主编：《张之洞全集》第4册，2508页。

④ 光绪十八年四月十五日，两广总督李瀚章折，见中国第一历史档案馆编：《朱批奏折》第72辑，695页。

在税务经征方面。改革之后的黄江厂废除了七项浮费，"刊给三联印票，分别存发。按月报查。以上应革、应裁、应留，酌改章程，分列十条，札发示禁"，"并裁革核定章程，榜示该厂十里内外，俟奉到谕旨后，即行勒石水路通衢，务使商民共见，永远遵行"。① 但允许保留"为数甚微（之挂号钱等）准仍其旧，以资司巡人等饭食津贴之用"②。

在税款支销方面，废除五款陋规和藩道季规，充规等项，除必须保证各项正款盈余外，在"三六补平水项下，酌量提拨，不动正项"，仍拨给厂用经费、肇庆府、肇阳罗道和肇庆府各项地方经费等向支之款。

此外，张之洞对于原任官员和厂书人等并未深究。"肇庆府知府绍荣经征黄江厂税，业已遵解足额，查无收规庇护情事……肇阳罗道潘骏猷道在同城未能觉察，亦有不合，惟此次查处各弊，原该道会同访查禀闻，尚未始终含糊者有间，自应一并从宽"③。最后，绍、潘二人也仅分别得革职留任和交部咨议的处分。对厂书朱安也仅责革并"令该厂曾经获利之书巡等公同罚缴洋银八万五千元，即以助肇广一带西、北两江被水之区修筑围堤之费，借示惩儆"④。

张之洞的改革也取得了一定的成功，例如，黄江税厂第四次税期（光绪十五年五月二十二日至十六年五月二十一日）共征银110056.535两⑤，第五届（光绪十六年五月二十二日至十七年五月二十一日）征

① 《札肇庆府革黄江税厂积弊》，见苑书义、孙华峰、李秉新主编：《张之洞全集》第4册，2509页。

② 《札肇庆府革黄江税厂积弊》，见苑书义、孙华峰、李秉新主编：《张之洞全集》第4册，2508页。

③ 《查革肇、潮两府税厂积弊折》，见苑书义、孙华峰、李秉新主编：《张之洞全集》第1册，416页。

④ 《厂书罚款助修堤工片》，见苑书义、孙华峰、李秉新主编：《张之洞全集》第1册，417页。

⑤ 参见光绪十六年十二月十九日，两广总督李瀚章、广东巡抚刘瑞芬折，见中国第一历史档案馆编：《朱批奏折》第72辑，533～534页。

118511.236两①，第六届(光绪十七年五月二十二日至十八年五月二十一日)征110737.383两②。

四、张人骏主持的第一阶段改革

尽管光绪三十年五月二十七日发布上谕，令"粤海关一切事务归两广总督管理"，但此时岑春煊正在广西督军"弹压民变"，所以到九月二十五日(1904 年 11 月 2 日)时再发谕旨："岑春煊电奏，悉粤海关监督前旨归两广总督管理，岑春煊现在督师一时未能回东，所有该关税务着张人骏暂行接收。"十月十二日(1904 年 11 月 18 日)再发明谕："张人骏电奏悉粤海关税务即着张人骏先行接管，认真整顿，俟岑春煊回东再行移交。钦此。"③可见，从十月十二日发布上谕到三十一年正月二十七日(1905 年 3 月 2 日)岑春煊接管，对粤海关情况的调查和初步整顿是在张人骏手中完成的。

张人骏，直隶丰润(今河北省唐山市丰润区)人，是一个比较保守而勤于政事的官员，在整个清末新政中表现并不积极，时任广东巡抚。在接到上谕后，他忧心忡忡，"今忽奉旨接收，不认真则不能整顿，认真则为诸怨所从……(裁撤粤海关监督)出自特旨，(内监、内务府等人员)无可泄愤，必钉恨于办事人员。……且我于应酬权要一道，素非所屑，亦不在行"④。出于自身的考虑，在一定程度上，他似乎还反对粤海关的改革，希望他儿子弄清楚"粤关事，滋翁(鹿传霖)如何议论，当时何以不能拦阻?"⑤但无论初始时态度如何，他还是动手做了一些

① 参见光绪十六年十二月十九日，两广总督李瀚章折，见中国第一历史档案馆编：《朱批奏折》第 72 辑，695～696 页。

② 参见光绪十九年七月初三日，两广总督李瀚章、广东巡抚刚毅折，见中国第一历史档案馆编：《朱批奏折》第 72 辑，920～921 页。

③ 九月二十五和十月十二日的上谕在《上谕档》中都未能见到，笔者此处是转引自光绪三十年十一月初八日，广东巡抚兼管粤海关税务张人骏折，见中国第一历史档案馆编：《朱批奏折》第 74 辑，575 页。

④ 张人骏光绪三十年十月十四日致其子张允言等书，见张守中编：《张人骏家书日记》，57 页。

⑤ 张人骏光绪三十年十月十四日致其子张允言等书，见张守中编：《张人骏家书日记》，57 页。

努力。

在从光绪三十年十一月初四日(1904 年 12 月 10 日)接收前粤海关监督常恩的海关关防、文卷册档、库钥到三十一年二月初八日(1905 年 3 月 13 日)将"粤海关文卷册档、封存关防及收支款目、征存税银"①移交给岑春煊的三个多月里,张人骏的工作用他自己的话说是"竭三月之力访察钩稽,择其重且要者先为改办"②。概括来说,张人骏的工作包含以下几个方面。第一,在人事方面,"所有省外沿海各税口现经臣遴选廉干之员分往稽征,并在省城设立关务处,派委提调、坐办各员综司考核"③,并一改以往书役、巡丁、水手的挑选制度,不再使用这些"合股朋充,世代相承"的人员,将这些人一律裁撤,并由分派各口的委员自行"易募巡丁,俾司查验,均各优给薪水工食,责其洁己奉公"④。第二,在税款征收方面,"凡正额以外各款,有病于商者悉予禁革,其沿袭已久、商民相安者一律化私为公,尽征尽解,分别填给杂款联票,用资考核"。第三,在税款支销方面,"其支销浮冒者,核实删除,务从撙节,不准仍前冗滥"⑤,将从前作为监督办公经费的 40 余万两作为正开销,并发现了粤海关库书周荣曜、周启慈叔侄

---

① 光绪三十一年二月初九日,广东巡抚张人骏折,见中国第一历史档案馆编:《朱批奏折》第 74 辑,614 页。

② 光绪三十一年二月初九日,广东巡抚张人骏折,见中国第一历史档案馆编:《朱批奏折》第 74 辑,615 页。

③ 光绪三十年十一月初八日,广东巡抚兼管粤海关税务张人骏折,见中国第一历史档案馆编:《朱批奏折》第 74 辑,575 页。

④ 光绪三十一年二月初九日,广东巡抚张人骏折,见中国第一历史档案馆编:《朱批奏折》第 74 辑,614~615 页。岑春煊对张人骏的这一措施亦是夸赞不已,称其"使二百余年相沿之积弊为之一朝扫涤"(光绪三十一年二月二十日,署理两广总督兼管粤海关事务岑春煊折,见中国第一历史档案馆编:《朱批奏折》第 74 辑,617 页)。

⑤ 光绪三十一年二月初九日,广东巡抚张人骏折,见中国第一历史档案馆编:《朱批奏折》第 74 辑,615 页。

舞弊、侵蚀库款的事件。① 第四，与前监督划清界限。可能是为了给自己减少不必要的麻烦，张人骏以"此次粤海关监督系奉裁缺，与寻常新旧任交替不同"为由，除封存粤海关监督关防，"一切文书及收税单照等项，均暂用巡抚关防"外，还要求"其常洋各税历年征收支解银两，凡在本年（光绪三十年）十一月初四日以前概由监督臣常恩自行清理造销，其初四日接管之后，由臣裁清数目专案造报，以清界限而免纠葛"。②

张人骏在此事件中采取的措施比较谨慎，尽力减少因改革而造成的负面影响。在处理对客商"留难索扰"的水手时，他发现水手所得钱款至少有一部分是充作广州驻防八旗的公共开支时，"于新增归公款下按年拨出旗营公项银六千八百六十六元，旗丁养赡银三千九百元，共银一万七百六十六元，由关按季支送广州将军，分别支用转给，作正开销"。对于关库亏空案，也仅将库书"家产变价备抵"，并为前粤海关监督常恩开脱，希望皇帝"赦部免追以省繁渎"。③

显然，张人骏并不愿去多得罪人，后期更大的工作还有待岑春煊去施行。

五、岑春煊主持的第二阶段改革

岑春煊，字云阶，广西西林（今西林县）人。1900 年任甘肃布政使时迎驾有功而得慈禧的宠信，此后至光绪三十三年"丁未政潮"前一路仕途顺利。因任内弹劾官员颇多而被称为"官屠"（如光绪三十一年十月

① 参见光绪三十年十一至十二月，广东巡抚张人骏片，见中国第一历史档案馆编：《朱批奏折》第 74 辑，592 页。此片在一档馆《军机处录副》中编排号为 3-129-6434-15，光绪三十二年四月二十四日，岑春煊片。《军机处录副》中的这种编排明显与事实相违：早在光绪三十一年八月二十日朱批岑春煊折中，岑春煊就已经提出要严究周氏叔侄的责任，自难以在相隔八个月以后再放过周氏叔侄，此折属于张人骏的可能性更大——无论是从奏折的语气还是对事件的处理手段。而岑春煊在《乐斋漫笔》中明确提到了自己对周荣曜的处罚。

② 光绪三十年十一月初八日，广东巡抚兼管粤海关税务张人骏折，见中国第一历史档案馆编：《朱批奏折》第 74 辑，575～576 页。从后来的奏销清单来看，张人骏的这一要求是得到了中央政府的支持。

③ 光绪三十年十一至十二月，广东巡抚张人骏片，见中国第一历史档案馆编：《朱批奏折》第 74 辑，592 页。

初一日上谕中受岑春煊弹劾而被革职、降补、休致的文员达 40 人①，而被弹劾的武员则多达 52 人②），但从办事能力角度而言，岑春煊本人在光绪三十二年的考绩中被评为"任事勇往，劳怨不辞"③也不是偶然。

　　光绪三十年下半年岑春煊正"视师赴桂"，直至"三十一年正月二十七日自梧回东④"。⑤ 虽然岑、张二人并无私交，且因张人骏与袁世凯私交颇深而属于不同的"派系"，张人骏对岑春煊颇多攻讦，说岑春煊"喜怒不常"⑥，"无赖"⑦，但岑春煊回粤后的第一封关于粤海关的改革的奏折中就大力褒奖了张人骏，称其"接管三月，于立行整顿事宜，实能破除情面，锐意规画"⑧，使张人骏得以"交部以优议叙"⑨。

　　从岑春煊后来的各项措施来看，他的改革办法与张人骏之间有很强的连续性，并且不断扩大、深入，并形成定制，为粤海关的改革的长期有效奠定了基础。此后中枢也基本同意他的各项措施并允许垂为定制施行。⑩

---

　　①　参见中国第一历史档案馆编：《光绪宣统上谕档》第 31 册（光绪三十一年），40～41 页。

　　②　参见中国第一历史档案馆编：《光绪宣统上谕档》第 31 册（光绪三十一年），177～178 页。

　　③　中国第一历史档案馆编：《光绪宣统上谕档》第 32 册（光绪三十二年），17 页。

　　④　粤东，即广东。——引者注

　　⑤　光绪三十一年二月二十日，署理两广总督兼管粤海关事务岑春煊折，见中国第一历史档案馆编：《朱批奏折》第 74 辑，617 页。

　　⑥　张人骏光绪三十年十二月二十七日致其子张允言等书，见张守中编：《张人骏家书日记》，61 页。

　　⑦　张人骏光绪三十年十二月二十七日致其子张允言等书，见张守中编：《张人骏家书日记》，98 页。

　　⑧　光绪三十一年二月二十日，署理两广总督兼管粤海关事务岑春煊折，见中国第一历史档案馆编：《朱批奏折》第 74 辑，617 页。

　　⑨　中国第一历史档案馆编：《光绪宣统上谕档》第 31 册（光绪三十一年），50 页；张人骏的谢恩折，见中国第一历史档案馆编：《朱批奏折》第 74 辑，649 页。

　　⑩　参见光绪三十三年五月二十五日，奕劻等人折，档案编号：3-129-6445-23。此折系税务处主稿，会同外务部、度支部办理的议复折，从中可以一窥中央对粤海关改革的基本态度。

岑春煊对于自己的整套措施在光绪三十二年九月十八日（1906 年 11 月 4 日）的《整顿粤海关各关口税务办法暨厘定解支各款折》①和《整顿粤海关各关口税务办法六条、厘定解支各款四条清单》②中有比较详细的论述。笔者在此拟做一概述。

第一，在人事方面。岑春煊在关署和各关口设立了一套独特的人事体系。关务处之设始于张人骏③，岑春煊则进一步"派广东藩司兼关务处总办，与总督相助为理。如总督任用私人侵挪税项，藩司得纠正之，纠而不听则奏劾之"，并"拟定藩司兼关务公费每月一千两，由关税项下作正开支"。④ 关署内设有总办（藩司兼）一员，提调一员，坐办二员，负责经理各事兼稽核员司勤惰、款目出入一切事宜。文案（钩稽案牍）三员，收支（经手通关款项兼稽查省城官银号）三员，管各项单票二员，翻译、稽核、缮校、收发文件、监用印信各一员。

各关口，"自监督裁缺，尽裁家丁书役，委用员司"，共设总办五员〔潮州、琼州、廉州（知府兼）、惠州、高雷州〕，专办二员（三水、江门），分办四员（雷州、钦州、东陇、黄冈），稽查税务四员（潮海大关、佛山、陈村、甘竹）。其余各口或委"办事官"，或用"办事司事"。采用上级负责制"各口办事委员归总专办委员管辖，分办委员归总办委员管辖，司事巡丁归各该口办事委员管辖，其无委员之口则归办事员司管辖"。

此外，还对他们有一整套监察、升迁、处罚措施，"总办、专办、分办委员或无故短征或办理不善，随时撤差，有营私舞弊者，一经查明严参惩处；办事员司应由总办、专办、分办委员随时稽查，入查有弊混苛扰情事立即据实具禀按其情节分别惩办"；"总督主持关务，藩

① 参见光绪三十二年九月十六日，署理两广总督兼管广东巡抚事新授云贵总督岑春煊折，见中国第一历史档案馆编：《朱批奏折》第 74 辑，822～824 页。

② 参见光绪三十二年十月初二日，岑春煊清单，档案编号：3-129-6440-57。下文中引自此清单处颇多，笔者不再一一注明。

③ 参见光绪三十一年三月十二日，广东巡抚兼管粤海关张人骏折，档案编号：3-129-6427-17。

④ 光绪三十二年正月初十日，署理两广总督兼管粤海关事务岑春煊折，见中国第一历史档案馆编：《朱批奏折》第 74 辑，742 页。

司总办关务，在事员司贤否自应随时考察以防壅闭……总办委员应于每年二、八两月周历各口悉心体察……至专办、分办辖口较少，道里亦较近，应令随时亲历"；"总分各口征收正杂税数由关务处按月列表，各分口征收正杂税数由各总口按月列表，以便随时考核"，再根据各口每年征收数的考绩"积至三功及一大功，总专分办即调优差或委优缺，办事委员调充分办，委员司拨充办事委员，无功名者赏给八品功牌"，对于征不足额者也有相应的处罚。

第二，在征税方面。岑春煊对此似抱有"榷税之道不外为商民兴利除弊，利纵不能立致，弊则可以立祛"的信念并做了很多努力。如裁关卡，"臣管关以来，择口卡之收税无几而又无关查缉绕越偷漏者陆续裁撤二十余处"①。如加强缉私，"檄总办高雷各口税务委员，试用通判荣勋带领臣署亲兵遍历高雷各口巡缉私土，开导商民不准贩私，一面勘察地方形势，于雷州设缉私总卡②，并扼要设海安、徐闻、踏磊、英利四处分卡"，使"琼关洋药税厘收数顿增"到 99000 余两。③ 如保护商业，根据"雷州阓属门户来多大盗"的情况，"谕令委员荣勋就地筹款，创办巡警……年余以来履获着匪，奸宄敛迹，商贩云集"；又"采股购机仿制洋糖，以资抵御(洋商洋糖)"。④ 如改变对商人偷税漏税的

————————

① 光绪三十二年九月十二日，署理两广总督兼管广东巡抚新授云贵总督岑春煊折，见中国第一历史档案馆编：《朱批奏折》第 74 辑，823 页。关于各号口以及苛扰商民的情况，参见光绪三十二年九月十二日，岑春煊折，见中国第一历史档案馆编：《朱批奏折》第 74 辑，820～822 页。

② 1898 年 4 月，法国开始逐步侵占广州湾。1899 年 11 月 16 日签订《广州湾租界条约》，正式占领高州、雷州两府交界(今湛江港)附近水陆面积约 2100 平方公里的领土和领海。法国将此地开辟为自由贸易港，加以法国殖民政府或明或暗的鼓励，此地鸦片走私极为严重。岑春煊和荣勋的缉私活动即系指此。参见《列强在中国的租界》编辑委员会编：《列强在中国的租界》，461～487 页，北京，中国文史出版社，1992。

③ 参见光绪三十二年九月十六日，署理两广总督管广东巡抚新授云贵总督岑春煊折，见中国第一历史档案馆编：《朱批奏折》第 74 辑，822～823 页。

④ 光绪三十二年九月十六日，署理两广总督管广东巡抚新授云贵总督岑春煊折，见中国第一历史档案馆编：《朱批奏折》第 74 辑，823 页。

处罚措施，岑春煊对税务司"派人征税各关口，凡遇漏税之货不顾例章，不论正杂一律议罚且有将全货拍卖充公"的行为非常不满，认为是"立法不良，累商实甚"。他主张减轻对"走漏短报免单提号"这类轻微违法行为的处罚。① 岑春煊还提出了一个严重冲击榷关征税程序的奏请："粤海各关常税收支数目拟改按年造报，以免参差，并请免造汇单细册季册"。清代的榷关多为扣足夏历十二个月为一年，遇闰则前推一月，以致开办时间较长之关其年度时间大大前推，如粤海常关的光绪二十七年份实为光绪二十五年五月二十六日至二十六年五月二十五日。岑春煊的奏请意味着打破了原来榷税的会计财政年度计算办法。而榷关征税之时例有三"薄册"（亲填、循环、稽考），原意为确保征收有序进行，但一直问题多多，岑春煊认为"查粤海各关常税每年奏销向由汇单旧册季册分送部科，计一百二十四本，篇页繁多，单内货色系就报征银数，按照税则填载，册内则添船户姓名完税银数，不列货色，此皆平〔凭〕空捏造，无关考核。于今百事改良，务求简当此等无稽单册实属无所用之，拟恳天恩，敕部免其造送"②。

第三，在收支奏销方面。针对洋税、洋药厘金与九（龙）拱（兆）两关洋药税和九拱两关百货税"同是按结征收之款而分而为三，复不同时过报"，以致迟至四五年，七八年才奏销，并使库书得以从中谋利的情况，将"自分三起造报者并为一案，奏销必使收数与税司按结折报之数针孔相符，支数照实解实支之数分晰造报，常税奏销限每年三月内造报，节省、归、公增出各款限每年四月内造报"。③ 后经税务处、外务

① 参见光绪三十二年九月十六日，署理两广总督管广东巡抚新授云贵总督岑春煊片，见中国第一历史档案馆编：《朱批奏折》第74辑，824～825页。这种顾及主、客观因素和社会危害性的惩处办法，在法律方面也是比较先进的。

② 光绪三十二年八月十六日，署理两广总督管广东巡抚新授云贵总督岑春煊片，见中国第一历史档案馆编：《朱批奏折》第74辑，816～817页。

③ 光绪三十二年正月二十七日，署理两广总督兼管广东巡抚粤海太平两关事务岑春煊折，见中国第一历史档案馆编：《朱批奏折》第74辑，732页。

部、度支部议复，节省归公银亦应于三月内造报。①

第四，制定较高关务人员的薪金制度。以往关务人员的薪金极其微薄或不发薪金，例如，腾越关关署最高的洋务文案幕友月支银为100两，洋务委员为50两，关书为12两，东关龙江分卡委员为30两，巡丁则仅3两。② 而在有些关中则似乎除每月极低的工食银外不给薪金，其收入全靠陋规。岑春煊则大规模提高全体粤海关关务人员的薪金。在关署里提调每月200两（薪水银120两，夫马银80两），坐办每名月支160两（薪水银100两，夫马银60两），司事每名月支24两，连护勇也达到4.2两。在各口岸，总办月支160两（薪水银100两，夫马银60两），专办140两（薪水银100两，夫马银40两），巡丁工食每月7.2两、6.5两不等。此外作为外勤人员还从杂款归公银中还给他们一定的伙食津贴，总办每年600两，专办每年400两，巡丁每月2两。这样提高他们的薪金，岑春煊自有其理由，首先是"粤省米珠薪桂、夫马价昂，甲于各省"，而给予外勤人员伙食津贴则是因为"杜弊必期经久，立法要在可行。若将规费金提，不为稍留余地，则不肖员司巡丁势必巧立名目，额外需索，似此量予体恤，所有额外需索者惩以严法，亦属咎由自取矣"。

经过此番改革，原本"积弊綦重"的粤海关创造了一个税收的"奇迹"：光绪三十年十一月初四日（1904年12月10日）至三十一年年底节省归公各款达525500余两③，而且这一数目已"除列常税奏销并

———————————

① 参见光绪三十三年五月十五日，总理外务部事务奕劻等人折，档案编号：3-129-6445-23。

② 参见一档馆藏《税务处档》44，《腾越海关征收关税汇总数目清册》，宣统二年五月二十六日，云南迤西道兼管关务刘元弼造报。

③ 其中，在此期间的常税和三十年十一月初四日至三十一年九月初二日洋税节省归公各款为471622.848两，而三十一年九月初三日至三十二年八月十二日（第181～184结）洋税节省归公银为215784.659两，以四分之一合算为53946余两，合计为525500余两。参见光绪三十二年九月二十四日，署理两广总督兼管广东巡抚新授云贵总督岑春煊折，见中国第一历史档案馆编：《朱批奏折》第74辑，826～827页。

支经费津贴等项"。而且常税收入也比此前多征约 10 万两，达到
596154.351 两。① 加上加强缉私造成的琼海关洋药税厘增加 7 万余
两②，广东此后每年可多出近 70 万两③税收，对财政奇绌的广东地方
财政不无大补。

岑春煊晚年回忆这段历史时，不无得意地说"海关宿弊，至此廓清
矣"④。

六、从赣关到闽海关——改革的影响

与粤海关改革同时进行改革的是淮安关。淮安关下分淮安关、宿
迁关、海（州）关三关，至道光十年（1830）后定正额盈余银 364363.602
两。但至道光二十四（1844）年后均未能经征足额。在接到光绪三十年
五月二十七日（1904 年 7 月 10 日）的上谕后，"政务处咨议将该关税务
饬归淮安府知府就近兼管"⑤，九月初一日署淮安府知府汪树棠接管。
但淮安关各卡相距甚远，分属于淮安府（淮安关）、徐州府（宿迁关）、

---

① 参见光绪三十二年九月二十日，署理两广总督兼管广东巡抚新授云贵总
督岑春煊清单，档案编号：3-129-6440-45。而光绪二十九年四月二十六日连闰至
三十年三月二十五日征399075.718两，参见光绪三十二年六月初九日，前粤海关
监督常恩清单，档案编号：3-129-6436-20。

② 参见光绪三十二年九月十六日，署理两广总督管广东巡抚新授云贵总督
岑春煊折，见中国第一历史档案馆编：《朱批奏折》第 74 辑，823 页。

③ 岑春煊原意尚有由裁撤各号口而来的商人抵补银 8 万两（参见光绪三十二
年九月十二日，署理两广总督管广东巡抚新授云贵总督岑春煊折，见中国第一历
史档案馆编：《朱批奏折》第 74 辑，821 页），折上后，税务处、度支部、农工商部
在议复时以"但小民生计只有此数，在迩时报效情殷，方以为众举易举，迨岁更时
易，经理无人，势必至辗转苛派，复有受无穷之滋扰者。去一弊更增一弊，殊非
久安长治之规。与其据彼注兹，仍须醵纳，何如损上益下，概免输，将原奏所称
各行商每年认抵号税之虚应毋庸置议"为由加以否决，并得到慈禧批准。参见《谕
折汇存》，光绪丁未正月刊，光绪三十二年十二月二十五日，税务处会议复折。

2018 年 8 月，侯彦伯博士告知笔者，若根据广州税务司的档案，此次改革的
成果——尤指各项收入数额应该包括了辛丑之后由税务司经征的 50 里内常关所得
的关税额。笔者于此暂不做修改，期待侯博士新作问世后再行修订。

④ 岑春煊：《乐斋漫笔》，见《近代稗海》第 1 辑，99 页。

⑤ 光绪三十一年七月初七日，署理两江总督、山东巡抚周馥折，见中国第
一历史档案馆编：《朱批奏折》第 74 辑，673 页。

海州(海关)，在道一级亦分属于淮扬道、淮徐海道，地方行政隶属不明。时任两江总督魏光焘和稍后署两江总督、山东巡抚周馥亦不过敷衍其事，认定"该关积弊太深，前经臣亲至淮安体察情形，虽自裁汰丁役之后，税务渐有起色，而课款未能大增，该关各卡相距既远，该府(淮安府知府)有地方公事之繁，不能常川巡察，奏准拣派大员会府办理，现经饬委候补道穆克登布前往该关会同该府详加讲求，妥议整顿章程"①。在关期满一年后，办理关务的江苏候补道穆克登布、淮安府知府张庆勋仍喋喋不休地强调种种客观原因(如黄河改道，海路通行，子口税单通行)。光绪二十九年十月十二日至三十年九月初一日(1903年11月30日至1904年10月9日)征56142.105两②，自光绪三十年九月初一日起至三十一年八月底(1904年10月10日至1905年9月28日)止仅征174349.057两并进而请求"从宽议结，暂缓考成"。③ 光绪三十一年九月初一日至三十二年七月底征236399.6两。④ 显然，淮安关改革之后始终未能规复原额，其效果自不能令人满意。

　　而粤海关改革的成功无疑给了筹款无着的清政府以希望，他们转而要求各关模仿粤海关的经验渐次施行改革。笔者见到最早地向其他各关推广粤海关经验的是户部在光绪三十一年九月关于赣关三十年份(二十九年闰五月十六日至三十年五月十五日)短征盈余的一份议复，其中讲到"近年如临清关自改派委员经征每年溢征收银十余万两，粤海关自裁撤监督改归两广总督征收，每年均可增收银四十万两，行令赣关征税事宜彻底清查，毋避嫌怒。如果积重难返，陋规痼习不能破除，

---

① 　光绪三十一年七月初七日，署理两江总督、山东巡抚周馥折，见中国第一历史档案馆编：《朱批奏折》第74辑，674页。

② 　参见光绪三十一年七月初七日，署理两江总督、山东巡抚周馥折，见中国第一历史档案馆编：《朱批奏折》第74辑，674页。

③ 　参见光绪三十二年三月初七日，署理两江总督、山东巡抚周馥折，见中国第一历史档案馆编：《朱批奏折》第74辑，755～757页。

④ 　光绪十月二十二日，两江总督端方折，档案编号：3-129-6448-12。

应即改章征收力图补效"①。山海关的税务情况的变化则由东三省主动提出，"拟援粤海关之例将山海关监督改归直隶总督兼办，隶于直境之税务即由直隶委员抽收，隶于奉境监户关税务即由奉省委员抽收"②。到了光绪三十三年五月初九日（1907 年 6 月 19 日）邮传部尚书陈璧奏请"常关积弊，各省皆然……闽海关情事（与改革前粤海关）相同，可否援照粤海关成案请旨饬下度支部、税务大臣会同述议改由闽浙总督管理。该督即一面调查粤海关接办税务详细章程，实力整顿剔除中饱……"③，上奏后迅速得到批准。闽浙总督随后于光绪三十三年六月二十二日（1907 年 7 月 31 日）接管闽海关税务，并"咨护理两广总督、广东藩司胡湘林饬将粤海关改办原案抄录寄闽"，其施行措施也与粤海关大致相同。④ 粤海关俨然成了晚清全国常关改革的典范。

除了推动各常关的改革以外，粤海关率先推行的一些制度也得到了推广。粤海关减轻对"客商漏税"惩处并加重对"走漏免单担杂"的惩处的措施很快由"税务处札行总税务司转饬粤海各关税务司，遇有客商走漏常税货物者统照此项章程办理"⑤；粤海关常税收支按年造报的举措也于宣统元年十一月十五日（1909 年 12 月 27 日）由度支部奏请"常关奏报年分参差，请一律改为按年造报"⑥；粤海关奏请免造红单细册

① 笔者翻检已出版档案和《军机处录副》均未能找到原折，此处仅据光绪三十二年二月十八日，江西巡抚胡廷干奏，见中国第一历史档案馆编：《朱批奏折》第 74 辑，746 页。

② 光绪三十二年，盛京将军赵尔巽片，见中国第一历史档案馆编：《朱批奏折》第 74 辑，869 页。

③ 光绪三十三年五月初九日，邮传部尚书陈璧折，档案编号：3-129-6445-12（在《谕折汇存》中此折被归于光绪丁未五月初十日，误）。《谕折汇存》中记载的上谕原文为："陈璧奏请整顿闽海关税务一折，闽海关著改归闽浙总督兼管，切实整顿，应办一切事宜按照原折所拟各节妥议具奏。钦此。"

④ 参见光绪三十三年七月十五日，闽浙总督兼管闽海关事务、兼管福州将军松寿折，档案编号：3-129-6446-39。

⑤ 光绪三十三年五月十五日，总理外务部事务奕劻等人折，档案编号：3-129-6445-23。

⑥ 光绪三十三年七月十五日，闽浙总督兼管闽海关事务、兼管福州将军松寿折，档案编号：3-129-6446-39。

也由闽海常关等各关援为成案，先后奏请免于造送①。粤海关对清末
常关制度的转变影响不可谓不大。

　　不知是否是巧合，在岑春煊将粤海关改革总结的奏折递交到慈禧
(1906 年 11 月 4 日)后的不久，新设的税务处也在光绪三十二年十月
十六日(1906 年 12 月 1 日)派人前往各常关进行调查，以期"厘剔积
弊"②。此事虽未见下文，但至少是一次努力，一次全面改革常关的努
力。同时，这件事也提醒笔者，虽然目前财政史研究中大多关注清末
时税收种类的增加，但清政府始终在"开源"的同时关注"节流"，希望
能通过旧税种的改造，在不增加民众负担的同时提高政府的财政收入。
这在当时的士大夫心中也被认为是正道，刘锦藻在评论粤海关这次改
革时说道："顾，源不能开，流犹可节。张人骏一管税务，乃能破除情
面，举从前陋规靡费厘剔裁节所得已属不赀。然则，积蠹肃清亦财政
家至简至捷之法也，岂特粤海关为然哉！"③

　　还有值得注意的是，粤海关这次改革似乎很难找到来自税务司的
痕迹——无论是人事制度④还是财务管理制度，保守的张人骏和比较
开明的岑春煊都似乎仅仅是在传统资源中寻找一种更合理的方式来帮
助自己解决财政难题。

---

　　①　光绪三十三年七月十五日，闽浙总督兼管闽海关事务、兼管福州将军松
寿折，档案编号：3-129-6446-39。

　　②　原文为"税务处札行总税务司：为札行事。本大臣等奉旨办理税务，凡各
关应兴应革事宜亟须详细调查，以资整顿。常关积弊甚深，尤当设法厘剔。所有
距通商口岸五十里内外各常关，现派本处……前往查勘"。见黄胜强主编：《旧中
国海关总税务司署通令选编》第 1 卷，582 页。

　　③　刘锦藻编：《清朝续文献通考·征榷四》卷三二，考七八五〇。

　　④　关于赫德领导的税务司的人事制度，笔者参阅了孙建国《中国近代海关人
事管理的基本架构和特点》(厦门大学中国海关史研究中心编：《中国海关与中国近
代社会：陈诗启教授九秩华诞祝寿文集》，297～312 页，厦门，厦门大学出版社，
2005。孙建国与翟后柱合作的《从中国近代海关人事管理制度的基本架构和特点看
赫德》一文内容与之相近，发表于中国海关学会编《赫德与旧中国海关论文选》，北
京，中国海关出版社，2004)，他认为其特点包括职位分类、考试录用、严格考
核、循序晋升、实施迁调、奖惩并举、待遇优厚七个方面。

附文三 王庆云与《石渠余纪》考

　　王庆云(1798—1862)，字家镮，又字贤关，初号乐一，又号雁汀，福建闽县[清时(与侯官县同)为福州府首县，今福州市]人。① 嘉庆三年二月二十九日(1798年4月14日)出生于福州城南，嘉庆二十一年(1816)登庠序，嘉庆二十四年中举，道光九年(1829)成进士(会试第56名，殿试二甲第二十名)。改翰林院庶吉士②，道光十二年散馆后授编修。此后除丁忧和放差外，一直留任京师(期间道光十四年典试广西，道光十四年六月至十六年十二月丁母忧，道光十七年放贵州学政，道光二十一年十月至二十五十一月丁父忧)，历任侍讲学士(道光二十七年五月初八)、侍读学士(道光二十七年六月十二日)、通政司副使、詹事府詹事(道光三十年三月二十二日)、署理顺天府尹，累官至户部侍郎(咸丰元年)。咸丰三年十一月(1853年12月)底外放陕西巡抚，此后辗转山西、四川等地为督抚。咸丰九年四月(1859年5月)调两广总督，行至湖北汉阳，病于途，奏请开缺。③ 次年，因战乱道路不通，

---

　　① 《清史稿》卷四二六《王庆云传》称："王庆云，字雁汀，福建闽县人。"(赵尔巽等撰：《清史稿》，12235～12239页，北京，中华书局，1997)王庆云之子王传璨在《王文勤公年谱》中称"公讳庆云，字家镮，又字贤关，初号乐一，又号雁汀，行二又行五，福建闽县人。"(王传璨编：《王文勤公年谱》，1页，中国社会科学院近代史所图书馆藏。)笔者此处以《年谱》为准。又，"镮"通"环"，因系人名，不改。

　　② 徐一士云："庶吉士例称改，不曰授，以犹介乎官与民之间也"，又云："翰林院以放差迟速多寡分红黑"。(见徐一士：《亦佳庐小品》，231页，北京，中华书局，2009)如此，则王庆云可称"红翰林"——以十四年典试广西，十七年放贵州学政也。

　　③ 李学通教授提醒笔者，王庆云未能成行的原因应与当时广州为英法联军侵占有关——王庆云视之为畏途。笔者以为考虑到王庆云的操守，及此后的身体状态，广州的情况固可为一因，但身体情况应该还是主因。在此谨对李学通教授的提醒表示感谢。

侨居山西汾州（今山西吕梁汾阳市）。十一年十月初九日（1861 年 11 月 11 日）下谕，授都察院左都御史①，十二月十七（1862 年 1 月 16 日）又擢工部尚书。未及赴任。同治元年三月初七（1862 年 4 月 5 日）病殁于山西汾州，清廷予谥文勤。

王庆云留给后世的最大名声是"道咸名臣"、能员干吏、理财大家。他在道光三十年咸丰帝即位之初的上奏即大谈"国计"，且言之有物，受到奕䜣的关注，加之曾国藩的保举，得以青云直上：一年内从通政使司副使（正四品）升至户部侍郎（正二品）。他在户部任上多有建树：对国家财政进行了清理，为清政府在太平天国运动爆发初期渡过财政危机做出了较大的成绩；参与了大钱和发钞的讨论，避免了更坏的后果。在山西、陕西巡抚任上卓有政声，并作为战争后方的封疆大吏为各地前线清军提供了大量粮饷。他的《石渠余纪》更是理解、研究道光朝财政的核心资料。②

----

① 《王文勤公年谱》称"十五日，又奉上谕：新授都察院左都御史王庆云，着即来京供职。钦此。"误。《国史列传》中称王庆云是"十月授都察院左都御史"。查《同治朝实录》，十月甲子（初九日）："以前任两广总督王庆云为都察院左都御史。未到任前。仍以前任大学士彭蕴章署理。"（《清实录》第 45 册，第 6 卷，170 页，北京，中华书局，1987）而《咸丰同治两朝上谕档》中也记载咸丰十一年十月初九日发出了上谕："都察院左都御史着王庆云补授。未到任以前，仍着彭蕴章署理。钦此。"［中国第一历史档案馆编：《咸丰同治两朝上谕档》第 11 册（咸丰十一年），411 页］故下旨的时间当为咸丰十一年十月初九日。

② 各个时期对《石渠余纪》的评价略有不同，早期称"列圣典谟一览了知"（光绪十四年宁乡黄氏本《石渠余纪》，序），即对典章制度有很好的梳理，又有称"此书于国朝掌故政事之大者，备举无遗诚精且博"（光绪十六年龙璋本《石渠余纪》，跋），戊戌维新时赞为"或亦实事求是之一助"（光绪二十四年许叶芬本《熙朝纪政》，序）。到了当代，研究者们仍给予了此书很高的评价："本书就可大大地补《通典》、《实录》之类的不足……读者用它来作为研究有清一代政治经济各门类历史沿革的参考书，将都会有所裨益。"（王庆云：《石渠余纪》，王湜华序，北京，北京古籍出版社，1985）也有学者更进一步指出"王氏的撰述……通过官书与文件的比照、校核，以达到纠误之目的，自然与一般谈掌故、记轶闻的私人笔记有很大不同"。（姚继荣：《清代历史笔记论丛》，350 页，北京，民族出版社，2014。）总而言之，此书在清代是作为"本朝"掌故或与经世相关，而到了当代则视为研究清代的重要参考书。

关于王庆云和《石渠余纪》的研究不可谓少：有从版本角度进行的研究者①；有从内容角度进行研究②；更有将王庆云从各种专业角度进行分析的③。这些研究在多个方面推进了学界对王庆云个人和《石渠余纪》的理解，笔者以为还有一些问题值得进一步推进：王庆云编著《石渠余纪》的过程，《石渠余纪》如何刊刻与各版本之间的异同，《石渠余纪》手稿与抄本见的差异，《石渠余纪》别名《熙朝纪政》是否成立。本文也正是在这样的基础上就以上数个问题展开考察，而《荆花馆日记》④等相关资料的发掘面世则为本文提供了巨大的便利。

一、《石渠余纪》的写作过程

王庆云用了十年从举人变为进士（1819年中举，1829年殿试二甲），其实也说不上科场蹭蹬。其后改翰林院庶吉士，散馆后授编修，直至道光十四年、二十一年两次丁忧，一直是作为文学侍从之士。其时，翰林院同僚多以吟诗作画、宴饮嬉戏度日。⑤ 王庆云亦未能免俗，"专致力于诗赋论疏，撰著甚夥"。其后人称他"所志固不在词章，每为人题什，未尝留副墨。偶有唱和，为所好携去，亦不甚惜。自谓非所

---

① 参见庄园：《王庆云及其〈石渠余纪〉》，载《益阳师专学报》，1985(2)；亦欣：《〈石渠余纪〉标点商榷》，载《史学史研究》，1990(2)；刘丽君：《〈石渠余纪〉之点校订误》，载《赤峰学院学报(汉文哲学社会科学版)》，2007(1)；郑小霞：《王庆云〈石渠余纪〉版本述略》，载《黑龙江史志》，2013(19)；郑小霞：《王庆云〈石渠馀纪〉文本研究》，硕士学位论文，福建师范大学，2014。

② 参见倪玉平：《王庆云〈石渠余纪〉所载道光关税辨析》。

③ 参见盛茂产：《殚心盐务的王庆云》，载《盐业史研究》，1996(2)；潘喜颜：《从王庆云〈石渠余纪〉看清代的救灾措施》，载《商丘职业技术学院学报》，2008(6)；杨伟娴：《从〈石渠余纪〉看王庆云的治国理财思想》，载《黑龙江史志》，2014(21)。

④ 笔者在本文撰写过程中得到主持点校《荆花馆日记》的李学通、刘萍二位研究员大力帮助，谨致谢忱。

⑤ 清代京官宴饮颇多，而士大夫亦以"词章"为能事。王庆云的同科进士张集馨曾记载道光十五年六月，道光帝召见他事曾让他"读有用之书，无徒为词章所困"。（参见张集馨：《道咸宦海见闻录》，杜春和、张秀清整理，20页，北京，中华书局，1981）这大致可以说明京官，尤其是翰林院里不尚经世的习气。

长也"①。笔者私意以为，其中原因可能与他本人未能以诗赋扬名有
关。② 从其留存的诗集来看，惊艳之作不多，所长在情真。金梁在读
过诗集后亦不敢称誉其诗才，唯赞"其诗能道性情孝悌忠信"③。

王庆云从诗赋转向经世大致是在道光二十六年丁忧起复回到京师，
任文渊阁校理后。④ 从《荆花馆日记》看，在道光二十六年前后，他并
无撰写的意图，只是留心于与实际政务相关的史籍（如《明史·河渠
志》）。真正开始编撰有关制度则是开始于道光二十八年年初。有意思
的是，王庆云在笔记中详细记载了自己编撰这些篇目的情况，为后来
的研究提供了较为详细的资料。几乎所有现存《石渠余纪》版本都承认
他们刊刻的底本是传抄本，而非手稿（详见下文）。这也就意味着各本
与手稿之间可能存在一定的差别，笔者即以日记来对照书中的各条目，
以一窥二者之间的差别。（对照表过长，为避免影响阅读，兹附于
文末。）

从附表（"《荆花馆日记》所载篇目与《石渠余纪》篇目对照表"）中我
们大致可以看出：

第一，王庆云撰述最集中的时间是在道光二十八年二月（1848 年 3
月）至咸丰元年闰八月（1851 年 10 月）。这段时间里，他先任职国史
馆，道光三十年十二月（1851 年 1 月）署理顺天府尹，咸丰元年五月

---

① 王孝锜：《〈荆花馆遗诗〉跋》，见王庆云：《荆花馆遗诗》，中国社会科学
院近代史研究所藏，无出版信息。王孝绮为王庆云曾孙，王仁堪之子。

② 王庆云与咸丰帝的一段话可为此时他作诗的一个注脚："问：汝当翰林
时，自然多作律诗，亦作杂体乎？臣答：杂体不多，亦不工，应酬题咏，不得已
而为之。"（王庆云：《荆花馆日记》上册，咸丰元年十月二十日，中国社科院近代史
研究所《近代史资料》编译室点校，318 页。）

③ 金梁：《〈荆花馆遗诗〉后》，见《石延寿馆文集》，跋，1 页，中国社会科学
院近代史研究所藏，无出版信息。

④ 咸丰二年九月廿二日的一次与咸丰帝奏对时，君臣之间曾有过一段有趣
的对话："问：尔在翰林时，多读何书？奏：臣在翰林衙门，不能不分心诗赋，不
能多读有用之书，惟思《会典》是本朝大经大法所在，臣曾读过。"（王庆云：《荆花
馆日记》上册，咸丰二年九月二十二日中国社科院近代史研究所《近代史资料》编译
室点校，422 页。）

(1851 年 6 月)升户部侍郎。其职位由清闲转为忙碌，但仍笔耕不辍。在道光二十八年之前，并无撰写的记录，咸丰二年后则多为修改、补充，只有少量的新篇目。某些篇目是与时事相关的，如咸丰元年三月因太平军起而撰的《粤西营制》《广西土兵数》(此等数篇惜未留存)，也有与其实际处理事务相关者，如关于内务府田庄者，都是在他任署顺天府尹时期处理内务府庄头事件期间写下的，如《铁钱议》可以看作是他山西巡抚任上办理铁钱事务的总结。

第二，将有关记载与现版《石渠余纪》相对照，在龙氏本 88 篇中直接记载了 80 篇，未直接记载的 8 篇(第 1 卷第 6 篇《纪免徭役》、第 3 卷第 7 篇《直省地丁表·通考京师用额》、第 3 卷第 10 篇《直省岁入总数表》、第 3 卷第 11 篇《直省岁出总数表·部库年历应放数目》、第 3 卷第 12 篇《直省出入岁余表·河工另案》、第 4 卷第 8 篇《纪劝垦》、第 5 卷第 10 篇《直省盐课表》、第 5 卷第 11 篇《纪盐禁》)。在这些未直接记载的篇目中又有某些特殊情况，如《纪盐禁》篇，考其内容很可能是《私盐》篇改变标题的结果；《纪劝垦》篇，考其内容可能是道光二十八年二月十四日的"附减浮赋、慎丈量、劝开垦三段"中的一段；《纪免徭役》篇可能是指《免役》篇。总之，除了几张统计表(这几张表可能是列入《灯窗笔略》而未曾明言)之外，所有的篇目都在日记中有所记载。

第三，日记中记载的一些篇目则没有出现在书中，如《乾隆新疆兵数表》《内府包衣佐领表》《铁钱议》《晋省营制沿革》等。这些篇目的缺失颇为可惜。尤须提及者，《石渠余纪》中有关地图的记载仅存《渤海图说》。王庆云之子提及王庆云"生平嗜地理学，有班志知今之作"[1]，而日记告诉我们，此说并非空论。他完成的地图非常多，并做有多种地图和图说(如《南河图》《闽海北图》《粤海东图》《直隶图》)。

第四，从日记的记载可知后来的整理者(尤其是先出的宁乡黄氏本和攸县龙璋本)对某些篇章的处理有严重违背作者原意者。例如《纪牧场 口外牧场》在各本中都是排于第 4 卷第 19 篇，在王庆云的日记里是

---

① 王传璨编：《王文勤公年谱》，11 页。

这样记载的：“《纪畿辅牧场始末》，附于圈地之后，前附入盛京官庄，今日所纪口外牧场，当别为篇。盛京官庄当附屯田，口外牧场，或附垦荒，或附马政。”①此段记载表明，将篇目改为《纪牧场》不仅与内容不符，且不可单独成篇，应该附于《纪圈地》（第 4 卷第 17 篇）后；若照王庆云的原意，口外牧场这段附记不能与这篇《纪畿辅牧场始末》放在一起；《纪旗人生计》（第 4 卷第 18 篇）所附的《盛京官庄》应附于《纪屯田》（第 4 卷第 7 篇）。也就是说，整理者犯了望文生义的错误。同样的错误还出现在：《纪边仓营仓灶仓》原本应附于《纪官仓》（第 4 卷第 11 篇）却附于《纪平粜》（第 4 卷第 13 篇）；《纪武举》（第 1 卷第 15 篇）原应附于《纪制科特举》（第 1 卷第 14 篇）却单独成篇；《新疆西藏钱》原本应附于《纪制钱品式》（第 5 卷第 1 篇）却附于《纪铜政》（第 5 卷第 5 篇）。

　　书稿的一些篇目在王庆云出任户部侍郎时期就得到了运用，他有关国用的整理使得他在任上俨然成为户部唯一的专才。而部分篇目在京师士大夫阶层中的流布更是使得他拥有了相当的名望，以致虽是户部新人，但诸同僚多愿听取他的意见。②

　　除了亲近者，时人、世人对此书的写作过程存在诸多误解。关于写作的时间，连作者本人也存在记忆不清的情况，在咸丰六年五月十八日就曾记载为“前作《石渠余纪》戊申、己酉间”③，这就容易误解为

---

①　王庆云：《荆花馆日记》上册，道光二十八年二月二十九日，中国社科院近代史研究所《近代史资料》编译室点校，81 页。

②　王庆云在他的日记中甚少提及禧恩、孙瑞珍二位满汉尚书对他的看法的重视，但从他多次写下二位“虚怀下问”可见他们对他意见的尊重。如咸丰元年六月初九日条（259 页）。有趣的是，他对后世声名颇高的王茂荫关于行钞、铸大钱的提议不无微词，认为他过于激进，如咸丰二年九月二十五日，“直庐阅王侍御条奏行钞疏草。兹事之不可行不待问而知，顾言者有不得已之苦衷，则亦当于不可行中，留万分一之余地。盖论事易，而当局难；摆脱气习易，旋转运会难。运会所趋，若水赴壑，可勿惧哉。”（王庆云：《荆花馆日记》上册，咸丰二年九月二十五日，中国社科院近代史研究所《近代史资料》编译室点校，395～396 页。）

③　王庆云：《荆花馆日记》下册，咸丰六年五月十八日，中国社科院近代史研究所《近代史资料》编译室点校，793 页。

是道光二十八、二十九年所做，其实从附表中我们可以很清晰地看到，王庆云其实在咸丰朝时期仍在不断撰写、修改，远非自己后来所述。例如以为"所写的内容，主要是作者自己毕生从政的经验"①，这样的判断至少是不够准确的，因为主要内容都是在他出任顺天府尹之前所写，后来虽有所修改但非全部。

二、《石渠余纪》的刊印与几个清代版本

王庆云殚精竭虑写成的《石渠余纪》（或以别名）在他的生前虽然已经有一定的流传，但并未正式付梓，初始时京师中流传者当为其手稿或传抄稿。② 流传大致有两种情况，一种是他与同好之间的交流探讨（例如他与曾国藩、林扬祖、何绍荃等人之间，他将写成的稿子交给他们讨教，有时也是他人对相关内容有兴趣而讨要手稿以供参考），另一种是所见者见猎心喜（此种情况可能是导致此书影响大增的主要原因），将之抄布于市。③

---

① 黄卓越、桑思奋主编：《中国大书典》，344页，北京，中国书店，1994。

② 王庆云在日记中记载咸丰元年十二月初六日即曾"以纪事册付伯英，备检兵额耳。"（王庆云：《荆花馆日记》上册，中国社科院近代史研究所《近代史资料》编译室点校，342页。）。这是同人之间的流传。而此书的名声甚至流传到了咸丰帝那里，咸丰二年十月二十日的君臣间发生了一次有趣的对话："问：汝有著述，曾刻否？答：臣偶有记载，不过自备遗忘，未敢问世。"（王庆云：《荆花馆日记》上册，中国社科院近代史研究所《近代史资料》编译室点校，318页。）此段对话也可解释下文中王庆云生前没有刊刻《石渠余纪》的原因。十二月二十一日王庆云在赴山西查复盐政之前与咸丰帝的一段对话同样也涉及了此书稿，咸丰帝直接问："尔所著一套书自当带去。"王庆云谦称："山西盐务有《河东盐法志》及《河东盐法备览》，前人皆有成书。臣见乾隆以后各案，书中未备，因为补出。其实只有三篇，一小本子，不得谓之著述。"（王庆云：《荆花馆日记》上册，中国社科院近代史研究所《近代史资料》编译室点校，346页。）

③ 例如，与王庆云没有任何来往的张之洞即藏有《石渠余纪》抄本，并将之借给同仁。《张之洞致张佩纶未刊书札》（广州图书馆主编，丁玲、林锐笺注，43页，桂林，广西师范大学出版社，2012）张之洞曾有一封信件涉及此事："王文勤纂录册子，记是阁下携去，不悉已见还否？望向尊一检。绳盦仁兄。之洞顿首。"原信无时间。笺注者提及张佩纶在《涧于日记》中记录其阅读《王文勤公奏稿》的时间是光绪四年十月初三日（1878年10月28日），推测信件时间在此前后。此段资料为北京大学孙明博士提供，谨致谢意。

但由于种种原因，此书迟迟没有付梓。没有在生前刊印的原因是王庆云心中有所顾虑。他在道光三十年正月三十日的一段日记可能表达了心声："余本载往事，以备将来之采择而已，立一的以招射者，非余心也。"①他只是想将有关内容作为自己将来翻查，不想引来他人的评论。而在其身后没有由王家自行刊印则只能说是命运多舛。王庆云及其家人比较看重的是王庆云的奏稿，于其病逝前即已开始勘定，于壬午年（1882）付梓。②《石渠余纪》则是作为士大夫"立言"的一部分，原拟作为奏稿附录一同刊印："著《石渠余纪》，于朝政国典，穷源溯流，务悉全体，因时制宜，出以论断，今附刻奏稿后。"③但不知何故连《奏稿》二十四卷也仅刻了十卷，《石渠余纪》无论矣。而王家将《奏稿》（《王文勤公奏稿》）正式全文刊印已是 1942 年 1 月，且未将《石渠余纪》附刻其中。④ 王家迟迟无法刊印，而外间于《石渠余纪》之价值多有推崇者，于是在王庆云离世后的第 26 年，即光绪十四年出现了第一个版本。

曾有研究者认为，在 1912 年前，《石渠余纪》共计有六种版本，即光绪十四年宁乡黄氏校刊本，光绪十六年攸县龙璋重刻本，华阳曾懿书刻版大刻本，陈宝琛署刻本，光绪二十八年上海书局版，光绪二十八年上海广益书局版。⑤ 此作者可能只是依据在福建或福州所见各版，笔者在近代史研究所图书馆和国家图书馆古籍部另见了数个版本，进行了对勘。本文即从各版本的梳理中描述《石渠余纪》的刊印过程和各版本之间的异同。

---

① 王庆云：《荆花馆日记》上册，道光三十年正月三十日，中国社科院近代史研究所《近代史资料》编译室点校，160 页。

② 王庆云：《石延寿馆文集》，跋。

③ 王传璨编：《王文勤公年谱》，74 页。

④ 其实王家在 1934 年开始交金陵刻经处进行了第二次刊刻，但也仅刻至二十四卷的十四卷，后因抗日战争而停止。再次全文刊刻是在 1942 年。参见王孝绮《〈王文勤公奏稿〉跋》，见王庆云：《王文勤公奏稿》，跋，1 页。

⑤ 郑小霞：《王庆云〈石渠余纪〉版本述略》。

（一）光绪十四年宁乡黄氏本

书名《石渠余纪》，牌记题"光绪十有四季宁乡黄氏校刊"。3 册，6 卷。目录前有刊刻者黄氏的序，后有校勘说明。无跋。书 19.1 厘米×12.5 厘米，半页版心 13.9 厘米×10.6 厘米，11 行 22 字。白口单鱼尾，左右双边。序文如下：

> 《石渠余纪》一编，闽县王雁汀先生纂。先生讳庆云，道光九年进士，官至工部尚书，予谥文勤。今可庄修纂仁堪之文祖也。盖先生殚精数十季，搜讨秘阁，撮其大要，括为此书。间附己意，导扬圣德。民依物耻情见乎词，学者耻不知。今而国家掌故之书浩博无涯，泪贫儒苦不易购，力能购又苦卷表繁重未易卒得要领。先生是编列圣典谟一览了知。凡留心时务者固必不可少之册矣！旧未见有刊本，京师友人从可庄修纂钞出，传至湘中。湘人借观，浑似据荆，爰付手民，共资闻见。其书若干篇，厘为六卷。①

校勘说明：

> 凡六卷，纪七十八，表九，说、论议各一，并附记若干篇。其《京营表》阙，仅存其序。盖先生固云慎毋付之钞胥，故不可得而见也。其它钞胥舛缪多所考正，疑者阙之。俟得手稿真本，重为校刊。光绪十有四季夏四月己亥宁乡黄氏谨识。②

序文中"可庄"即王庆云之孙王仁堪[1849—1893，字可庄，号公定，光绪三年状元，官至苏州知府]，时为庶吉士，故称"修纂"③；

---

① 《石渠余纪》（光绪十四年黄氏本），序，1 页。外间所见序言多有舛误，故全文抄录。其他各本如是。

② 黄氏的刻本多将"年"写为"季"，后世的研究多将之改为"年"，今从原文。未知是否为避讳，抑或其他原因。

③ 关于王仁堪的年龄问题，参见王昌宜：《清代科场隐瞒年龄风习——以王仁堪为例》，载《中国典籍与文化》，2009(1)。

"据荆"似典出《三国志》，意指刘备获得荆州后的欣喜；"手民"意指雕版工人，"爱付手民"即刊印；光绪十四年四月己亥为 1888 年 5 月 18 日。

序言的大意是：《石渠余纪》一书是福建闽县王庆云所编，他是现在翰林院编修王仁堪的祖父（祖以孙扬名，亦可见到光绪年间王庆云的名望已不如作为状元的王仁堪）。王庆云花费数十年的时间搜罗资料，书中还有很多他自己的洞识，对于了解清代的掌故非常有帮助。但此书此前未曾刊印，出版者从友人处获得了抄本，随即付梓。原稿只有篇的分别，全书分为六卷是黄氏自己整理的结果。

校勘说明中，"钞胥"指专事誊写的胥吏、书手。貤缪，亦作"貤谬"，意指增益或重复其谬误。此处所透露的信息是：全书共有 89 篇（其中文字部分 78 篇，表 9 篇，况与议论各 1 篇，以及若干附记）；黄氏获得的抄本中《京营表》只有序而无表，他认为可能是王庆云的本意——"慎重军国大事"，不欲为外间流传；黄氏自承抄本多有舛误，希望得到原手稿再重出修订版。奇怪的是，笔者仔细点数了各篇章，所谓的"纪七十八，表九"数目是错误的，其实是纪八十二，表八，合计九十篇。反倒是其后的龙氏版为纪七十九，表八，与黄氏的总体数目相同（详见附文表5）。

笔者不知刊印者"宁乡黄氏"的准确信息。从有关资料推测"宁乡黄氏"可能是宁乡县善山岭（今属宁乡市道林镇）的书香世家黄氏家族，黄湘南的后人。①

（二）光绪十六年攸县龙璋本

两年后，同为湖南长沙府人的攸县龙璋重刻此书。书名《石渠余纪》，牌记题"光绪庚寅龙氏校刊"（光绪庚寅年即光绪十六年）。书 19 厘米×12.3 厘米，半页版心 13.6 厘米×10.2 厘米。同黑口四周双边，单鱼尾。10 行 22 字。亦无《国史列传·王庆云》。书后有跋，记

---

① 参见王勇、唐俐：《湖南历代文化世家·四十家卷》，454～467 页，长沙，湖南人民出版社，2010。惟，光绪朝时，黄湘南及颇其有文名的两个儿子黄本骐、黄本骥均已不在世。具体为谁，尚有待进一步考证。

载了其重刊的过程：

> 右《石渠余纪》，闽县王文勤所撰，原名《熙朝纪政》，稿定后改今名。近宁乡黄氏刻本分为六卷，璋家藏钞本无卷数，且与黄氏本有详略互异处。因重为校定刊藏于家。又有缺脱数篇，如《官制纪》《恤灾表》，其目见于他篇；《京营》有序无表，《渤海》有说无图，惜无从录补。此书于国朝掌故政事之大者，备举无遗，诚精且博。学者耻不知，今读此已得过半矣。文勤讳庆云，号雁汀，官工部尚书，事迹具《国史列传》。光绪十六年孟春月攸县龙璋校讫识尾。

《官制纪》似为《粤西官制》，咸丰元年三月二十日日记中记载"晨起，补粤西官制，乃颇有崖略"[①]。《恤灾表》于日记中无记载。"孟春月"即春季的第一个月，即夏历的正月，光绪十六年孟春是 1890 年 1 月 21 日至 2 月 18 日。攸县清代属长沙府（今属湖南株洲市）。龙璋本人在历史上并非默默无闻之辈，多种史书上有其记载。龙璋（1854—1918），字砚仙，号特甫，别号甓勤，晚号潜叟。湖南攸县人。1876 年中举，1894 年后分发江苏，担任过江宁等地知县。1907 年丁母忧回乡后再未出仕，致力于兴办教育和实业。辛亥后与革命党多有合作。[②]至于他在何种时事背景下出版此书，尚有待进一步考证。

从跋的内容看，黄氏本刊刻后已有一定的社会影响，龙璋家另藏有王庆云手稿抄本，随即刊印。从龙璋的表述可以确定几件事：原稿不分卷——与黄氏的表述一致；抄本存在诸多残缺——黄氏只言《京营表》，而龙璋则发现了《渤海图说》等四篇的残缺。[③] 考，龙家虽为官宦

---

① 王庆云：《荆花馆日记》上册，咸丰元年三月二十日。中国社科院近代史研究所《近代史资料》编译室点校，232 页。

② 参见迟云飞：《龙璋传论》，载《求索》，1989(5)。

③ 据笔者在日记和《石渠余纪》中所见，《官制纪》可能指《粤西官制》，《恤灾表》不可考。龙璋所记未必正确。日记中明确记载而书稿中未见的情况可参阅附文表 5。

世家，但从曾祖父到父亲，未有中进士者，亦未有久居京师者。其叔
父龙汝霖中进士已是同治元年，所以直接从王庆云那里抄得的可能性
不大，比较合理的推论是龙汝霖从王仁堪或王传璨处抄得《石渠余纪》。
龙璋本《石渠余纪》影响颇大，后来的几个版本多系根据此本刊印。笔
者对其篇目做了比对，详见附文表 5（限于篇幅，二者相同或差别细微
者不录）。

附文表 5　龙氏本与黄氏本篇目比对表

卷序	篇序	龙璋本	篇序	黄氏本	备注
卷一	4	纪蠲免 附记	4	纪蠲免	黄氏本无附记，内容有
卷一	9	纪科举加恩 附记	9	纪科举加恩	黄氏本无附记，内容有
卷三	2	纪立内务府 附录国初圣谕 附记	2	纪立内务府 附录国初圣谕	黄氏本无附记，内容有
卷三	4	纪丁额 除籍为良	4	纪丁额 除籍为良	应在除籍为良前加附字
卷三	5	纪赋册粮票 历朝田额粮赋总目	5	纪赋册粮票 历朝田额粮赋总目	应在历朝田额粮赋总目前加附字
卷四	2	纪漕粮 漕粮仓耗	2	纪漕粮 漕粮仓耗	本篇其实有两篇附文，另一为"漕费茶果银"
卷四	5	纪罢折漕 附记	5	纪罢折漕	黄氏本无附记，内容有
卷四	7	纪屯田 附记井田 附祭田、学田	7	纪屯田 附记井田 祭田、学田	黄氏本"祭田、学田"前无附字
卷四	14	纪籴	14	纪粜	查内容，黄氏本是错字
卷四	15	纪五城米局 八旗米局 附记	15	纪五城米局 附八旗米局	黄氏本无附记，内容有
卷四	16	纪邻谷协济	16	纪邻谷协济 截漕拨	黄氏本多"截漕拨"三字，而龙氏本内容中有截漕拨。是为内容无缺而篇名不同
卷四	17	纪圈地 红册余绝地亩	17	纪圈地 红册余绝地亩	红册附于圈地篇目下，余绝地亩归于红册内容中

卷序	篇序	龙璋本	篇序	黄氏本	备注
卷四	18	纪旗人生计 附八旗赈务 附官庄旗租 附盛京官庄 附不许增租夺佃 附停设庄头 附不准庄头退换地亩	18	纪旗人生计 附八旗赈务 官庄旗租 盛京官庄 不许增租夺佃 停设庄头 不准庄头退换地亩	黄氏本"八旗赈务"后各条前无附字
卷四	19	纪牧场 口外牧场	19	纪牧场 口外牧场	二本均未加附字
卷五	5	纪铜政 附载铅锡 附载新疆西藏钱 附载洋钱 附铁 附铜运改道	5	纪铜政 附载铅锡 附载新疆西藏钱 附载洋钱	黄氏本无"附铁 附铜运改道"。"附铜运改道"后仍有"自樊城至内黄县楚望陆运驿程"
卷六	9	纪英夷入贡附记附敕谕英吉利国王二道 附渤海图说 附海商水程单子附曾涤生先生跋 附道光二十一年天津添兵原案	9	纪英夷入贡附记又附 敕谕英吉利国王二道	黄氏本"渤海图说"后单独成篇，且较为合理
卷六			10	渤海图说 附海商水程单子附曾涤生先生跋 附道光二十一年天津添兵原案	黄氏本"渤海图说"单独成篇
卷六	10	纪畿辅营田水利 附永定河不宜复故道论	11	纪畿辅营田水利	黄氏本"永定河不宜复故道论"单独成篇
卷六			12	永定河不宜复故道论	黄氏本此篇单独成篇，龙氏本则附入卷五"纪畿辅营田水利"篇
卷六			13	铜运改道议	黄氏本"铜运改道议"单独成篇，而龙氏本则附入卷五"纪铜政"篇

从附文表 5 可见，两本篇目基本相同，黄氏本较龙氏本多出三篇，即第 6 卷第 10、12、13 篇，龙氏本将之合并入其他篇目。考其分卷和篇目顺序，龙璋本显然接受了黄氏本的整理结果，没有做大的改动——虽然与抄本差别较大（见下文《碧琳琅馆丛书》本）。就内容而言，"永定河不宜复故道论"和"铜运改道议"分别附入"纪畿辅营田水利"篇和"纪铜政"篇尚可成立，而"渤海图说"附入"纪英夷入贡"篇内则有待商榷。① 就文字而论，龙氏本订正了黄氏本的一些明显错误，如第 14 卷第 14 篇"纪粜"改为"纪籴"，但仍有一些错误延续了下来。

这里还需要解释一下篇目中各附字的不同含义：如第 5 卷第 15 篇《纪恤商 井灶附》，"附"字写于后则并非单独成篇，而是在《纪恤商》这一内容中有有关盐井、盐灶的内容，非单独有篇；如第 4 卷第 9 篇《纪芦课 附丈量》，"附"字在前则为单独成篇，非内容中涉及。不知为何，书中有多处附于某篇后却未加"附"字者，如第 4 卷第 2 篇《纪漕粮 漕粮仓耗》。另外，多篇之后还有《附记》，考其行文则当为王庆云自己对相关内容的思考，尤其是相关利弊的见解。

（三）光绪二十四年许叶芬序本

书名《熙朝纪政》。牌记题："光绪戊戌重校缩印"。目录前有许叶芬序，无跋，书末写有"宛平陈炳华、许叶珍仝校"字样。亦无《国史列传·王庆云》。6 卷，6 册，线装。书 18.3 厘米×12.1 厘米，半页版心 13.2 厘米×10.3 厘米。白口四周双边单鱼尾，10 行 22 小字。许叶芬序：

> 《熙朝纪政》一书，闽县王雁汀先生所编。凡为篇者八十有七，

---

① 考察王庆云的日记，虽然他在咸丰八年五月十四日"检旧箧，得辛丑岁所绘《渤海图》，怅触旧事，武备不修，水师尤甚，如袖中东海何哉"。（王庆云：《荆花馆日记》下册，中国社科院近代史研究所《近代史资料》编译室点校，965 页。）笔者以为，这不过是后加的想法。考察撰述过程，王庆云绘制的《渤海图》是他系列地图的一部分，他还绘制了两广、福建的海图，北直隶的地图等，与英国的第一次鸦片战争没有直接关系。另，从《渤海图说》内容看，也不涉及抵御来自海上的外敌。因此，笔者以为这样的归入不甚合理。

间附图表，各以类从。国朝典章灿然具备。每篇稍参按语，于奉行定例之余，而深念诛求之弊。时艰民瘼隐系于怀，仁人之言其利溥哉？雁老此书成于官翰林时，抑抱负可想也！顾京师厂肆传本甚少，湖南黄氏分卷刊行，攸县龙氏再刻于长沙。两本互有异同，且多舛略。今从龙氏本缩印，以广属传。方今九重宵旰，求法甚亟，升平之筈，责在庶司，职思其居，或亦实事求是之一助云。再此书原名《熙朝纪政》，后改为《石渠余纪》，兹仍属旧。顾名思义，尚其有考于斯。光绪廿四年六月宛平许叶芬谨识。时由翰林守江南。

序言中，"仁人之言其利溥哉"语出王夫之《读通鉴论·后汉光武二十》："仁人之言，其利溥如此哉"，大意是有德行的人说的话益处很大；"九重宵旰"当系形容光绪帝勤政，天不亮就起床穿衣，很晚了才吃饭休息；光绪二十四年六月是西历的 1898 年 7 月 19 日至 8 月 16 日，显然是在戊戌变法结束的 9 月底之前；宛平是顺天府的两个首县之一；许叶芬是光绪十五年乙丑科会元，殿试二甲十名进士，善书画，研究过《红楼梦》，翰林院散馆授编修，曾任江苏镇江知府，这也是他说"由翰林守江南"的原因。

从序言可以清晰地看出，而许叶芬也对光绪帝和新政抱有相当的好感。许叶芬很显然在坊间见过黄氏、龙氏两个版本，除了隐而不谈的经济方面的原因，他刊刻此书的目的也是前两个版本流布不广，而此书于实务有助。许叶芬注意到了黄氏、龙氏两个版本内容有错误和省略，但无力增订，遂以龙氏版为基础，缩小了版心进行出版，所以称"缩印"。此本有一定的影响力，光绪二十八年山东书局本即仿此本。

(四)光绪二十八年汤寿潜序本

笔者所见此本有两种。一为上海书局铅印版，二为上海广益书局石印版。

1. 上海书局铅印版

书名《熙朝纪政》，牌记题："光绪壬寅季秋上海书局铅印"。8 卷，1 册。书 19.8 厘米×12.5 厘米，半页版心 17 厘米×10.8 厘米。白口

四周单边双鱼尾。18 行 35 字。印刷尚为精美。前有汤寿潜序，正文
后有龙璋跋。

序：

> 今日之掌故，即当日之时务。士生今日，喋喋言时务，而于
> 掌故之荦荦大者，且张口如堕云雾，岂非数典而忘祖哉！
>
> 《皇朝通考》当代掌故海也，汔〔迄〕乾隆五十年止。闽县王文
> 勤公为道咸间名臣，著有《熙朝政纪》并稿定改《石渠余纪》，于开
> 国以来荩猷茂绩粲焉毕陈。年代既后，所记尤足裨通考之阙。其
> 《渤海图说》一篇，寿潜于丙戌丁亥时依张勤果公于沛南见所藏抄
> 本，已有说无图，不知何时佚脱。《曾文正集》有书后谓为："谋虑
> 老成，操之有要"。今者隍城、石岛之间獩〔獩〕貐窟穴，追维昔
> 言，百里奚，止贤者识大已耶？沛南曾手录副墨。甲午夏初，都
> 中为姚械卿前辈借抄以去。时复念之，不去怀。近得攸县龙研仙
> 明府璋刊本。梦痕重拾，狂喜无已，亟付图书集成局铸印，庸广
> 饷世之问故者。光绪二十七年辛丑七月，后学浙江山阴汤寿潜叙。

序言中，"荩猷茂绩"似本"茂绩远猷"，大意为伟大的功绩。张勤
果即张曜（1832—1891），字朗斋，号亮臣，谥勤果。祖籍浙江上虞，
因剿捻、平回乱等军功，累官至山东巡抚。（汤寿潜光绪十二年入张曜
幕。）隍城岛分为北隍城岛和南隍城岛，现属山东烟台市长岛县，与大
连旅顺口隔海相望，石岛现属威海荣成市。沛南即济南。图书集成局，
全称上海图书集成局，是《申报》附属的一家出版机构，曾出版过《古今
图书集成》等巨著，也曾因印刷质量为学人所诟病。① 姚械卿即姚士璋

---

① 　参见上海书店《申报》影印编：《〈申报〉介绍》，7 页。另有朱文华、许道明
主编《上海文学志稿》（440 页，上海，上海社会科学院出版社，2014）在"近代上海
出版过小说的其他书局一览表"中认定图书集成局活动时间是 1884—1907 年，办
公地点位于上海天保路，原系《申报》创始人美查等建立，后改为民营。若按照许
静波《石头记：上海近代石印书业研究 1843—1956》（284 页，苏州，苏州大学出版
社，2014）一书记载，图书集成局大概于 1907 年与开明书局、点石斋等出版机构
合并为图书集成公司。

(1855—?，字棫卿，浙江仁和人)，善训诂，光绪十五年进士。汤寿潜为光绪十八年进士，故称前辈。龙璋情况见前，因曾任县令，故称明府。山阴县为绍兴府首县之一(另一个为会稽县，民国时两县合并为绍兴县)。汤寿潜(1857—1917)，原名震，字蛰先，浙江绍兴府山阴县人(其出生地山阴天乐乡现属杭州萧山)。早年入山东巡抚张曜幕，光绪十八年为二甲第十一名进士，入翰林院，散馆后补编修。后辞官，入张之洞幕府。参与了东南互保运动，辛亥时为浙江立宪党人首领。民国初年为浙江都督，组建统一党。1917年病逝于家。甲午年(1894)时他正在北京为翰林院庶吉士；光绪二十七年时正参与东南互保及善后，活动于上海、江宁一带。

汤寿潜的序提到了几个非常重要的信息：第一是《石渠余纪》在光绪朝后期已经有很大的名声；第二是抄本的流布非常广泛，未曾在京师为官的山东巡抚张曜手中也有其稿抄本；第三是抄本比较一致，脱漏也基本相同——如《渤海图说》之图一并不见；第四是无论黄氏本、龙璋本还是许叶芬序本的刊刻数量不够大，以致一些对此有兴趣的士大夫无法得到，而得到者多视为珍宝。最后一点也是汤寿潜决定再次刊印的出发点。序言中还有一点颇有意思：汤寿潜原拟将书交由图书集成局出版，而最后出版此书的是上海书局，二者不属同一公司，更不属同一出版商。何以如此，尚有待进一步考察。

此本最特别之处为分为8卷——别的版本均为6卷，查看之下，始知为别裁：各篇顺序不变，而另行分卷。此种别裁颇有不合理之处，例如原第1卷为16篇，内容为善政与选举；此本第1卷改为12篇，即将清代相关的"选举"篇目割裂为两卷；原第4卷主要涉及粮食、土地相关篇目，第5卷前半部分为银钱和矿政，此本第6卷将之合二为一，极为勉强。合理者亦有，例如原第5卷涉及银钱铸造、矿政、盐法，而此本卷其将盐法单独为一卷。惟不合理之处过多，尚不如原本之分卷。

2. 上海广益书局石印版

书名《熙朝政纪》。首页右上"光绪壬寅孟夏之月"，中间"熙朝政纪"，左下"吴碧澄署"，次页牌记题"上海广益书局石印"。8卷，4册，线装。书17厘米×10厘米，半页版心13.4厘米×9厘米。白口单边单鱼尾。16 行 32 字。所有版本中，此本版心最小，字最密。前有汤寿潜序和龙璋本跋。

从版本的角度，此本校勘堪忧，序言即有诸多文字错误；印刷质量较差；纸张质量也不好。

(五)光绪二十八年山东书局本

书名《熙朝纪政》，牌记题"光绪二十八年山东书局排印"。4 卷，4册，线装。书 23.2 厘米×13.5 厘米，半页版心 16.9 厘米×11.2 厘米。白口四周双边无鱼尾。12 行 34 字。前有许叶芬序，其文基本与光绪二十四年本序同，惟"雁老此书成于官翰林时，抑抱负可想也！顾京师厂肆传本甚少"改为"先生此书成于官翰林时，书肆传本甚少"；末尾也去掉了"时由翰林守江南"等七字。目录尾写有"谨按龙氏本分六卷，今并为四卷，末附刊误"。考其正文，各篇顺序不变，惟第 1 卷 24 篇，即自《纪节俭》至《纪大计》；第 2 卷 17 篇，即自《京营表序》至《纪库》；第 3 卷 25 篇，即自《纪漕粮》至《纪硝磺》；第 4 卷 21 篇，即自《纪盐法》至《纪铁斛铁尺》。

(六)宣统元年《碧琳琅馆丛书》本

此本为清末著名藏书家方功惠①所辑《碧琳琅馆丛书》乙部第十二本。丛书的牌记为"宣统元年岁次己酉仲秋印行"。从李元度②的丛书序看似乎此书在 1884 年即已刊印，但谭镳③的序透露出另外的信息："李次青作序时选定之书已达六十余种，未定者尚多。刻工未竟而方道

① 方功惠(1829—1897)，字庆龄，号柳桥，湖南巴陵人。自由随父居广州，善理财治政，长期任职于广州一带，官至潮州知府。性好藏书、刻书。还早于杨守敬等人赴日采购书籍。编有《碧琳琅馆丛书》《碧琳琅馆珍藏数目》《北盟会典》等。参见范凤书：《中国著名藏书家与藏书楼》，274～275 页，郑州，大象出版社，2013。
② 李元度(1821—1887)，字次青，又字笏庭，自号天岳山樵，晚年更号超然老人，湖南平江县人。道光二十三年中举，曾入曾国藩幕府，后与之失和。光绪中官至贵州布政使。参见王晓天、王国宇、毛健编：《湖南古今人物辞典》，425 页，长沙，湖南人民出版社，2013。
③ 谭镳(1863—1925)，字康斋，号仲鸾，广东新会人，光绪十五年中举，后曾追随康有为，戊戌变法后回乡从事教育方面的工作。参见新会县政协文史资料工作委员会编：《新会文史资料选辑》第 37 辑，52～54 页，1990。

弃世，其后人以书板积存粤城之万卷楼书店。"也就是说，《石渠余纪》
被收入此书并雕版是在光绪十年前，但并未刊刻，以致面世时已是宣
统元年。可能是因为谭镳长期偏处一隅，不知此书早已有多个版本，
所以虽称"刻书之宗旨……以现在通行各大丛书所未有者为其选择之界
限"，《石渠余纪》却被选入其中。

书名《石渠余纪》，6 卷，6 册装，每卷一册。书 19.6 厘米×13 厘
米，半页版心 12.2 厘米×9.8 厘米。同黑口左右双边单鱼尾。9 行 21
字。没有序跋，无目录，首页后即为正文。可能是因为其整理时未参
考宁乡黄氏本，所以虽同为 6 卷，但篇目的编排与所有其他版本差别
很大。据此，笔者推论，方功惠获得的手稿与黄氏和龙氏有一定的差
别。限于篇幅，笔者仅就目录做一对比。

附文表 6　方本与龙本篇目顺序对照表

卷篇序	方功惠本*	见于龙本卷篇序	卷篇序	方功惠本*	见于龙本卷篇序
卷一 1	纪裁十三衙门	卷三 1	卷四 2	铸大钱说帖	卷五 2 附文
卷一 2	纪立内务府	卷三 2	卷四 3	纪银钱价直	卷五 3
卷一 3	纪荐举	卷一 16	卷四 4	纪铜政	卷五 5
卷一 4	纪荫子	卷二 1	卷四 5	纪矿政	卷五 6
卷一 5	纪科道	卷二 2	卷四 6	纪硝磺	卷五 7
卷一 6	纪行取旧制	卷二 3	卷四 7	纪盐法	卷五 8
卷一 7	纪京察	卷二 4	卷四 8	纪引课	卷五 9
卷一 8	纪吏治	卷二 5	卷四 9	直省盐课表	卷五 10
卷一 9	纪守令	卷二 6	卷四 10	纪河东盐法篇上	卷五 12
卷一 10	纪考试月官旧制	卷二 7	卷四 11	纪河东盐法篇中	卷五 13
卷一 11	纪大计	卷二 8	卷四 12	纪河东盐法篇下	卷五 14
卷一 12	纪漕运官司期限	卷四 4	卷四 13	纪恤商	卷五 15
卷一 13	纪停编审	卷三 3	卷五 1	纪茶引	卷五 16
卷一 14	纪丁额	卷三 4	卷五 2	纪关税	卷六 1

卷篇序	方功惠本*	见于龙本卷篇序	卷篇序	方功惠本*	见于龙本卷篇序
卷一 15	纪赋册粮票	卷三 5	卷五 3	纪杂税	卷六 4
卷二 1	历朝田额粮赋总目	卷三 5 附文	卷五 4	直省关税表	卷六 2
卷二 2	纪丁随地起	卷三 6	卷五 5	纪米粮税	卷六 5
卷二 3	直省地丁表	卷三 7	卷五 6	纪边外互市	卷六 6
卷二 4	通考京师用额	卷三 7 附文	卷五 7	纪海舶米粮	卷六 7
卷二 5	纪会计	卷三 8	卷五 8	纪市舶	卷六 8
卷二 6	纪耗羡归公	卷三 9	卷五 9	铜运改道议	卷五 5 附文
卷二 7	直省岁入总数表	卷三 9	卷五 10	纪铁斛铁尺	卷六 11
卷二 8	道光二十八年各省岁入表	卷三 11 部分	卷五 11	纪科举编目***	卷一 8
卷二 9	道光二十九年各省岁出表	卷三 11 部分	卷五 12	纪科举加恩	卷一 9
卷二 10	直省出入岁余表	卷三 12	卷五 13	纪满洲科举	卷一 10
卷二 11	纪赈贷	卷一 2	卷五 14	纪进士	卷一 11
卷二 12	纪免科	卷一 3	卷五 15	纪殿试　朝考	卷二 12
卷二 13	纪蠲免	卷一 4	卷五 16	纪举人授官	卷一 13
卷二 14	纪灾蠲	卷一 5	卷五 17	纪制科特举	卷一 14
卷二 15	纪库	卷四 1	卷五 18	纪武举****	卷一 15
卷三 1	纪漕粮	卷四 2	卷五 19	纪制钱品式	卷五 1
卷三 2	纪罢折漕	卷四 5	卷五	纪嘆夷入贡	卷六 9
卷三 3	纪采办	卷四 6	卷六 1	京营表序	卷二 9
卷三 4	纪屯田	卷四 7	卷六 2	纪列朝各省兵数	卷二 10
卷三 5	纪劝垦	卷四 8	卷六 3	列朝兵额表	卷二 11
卷三 6	纪芦课	卷四 8	卷六 4	纪军政	卷二 12
卷三 7	纪常平仓额	卷四 10	卷六 5	渤海图说	卷六 9 附文
卷三 8	纪官仓	卷四 11	卷六 6	纪铜钱禁令	卷五 4

卷篇序	方功惠本*	见于龙本卷篇序	卷篇序	方功惠本*	见于龙本卷篇序
卷三 9	纪社仓义仓	卷四 12	卷六 7	纪盐禁	卷五 11
卷三 10	纪平粜	卷四 13	卷六 8	纪酒禁	卷五 17
卷三 11	纪籴	卷四 14	卷六 9	纪节俭	卷一 1
卷三 12	纪邻谷协济**	卷四 16	卷六 10	纪免徭役	卷一 6
卷三 13	纪圈地	卷四 17	卷六 11	纪河夫河兵	卷一 7
卷三 14	纪旗人生计	卷四 18	卷六 12	纪漕船运军	卷四 3
卷三 15	纪牧场	卷四 19	卷六 13	工部五关*****	卷六 3
卷三 16	口外牧场	卷四 19附文	卷六 14	纪畿辅营田水利	卷六 10
卷四 1	纪户部局铸	卷五 2	卷六 15	永定河不宜复故道论	卷六 10附文

注：＊限于篇幅，各篇附文若无特殊情况不列入。

＊＊方氏本"邻谷协济"篇目下有"截漕拨济"，它本为"截漕拨"。方氏本似更合理。

＊＊＊方氏本原文如此，它本为"科举篇目"

＊＊＊＊方氏本将"祭田、学田"作为此片附文，它本将之作为"卷四 7 纪屯田"的附文。它本似更合理。

＊＊＊＊＊方氏本此篇的标题如此，它本作"工部五关课税表"。

从附文表 6 我们大致可以得出以下几个结论。第一，王庆云手稿本身并没有进行过很好的整理，外人所得的传抄本各篇顺序可能较为混乱。其中某些篇章的顺序一致没有变化，如各本的第 1 卷 8～15 篇，第 3 卷 2～12 篇，第 5 卷 2～15 篇。也可由此认为宁乡黄氏的整理贡献甚大。第二，方氏本虽有 94 篇，但所有篇目均出现在其他版本中，只是一些附文独立为篇，因此可以大致推论：至少外人得以传抄的手稿(无法确定的是否是全部手稿)是一致的。

(七)陈宝琛署本

书名《石渠余纪》。无牌记，不知版本信息，疑为家刻本。第一页分三行，从右到左写有"闽县王文勤公著，石渠余纪，陈宝琛敬署"，并有钤印。6 卷，6 册。书 29.1 厘米×17.2 厘米；半页版心 18.5 厘米×13.2 厘米。黑口左右双边单鱼尾。11 行 23 字。目录之前有《国史列传》之《王庆云传》(此后各本有王庆云传大致自此始)。从版本的印刷来看，此版最为精致。后来影响甚大的 1985 年版《石渠余纪》可能就是根据此本。① 需要说明的是陈宝琛为王庆云的孙女婿。②

(八) 未知本

笔者分别在中国社会科学院近代史研究所图书馆和国家图书馆古籍部各见到一个未知版本。近代史所藏本：书名《石渠余纪》，封面未见书名，未见牌记，亦无序无跋。6 卷，6 册。书 28 厘米×17.3 厘米，版心 18.5 厘米×13.4 厘米。黑口左右双边单鱼尾。13 行 23 字。目录前有《国史列传·王庆云传》。经过对照，笔者发现此本与陈宝琛本最为接近，经逐页对照，印刷内容完全相同。他们之间的差别在于纸张略次于陈本（已呈黄色，而陈本为白色），纸张稍薄，书页装帧时有多处折页翻转的情况，但油墨似好于陈本（陈本的第 5、6 卷多处有渗墨，而此本无）。

国家图书馆藏本：书名《石渠余纪》，6 卷，6 册。封面未见书名，未见牌记，亦无序无跋。目录前有《国史列传·王庆云传》。书 25.6 厘米×14.5 厘米，半页版心 18.3 厘米×13 厘米。黑口四周单边单鱼尾。11 行 23 字。纸张同为黄色。

笔者在北京见到了 10 个《石渠余纪》的版本，即光绪十四年黄氏本，光绪十六年龙璋本，光绪二十四年许叶芬序本，光绪二十八年汤寿潜序上海书局本和上海广益书局本，光绪二十八年山东书局本，宣统元年《碧琳琅馆丛书》本，以及未知时间的陈宝琛署本，未标注任何信息的两个未知本。唯一未见者为郑小霞提及的"华阳曾懿书刻版大刻本"。

这些版本中成书最早的其实是宣统元年《碧琳琅馆丛书》本，出版最早的是光绪十四年黄氏本。从这些版本的牌记、序跋等信息来看，

---

① 王湜华在序言中未曾提及是根据哪个版本，只是说"这次点校根据的底本是谢国桢先生所藏的刻本"。但考其有《国史列传·王庆云传》，是以如此认定。

② 陈宝琛为王庆云同乡兼好友陈景亮（1810—1884，字弼夫，官至云南布政使）的孙子。《荆花馆日记》（下册，684 页）咸丰四年十二月十五日记载了他们订婚的情况："是日，溢儿定婚陈弼夫令孙。"溢儿即王眉寿（1848—1921），后为福州女子教育的开创者。

王庆云及其家人迟迟没有刊印《石渠余纪》，但其传抄本已有一定的影响力，于是湖南宁乡黄氏于光绪十四年出于某种原因刊印了此书。可能是此书印量不足，且有了一定的影响力，两年后的光绪十六年攸县龙璋经过整理再次出版此书——从卷数和篇目看变动不大，甚至有些改动还不如黄氏本。龙璋本的影响力似超过了黄氏本，以后的各版本多以此本为基础——即使分卷不同，篇目顺序也不变，并多有保留龙璋跋者。陈宝琛署本有一个重要的变化，即加入了《清史列传·王庆云传》，这一变化也被后来的版本所继承——尤其是当代的版本。

三、《石渠余纪》还是《熙朝纪政》?

后世的学者多将王庆云的书稿称为《石渠余纪》，但从上文的版本勘定可知，某些版本将书名改为《熙朝纪政》（如许叶芬序本，上海书局本，山东书局本）或《熙朝政纪》（上海广益书局本）。《熙朝政纪》这个书名大概是因为盗版错误而致，姑且不论。《熙朝纪政》的书名，源自龙璋本的跋："《石渠余纪》，闽县王文勤所撰，原名《熙朝纪政》，稿定后改今名。"龙璋此说似当有所本，惜龙璋未能明言。笔者孤陋，亦未得见。

而从王庆云及其家人的有关记载来看，此说很难成立，兹举反证数条。

第一，日记在道光二十八年二月初五日首次出现的书名为《灯窗笔略》，察其内容为王氏本人试图研究与国用相关者，尤其是户部山西司的红册。①《灯窗笔略》作为书名还在日记中出现过多次，如道光二十八年二月初七日、十月二十五日，道光二十九年七月十一日，道光三十年七月二十三日，咸丰十一年正月初六日、七月十五日。考《灯窗笔略》上下文内容多与户部出入有关，如道光二十八年二月初七日言：

> 《笔略》附录《通考》一则，引案《皇朝通考》所载京师用额以乾隆三十年奏销为准，较今《会典》款目不同，盈缩亦异。由《会典》

---

① 参见王庆云：《荆花馆日记》上册，中国社科院近代史研究所《近代史资料》编译室点校，79页。原文较长，兹不引录。

上溯作《通考》时，将五十年，今后纂《会典》时，又三十余年，时势盖略殊矣。姑录其略，俾司计者参观焉。①

道光二十八年二月十四日记：

又以《灯窗随笔·序》就正，及近日所作《纪事》二篇、《纪田赋》一篇，附减浮赋、慎丈量、劝开垦三段。前两篇本试为之，若体裁颇有可取，便专意卒业。尚当与子贞②商酌。以文会友，于此处验损益，亦可思过半矣。晚将前后序交绮屏③处。④

道光二十八年十月二十五日记：

星方过谈。携去《灯窗笔略》。午刻回寓。《纪河东盐务》篇中。⑤

道光二十九年七月十一日记：

抄《河东》下篇上半，文字太冗，节去数十字，以《圣训》各条

---

① 王庆云：《荆花馆日记》上册，中国社科院近代史研究所《近代史资料》编译室点校，79 页。

② 何绍基(1799—1873)，字子贞，号东洲居士。湖南道州(今道县)人。道光十六年进士，历任翰林院编修、国史馆提调。以博学、精书法和交游广阔而闻名。后辞官四处讲学，同治十二年病逝于苏州。参见高拜石：《新编古春风楼琐记》第 14 集，北京，作家出版社，2005。

③ 邓庆恩，号绮屏，福建闽县人，道光九年三甲进士。后分发兵部武选司。道光三十年授甘肃平凉府知府。后官至长芦盐运使、布政使等职。参见秦国经主编：《清代官员履历档案全编》第 3 册，181 页。

④ 王庆云：《荆花馆日记》上册，中国社科院近代史研究所《近代史资料》编译室点校，80 页。

⑤ 王庆云：《荆花馆日记》上册，中国社科院近代史研究所《近代史资料》编译室点校，105 页。

附入，未〔末〕以《灯窗笔略》一段互载。①

道光三十年七月二十三日记：

琦文甫②以户部出入总数借观，颇为详明。校余《灯窗笔略》，互有不同，字细恐伤目力，须重抄方便校勘。内有河东认解河工十六万两，为前三篇所未及。③

咸丰十一年正月初六日记：

十年前伏阙上书，曾有勅部新修《会稽录》之请，而余之《灯窗笔略》，实可为后此践言之藉。日来颇有起色，因不能无动于中。念康熙中之拨乱反正，乾隆中之转匮为丰，或可再见，则由旧即中兴之蓝本矣。践阼夙心，首在澄叙，后来变故不期然而然者，皆非本意，又何虑焉？念及此，仍以养身为贵。④

咸丰十一年七月十五日记：

---

① 王庆云：《荆花馆日记》上册，中国社科院近代史研究所《近代史资料》编译室点校，128 页。

② 琦昌，字文甫，镶黄旗蒙古人，道光三年进士，后长期任职户部。（查道光三年进士题名录，三甲十二名有镶黄旗蒙古人齐斌达，改名琦昌。参见朱保炯、谢沛霖编：《明清进士题名录索引》近代中国史料丛刊续辑第 37 辑，2783 页，台北，文海出版社，1981。）与下文"琦文甫在户部二十六年"相符。（参见王庆云：《荆花馆日记》上册，中国社科院近代史研究所《近代史资料》编译室点校，179 页。）与王庆云相友善，多有来往。

③ 王庆云：《荆花馆日记》上册，中国社科院近代史研究所《近代史资料》编译室点校，183 页。

④ 王庆云：《荆花馆日记》下册，中国社科院近代史研究所《近代史资料》编译室点校，1076 页。

发《灯窗笔略》观之，卷怀又经两月矣。①

其余提及《灯窗笔略》（简称《笔略》）的内容多失之过简，仅提书名，未知其内容，不论。从记录各条的内容而言，《灯窗笔略》似主要与清政府的财政收支有关，尤其是道光二十九年七月二十三日条。从此条记载来看，《灯窗笔略》内容多与收支相关。而道光二十九年七月十一日条则似乎显示《笔略》与《纪河东盐法篇下》不相关。也就是说，如果认定《纪河东盐法篇下》为《石渠余纪》的篇目（各版本中多为第5卷，第14篇），那就可认为《灯窗笔略》是另外的一本著述，一本与《石渠余纪》不同的著述。

而"石渠余纪"作为书名在日记中出现较晚，且仅三次，分别为在咸丰四年十一月十五日，十二月初九日和咸丰六年五月十八日。

咸丰四年十一月十五日记：

向《石渠论〔纪〕》中，河东盐务不图身当其责，而又时值其艰也。吁！②

咸丰四年十二月初九日记：

检《石渠余纪》，于前稿添一段。③

咸丰六年五月十八日记：

---

① 王庆云：《荆花馆日记》下册，中国社科院近代史研究所《近代史资料》编译室点校，1084页。

② 王庆云：《荆花馆日记》下册，中国社科院近代史研究所《近代史资料》编译室点校，672页。书称"《石渠论〔纪〕》"或为王庆云笔误或为整理之误。

③ 王庆云：《荆花馆日记》下册，中国社科院近代史研究所《近代史资料》编译室点校，682页。所谓前稿系指初七日草拟的关于陕西盐务"摊归地丁"，"官运官销"的奏稿。定稿可见《筹办河东盐务酌拟章程折》（上奏时间为咸丰五年三月初八日，朱批时间为三月十九日），参见王庆云：《王文勤公奏稿》卷六，3～6页。

前作《石渠余纪》戊申己酉间，于《丁归地粮》一篇未得脱稿，以山西一省地丁合并者多不备具。客岁始从《赋役全书》抽取排比，渐窥其全，约计晋省丁徭全未归地，与未全归地者，尚十余处。昔犹为难，况今日之民力。逮灵宝新添之引，岁得三万余金，此事便有下手处。欲取官书再校一番，虽烦不恤。①

从上述引文我们可以确认，王庆云至少在咸丰四年年底已将书稿定名为《石渠余纪》，且没有任何改变的迹象，而此前也没有提及除上文中的《灯窗笔略》之外的书名。

从时间上看，《灯窗笔略》作为书名前后绵延十三年（道光二十八年至咸丰十一年），《石渠余纪》作为书名集中在咸丰四年至六年。从内容上看，笔涉《灯窗笔略》者多与国计相关，而《石渠余纪》则盐务、丁粮均有涉。查各版《石渠余纪》则从选举、国计到夷务无所不包。较为合理的解释就是《灯窗笔略》的内容后来涵括进了《石渠余纪》之中，未再单独著述。这大概也可以解释上文中各表未见于日记记载，但最终出现在《石渠余纪》的篇目中。至于何以咸丰十一年王庆云再次提及《灯窗笔略》，则可理解为《灯窗笔略》手稿些时仍单独存在。

第二，王庆云的儿子王传璨在其所编《王文勤公年谱》里也只称王庆云写成《石渠余纪》，只字未提《熙朝政纪》之名："所著《石渠余纪》，于朝政国典，穷源溯流，务悉全体，因时制宜，出以论断，今附刻奏稿后"②。王传璨编订此书的时间是在同治八年正月（1869 年 2 月），距离王庆云去世仅 7 年，误记的可能性不大。③

综上所述，坊间"《石渠余纪》原名《熙朝纪政》"很可能是一种误传。

---

① 王庆云：《荆花馆日记》下册，中国社科院近代史研究所《近代史资料》编译室点校，793 页。

② 年谱的原文为"所著《石渠余纪》，于朝政国典，穷源溯流，务悉全体，因时制宜，出以论断，今附刻奏稿后"。

③ 《王文勤公年谱》的刊印是在 1933 年，但王传璨完成年谱的时间是同治八年。年谱后有记载"同治八年己巳正月，不孝男传璨谨述。后六十五年癸酉五月，孙女婿陈宝琛谨填讳并校字。曾孙孝绮敬谨复校"。是以笔者做以上断论。

这种误传始自"龙璋本"，而从王庆云自己的日记和后人的记述来看，误传只是误传，于史无证。

四、《石渠余纪》与手稿的校勘

目前可见的所有《石渠余纪》版本都是以各种抄本为基础进行刊印的，而手稿如今已不知所在。我们已经难以得知手稿的原貌以及它与现存各版本之间的差别。笔者在有关资料中发现到了两份与《石渠余纪》内容相关的手稿或手稿刊印稿。现对其进行校勘，以一窥两者之间的差别。①

第一份是《京营表序》。此文手稿见于《石延寿馆文集》页九至十。② 按，根据《日记》所载，撰写《京营表序》是在道光三十年十月二十六日（1850 年 11 月 29 日），修改于十月二十九（1850 年 12 月 2 日）。③ 王庆云此前已经收集了诸多资料，并完成了部分表的内容。《京营表序》在多数版本中都列于第 2 卷第 9 篇，笔者以校勘较佳的陈宝琛署本与之相校：

附文表 7　《京营表序》之陈本《石渠余纪》与《石延寿馆文集》校勘表

陈本页行	内容	文集页行	内容	备注
卷二 20-1-6*	道光庚戌冬，雪窗多暇	9-2-11	道光庚戌冬，雪牕多暇	"窗"，"牕"为异体；"戌"误**
卷二 23-1-11	由十年佐领以推是年兵额	9-2-14	由是年佐领以推是年兵额	陈本误
卷二 23-2-2	而兵额遂定	10-1-1	兵额遂定	"而"为衍字
卷二 23-2-4	莊牧亭驾部藉钞道光二十九年兵数折	10-1-2	莊牧亭驾部借钞道光二十九年兵数折	意思不变，用词不同

注：*为表述简略，标注采用阿拉伯数字，第一组数字代表页，第二组数字

---

① 论文写作过程中曾与唐仕春兄多次探讨，他提醒我既然存在多种手稿（如初次稿、誊抄稿），需要先弄清各稿之间的关系。而从笔迹和内容角度，笔者仍认定所见两份手稿为王氏的定稿。在此，对唐仕春兄的提醒表示感谢。

② 何以在《石延寿馆文集》中插入此篇，而不是"永定河不宜复故道"等文，尚不得而知。

③ 参见王庆云：《荆花馆日记》上册，中国社科院近代史研究所《近代史资料》编译室点校，105 页。

代表线装本的前页或后页（1 代表前页，2 代表后页），第三组数字代表行数。短横杠"-"用以分别各组数字。附文表 8 同。

＊＊不知何故，《石延寿馆文集》中多将十二地支之一的"戌"字误刻为"戍"。

鉴于原稿均为繁体字，且差异出现于各版之间的异体字，原文用繁体字（后同）。

《京营表序》全文 400 余字，两本相异者有 5 处，其中陈本"由十年佐领以推是年兵额"完全颠覆了原文的意思。

第二份是《纪建昌盐政》。按，江西建昌府作为行政编制现已撤销，其府城现为江西抚州市南城县。王庆云撰写此文是在道光二十八年九月二十四日①，在《荆花馆遗诗》中影印了手稿原文，多数版本中则列于第 5 卷第 14 篇《纪河东盐法》篇（下）的附文中，笔者仍以陈宝琛署本与之相校：

附文表 8　《纪建昌盐政》之陈本《石渠余纪》与《荆花馆遗诗》校勘表

陈本页行	内容	文集行	内容	备注*
	附江西建昌鹽政諭旨		紀江西建昌鹽政	
51-1-1	乾隆五十六年三月庚子諭軍機大臣曰	1	乾隆五十六年三月庚子二十五諭軍機大臣曰	
51-1-4	行鹽分引劃界	4	行鹽分畺畫界	上谕为"畫"
51-2-5	鄰閩府分	9	鄰閩府縣	上谕为"分"
51-2-8	不肎通融辦理	11	不肯通融办理	上谕为"肯"
51-2-10	便於民食	13	便于民食	上谕为"於"
52-1-4	與鄰省彼此磋商	17	与鄰省彼此確商	"磋""確"同为"确"的异体字，上谕为"確"
52-1-4	竝著會銜詳議	17	並著合銜詳議	"竝""並"为异体字。上谕为"並"②，"會銜"

① 参见王庆云：《荆花馆日记》上册，中国社科院近代史研究所《近代史资料》编译室点校，102 页。

② 陈本在此文中，改"並"为"竝"的情况存在多处。

陈本页行	内容	文集行	内容	备注*
52-1-6	四月庚午二十六日諭曰	19	四月庚午廿六日諭	将"二十"写为"廿"似为王氏的习惯
52-1-8	總由舊定銷引之處距出鹽地方過遠	20—21	総由舊定銷引之處離出鹽地方過遠	"總""総"同为"总"的异体字。上谕为"距"
52-1-10	竝著長麟	22	並著長麟	"竝""並"为异体字。上谕为"並"
52-2-2	商人不能不於鹽價內取償	25	商人不能不于鹽價內取償	"於""于"为异体字。上谕为"該商等勢不能不將新增費用仍於鹽價內取齊"
52-2-3	長麟見署兩江總督	25	長麟現署兩江總督	上谕为"長麟現在署理兩江總督"
52-2-4	與全德一同至彼	26	與全德一仝至彼	"同""仝"二字虽不通假，清人多有以"仝"为"同"者。上谕为"同"
52-2-4	竝知會閩省督撫會商辦理	26—27	并知会閩省督撫會商办理	
52-2-6	若江西辦有規則	27	若江西办有規則	上谕为"辦"
53-1-1	不肎通融辦理	34	未肯通融办理	上谕为"所謂出納之吝，未肯通融籌辦"
53-1-2	即使以建昌畫歸閩省	34	即使以建昌劃歸閩省	上谕为"劃"
53-1-4	不肎撥歸	36	不肯撥歸	上谕为"肯"
53-1-5	五月癸未 諭曰	38	五月癸未諭	
53-1-6	所奏與新降諭旨人略相同	38	所奏与新降諭旨大略相同	上谕为"所奏與新降諭旨大畧相同"
53-1-7	如建昌畫歸閩省	39	如建昌劃歸閩省	上谕为"劃"
53-2-3	與朕昨降諭旨相同	45	与朕昨降諭旨相同	上谕为"與昨降諭旨相同"
52-2-5	則平原豪無阻隔	46—47	則平原毫無阻隔	陈本误，上谕为"則平原地面毫無阻隔"
52-2-7	該商竝無賠累	47	該商並無賠累	上谕为"並"
52-2-7	况於關隘可為門戶	48	况杉關等隘可為門戶	上谕为"杉關等隘"

续表

陈本页行	内容	文集行	内容	备注*
52-2-9	以悉仍其舊為是	49	以悉仍其旧為是	"旧"为"舊"的简体字。上谕为"舊"
52-2-10	覈定具奏	51	会同覈定具奏	上谕为"會同詳悉履勘，核定章程，據實具奏"
53-1-3	諭曰	54	諭	
53-1-5	但不得過十斤以上	55	但不得過十勋以上	将"斤"写为"勋"似为王氏习惯。上谕为"斤"
53-1-7	如十斤之外	56	如十勋之外	
53-1-8	如果私販鹽斤	57	如果私販鹽鹽斤	遗诗衍一个"鹽"字
53-1-8	自當按法懲處	58	自當按法惩處	"惩"为"懲"的简体字
53-1-9	祇可行所無事	58	祇可行所無事	此句不可解。陈本与手稿同
53-1-10	定以十斤之處不必行	59	定以十勋之處不必行	
53-1-10	六月乙巳二日	60	六月乙巳二日	二本时间均误。上谕为"六月初一"
53-2-1	請於建昌府籤商設總店	60—61	請于建昌府签商設総店	"籤""签"，"總""総"为异体字。上谕为"签"，"総"
53-2-2	照閩省時價斤減二文	61	照閩省時價勋減二文	
53-2-3	得旨依議速行	63	得旨依議速行補見後	陈本漏了"補見後"等三字

　　注：＊ 查照原文主要依据《乾隆朝上谕档》第 16 册，北京，档案出版社，1991。

　　从校勘表(附文表 8)可知，手稿与陈本之间的差别多达 38 处，但意义差距较大的地方不多。陈本的刊刻表现出某些特别之处，如"肯"刻为"冐"，"并"刻为"竝"。而王庆云手稿也有某些特定写法，如"斤"写作"勋"，"二十"写作"廿"。王庆云的手稿还显示出，王庆云会使用一些简体字(如办、于、会、旧)，还会有一些笔误，这些在陈本中都得到了改正。但陈本中也有一些私自改动以致造成错误的地方。对照《乾隆朝上谕档》，笔者发现，王庆云不仅不是全文摘抄，且引录过程中还有省略的情况①，改写的情况②。那个时代显然除王庆云本人能查阅上谕外，其他人难得一见，因此王庆云本人在抄录过程中造成的错误会一直延续下去，如应为乾隆五十六年六月初一日的上谕却被写作六月初二日。

五、结语

太平天国运动后，湘淮人物满天下。曾经大力帮助过湘军和曾国藩③的王庆云早已为世人所遗忘，而他的灵柩要到同治八年八月二十六日（1869 年 10 月 1 日）才从山西汾州移葬回福州。④《石渠余纪》的价值虽然早已为圈内人所认同，但王庆云本人和王家人并无将之单独出版的意图，只是曾试图将其附刻于《奏稿》之后。而奏稿本身就没能刊刻完毕，《石渠余纪》自也未能面世。等到光绪十四年宁乡黄氏刊刻《石渠余纪》时，王庆云已"泯然众人"，以致黄氏不得不借状元王仁堪来宣扬他是状元的祖父和这本书。我们已经无从得知此本出版后的反应，从两

---

① 如四月二十六日的上谕中，"并着长麟、全德前往其地详悉妥议速奏矣"和"欲令民间舍近求远"之间有长达 8 行的文字。而《石渠余纪》中省略了。二十七日（辛未日）的上谕中在"所謂出納之吝，未肯通融籌辦"和"抑或私鹽充斥"之间少了一行多的文字。

② 如五月二十二日的上谕为"設如畢沅等所奏以十斤為率，明立科條，不啻導以興販之路……或於十斤之外加增數斤，地方官豈能按戶稽查，逐一秤驗？"，而书中则改为"如十斤之外，加增數斤，地方官豈能按戶稽查秤驗？"另，六月初一日的军机大臣议奏内容极长（有 1700 余字），书中表述系为改写。王湜华先生在标点此文时未加引号，极为正确。

③ 王庆云与曾国藩的关系非常密切，在京城共事即时常探讨，视曾为知己。后来一个在西北，另一个转战湖广、两江，两人还书信来往不断。咸丰六年十月二十五日记载："得文秋山及曾涤生书，江西军情不乏兵而乏饷。江浙不能接济，广饷又被南赣截留，不得已待援于山陕，急切可知。涤生所言数月来戮力情形，至有自咎之语。枨触忧思，不觉泪下，昨日所拟折片竟不忍发矣。"（王庆云：《荆花馆日记》上册，中国社科院近代史研究所《近代史资料》编译室点校，832 页。）王庆云还利用自己的职务（山西、陕西巡抚）不断为湘军提供力所能及的帮助，不止一次地不惜破坏传统奏销制度地为湘军提供粮饷方面的帮助。例如在咸丰六年，在得知胡林翼军队缺饷的信件后即不待得到户部的指令就向湘军拨款。参见王庆云：《王文勤公奏稿》卷六，42 页。

④ 参见王传璨编：《王文勤公年谱》，76 页。

年后龙璋本即再出的情况推测，似乎市场反响不错。自龙璋本出后，海内纷纷以之为底本翻印，时人与后人都将之视为理解清代典章制度的重要文献，却已无人去考察各版本的由来以及作者本人的原意。

王庆云原本走的是清代典型士大夫的道路，读书—科举—出仕。科举之路并不平坦，他花了十年的时间才从举人变为进士，而后又花了二十年的时间才穿上四品官服（道光二十九年为詹事府詹事）——中间有六年半回籍丁忧。到道光二十五年十一月（12 月）丁忧结束返回京师之前，感觉仕途无望的王庆云甚至和弟弟约好过几年就致仕回乡："别季父北上，曰：吾无意求显宦，今未五十，遽欲投闲，无以谢戚好。暂别四五年，迟亦不过十年，便归里，联床荆花馆。"①而这一别，王庆云直至病逝也没能回到故乡。

道光二十八年年初，他在闲暇之余的兴趣使得自己走向了另一条道路：他开始对度支产生了兴趣，并着手收集有关资料。这是他撰写《灯窗笔略》的初衷。从此一发不可收拾，连续撰述了多篇与国计相关者，进而扩展至军政、选举等各方面。可能是与他欣赏的唐代计臣名相刘晏、第五琦有关，也与自己考察过山西盐政有关，他在度支方面（尤其是开源方面）着重的是盐政，以为改革盐政可"不病民而裕国计"，这就使得他在书稿中多有盐政方面的论述（仅河东盐政就写了《纪河东盐法篇》上中下三篇）。王庆云在写作过程中不仅使用官政书，还大量利用档案（如上谕、奏折）。奏折部分自然不会开放，除了作为国史馆官员可查阅部分，他还动用同年、同乡的关系查抄各衙署（如户部、兵部等）档案。这一方面使得各论断有了更坚实的基础，而客观上也造成了自己和书稿在士大夫中的声望，连九霄之上的皇帝也知道了他的书稿（甚至以为他已刊刻成书）。虽然随后在顺天府尹的任上干得有声有色，但"计臣"的标签已经打在了他的身上。升任户部侍郎固然让他一展所长，却也进一步加深了皇帝和大员们对他的固有评价。当咸丰三年十一月忽然被外派为陕西巡抚时，户部固然舍不得放手，但在提供

---

① 王传璨编：《王文勤公年谱》，9 页。

军饷支持前线的大义之下①，王庆云离开了京师。在此后七年的时间里，王庆云先后就任山西、陕西巡抚，四川总督。他所做的工作除了稳定地方之外，最主要的就是筹集本省粮饷支援各地的战争前线。在不断发布的"王庆云等无论何款，迅疾解往……"的廷寄命令下，王庆云殚精竭虑，尽力满足了前线的需要。但在那个"功名只向马上取"的时代，辛辛苦苦奋战于后方的王庆云意料之中地升迁缓慢，还累垮了自己。到咸丰九年接到调任两广总督的命令时，他甚至已经无法完成赴任的旅程。② 当他从武昌退回到陕西、山西，侨居汾州后，至死也没能离开那个地方——尽管祺祥政变后那拉氏想起了这位忠心耿耿的老臣，想把他调回京师。

　　王庆云死后，其子王传璨想为他刊刻《奏稿》，《石渠余纪》则附于其后。可能是因为财力不足，也可能是因为客居异乡（直至同治八年王庆云的棺椁才得以回迁福州原籍），奏稿没能尽早刊刻。光绪三年，王家迎来了一件大喜事，王家长孙王仁堪成了丁丑科的状元。这件事成了11年后《石渠余纪》得以刊刻的一个由头——或者说出版商以之为广告的噱头。以光绪十四年黄氏本为起始，在清朝这最后的23年里，《石渠余纪》作为了解"本朝"典章制度，甚至是"时务""新政"的重要著作，被刊刻了10余次。此书的留存于世为后世研究者提供了极好的研究性资料，围绕此书展开的诸多研究大概是王庆云本人所始料未及的吧。

---

　　① 参见王庆云：《荆花馆日记》上册，咸丰三年十二月初六日，中国社科院近代史研究所《近代史资料》编译室点校，563 页。同僚多以之相勉王庆云，如蒋琦淳就告诉王庆云："天下未被兵之处，惟秦独完。朝廷免西顾之忧，非公不可"。
　　② 李学通研究员在与笔者讨论时，认为王庆云不去广州可能与他畏难有关。因为，此时广州正为参加第二次鸦片战争的英法联军所占领。笔者以为，从日记所载看，他此前即已身体欠佳，多有失眠、肝痛、耳鸣等症，且以其对清廷的忠心，未必会采取此策。聊备此二说，以供读者采摭。

附文表 9　《荆花馆日记》所载篇目与《石渠余纪》篇目对照表

时间	《荆花馆日记》所载内容	《石渠余纪》所列卷条	备注
道光二十八年二月初五日	《灯窗笔略》小引。（下为全文，省略）		从内容推断，可能即卷三10直省出入岁余表
道光二十八年二月初九日	《纪畿辅营田水利》，约为短篇，当附录四局水泉，并刘于义条陈于后。	卷六，纪畿辅营田水利	未见所言附录
道光二十八年二月十一日	《纪本朝户口》。……次日删改成篇。		《纪本朝户口》，未见
道光二十八年二月十二日	《纪雍正间除籍》一段。		《纪雍正间除籍》，未见
道光二十八年二月十四日	又以《灯窗随笔·序》就正，及近日所作《纪事》二篇、《纪田赋》一篇，附减浮赋、慎丈量、劝开垦三段。	卷四8《纪劝垦》卷四9《纪芦课》之《丈量》	
道光二十八年二月十六日	复检《纪田赋篇》，颇有损益。		《纪田赋篇》，后改为《纪赋册粮票》
道光二十八年二月十七日	《纪国初圈地》，从龙之人，无可安置，为此不得已之计。	卷四，纪圈地	肯即卷四17纪圈地，篇名改
道光二十八年二月十八日	《纪屯田》，附新疆屯田。	卷五，纪屯田	新疆屯田在此条最后一段
道光二十八年二月十九日	《纪祭田、学田》，但隐括其数，不稍涉论断，似为得体。	卷五，纪屯田附纪井田、祭田、学田	单独成篇
道光二十八年二月十九日	《纪畿辅牧场始末》，附于圈地之后，前附入盛京官庄，今日所纪口外牧场，当别为篇。	卷四19纪牧场	改篇名（不当），内容未变
道光二十八年二月二十日	《纪制钱品式》一篇。	卷五，纪制钱品式	

续表

时间	《荆花馆日记》所载内容	《石渠余纪》所列卷条	备注
道光二十八年二月二十五日	编纂《银钱价直》一篇，自国初至乾隆，银之贵贱，一视钱之多寡。逮后钱不加多，而用银之途日广，于是钱之贵贱反系于银之多寡，而圜法子母之权移于银币矣。	卷五，纪银钱价直	
道光二十八年二月二十六日	增改《本朝制钱品式》一篇，末附西域局钱。	卷五，纪制钱品式	未见西域局钱的有关内容，新疆西藏钱附记于卷五5纪铜政
道光二十八年二月二十六日	纂《钱铜禁令》一篇，次日足成。	卷五，纪钱铜禁令	
道光二十八年二月二十七日	又编纂《铜政》一篇，词繁而不能杀，然割爱已多矣。	卷五，纪铜政	
道光二十八年四月二十一日	成《河夫河兵》一篇。	卷一7纪河夫河兵	
道光二十八年四月二十二日	成《本朝无力役》及《保甲》两篇。		《本朝无力役》及《保甲》两篇均未见
道光二十八年四月二十四日	作《关税篇》，次日足成。	卷六1纪关税	
道光二十八年四月二十五日	又成《米粮税》一篇。	卷六5纪米粮税	
道光二十八年五月初三日	成《盐法》一篇。	卷五8纪盐法	
道光二十八年五月初五日	成《引课》一篇。	卷五9纪引课	
道光二十八年五月初六日	成《私盐》一篇。		卷五11纪盐禁（?）
道光二十八年五月初七日	成《恤商》一篇。中多有与《盐法篇》相出入。	卷五15纪恤商	
道光二十八年五月初八日	《纪矿政》一篇，附铁一小段。	卷五6纪矿政	

续表

时间	《荆花馆日记》所载内容	《石渠余纪》所列卷条	备注
道光二十八年五月初九日	成《酒禁》、《茶引》、《芦课》三小篇。	卷四 9 纪芦课；卷五 16 纪茶引；卷五 17 纪酒禁	
道光二十八年五月初九日	又成《杂税》篇初稿。	卷六 4 纪杂税	
道光二十八年五月初十日	附记旗人不习商贾，似应附《八旗生计》后。		卷四 18《纪旗人生计》未见不习商贾的内容
道光二十八年五月十一日	改《杂税》一篇，《纪采办》一篇，《纪硝磺》一篇。	卷四 6 纪采办；卷五 7 纪硝矿	
道光二十八年五月十二日	《纪康熙铁斛》一篇。	卷六 11 纪铁斛铁尺	
道光二十八年五月十四日	《纪市舶》一篇。疆臣少远虑，而衣裕之戒，独出于陈总戎昂，此统朝所谓勿谓无人，吾谋不用也。	卷六 8 纪市舶	
道光二十八年五月十五日	增《市舶篇》乾隆二十一年红毛至定海一条。《纪海舶米粮》一篇。《纪边外互市》一篇。末军市。	卷六 6 纪边外互市；卷六 7 纪海舶米粮	
道光二十八年五月十九日	《纪常平仓》一篇。	卷四 10 纪常平仓额	
道光二十八年五月二十八日	《纪邻谷协济》。	卷四 16 纪邻谷协济	
道光二十八年六月初四日	《纪平粜》，繁而不能杀，再易稿，乃略有条绪。复《纪籴》一篇，事简自易于贯串。	卷四 14 纪平粜；卷四 15 纪籴	
道光二十八年六月初七日	《纪官仓事例》，以不尽系常平，故谓之官仓，别于义社。附《纪边仓营仓灶仓》一小篇。	卷四 11 纪官仓；卷四 13 纪平粜 互见各篇 附记旗仓、边仓、营仓、灶仓附于其后	各本将《纪边仓营仓灶仓》放错了位置

续表

时间	《荆花馆日记》所载内容	《石渠余纪》所列卷条	备注
道光二十八年六月初九日	《纪五城八旗米局》。	卷四 15 纪五城米局	
道光二十八年六月十二日	《纪节俭》。	卷一 1 纪节俭	
道光二十八年六月十三日	草《库贮》。《通考》于库藏门有名目而无事例。赋额、用额两门，但照《会典》抄出，姑抄撮以备权舆。会计门多有提解耗羡事例，检出别为一篇。	卷四 1 纪库	
道光二十八年六月十四日	《纪会计》，即再删一节，亦当在千五百字以外。长篇贯注不易，结束尤难，当徐思之。	卷三 8 纪会计	
道光二十八年六月二十日	《纪漕粮》一篇，附《纪漕船运军》及《官司期限》各一篇。检钞颇周，则成篇自易。	卷四 1 纪库；卷四 3 纪漕船运军；卷四 4 纪漕运官司期限	各本后两篇均单独成条，与原意不符
道光二十八年六月二十七日	草《省方表》，当以巡阅江防、河防等事添入。		《省方表》，未见
道光二十八年六月二十八日	成《蠲免》一篇，不得不取其大而略其余，末以纯庙省方恩泽总叙一段，将来当省得一篇矣。	卷一 4 纪蠲免	
道光二十八年七月初一日	《纪免科浮赋重粮》。	卷一 3 纪免科	
道光二十八年七月初二日	改《免役》半篇，冠于旧所作《力役》之前。	卷一 6 纪免徭役（？）	现仅存《纪免徭役》，不知《免役》与《力役》是否合一（？）
道光二十八年七月初二日	读《通考》灾蠲、赈贷各门。纪之则不胜纪，遗之又不可遗。极思终日，拟总汇为一表，首列省方补助，次枢臣、相臣，次兵灾，合为一门，次财赋。此事不得不借力于钞胥。		此表终未见有关记载

时间	《荆花馆日记》所载内容	《石渠余纪》所列卷条	备注
道光二十八年七月初三日	《纪灾蠲事例》一篇。	卷一 5 纪灾蠲	
道光二十八年七月初四日	《纪赈贷之政》，颇有条理，以表为广收，则此总纲而已。	卷一 2 纪赈贷	
道光二十八年七月二十三日	《纪科举》篇目。	卷一 8 纪科举篇目	日记标点似乎有误
道光二十八年七月二十七日	《纪殿试朝考》一篇。	卷二 12 纪殿试朝考	
道光二十八年七月二十八日	《纪进士》一篇。	卷一 11 纪进士	
道光二十八年七月三十日	《纪举人》一篇。	卷一 13 纪举人授官	是仅为原文的部分(?)
道光二十八年八月初一日	附《纪贡盐》一段，《通考》中太略，当更检它书。	卷一 13 纪举人授官 附纪贡监	监、盐二字相近，当为日记整理之误
道光二十八年八月初三日	《纪科举加恩》一篇。	卷一 9 纪科举加恩	
道光二十八年八月初五日	《纪满洲科举》一篇。	卷一 10 纪满洲科举	
道光二十八年八月初七日	《纪制科》一篇。	卷一 14 纪制科特举	是仅为原文的部分(?)
道光二十八年八月初八日	附《纪武举》一篇。	卷一 15 纪武举	王庆云原意可能是将《纪武举》附于《纪制科》之后
道光二十八年八月初九日	《纪荫子》一篇，附吏员一小段。杂记南怀仁移闰、连州生员赐举人、杨涟后人三段。杂记虽近小说家，然取诸正史，自与稗官异。	卷二 1 纪荫子	吏员、南怀仁等事已不见于各本
道光二十八年八月二十二日	《纪行取旧制》一篇，末案语颇慊心。	卷二 3 纪行取旧制	
道光二十八年八月二十七日	《纪荐举》一篇。	卷一 16 纪荐举	

续表

时间	《荆花馆日记》所载内容	《石渠余纪》所列卷条	备注
道光二十八年八月二十八日	附《纪会推旧制》。	卷一 16 纪荐举 附吏员幕宾荐举旧例 会推旧制	
道光二十八年九月初二日	《纪守令》。	卷二 6 纪守令	
道光二十八年九月初三日	附《纪召见引见》一段。	卷二 6 纪守令 附纪引见召见守令	
道光二十八年九月初四日	《纪保送科道》一段。	卷二 2 纪科道（？）	从各本《纪科道》的内容看，都有关科道的升转
道光二十八年九月十三日	《纪考试月官旧制》。	卷二 7 纪考试月官旧制 月选官谓之月官	
道光二十八年九月十七日	《纪吏治》一篇，颇不细碎。	卷二 5 纪吏治	
道光二十八年九月十八日	《纪京察》一篇。	卷二 4 纪京察	
道光二十八年九月二十日	《纪大计》一篇，与《京察篇》皆抄事例，无甚用意。	卷二 8 纪大计 互见京察篇	
道光二十八年九月二十二日	《纪军政》一篇，选将及年满武职附。	卷二 12 纪军政	选将及年满武职的有关内容未见
道光二十八年十月初七日	《纪内官》一篇。	无	
道光二十八年十月二十日	《纪裁十三衙门》一篇。	卷三 1 纪裁十三衙门	
道光二十八年十月二十一日	《纪立内务府》一篇。	卷三 2 纪立内务府	
道光二十八年十月二十三日	改《裁十三衙门》一篇，于源流颇晰。	卷三 1 纪裁十三衙门	
道光二十八年十月二十六日	改录《河东》篇中。	卷五 13 纪河东盐法篇下	

续表

时间	《荆花馆日记》所载内容	《石渠余纪》所列卷条	备注
道光二十八年十月三十日	撮备览，作一段，附〔《河东》〕上篇后。		附已不见。备览即《盐法备览》，乃上日从户部借
道光二十八年十一月初一日	重录〔《河东》〕上篇毕。	卷五 12 纪河东盐法篇上	
道光二十八年十一月十五日	撮《漕粮》，拟为表，成十余图。		《漕粮表》，未见
道光二十八年十一月十六日	后集漕粮数图。		
道光二十八年十一月二十五日	抄〔《河东盐务》〕下篇毕。	卷五 14 纪河东盐法篇下	河东盐务写作甚苦，此前有大段时间抄录资料，并写作数天。此后还陆陆续续增补
道光二十八年十二月初二日	《纪嘆夷入贡》篇粗就。	卷六 9 纪英夷入贡	
道光二十八年十二月十四日	改定《户口篇》，脱稿殊不易言，改为《丁额》。	卷三 4 纪丁额	
道光二十八年十二月十五日	改《丁徭编审》篇。	卷三 3 纪停编审？	
道光二十八年十二月十七日	改录《丁额》及《丁随地起》二篇。	卷三 4 纪丁额；卷三 6 纪丁随地起	
道光二十九年二月初四日	《定银钱价直稿》一篇。	卷五 3 纪银钱价直	
道光二十九年二月初六日	定制《钱品式》稿一篇。	卷五 1 纪制钱品式	
道光二十九年二月初七日	《纪户部鼓铸》。	卷五 2 纪户部局铸	
道光二十九年二月初九日	定《钱铜禁令》稿一篇。	卷五 4 纪铜钱禁令	

续表

时间	《荆花馆日记》所载内容	《石渠余纪》所列卷条	备注
道光二十九年二月十三日	改定《大钱议》。	卷五 2 纪户部局铸 铸大钱说帖(?)	
道光二十九年三月初八日	重定《丁额》篇，改前误一条。	卷三 4 纪丁额	
道光二十九年三月十二日	成《罗〔罢〕折漕》篇，末附案语一则，以国初以来各案汇入，颇有条理。	卷四 5 纪罢折漕 附记	
道光二十九年三月十五日	改停编审，冠以明事一段。	卷三 3 纪停编审	
道光二十九年三月二十三日	定《丁随地起》篇，益以《经世文编》各条，后有所见尚当补入。	卷三 6 纪丁随地起	
道光二十九年三月三十日	改定《河兵》篇，冠以明事，末附两则。	卷一 7 纪河夫河兵(?)	
道光二十九年四月初二日	定《免役》篇。	卷一 6 纪免徭役(?)	
道光二十九年闰四月初八日	检辛丑年《渤海图说》，以《东华录》一段补之，可为篇。抄兵额，新旧《会典》及《通考》三段。	卷六 9 纪英夷入贡 附记附敕谕英吉利国王二道附渤海图说；卷二 10 纪列朝各省兵数附论	
道光二十九年闰四月初十日	检阅前后兵额，似可着手矣。顾乾隆二十九年《会典》，六十三万有奇，五十年作《通考》，则仅五十九万有奇，其间未闻裁汰，而名粮增实兵即在此时，殊不可解。至嘉庆十七年，重辑《会典》，据星方给谏单稿，则又六十六万有奇，于是疑《通考》为未确。今其目散见于下，必逐条分合，核与《通考》前卷总目异同，乃可得其确数，且其于各省兵增减亦详，须俟暇日为之，不能速就也。		

续表

时间	《荆花馆日记》所载内容	《石渠余纪》所列卷条	备注
道光二十九年闰四月二十五日	以事例增定《丁归地粮》篇。	卷三 6 纪丁随地起(?)	抑或另有一篇(?)
道光二十九年五月十二日	重定《赋册粮票》篇。旧题《纪田赋》似太廓,当以历代田赋附入勤垦篇。	卷三 5 纪赋册粮票 历朝田额粮赋总目	劝写为勤。误。
道光二十九年五月二十二日	改定《蠲免》篇,顺治、康熙两朝夹论,不繁而颇括。	卷一 4 纪蠲免 附记	
道光二十九年五月三十日	成《免科》篇。又检《事例》,补《赐复》篇数条。	卷一 3 纪免科;《赐复》篇,未见	
道光二十九年六月二十日	改《灾蠲纪事》篇。检睿庙圣训并赈恤,约为录出。	《灾蠲纪事篇》(?)	名称已改(?)
道光二十九年六月二十二日	改《灾蠲纪事》毕。	卷一 5 纪灾蠲	
道光二十九年七月初三日	改定《赈贷》篇毕。	卷一 2 纪赈贷	
道光二十九年七月十五日	重抄《银钱价直》及《停编审》二篇。旧稿不清,略为审定。		
道光二十九年七月二十八日	旧作《北征述略》,官书阙处,不得不取《东华录》接续其间。因属申甫于进馆时,代检《实录》,逐条易之。是日,补正各条,于是所采皆官书矣。		《北征述略》篇未见
道光二十九年九月十三日	写《北征述略》序一册。		
道光二十九年九月二十八日	校刻《河东盐法》三篇。	《河东盐法》篇(上中下)	
道光二十九年十一月初四日	摹《黄运河口图》一幅,拟附装于《南河图》后。拓《渤海旧图》,炭笔不可用,略具梗概而已,费日力之半。		尚有《南河图》
道光二十九年十一月十七日	画《闽海北图》,南北距二度有半。		《闽海北图》
道光二十九年十一月二十日	写《粤海东图》毕。画中图,广州以南,洲渚萦回曲折,极难摹拓,七省各图殆无有似此之费力者。		《粤海东图》

续表

时间	《荆花馆日记》所载内容	《石渠余纪》所列卷条	备注
道光二十九年十一月二十一日	写《粤海中图》，按之《闻见录》，此外岛屿尚多，见闻不同，今昔冲僻亦异，只好就一图抚，余当有待耳。		《粤海中图》
道光二十九年十一月二十二日	拓《粤海西图》，尚缺尽西一度。		《粤海西图》
道光二十九年十一月二十二日	昨检《渤海图》，知宁海、临榆，皆雍正间设县，因补入，小有记载。脱稿之难如此，故多作不如多读多看也。		
道光二十九年十一月二十三日	成粤海西海。		《粤海西海》
道光二十九年十二月十四日	午后，毕《直隶图》五叶。		《直隶图》
道光二十九年十二月十六日	检补《渤海图》。……画直隶丙之甲乙丙粉图三叶，染水道毕，已上灯矣。		
道光二十九年十二月二十九日	绘《南河图》毕，又磨对两过，庶少遗漏。是本视前图为近，旧河之外，复有新河，暇日更当以校方幅者。		《南河图》
道光三十年三月初一日	作《国计》一样条，合前为四条。	无	《国计》，未见
道光三十年五月十六日	钰夫前辈过谈，以牧亭所抄兵额校之《中枢政考》，其增减之数悉合，复以《通考》校之，则营制沿革尚未尽载，部中文卷必已无存矣。若汇为一表，详其节制管辖，并协营沿革，与此〔册〕相辅而行，亦可存之作也。是晚略成初稿，而驻营处，彼此互有不同，钩稽采访殊不易也。	兵额表（？）	
道光三十年五月十九日	重抚《渤海图》及半。		
道光三十年五月十九日	午后，易广西营制表稿，至夜毕。		《广西营制表》

续表

时间	《荆花馆日记》所载内容	《石渠余纪》所列卷条	备注
道光三十年五月二十三日	《渤海图》贴说十余条。		《渤海图说》(?)
道光三十年六月十六日	愿船过谈，娓娓忘倦。言嘉庆初年曾减武职养廉。当查。又言《营制表》当列塘汛，《广西通志》于塘汛地址极详。每谈辄引人入胜，得不拜服。	无	《广西营制表》
道光三十年六月二十三日	过涤生谈，麟见亭《黄运河口图》图与说不能尽合，盖作书者每以图属之画手，故有歧误。其实作图与画山水不同，能说者有不能图者哉。		
道光三十年七月初四日	画《浙江海塘图》。杨振斋《揽要图》虽详，而限于叶幅，南北岸皆平列，今定州县方向，以不失全塘形势而已。采康熙御制图为之。		《浙江海塘图》
道光三十年七月初九日	客冬所拓《直隶图》，颇费心力，以《提纲》校之悉合，为之一喜。惟淀河与西沽必有一误，当再考。		《直隶图》
道光三十年七月初十日	尚留《东河图》与张文端《济运诸泉图》相校。亦于二十六日送还。		《东河图》
道光三十年七月十一日	以《直隶图》付装。博古斋。		《直隶图》
道光三十年七月十九日	过两会馆，定《兵制纪略》附论三则。次日交写。		《兵制纪略》未见
道光三十年七月二十一日	改定《行取篇》末段，稍异，尚须酌。	卷二 3 纪行取旧制	
道光三十年七月二十六日	过涤生谈。余《兵制》附论兵饷折钱，照市价为常额，此尚未妥。余意将来银价断无平于今日之理，故为此论。涤生言，折收折给，此议若行，则银价必减。一取一与，势必厚于兵而刻于民，意在随时高下，然一无定，则争多较少，恐成衅端。其时归咎于首议之人，谁执其咎。凡事莫难于正人心，此根本之疾也。	无	

续表

时间	《荆花馆日记》所载内容	《石渠余纪》所列卷条	备注
道光三十年七月二十九日	检旧抄耗羡，成前半篇。	卷三 9 纪耗羡归公(?)	
道光三十年七月二十九日	涤生签正《兵数纪略》十余条。	卷二 10 纪列朝各省兵数(?)	
道光三十年八月初三日	得少穆先生书，并《耗羡纪略》后半篇。	卷三 9 纪耗羡归公(?)	标题不同。且，其下之文与耗羡归公内容差别较大
道光三十年八月初七日	抄《列朝兵数表》。此稿本涤生侍郎所纂，余又益以道光元年《中枢政考》，凡六层。	卷二 11 列朝直省兵数表	
道光三十年八月初八日	于《兵数纪》附记两条：一为征收银钱分数，一为用钱勿遽议铸钱。	卷二 10 纪列朝各省兵数附论	
道光三十年八月十二日	作《东淀三汊图》。从涤生借观《北河图》，残缺下半，上半视《东河图》为优。		《东淀三汊图》
道光三十年八月十三日	作《永定南合玉带图》。检《明史·河渠志》，作永定河不宜复故道论。陈仪《治河蠡测》，欲改永定南行，其言美听，迨抚此图，乃知其不可，当更作改河一图，参观较晰耳。		《永定南合玉带图》
道光三十年八月十四日	检正《永定河论》，附记一则。康熙三十七年二月谕旨。	卷六 10 纪畿辅营田水利附永定河不宜复故道论	
道光三十年八月十七日	念庭往天津时，属其访问登州至盛京水道，得其来书，内附水程单一纸，与辛丑所见者不同。	卷六 9 纪英夷入贡附海商水程单子	
道光三十年九月初一日	《兵额表》增康熙二十四年饷额及近年各省岁拨俸饷。今日视国初增兵不过二万人，而饷额多至三百余万两，何耶？殆即乾隆间所增养廉公费、赏恤之款耳。	卷二 11 列朝直省兵数表(?)	

续表

时间	《荆花馆日记》所载内容	《石渠余纪》所列卷条	备注
道光三十年九月十一日	后与谈兵饷用钱，似颇谓然，因以《兵数纪略》就正。		《兵数纪略》，未见
道光三十年九月二十八日	纂《前序》前段，意欲尽去细巧对仗，如支干卦名者。	无	
道光三十年十月初二日	纂《奖叙臣工》一段。		
道光三十年十月初十日	何愿船抄来《藤阴杂记》一则，当补入《行取纪事》篇。小有记载，须良友以广见闻，安得人如涤生、愿船哉。		《行取纪事》，可能即《纪行取旧制》
道光三十年十月十七日	誊《前序》清稿。		
道光三十年十月十八日	誊《前序》，旁注月日。		
道光三十年十一月初二日	跋《南河图》：（下为全文，省略）		《南河图》，未见
道光三十年十一月二十三日	晨起，为《乾隆新疆兵数表》草创略具。……灯下衷录《中枢政考·驻防兵额》，己亥正矣。		《乾隆新疆兵数表》，未见
道光三十年十月二十四日	起《京营表》稿只五项，日已昏矣。京旗兵由佐领起数，当以佐领挈其纲，惟目下佐领恐散而难稽，当徐思之。欲借涤翁《通考》，乃亦适查兵额颇奇。		《京营表》
道光三十年十月二十六日	退食后，撰《京营表序》。（下为全文，省略）	卷二 9 京营表序	
道光三十年十月二十七日	卯初起，次《京营表》未就，坐客相续。		
道光三十年十月二十八日	次《京营表稿》毕，并记算法于别纸，以备遗。次日重改一过。		
道光三十年十月二十九日	尽日成《佐领表》。……核京营额，重书序。		《佐领表》，未见

续表

时间	《荆花馆日记》所载内容	《石渠余纪》所列卷条	备注
道光三十年十二月初一日	《京营表》数目差互，昨重勘一过，多所更改，因重录一通，并改序数语。		《京营表》，未见
道光三十年十二月十二日	补《内府包衣佐领表》。愿船过谈，约为《营制表》。		《内府包衣佐领表》《营制表》均未见
咸丰元年三月二十一日	回寓，辑《粤西营制》。若以将弁为纲，以马步守兵、马匹、枪炮为目，可以成表。因取兵部抄档，胪列大概，以《通志》营汛附焉，穷日之力，成此一稿，尚未疲也。		《粤西营制》
咸丰元年三月二十二日	抄《营制总目》一开。		
咸丰元年三月二十四日	定表式：营汛、将弁、马兵、步兵、守兵、马匹、枪炮。字小，甚费目力，姑定稿以俟。		《营制总目》，未见
咸丰元年三月二十五日	抄撮《广西土兵数》。检《明史》前事。顾明所谓土兵，即今绿营；明所谓狼兵，则今土兵也。		《广西土兵数》，未见
咸丰元年五月十八日	半月以来，内府庄头一案，盘桓于心，而不能释。本日将所抄旧案新事、来往信稿并奏稿，钉成一册。不应为之事，不足自喜，而心血所在，亦不忍弃也。	卷四 18 纪旗人生计 附八旗赈务 附官庄旗租 附盛京官庄 附不许增租夺佃 附停设庄头 附不准庄头退换地亩	
咸丰元年闰八月十七日	傍晚，以上年所画《江南图》印证《岁报图》，略以近日情形贴签其上。璨儿语余，不可再画图生病。今日非徒精力不及，时候良不暇耳。		《江南图》，未见
咸丰元年闰八月十九日	检出《东运河图》。		《东运河图》，未见

续表

时间	《荆花馆日记》所载内容	《石渠余纪》所列卷条	备注
咸丰元年闰八月二十二日	改《罢折漕》篇。方道光五年，议停运以治河，并折漕以济工。今情形相同，而支绌又甚，安得禁于未发耶。	卷四 5 纪罢折漕 附记	
咸丰元年十二月十六日	前以纪事一册付何伯英，备检兵额耳。翁司空见之，欲留抄，因属删削，徐以付还，附记篇目于此。《纪行取旧制》、《列朝兵额表》、《纪耗羡归公》、《纪蛮夷入贡》。	《纪行取旧制》、《列朝兵额表》、卷三9纪耗羡归公、《纪蛮夷入贡》	蛮夷似即英夷
咸丰三年五月十一日	跋河漕官制：自壬子腊月封印后，讨论故实。癸丑正月思欲起草时，别作收盐抽税议，作辍日多。月末粗有条款，然并河厅于州县，终不能慊然。商之孔修尚书，乃决意裁厅归营，并总漕于总河。议既定，至二月望后，重定六条，修饰粘补。会桃汛至，不果上，置箧中者又三月矣。重披一过，不禁喟然。		《河漕官制》，未见
咸丰三年九月初一日	附录铁钱议。（下为全文，省略）		《铁钱议》，未见
咸丰三年十月初六日	拟铜运改道议。（下为全文，省略）	《铜运改道议》	
咸丰五年三月初十日	《山西舆图跋》。（下为全文，省略）		《山西舆图跋》，未见
咸丰五年五月初六日	检《晋省营制沿革》。外委千把总设于雍正七年，额外外委则设于乾隆二十七年。以后分防、协防，规制大备。顾以其官微小，志乘多不著录。然既委之分防，即有专汛之专，贤不肖即关地方利病，未可以官微忽之，不惜日力，讨其沿革。思周官于府吏胥徒犹详其数，是亦应尔也。南镇各营至初十日检毕。		《晋省营制沿革》，未见
咸丰五年五月初九日	起《南镇二十七营图稿》。		又名《南镇图稿》

续表

时间	《荆花馆日记》所载内容	《石渠余纪》所列卷条	备注
咸丰五年五月十七日	检《北镇营制册》，详于兵而略于弁。图说言，所属二十三营七十九城堡，偻指未能悉合，当徐为之。		又名《北镇图稿》
咸丰五年七月二十七日	下午，重检《河南省展拓图稿》。		
咸丰五年十一月十五日	《北镇各营路图稿》起于五月，荏苒半年，乃复理卒业。北镇名为二十三营路，而以大营统小，实止二十营；其中又有都辖、兼辖之分。河曲县乾隆徙治河保营，前图应改。尚有关河口外委、沙泉汛外委应再查。		《北镇各营路图稿》，未见
咸丰六年二月二十八日	午后，见案头旧稿，修饰两篇。《纪丁额》、《纪停编审摊补》。不特结习未忘，而俯仰今昔，可以长喟。	卷三 4 纪丁额、卷三 3《纪停编审》	《纪停编审摊补》，篇名已改
咸丰六年五月二十二日	排次《丁归地粮》一篇毕，节次繁重，急以付钞。是夜丑初醒而起坐，为近日所无。此心不耐鞅掌耶。次日夜乃熟眠。		《丁归地粮》，未见
咸丰七年五月十一日	灯下改定《鸳鸯阵图说》。		《鸳鸯阵图说》，未见

附　表

表 1　咸丰十一年至宣统三年（1861—1911）洋税数额表

单位：关平两

年份	进口正税	出口正税	复进口税	药土各税	船钞	共计	内地子口税	洋药厘金	统共征收
咸丰十一年	2261336	2458875	108043		133853	4961907			4961907
同治元年	3231150	3612888	785568		209410	7839016			7839016
同治二年	2373457	4972244	1072346		297687	8715734	33641		8749375
同治三年	2420782	4485246	495752		294799	7696579	175678		7872257
同治四年	2735524	4696894	401374		269195	8102987	186294		8289281
同治五年	3266650	4644913	491606		217732	8620901	160974		8781875
同治六年	3157445	4879045	478020		203647	8718157	146660		8864817
同治七年	3287792	5335655	471316		203614	9298377	150097		9448474
同治八年	3472821	5516967	488168		223549	9731505	147343		9878848
同治九年	3569250	5160938	447343		207815	9385346	158631		9543977
同治十年	3847989	6384583	569058		204798	11006428	209718		11216146
同治十一年	3676089	6939985	549862		242227	11408163	270473		11678636

续表

年份	进口正税	出口正税	复进口税	药土各税	船钞	共计	内地子口税	洋药厘金	统共征收
同治十二年	3804855	6137117	579469		212554	10733995	243087		10977082
同治十三年	3814121	6682727	573843		200832	11271523	225749		11497272
光绪元年	1920161.198	6917107.513	645271.294	1999843.981	236694.383	11719078.369	249030.971		11968109.340
光绪二年	2019826.975	6969302.644	610834.518	2070616.916	234314.488	11904895.541	248025.584		12152921.125
光绪三年	2092887.193	6826528.176	569834.699	2099808.733	224033.829	11813092.630	253985.165		12067077.795
光绪四年	2055889.950	7095550.574	651698.058	2147616.086	260130.758	12210885.426	273102.603		12483988.029
光绪五年	2338244.217	7382367.904	712917.247	2477511.621	247833.086	13188874.075	342795.818		13531669.893
光绪六年	2380362.779	8254654.948	785819.891	2251813.853	249590.689	13922242.160	336341.361		14258583.521
光绪七年	2769331.088	8283364.813	728051.093	2281023.319	273574.189	14335344.502	349817.644		14685162.146
光绪八年	2666131.619	8035584.762	738846.642	2052157.494	279798.527	13772319.044	313353.495		14085672.539
光绪九年	2333377.165	7535971.383	696999.505	2081854.241	284044.024	12937246.318	349511.150		13286757.468
光绪十年	2314385.636	7774350.060	745152.748	2067847.564	270914.358	13172650.366	338061.722		13510712.088
光绪十一年	3109971.391	7896661.094	801676.960	1965505.858	298909.137	14072724.440	400041.530		14472765.970
光绪十二年	2984746.980	8602760.242	783968.897	2033555.599	333347.480	14738379.198	406299.179		15114678.377
光绪十三年	3483362.650	8509280.001	935632.129	2218057.584	316443.140	15462775.504	432782.101	464581.597	20541399.202
光绪十四年	4153912.539	8279983.183	890327.209	2482090.947	323312.023	16129625.901	415860.339	6622406.066	23167892.306

续表

年份	进口正税	出口正税	复进口税	药土各税	船钞	共计	内地子口税	洋药厘金	统共征收
光绪十五年	3585807.118	8213941.092	912876.770	2283327.214	326443.080	15322395.274	416076.927	6085290.215	21823762.416
光绪十六年	4230466.834	7518304.334	945713.814	2301533.584	329892.890	15325911.456	541243.040	6129071.200	21996225.696
光绪十七年	4835597.091	8185835.444	1023168.038	2355643.849	391572.007	16791816.429	528298.585	6197906.045	23518021.059
光绪十八年	4597627.965	8258406.033	1018713.719	2286408.069	381587.137	16542742.923	479303.898	5667006.830	22689053.651
光绪十九年	4191062.961	8403743.043	1036100.488	2175262.855	401096.550	16207265.897	419301.067	5362733.375	21989300.339
光绪二十年	4652202.326	8685258.918	975292.545	2257015.451	479634.700	17049403.940	423898.564	5050302.990	22523605.494
光绪二十一年	4500300.299	8775367.301	754831.430	2251001.763	478817.408	16760318.201	520926.648	4104144.615	21385389.464
光绪二十二年	6199672.852	8282554.969	973691.865	1975594.450	611026.250	18042540.386	617066.660	3919759.080	22579366.126
光绪二十三年	6095063.292	8200169.473	1101293.969	2127739.070	579360.412	18103626.216	690871.007	3947607.310	22742104.533
光绪二十四年	5729908.096	8303810.802	1184801.310	1971095.087	612861.079	17802476.374	717738.157	3983182.250	22503396.781
光绪二十五年	6656623.271	9902620.011	1169688.780	2708263.790	640191.062	21077386.914	835830.114	4748243.406	26661460.434
光绪二十六年	5764360.486	8375970.994	1059019.954	2313292.599	724860.116	18237504.149	675058.713	3961422.645	22873985.507
光绪二十七年	7067646.848	8768800.015	1315456.829	2688445.913	809561.336	20649910.941	917131.866	3970531.359	25537574.166
光绪二十八年	10850429.010	8955131.340	1535332.657	2090657.241	920910.591	24352460.839	1553779.507	4100803.273	30007043.619
光绪二十九年	9728064.457	9434854.296	1617611.749	2232197.345	953574.844	23966302.691	1859315.491	4705069.925	30530688.107
光绪三十年	10615926.305	9481515.873	1670158.142	2563635.406	992584.559	25323820.285	1787252.548	4382083.510	31493156.343

续表

年份	进口正税	出口正税	复进口税	药土各税	船钞	共计	内地子口税	洋药厘金	统共征收
光绪三十一年	13778704.732	9491269.029	844030.280	2703185.973	1105350.064	28922540.078	2034407.505	4154057.040	35111004.623
光绪三十二年	14473462.397	9492194.458	1830539.579	2238655.914	1326619.387	29461471.735	2277040.772	4330082.809	36068595.316
光绪三十三年	13240172.731	930453.227	1768982.602	1789269.147	1321191.856	27424069.563	2066399.564	4370876.745	33861345.872
光绪三十四年	11682862.058	10612915.573	1856604.693	1822215.827	1264915.222	27239513.373	1790959.440	3871422.249	32901895.062
宣统元年	12620042.840	12063032.641	2016506.443	1737334.737	1276218.154	29713134.815	1920817.102	3905965.340	35539917.257
宣统二年	13022598.252	12980270.120	2123797.368	1212998.721	1329023.811	30668688.272	2064167.095	2839023.245	35571878.612
宣统三年	13376289.979	12605662.942	2027669.428	1391632.264	1346385.249	30747639.862	1868029.318	3564156.099	36179825.279

资料来源：近代史所藏《总理衙门 8·总税务司呈报"中国海关由咸丰十一年至宣统三年征收各项税钞数目表》

原表另文说明：第一，自咸丰十一年起至同治十三年止药土各税不分专条款均归入进口正税内。

第二，同治十二年始设造册处于上海。

注：共计项为笔者所加。共计项为进口正税、出口正税、复进口税、药土各税和船钞之和。

咸丰十一年至宣统三年共计各项总计：进口正税项总计 273071744.58，出口正税项总计 114618989.218，复进口税项总计 39459762.625，药土各税项总计 25557928.875，船钞项总计 22603491.087，共计正税项总计 822603491.087，内地子口税项总计 49570481.342，洋药厘金项总计 33822267.25，统共征收项总计 971044747.555，共计项总计 79805710.065。

参考资料

档案

中国第一历史档案馆藏，嘉庆、道光、咸丰、同治、光绪《军机处录副》财政类关税项

中国第一历史档案馆藏，嘉庆、道光、咸丰、同治《题本》

张伟仁主编：《明清档案》（324 册），台北，"中央研究院"历史语言研究所，1995

China and the West

文献汇编

陈弢辑：《同治中兴京外奏议约编》，上海，上海书店，1985

度支部编：《度支部清理财政处档案》，宣统年间铅印本

顾廷龙、戴逸主编：《李鸿章全集》，合肥，安徽教育出版社，2008

（光绪朝）《大清会典事例》，光绪三十四年石印本，上海，商务印书馆，宣统元年

《光绪顺天府志》，北京，北京古籍出版社，2001

广州图书馆主编：《张之洞致张佩纶未刊书札》，丁玲、林锐笺注，桂林，广西师范大学出版社，2012

胡思敬：《退庐疏稿》，癸丑南昌刊本

黄濬：《花随人圣庵摭忆》，李吉奎整理，北京，中华书局，2013

黄胜强主编：《旧中国海关总税务司署通令选编》第 1 卷，北京，海关出版社，2003

江南制造厂志编纂委员会编：《江南造船厂志》，上海，上海人民出版社，1999

蒋廷黻编：（道光、咸丰、同治朝）《筹办夷务始末补遗》，北京，北京大学出版社，1988

经济所藏：《清代关税收支报告表》

梁廷枏总纂，袁钟仁校注：《粤海关志校注本》，广州，广东人民出版社，2002

苓泉居士：《觉花寮杂记》，中国社会科学院近代史研究所图书馆藏，无出版信息

刘志伟、陈玉环主编：《叶名琛档案：清代两广总督衙门残牍》，广州，广东人民出版社，2012

刘重光、杨世奎编：《安徽贵池南山刘氏瑞芬公世珩公支系史乘》，北京，文物出版社，2012

刘岳云：《光绪会计表》，光绪辛丑冬仲，教育世界社印

景侨：《江南制造局库房记表》，光绪庚子冬日刊于长沙

民国八年修《芜湖县志》，台北，成文出版社，1970

齐思和、林树惠、田汝康等编：《第二

次鸦片战争（一）》，上海，上海人民出版社，1978

齐如山：《齐如山回忆录》，沈阳，辽宁教育出版社，2005

《清朝文献通考》，杭州，浙江古籍出版社，2000

《祁寯藻集》，太原，三晋出版社，2011

《左宗棠全集》，刘泱泱等点校，长沙，岳麓书社，2009

李希圣：《光绪会计录》，上海，上海时务报馆

《刘坤一奏疏》，陈代湘、何超凡、龙泽黯等校点，长沙，岳麓书社，2013

《钦定六部处分则例·公式》，道光八年本

《钦定六部处分则例·关市》，光绪十五年本

秦国经主编：《清代官员履历档案全编》，上海，华东师范大学出版社，1997

全国政协文史资料委员会编：《文史资料存稿选编》，北京，中国文史出版社，2002

上海社会科学院经济研究所编：《江南造船厂厂史（1865—1949）》，南京，江苏人民出版社，1983

《石延寿馆文集》，中国社会科学院近代史研究所藏，无出版信息

孙毓棠：《中国近代工业史资料（第一辑1840—1895年）》，北京，科学出版社，1957

太平天国历史博物馆编：《吴煦档案选编》，南京，江苏人民出版社，1983

《同治朝筹办夷务始末》，北京，中华书局，2008

王庆云：《王文勤公奏稿》，民国三十一年铅印本

王庆云：《荆花馆遗诗》，中国社会科学院近代史研究所藏，无出版信息

王庆云：《荆花馆日记》，中国社会科学院近代史研究所《近代史资料》编译室点校，北京，商务印书馆，2015

王铁崖编：《中外旧约章汇编》第1册，北京，生活·读书·新知三联书店，1957

王锡蕃校：《马端敏公（新贻）奏议》，台北，文海出版社，1975

王钟翰点校：《清史列传》，北京，中华书局，1987

魏允恭：《江南制造局记》，上海新马路福海里文宝书局石印本

徐一士：《亦佳庐小品》，北京，中华书局，2009

虞和平主编：《近代史所藏清代名人稿本抄本》，郑州，大象出版社，2011

苑书义、孙华峰、李秉新主编：《张之洞全集》，石家庄，河北人民出版社，1998

《曾国藩全集》，长沙，岳麓书社，1994

张守中编：《张人骏家书日记》，北京，中国文史出版社，1993

张集馨：《道咸宦海见闻录》，杜春和、张秀清整理，北京，中华书局，1981

赵春晨编：《丁日昌集》，上海，上海古籍出版社，2010

赵滨彦辑：《江南制造局移设芜湖各疏稿》，社科院近代史所图书馆藏，无版本信息

中国第一历史档案馆编：《嘉庆道光两朝上谕档》，桂林，广西师范大学出版社，2000

中国第一历史档案馆编：《咸丰同治两朝上谕档》，桂林，广西师范大学出版社，1998

中国第一历史档案馆编：《光绪宣统两朝上谕档》，桂林，广西师范大学出版

社，1996

中国第一历史档案馆编：《鸦片战争档案史料》，上海，上海人民出版社，1987

中国第一历史档案馆编：《光绪朝朱批奏折》，北京，中华书局，1995

中国第一历史档案馆编：《清宫粤港澳商贸档案全集》，北京，中国书店，2002

《中国近代兵器工业档案史料》编委会编：《中国近代兵器工业档案史料》第1卷，北京，中国兵器工业出版社，1993

震钧：《天咫偶闻》，北京，北京古籍出版社，1982

周秋光编：《熊希龄集》，长沙，湖南人民出版社，2008

Port of Amoy, *From 1862 to December 1893, Customs Service: Officers in Charge, 1859-1893*, Shanghai, Statistical Department

专著

［加拿大］葛松：《李泰国与中英关系》，中国海关史研究中心译，厦门，厦门大学出版社，1991

［日］滨下武志：《中国近代经济史研究：清末海关财政与通商口岸》，高淑娟、孙彬译，南京，江苏人民出版社，2006

［英］莱特：《中国关税沿革史》，姚曾廙译，北京，生活·读书·新知三联书店，1958

［美］马士：《中华帝国对外关系史》，张汇文、姚曾廙、杨志信等译，上海，上海书店出版社，2000

陈诗启：《中国近代海关史》，北京，人民出版社，2002

陈国栋：《清代前期的粤海关与十三行》，广州，广东人民出版社，2014

戴一峰：《近代中国海关与中国财政》，厦门，厦门大学出版社，1993

邓亦兵：《清代前期关税制度研究》，北京，北京燕山出版社，2008

范凤书：《中国著名藏书家和藏书楼》，郑州，大象出版社，2013

黄国盛：《鸦片战争前的东南四省海关》，福州，福建人民出版社，2000

继荣：《清代历史笔记论丛》，北京，民族出版社，2014

罗玉东：《中国厘金史》，北京，商务印书馆，1936

茅海建：《戊戌变法史事考》，北京，生活·读书·新知三联书店，2005

倪玉平：《清朝嘉道关税研究》，北京，北京师范大学出版社，2010

潘志平：《中亚浩罕国与清代新疆》，北京，中国社会科学出版社，1991

祁美琴：《清代榷关制度研究》，呼和浩特，内蒙古大学出版社，2004

史志宏：《清代户部银库收支和库存统计》，福州，福建人民出版社，2008

汤象龙编：《中国近代海关税收和分配统计》，北京，中华书局，1992

王尔敏：《清季兵工业的兴起》，桂林，广西师范大学出版社，2009

吴福环：《清季总理衙门研究》，乌鲁木齐，新疆大学出版社，1995

严中平主编：《中国近代经济史（1840—1894）》，北京，人民出版社，2001

Masataka Banno, *China and the West 1858-1861, The Origins of the Tsungli Yamen*, Cambridge, Mass. Harvard University Press，1863

论文

陈锋：《20 世纪的晚清财政史研究》，载《近代史研究》，2004(1)

陈锋：《晚清财政预算的酝酿与实施》，载《江汉论坛》，2009(1)

陈勇：《"经制"与"新增"：五口通商时期清廷对海关夷税的管理》，载《中国经济史研究》，2015(1)

陈勇：《晚清海关洋税的分成制度探析》，载《近代史研究》，2012(2)

陈文进：《清代之总理衙门及其经费》，载《中国近代经济史研究集刊》，第 1 卷，第 1 期，1932

迟云飞：《龙璋传论》，载《求索》，1989(5)

戴和：《清代粤海关税收述论》，载《中国社会经济史研究》，1988(1)

戴一峰：《论晚清的子口税与厘金》，载《中国社会经济史研究》，1993(4)

邓端本：《鸦片战争前的粤海关》，载《岭南文史》，1984(2)

邓绍辉：《光宣之际清政府试办全国财政预决算》，载《四川师范大学学报（社会科学版）》，2007(1)

高小亮：《论太平天国的税关与海关》，载《广西师范大学学报（哲学社会科学版）》，2009(3)

宫峰飞：《上海道台吴健彰身世考订》，载《近代史研究》，2015(3)

龚汝富：《清末清理财政与财政研究》，载《江西师范大学学报（哲学社会科学版）》，1999(2)

果鸿孝：《论清末政府在经济上除弊兴利的主要之举》，载《中国社会经济史研究》，1991(3)

何本方：《清代的榷关与内务府》，载《故宫博物院院刊》，1985(2)

胡滨：《论晚清的江南制造总局》，载《山东师范大学学报（哲学社会科学版）》，1983(3)

黄国盛：《鸦片战争前粤海关当局与"大班"的关系及其演变》，载《福建论坛》，1998(1)

黄国盛：《清代前期开海设关的历史地位与经验教训》，载《东南学术》，1999(6)

姜铎：《论江南制造局》，载《中国社会经济史研究》，1983(4)

姜铎：《福州船政局与江南制造局在旧中国生产发展之比较》，载《福建论坛（文史哲版）》，1987(1)

冷东：《20 世纪以来十三行研究评析》，载《中国史研究动态》，2012(3)

李金明：《清代粤海关的设置与关税征收》，载《中国社会经济史研究》，1995(4)

刘小萌：《清朝皇帝与保母》，载《北京社会科学》，2004(3)

刘丽君：《〈石渠余纪〉之点校订误》，载《赤峰学院学报（汉文哲学社会科学版）》，2007(1)

刘增合：《光宣之交清理财政前夕的设局与派官》，载《广东社会科学》，2014(2)

马振文：《对太平天国时代的白齐文评价的商榷》，载《历史研究》，1958(5)

茅海建：《鸦片战争清朝军费考》，载《近代史研究》，1996(6)

宓汝成：《太平天国的财政收入及其得失》，载《近代史研究》，1983(2)

倪玉平：《王庆云〈石渠余纪〉所载道光关税辨析》，载《近代史研究》，2008(5)

潘振平：《鸦片战争后的"开眼看世界"思想》，载《历史研究》，1986(1)

潘喜颜：《从王庆云〈石渠余纪〉看清代的救灾措施》，载《商丘职业技术学院学报》，2008(6)

潘崇：《杨寿楠与清末五大臣出洋考察——兼论两路考察团考察成果的不同源流》，载《江苏社会科学》，2009(6)

祁美琴：《关于清代榷关税额的考察》，载《清史研究》，2004(2)

钱实甫：《清代政权的半殖民地化与总理衙门》，载《历史教学》，1996(7)

盛茂产：《殚心盐务的王庆云》，载《盐业史研究》，1996(2)

汤象龙：《光绪三十年粤海关改革》，载《中国近代经济史研究集刊》，第3卷，第1期，1935

汤象龙：《民国以前的赔款是如何偿付的？》，载《中国近代经济史研究集刊》，第3卷，第2期，1935

吴义雄：《鸦片战争前粤海关税费问题与战后海关税则谈判》，载《历史研究》，2005(1)

项立领：《白齐文考》，载《上海师范大学学报(哲学社会科学版)》，1981(4)

熊月之：《开放与调适：上海开埠初期混杂型社会形成》，载《学术月刊》，2005(7)

许檀：《清代前期的山海关与东北沿海港口》，载《中国经济史研究》，2001(4)

许檀、经君健：《清代前期商税问题新探》，载《中国经济史研究》，1990(2)

杨国桢、黄福才：《道光前期中西贸易的变化及其影响》，载《中国社会经济史研究》，1989(1)

杨伟娴：《从〈石渠余纪〉看王庆云的治国理财思想》，载《黑龙江史志》，2014(21)

姚贤镐：《两次鸦片战争后西方侵略势力对中国关税主权的破坏》，载《中国社会科学》，1981(5)

亦欣：《〈石渠余纪〉标点商榷》，载《史学史研究》，1990(2)

章文钦：《从封建官僚到买办官僚——吴健彰析论》，载《近代史研究》，1989(5)

张佩佩：《试论清末简派财政监理官》，载《学术论坛》，2010(7)

郑小霞：《王庆云〈石渠余纪〉版本述略》，载《黑龙江史志》，2013(19)

周育民：《从江海关到江海新关(1685—1858)》，载《清史研究》，2016(2)

周育民：《清王朝覆灭前财政体制的改革》，载《历史档案》，2001(1)

庄园：《王庆云及其〈石渠余纪〉》，载《益阳师专学报》，1985(2)

后 记

2001 年，笔者开始涉足海关史研究，在故宫西华门内第一历史档案馆五年多的看档过程中，想得最多的是二元体制的问题。这样的一种体制并非由笔者先发现，当时的内部观察者(从税务司人员到海关监督们)和一些后来的研究者(从汤象龙到费正清，再到陈诗启)都注意到了此种制度。笔者的研究不过是在大家都过于重视总税务司体系的时候，认为于清政府而言海关监督似更为重要——因为他们自认为由此掌控了财政，而估税环节交给外人无损于大体。2007 年，笔者进入中国社会科学院近代史所。这里的节奏很慢，而笔者也恰值初为人父，一切的进展都颇为缓慢，辜负了诸位师友们的期待。好在 2012 年终于完成了《晚清海关再研究——以二元体制为中心》(中国人民大学出版社，2012)的书稿。到此时，笔者也有了更多的想法，一方面是发生学方向的追溯，试图探讨在鸦片战争前后清政府的榷关体系；另一方面是财政史方向的扩展，也就是以榷关史—海关史为基础探讨晚清的财政体系。

这些年的研究大体也是沿着这两个方向展开。一方面是追索自嘉庆四年以来定额制的形成和鸦片战争前榷税的规模以及在太平天国运动中榷关的衰落，另一方面则是以海关的收支资料探讨清政府财政的收支状况。这些研究成果最终汇成了这部书稿，算是对自己此间研究的一个总结。

学术研究似乎只能由个人完成(至少笔者不知道历史学的研究如何能够团体协作)，但在这个过程中需要诸多的外力：家人的陪伴和付出无疑是促使自己前行的重要动力，感谢父母与妻儿对笔者缓慢进度的无怨无悔的支持；师友们的协助拓展了笔者研究的眼光——甚至是粗糙的写作也是他们作为第一读者帮忙修正；近代史所宽容的氛围和几乎可以全力于个人研究的制度安排更使笔者有时间沉浸于自己的世界；从第一历史档案馆、台北"故宫文献馆"到近代史所图书馆、档案馆，经济所图书馆，各位工作人员专业而热情的帮助让笔者得以更方便、快捷地寻找到所需资料并让笔者了解资料背后的故事。在庆幸自己幸运的同时，深深地感谢他们带给笔者的一切。

图书在版编目（CIP）数据

咸同时期的榷关与财政/任智勇著. —北京：北京师范大学出版社，2020.6

（中华学人丛书）

ISBN 978-7-303-24702-8

Ⅰ．①咸… Ⅱ．①任… Ⅲ．①税收制度－关系－财政制度－研究－中国－清代 Ⅳ．①F812.949

中国版本图书馆 CIP 数据核字（2019）第 081674 号

营 销 中 心 电 话　010-57654778
北京师范大学出版社谭徐锋工作室微信公众号　新史学 1902

XIANTONG SHIQI DE QUEGUAN YU CAIZHENG

出版发行：	北京师范大学出版社 www.bnup.com
	北京市西城区新街口外大街 12-3 号
	邮政编码：100088
印　刷：	北京京师印务有限公司
经　销：	全国新华书店
开　本：	730 mm ×980 mm　1/16
印　张：	25.25
字　数：	300 千字
版　次：	2020 年 6 月第 1 版
印　次：	2020 年 6 月第 1 次印刷
定　价：	89.00 元

策划编辑：谭徐锋		责任编辑：梁宏宇　姚安峰	
美术编辑：王齐云		装帧设计：王齐云	
责任校对：康　悦		责任印制：马　洁